Ralf Nienaber: Wie Merkel und ihre Macher
Deutschland zerstören

LICHTSCHLAG 36
© Natalia Lichtschlag Buchverlag Grevenbroich 2016
Alle Rechte vorbehalten.
Umschlag: Lichtschlag Medien Düsseldorf
Printed in Germany.

ISBN: 978-3-939562-55-9

GEPLANTER UNTERGANG

Wie Merkel und ihre Macher Deutschland zerstören

Ralf Nienaber

Inhalt

Einleitung

Beginnen wir mit dem 4. September 2015. Er wird in die Geschichtsbücher eingehen! Denn an diesem Tag hat die deutsche Bundeskanzlerin die Schleusen für die „organisierte Invasion"[1] von mehrheitlich nichtintegrierbaren Menschen aus den arabischen, nordafrikanischen und südosteuropäischen Staaten nach Deutschland geöffnet. Warum „Frau Merkel so gehandelt hat", versteht selbst der Migrationsforscher und Oxford-Ökonom Paul Collier „bis heute nicht". „Es war ein kolossaler Fehler (...) zumal sie vorher offensichtlich überhaupt keine Vorbereitungen getroffen hatte, um den daraus resultierenden Ansturm zu bewältigen." „Sie hat Deutschland und Europa damit definitiv ein gewaltiges Problem aufgebürdet, das sich nun auch nicht mehr so einfach lösen lässt." „Abgesehen davon war ihre Einladung auch moralisch verwerflich."[2]

Dass sich Deutschland „durch die Flüchtlingskrise verändern wird",[3] ließ Merkel selbst alle wissen und bereitete die Mehrheitsgesellschaft der Deutschen darauf vor. Dabei stellte sie nur das Positive heraus, ohne jedoch genauer zu quantifizieren, was das ist. Das eigene Volk – das heißt der Demos – wurde nicht befragt, ob es diese Entscheidung mitzutragen bereit sei! Dabei zeichnet es eigentlich eine redliche Regierung aus, wenn sie ihre Machtbefugnisse sorgsam und ausgewogen zum Wohle der Bevölkerung ausübt. Genau das Gegenteil dessen praktiziert Merkel. Sie schafft schnell Fakten, indem sie sich über Bundes- wie EU-Gesetze und das Parlament – dass heißt die Vertretung des Volkes – hinwegsetzt, quasi wie zu Zeiten der Sowjetunion mittels eines Ukas-Befehls.[4]

Dass diese in eine Katastrophe münden, zeigten die ersten überregional bekannt gewordenen Exzesse in der Silvesternacht 2015/16 in Köln, Hamburg, Bielefeld, Frankfurt sowie in vielen anderen Städten überdeutlich. Über die vielen „Einzelfälle" vor Köln berichteten die loyalen und regierungsnahestehenden überregionalen Medien anfänglich meist nicht, und wenn doch, dann unter Verschweigen der Täterherkunft.

Auf was werden wir Deutschen uns einstellen müssen? Nicht nur auf eine höhere Kriminalität. Denn alle Bereiche des täglichen Lebens sind von der Migrationswelle betroffen, wie Sie in den nachfolgenden Kapiteln erfahren werden.

Unter anderem wird die einheimische Bevölkerung ihr Ausgehverhalten den veränderten Rahmenbedingungen anpassen, höchstwahrscheinlich werden Großveranstaltungen wie der Karneval oder das Münchner Oktoberfest gemieden. Die nordrhein-westfälische Stadt Rheinberg sagte bereits am 14. Januar ihren traditionellen Karnevalsumzug aufgrund der sexuellen Übergriffe durch Migranten in der Domstadt ab. Und weitere Städte und Karnevalshochburgen wie Düsseldorf, Mainz, Ratingen, Dortmund, Duisburg, Essen, Gelsenkirchen und Trier folgten am Tag des traditionellen Rosenmontagsumzugs und begründeten es mit einem angeblichen Sturmtief. Dumm nur, dass der ARD-Meteorologe Karsten Schwanke „die Absage des Düsseldorfer Rosenmontagszugs auf Twitter kritisiert[e]". Für ihn sei die „Absage #Düsseldorf – ein Rätsel", denn „die stärksten Böen seien erst am Nachmittag oder Abend zu erwarten". Ehrlicher war hingegen die Stadt Koblenz, die die Absage nur mit dem Hinweis „aus Sicherheitsgründen" kommentierte.[5] Wahrscheinlich konnte die Sicherheit aufgrund der fehlenden Polizisten nicht gewährleistet werden. Anders in Köln. Hier wurden viele Hundertschaften der Polizei zusammengezogen. Die Stadt glich „seit Tagen einer Polizeifestung. In Köln [sollte] bewiesen werden, dass nicht ist, was nicht sein darf." Denn ein weiteres Desaster konnte sich die Polizei in der Domstadt nicht erlauben. „In Düsseldorf gab es [dagegen] im Vorfeld Zoff um einen Türkei-kritischen Motivwagen", der auf die angebliche Verbindung zwischen Recep Tayyip Erdoğan und dem Islamischen Staat hinwies, was sicherlich mit zum Abbruch des Umzuges führte. Letztlich sind dies alles die ersten Vorboten der neuen islamischen Zeitenwende, die durch die vielgerühmte Merkelsche und gutmenschelnde „Willkommenskultur" hervorgerufen wurden. Wenn nicht schnell und konsequent gegengesteuert wird, findet das bis dato freiheitliche und selbstbestimmte Leben künftig meist nur noch im Privaten statt. Hinzu kommt, dass der Wohnungsmarkt besonders für Geringverdiener bereits kleiner wird, bei gleichzeitiger Verteuerung der Mietwohnungen. Auch werden Immobilien in Gebieten, in denen Flüchtlingsheime existieren, an Wert verlieren oder sogar unverkäuflich sein.[6] Denn wer möchte schon neben einer Asylbewerberunterkunft wohnen?

Zudem werden die Kosten für Unterbringung, Verpflegung, Notversorgung und Sicherheitsdienste die Haushalte von Bund, Ländern und Kommunen über kurz oder lang kollabieren lassen. Um dies kurzzeitig aufzuhalten, wird an anderer Stelle gespart werden müssen. Und dies wird wichtige Infrastrukturprojekte, aber auch Badeanstalten, Theater und Museen treffen. Denn irgendwo muss das Geld herkommen, zumal Merkel Steuererhöhungen oder einen „Flüchtlings-Soli" ausschließt – anders als ihr Adlatus Wolfgang Schäuble, der schon eine Benzinsteuer zur Bewältigung der selbstverschuldeten Krise ins Gespräch brachte.[7] Wir dürfen also gespannt sein!

Auch wollen die meist der deutschen Sprache nicht mächtigen „Flüchtlinge" finanziell versorgt und ausgebildet werden und ein adäquates Leben mit ihren noch nachzuholenden Großfamilien in Deutschland verbringen. Wer kann es ihnen verdenken? Denn viele von ihnen wurden „mit falschen Versprechungen in die EU und nach Deutschland gelockt". Ein Paradies, wo angeblich Milch und Honig fließen.[8]

Aber warum sollen wir Deutschen uns über diese Marginalien echauffieren, wo doch die Gesellschaft laut der Theologie-Studienabbrecherin und Vorsitzenden der Bundestagsfraktion der Grünen, Katrin Göring-Eckardt, von den Asylbewerbern angeblich profitiert. Denn: „Wir kriegen jetzt plötzlich Menschen geschenkt."[9] Der deutsche Michel könnte also beruhigt zu Bett gehen ...

Jedoch stellen sich viele Menschen die Frage, was Merkel im Alleingang bewogen hat, die Grenzen zu öffnen. Ist es ihr wirklich egal, wie sie selbst sagt, dass sie am „Zustrom der Flüchtlinge" Schuld trägt?[10]

Es hätte mich nicht gewundert, wenn Merkel sich zu der Aussage Erich Mielkes verstiegen hätte: „Ich liebe – Ich liebe doch alle – alle Menschen – Na, ich liebe doch – Ich setze mich doch dafür ein." Oder befindet sie sich auf einem „Esoterik-Trip", da angeblich der „Herrgott uns diese Aufgabe auf den Tisch gelegt" habe?[11] Ist es, wie die „Deutschen Wirtschafts-Nachrichten" meinen, „ein gespenstischer Ausflug in die Theokratie, der an den Grundfesten der säkularen Demokratie rüttelt", oder liegt ein Defekt in ihrer Psyche vor? Nicht von ungefähr bezeichnet der bekannte Schriftsteller, Essayist und ehemalige „Focus"-Journalist Michael Klonovsky[12] die Kanzlerin als „defekte Sprechpuppe im (…) Hosenanzug".[13]

Auch im Ausland werden immer mehr Stimmen laut, die an ihrer Geistesverfassung zweifeln, sie für „verrückt", „geisteskrank" halten oder es mit Größenwahn erklären.[14] Möglicherweise ist es aber auch Ahnungslosigkeit bezüglich dessen, was sie mit ihrer einsamen Entscheidung losgetreten hat: einen gesellschaftlichen Amoklauf, bei dem sie – frei nach Goethe – „die Geister, die sie rief, nicht mehr los" wird. Oder ist es „politische Unzurechnungsfähigkeit" gepaart mit „einem Maß an monarchischer Selbstgefälligkeit", die „bisher nur [von] Diktatoren des Ostens kurz vor dem Untergang kultiviert wurden"?[15] Ihre Vita – die Sie am Ende des Buches finden (Kapitel 15) – könnte hier weiteren Aufschluss geben.

Das „eklatante Politikversagen in der Flüchtlingskrise", wie es der ehemalige Verfassungsgerichtspräsident Hans-Jürgen Papier der Kanzlerin vorwirft, könnte aber auch andere Ursachen haben.[16] Bei meinen Recherchen bin ich dabei auf einen höchst interessanten Artikel gestoßen, der im Blog des ehemaligen „Wirtschaftswoche"-Chefredakteurs Roland Tichy erschien. Denn anders ist die „irrsinnig anmutende Offenbarung eines gravierenden Realitätsverlustes, fortschreitender Umnachtung" nicht zu erklären.[17]

10

Professor Christian Rieck beschäftigt sich in seinem Artikel mit der Spieltheorie, die die „Lehre der Entscheidungsfindung" ist. Und „angewandt auf die Politik ist danach der Maßstab größtmöglichen Versagens der Geheimagent – wie schade ich einer Regierung?" Und dieses Gedankenexperiment hat der Frankfurter Wirtschaftswissenschaftler an drei hypothetischen Beispielen festgemacht.[18]

„1: Angriff auf die Infrastruktur des Gegners

Man möchte gern die Atomkraftwerke abschalten, um einen wichtigen Teil der Infrastruktur zu destabilisieren. (…) [Der intelligente Agent] gibt sich [zuerst] als Kernkraftbefürworter aus. Dann führt er die Bewegung der Befürworter an. Jetzt wartet der Agent. Er wartet auf ein Ereignis, das das Abschalten gerechtfertigt erscheinen lässt. Fukushima. Klick und aus. Keine Gegenbewegung zum Abschalten mehr möglich, denn der Kopf der Befürworter hat ja gerade selbst die Kernenergie abgeschafft. Und niemand kann die Absicht dahinter mehr zurückverfolgen, denn die Stimmung ist gerade so schön abschalt-trunken. Schon ist die Infrastruktur des Landes empfindlich geschwächt, und der Agent wird noch als Held gefeiert."

„2: Staatsfinanzen ruinieren, ohne entdeckt zu werden

(…) Man will die Staatsfinanzen ruinieren. Das ist nicht so leicht, weil in jedem Gremium um jede kleine Million gerungen wird und es deshalb schwierig wird, wirklich unsinnige Dinge in großem Stil durchzuboxen. Abwarten ist auch hier daher die bessere Vorgehensweise. Abwarten, bis es eine Sondersituation gibt, bei der man nicht über Millionen spricht, auch nicht über Milliarden, sondern über Billionen. Gleich mehr als eine auf einmal. Das ist bei einem Bruttoinlandsprodukt in der gleichen Größenordnung so viel, dass man sein Ziel mit einem Schlag erreicht. Eine Zahlungsverpflichtung in dieser Größenordnung installiert man am besten zunächst als kurze, vorübergehende Lösung, über die man wegen der Dringlichkeit und Kurzfristigkeit im Parlament nicht zu diskutieren braucht. Dann wartet man auf die Fußball-Weltmeisterschaft und macht die Entscheidung permanent, und zwar zwischen Halbfinale und Endspiel der eigenen Mannschaft. Fertig. Besonders schön ist auch hier, dass die Wirkungen nicht sofort eintreten, sondern so zeitversetzt, dass man noch den ein oder anderen Coup landen kann. Zurückverfolgen zur bösen Absicht wird damit fast unmöglich."

„3: Fernmeldegeheimnis abschaffen, ohne ein Gesetz zu brechen

Natürlich könnte der eine oder andere Bürger aufwachen, weshalb es angeraten ist, zur Sicherheit alle Menschen möglichst gründlich zu belauschen, um auf Widerstand frühzeitig aufmerksam zu werden und gegensteuern zu können. Der strategisch ungeschulte Agent würde jetzt heimlich die Telefon- und Datenleitungen belauschen und noch ein paar Gesetze zum Lauschangriff erst brechen und dann ändern. Das könnte aber zu Gegenbewegungen oder gar zur Enttarnung führen. Der schlauere Agent sieht deshalb unschuldig zu, wie private Unternehmen die Menschen dazu bringen, ihre Informationen ganz freiwillig auf fremde Server hochzuladen und private Brief- und Fernmeldeeinrichtungen gründen. Jetzt stellt man sich dumm, weil man ja Neuland [Angela Merkel, 19.06.2013] [19] betritt, und tut so, als fallen diese Einrichtungen nicht unter die Regelungen zum Brief- und Fernmeldegeheimnis. Schon sind die Rechte der Bürger weg, ohne dass ein einziges Gesetz geändert werden musste. Das ist besonders geschickt, denn die Folgen des Nicht-Tuns lassen sich immer besonders schwer zurechnen. Somit bleibt noch genug Zeit für weitere clevere Schachzüge."

Und hier kann man die Gedankenspiele des Frankfurter Hochschullehrers weiterführen. Das derzeit virulente Thema der Flüchtlingskrise bietet sich hierbei an. Der Agent erklärt noch im Jahr 2010 öffentlichkeitswirksam „Multikulti" als „gescheitert, als absolut gescheitert!" Doch fünf Jahre darauf nutzt er den durch die US-Amerikaner und die Türkei mitinitiierten innersyrischen Krieg, indem er die Grenzen für angebliche Flüchtlinge zur Verstetigung des multikulturellen Experiments öffnet. [20]

Auch wenn Rieck seine drei Beispiele als theoretische „Gedankenexperimente" darstellt und nicht behauptet, „jemand in der Regierung sei tatsächlich der Agent einer fremden Macht, denn das Verhalten kann auch aus anderen Gründen eine strukturelle Ähnlichkeit damit haben", so lassen sich doch aus dem „Erkennen dieser strukturellen Ähnlichkeit (...) Fehler eines Entscheiders" herausfiltern.[21] Denn die bundesrepublikanische Politik hat sich in den vergangenen 25 Jahren seit der Wiedervereinigung – insbesondere aber in der elfjährigen Regierungszeit Merkels – grundlegend verändert. Indem die einzelnen Bundesministerien auf den Prüfstand gestellt werden, lässt sich erkennen, ob vielleicht doch Riecks Spieltheorie zur Erklärung der Motivation Merkels beitragen kann und ihren Charakter offenbart.

Lassen Sie uns mit der Bundeswehr beginnen.

1. Bundesministerium der Verteidigung – Ursula von der Leyen

Auch auf die Bundeswehr lässt sich die Spieltheorie exemplarisch anwenden. Denn diese wurde in der Merkel-Ära in ihren Grundfesten erschüttert und ist heute fast nicht mehr existent. Oder um es mit einem bekannten „Spiegel"-Titel zu beschreiben: „Bedingt abwehrbereit".[22]

Seit Gründung der Bundeswehr 1955 wurde das Wehrpflichtsystem insbesondere von der CDU/CSU und der FDP getragen. Große Teile der SPD und später auch der Grünen waren dagegen. Dort gehörte es zum guten Ton, die Bundeswehr in Bausch und Bogen abzulehnen und permanent die Abschaffung der Wehrpflicht zu fordern. Die Fronten waren klar verteilt.

Von Anbeginn an durfte die Bundeswehr aufgrund der Pariser Verträge von 1954 eine maximale Truppenstärke von 500.000 Soldaten nicht überschreiten. Und daran wurde sich auch gehalten. Mit der Wiedervereinigung und dem „Zwei-plus-Vier-Vertrag" veränderte sich die Personalstruktur. Denn dieser neue, völkerrechtlich bindende Staatsvertrag verfügte eine Obergrenze von 370.000 Soldaten für die Bundeswehr. Kurz vor dem Aussetzen der Wehrpflicht im Jahr 2010 besaß die Bundeswehr eine Friedensstärke von ungefähr 250.000 Soldaten und 75.000 Zivilbediensteten, darunter 20 Prozent Wehrpflichtige.[23] Auch wenn zu dieser Zeit die Wehrgerechtigkeit nicht mehr gegeben war, war die Armee noch schlagkräftig, Teil der Gesellschaft und Wirtschaftsmotor infrastrukturschwacher Gebiete. Doch heute ist der Soldat in der Öffentlichkeit nicht mehr wahrnehmbar. Und das lag an der Neuausrichtung der Bundeswehr, die mit dem Bundestagsbeschluss zur Aussetzung der Wehrpflicht im

Jahr 2010 begann und zwei Jahre darauf umgesetzt wurde. Zu dieser Zeit regierte Schwarz-Gelb, das früher zur Bundeswehr einvernehmlich stand!

Verkaufen musste die Neuausrichtung zu einer Berufsarmee der junge, charismatische Karl-Theodor Freiherr von und zu Guttenberg. Obwohl aus niederem Adel, brachte er wieder Glanz in die durch die Euro-Finanzkrise geschüttelte Republik. Die nach Prominenten süchtige Gesellschaft war angetan. Wer würde schon einem Blaublütigen, der noch dazu mit einer Gräfin von Bismarck-Schönhausen verheiratet ist, eine absichtliche Zerstörung der effizienten Bundeswehrstrukturen – die in Wirklichkeit einer Auflösung gleichkam – vorwerfen? Zumal sich das Paar bei Bundeswehrbesuchen in Afghanistan mittels Helikopter auch mediengerecht in Szene setzte. Fast fühlte man sich wie im Film „Top-Gun", bei dem Tom Cruise dem Freiherrn von und zu Guttenberg die Hauptrolle überlassen hatte. Und er spielte seine Rolle exzellent.

Was sollte er nicht alles vollbringen: die Aussetzung der Wehrpflicht, die Reduzierung des Streitkräfteumfangs auf 185.000 Soldaten, die Neustrukturierung des Verteidigungsministeriums und die Reorganisation der Teilstreitkräfte von Heer, Luftwaffe und Marine sowie der Verwaltung. Die Bundeswehr wurde dadurch „von einer Verteidigungsarmee hin zu einer Interventionsarmee transformiert", bei der sie „zwar kleiner, dafür aber professioneller, also schlagkräftiger, flexibler und global mobiler sein" sollte.[24] Und dann wollte man dabei noch sparen. Realistisch nachgedacht war eigentlich jedem sofort klar: Das wird nicht funktionieren.

Denn die vergleichsweise günstigen Wehrpflichtigen mussten durch festbeamtete Soldaten ersetzt werden. Zudem nahmen die Auslandseinsätze deutlich zu. Diese verschlingen zusätzliche Kosten wie Zulagen, Transport von Militärgerät, sowie den Rücktransport des nach Abfallsorten getrennten Mülls! Aber es geht noch besser: Auch die Panzer dürfen im Auslandseinsatz nur eingesetzt werden, wenn sie über eine TÜV-Plakette verfügen.[25]

15

Die Neuausrichtung führte leider nicht zu der geplanten Reduzierung des Verteidigungshaushalts. Ganz im Gegenteil. Betrug dieser im Jahr 2011 noch 31,55 Milliarden Euro, so stieg er im Jahr 2015 um fast 1,5 Milliarden Euro auf knapp 33 Milliarden Euro an. Die Personalkosten blieben bei circa 16,5 Milliarden Euro im genannten Zeitraum fast gleich (2011: 52 Prozent; 2015: 50 Prozent des Verteidigungsbudgets), jedoch mit dem kleinen (!) Unterschied, dass 2015 knapp 140.000 Soldaten weniger Dienst leisteten![26]

Freiherr zu Guttenberg wurde immer populärer und übermütiger, zumal er bereits als künftiger Kanzlerkandidat gehandelt wurde. Bei Meinungsumfragen war er „der Überflieger, der Gentleman-Politiker" und „Mann des Jahres". „Was für ein Aufstieg: Vor zwei Jahren war Karl-Theodor zu Guttenberg noch Hinterbänkler mit Fachgebiet Außenpolitik, heute ist er Medienstar mit Obama-Appeal. In der Politikerhitliste liegt der Verteidigungsminister meilenweit vorn. Und hinter ‚KT' kommt lange nichts." Die Tagesschau setzte aber noch eins drauf: „Kritik perlt einfach an ihm ab. Sein schneidiges Urteil über den verheerenden Luftangriff von Kundus? Längst vergessen. Und dass er sich erst als Fan der Wehrpflicht outet, um sie dann kurzerhand auszusetzen?"[27] Ein Schelm, wer Böses dabei denkt.

Doch es reichte wohl nicht aus, dass einige meinten, „der fränkische Freiherr [habe] in Drachenblut gebadet".[28] Denn wie bei Siegfried ist jeder verwundbar – und das sollte sich rächen. Bereits Mitte Februar 2011 – also zwei Monate nach der Auszeichnung zum „Aufsteiger des Jahres" – begann Guttenbergs jäher Absturz. Die Plagiatsaffäre führte zur Aberkennung der Doktorwürde und zum Rücktritt vom Ministeramt Anfang März 2011. Die Niederlegung des Bundestagsmandats besiegelte vorerst das Ende seiner Karriere.

Aber noch hatte der Bundeswehr-Mohr seine Schuldigkeit nicht getan. Auch wenn die Truppe einen weiteren Reputationsschaden mit Guttenberg erlitten hatte, war sie noch nicht vollends geschleift.

Jetzt war es an der siebenfachen Mutter außer Dienst Ursula von der Leyen – denn um ihre Kinder kümmern sich andere Erzieher. Was sie als Ärztin qualifizierte, den Oberbefehl über gestandene Generäle und Offiziere zu erhalten, bleibt dahingestellt. Zumal es sicherlich schwieriger ist, 185.000 Soldaten einer zutiefst konservativen Institution zu befehligen, als das Bundesfamilienministerium oder das Arbeits- und Sozialministerium zu führen.

Von dort brachte sie ihre Experten des Genderismus mit in die Verwaltung des Verteidigungsministeriums, die nun hohe Positionen bekleiden. War dies ein Grund für ihre Berufung?

Die Medien berichteten auffallend positiv über die Veränderungen bei der Bundeswehr, wenn es nicht ab und an zu Unglücken mit Todesfolge beziehungsweise zu Überraschungen gekommen wäre. So fiel beispielsweise eine Soldatin vom Großmast (2010), oder es kam in einzelnen Kasernen zu Alkoholexzessen und Sex-Orgien. Anstatt hier die eingeleiteten Reformen zu hinterfragen (unter anderem die Aufnahme von Frauen in der Bundeswehr), wurde die Schuld entweder dem Kommandanten des Segelschulschiffes „Gorch Fock" gegeben oder die Stellschraube weiter gedreht. Denn angeblich lagen die Probleme in der „mangelnden Vereinbarkeit von Familie und Beruf durch fehlende Kinderbetreuung".[29] Ähnliche Plattitüden wie bei der Ausländergewalt, bei der Tätern eine schlimme Kindheit attestiert wird.

Von der Leyen war die Richtige für die Aufgabe, den Pazifismus in die Bundeswehr zu implantieren. Kinderkrippen, Teilzeitarbeit, „Lebensarbeitszeitkonten, auf die Überstunden eingezahlt werden"[30] und verstärkte Werbung um Soldatinnen sollten ein neues Gefühl geben – wie bei der Caritas. Soldaten sollten sich auch mal eine Pause mehr gönnen. Nur, was ist, wenn es zum Ernstfall kommt? Ist es dann wie bei „Asterix bei den Briten", dass der Gegner erst dann wieder schießen darf, wenn die Teepause beendet ist?

Sicherlich hätte sich von der Leyen – aber auch ihre Vorgänger – einmal Militärratschläge aus Israel oder den USA einholen können. Denn dort werden Soldatinnen nicht in Kampfeinsätzen eingesetzt, da die meisten Frauen laut einer Studie des israelischen Militärhistorikers Martin van Creveld „das Minimalgewicht der Ausrüstung für Kampfsoldaten von 50 Kilogramm einfach nicht tragen können. Auch haben selbst durchtrainierte Frauen Schwierigkeiten, Gepäckmärsche von mehr als 20 Kilometern durchzustehen. Zum Training gehören aber Märsche der doppelten Länge." Sie sind letztlich „für Kampfhandlungen einfach physisch nicht so gut aufgestellt". Daher seien allein in Israel „noch immer 85 Prozent aller Soldatinnen mit Sekretärinnenarbeiten beschäftigt (...). Sie kochen Kaffee und mischen täglich den Papierhaufen auf dem Schreibtisch einmal gut durch." Und: „So viele Sekretärinnen brauche nicht einmal eine Armee."[31] Hätte unsere politische Führung nicht zu einem ähnlichen Ergebnis kommen müssen, wenn ihr nicht der Genderismus das Gehirn vernebelt hätte? Denn mittels des Gender will man einen „besseren Menschen" schaffen. Das „Ziel ist die geschlechtslose Gesellschaft mit gut steuerbaren, identitäts- und bindungslosen Menschen. Ihre Instrumente sind staatliche Kinderkrippen, Ganztagskindergärten und -schulen, Sprachregelungen, Umdeutungen, Sanktionen und Denkverbote."[32]

Hinzu kommt, dass die „Bundeswehr die Rekrutierung junger Muslime forciert" betreibt, indem sie „die deutschen Streitkräfte als ‚bunte Truppe'" darstellt. So findet sich in einem „offiziellen ‚Arbeitspapier' der Bundeswehr der ‚Hinweis an Vorgesetzte', mit den Angehörigen islamischer Religionsgemeinschaften ‚angemessen' umzugehen und etwa von ihnen vorgebrachte Wünsche nach Gebetsräumen soweit wie möglich zu erfüllen." Der muslimische Soldat darf auch „entgegen den militärischen Dienstvorschriften einen ‚längeren Bart' tragen", damit er ein akzeptierter Gesprächspartner in Afghanistan ist. „Für die seelsorgerische Betreuung moslemischer Armeeangehöriger" stehen sogenannte Militär-Imame bereit. Leider scheint die Truppenverpflegung bisher noch nicht ganz an muslimische Bedürfnisse angepasst zu sein. Doch stellt dies angeblich kein großes Problem dar, zumal muslimische Soldaten „von der

Teilnahme an der Gemeinschaftsverpflegung befreit sind und das Geld dafür ausgezahlt bekommen".[33] Die Werbung von Politik und Bundeswehr um Integration muslimischer Söldner hat sich mehr als ausgezahlt. Allein im Landeskommando Baden-Württemberg sind Anfang 2016 bereits knapp 25 Prozent Muslime beschäftigt.[35] Bereits heute haben bei der Bundeswehr insgesamt „26 Prozent der Soldaten im einfachen Dienst (Mannschaftsdienstgrade) einen Migrationshintergrund." Im gehobenen Dienst sind es schon zehn Prozent und im höheren Dienst (ab Major) sieben Prozent. Und die Bundeswehr will den Migrantenanteil noch deutlich erhöhen. Ob sie sich auch langfristig für die Verteidigung der deutschen Bevölkerung auszahlen, bleibt dahingestellt. Vielmehr könnte sich die Ausbildung der Muslime an der Waffe auch als Himmelfahrtskommando für die Bundeswehr erweisen. Denn im Syrienkrieg kämpften bereits etliche ehemalige Bundeswehrsoldaten auf seiten der Terrormiliz „Islamischer Staat".[36] Ein Hinweis sei gestattet: Das Römische Reich ist nicht nur an seiner Dekadenz zugrundegegangen, sondern weil es Germanen in einflussreiche Stellungen des Militärs beförderte und auf Germanen als Legionäre setzte.

Es fehlt der Generalität somit entweder am nötigen Sachverstand, oder der gesunde Realitätssinn wurde an der Garderobe vor dem Büro der Ministerin abgegeben. Die Militärs sind nicht mehr in der Lage, sich gegen diese eklatanten Eingriffe zu wehren. Sie haben somit zugelassen, dass der gemeine Soldat nicht ausreichend geschützt ist, da Gelder für Militärausgaben zweckentfremdet werden. Allein die Eröffnung der Kindertagesstätte der Bundeswehr in Neubiberg bei München kostete den Steuerzahler 2,4 Millionen Euro. Denn für von der Leyen „ist es wichtig, dass die Bundeswehr familienbewusst ist." Zudem ist der Ausbau der Kitas „Teil ihrer Attraktivitätsoffensive für die Freiwilligen-Armee".[36]

Dass darunter die Ausrüstung der Soldaten leidet und sich die Gefahr von Todesfällen im Auslandseinsatz erhöht, scheint irrelevant. Erst Anfang des Jahres wurde bekannt, dass die im Syrien- und Irakeinsatz befindlichen Tornados nachts nicht eingesetzt werden können, da die Innenbeleuchtung die Piloten angeblich blendet. Auch wurden Marinehubschrauber angeschafft, die aber nicht über Wasser eingesetzt werden können. Die Materialmängel betreffen aber fast alle wichtigen Waffensysteme der Bundeswehr. So sind von den 66 Kampfflugzeugen im Jahr 2015 nur noch 29 einsatzbereit, von den 45 Transporthubschraubern sind es nur 18, von den 37 Transall-Transportflugzeugen nur 21, von den 23 NH-90-Transporthubschraubern ganze fünf, von den 23 Tiger-Kampfhubschraubern nur sechs. Wenn man bedenkt, dass sich ein Großteil dieser noch funktionsfähigen Fluggeräte im Auslandseinsatz befindet, dann muss einem angst und bange um die Landesverteidigung werden. Aber es gibt auch etwas Positives zu vermelden. Von den sieben Fregatten sind alle tauglich, denn diese werden unter anderem für die Flüchtlingsrettung im Mittelmeer eingesetzt, oder um muslimische Piraten am Horn von Afrika aufzugreifen, um sie in Deutschland – bei Rundumverpflegung – vor ein ordentliches Gericht zu bringen ... ! Aber es geht weiter: Angeblich sind laut Verteidigungsministerium „nur knapp 2.750 Soldaten im Auslandseinsatz". Der Bundeswehrverband spricht dagegen von „insgesamt 20.000 Soldaten in auslandsähnlichen Einsätzen".[37] Warum diese Verschleierungstaktik und warum werden deutsche Waffen an fremde Mächte, aber auch an islamische Söldner verschenkt und deutsche Waffenschmieden geschleift?

Die einstige Paradedisziplin der Marine, die U-Boot-Flotte, war als erstes dran. Gehörten noch bis 2010 zehn U-Boote zum Bestand der Marine, so wurden in der Merkel-Ära sechs von diesen aus angeblichen Geldnöten ausgemustert. Kurze Zeit darauf wurde aber ein Vertrag mit Israel geschlossen, der den Bau von sechs der modernsten U-Boote der Dolphin-Klasse 212 A vorsah, von denen „Berlin nicht nur mit 135 Millionen Euro ein Drittel der Kosten übernahm, sondern auch den israelischen Anteil bis 2015" stundete. Dass diese zudem mit Atomraketen von Israel bestückt wurden, davon wusste die Bundesregierung angeblich nichts. Die Bundesregierung hat somit mit dem Verschenken des modernsten U-Bootes – das nicht nur Tauchrekorde aufstellte und bei Manövern unbemerkt die Verteidigung von NATO-Kriegsschiffen durchbrach – nicht nur den Bundeswehrhaushalt geschädigt, sondern auch Militärwissen an eine Atommacht im Nahen Osten verraten.[38] Doch Merkel sieht dies als „historische Verantwortung Deutschlands [die] Teil der Staatsräson meines Landes ist. Das heißt, die Sicherheit Israels ist für mich als deutsche Bundeskanzlerin niemals verhandelbar." Auch wenn dies aus unserer Geschichte heraus verständlich sein mag, so sollte es aber auch die Sicherheit Deutschlands sein! Denn wenn irgendwann der muslimische Anteil in Deutschland so hoch wie der der autochthonen – also der biologischen – Deutschen ist, wird Israel sicher nicht mehr von uns Unterstützung erwarten können.

Aber Deutschland hat noch eine veritable Rüstungsindustrie, die einigen in der Politik seit langem ein Dorn im Auge ist. Um dies zu ändern, ging von der Leyen dazu über, die Soldaten zu entmilitarisieren und das „Made in Germany" deutscher Waffenschmieden zu entwerten. Weltbekannte Unternehmen wie Heckler & Koch und Krauss-Maffei Wegmann wurden zur Zielscheibe.

Dass es der Bundesregierung anscheinend nicht schnell genug geht, deutsche Hoch- und Geheimtechnologie in fremden Händen zu sehen, zeigt sich am Beispiel des Leopard-Panzerbauers Kraus-Maffei Wegmann (KMW), der vom französischen Rüstungsunternehmen Nexter Ende 2015 übernommen wurde. Erst drei Jahre zuvor hatte sich Krauss-Maffei mit Wegmann zusammengeschlossen, um international weiter mithalten zu können. Nun der Verkauf an das französische Rüstungsunternehmen Nexter. Hätte KMW nicht auch vom deutschen Waffenproduzenten Rheinmetall übernommen werden können, der bereits seit einigen Jahren Interesse an der Panzerschmiede angemeldet hatte?[39] Was bewog Wirtschaftsminister Sigmar Gabriel, so zu verfahren? Ist es nicht übliche internationale Praxis, wichtige Waffenhersteller nicht an Unternehmen aus anderen Ländern zu verkaufen? Doch Gabriel brach mit der gängigen Doktrin, ohne dass es zu lautstarken Protesten kam. Die Bundesregierung verklärte den Verkauf. Danach diene

„die enge deutsch-französische Zusammenarbeit im Verteidigungsbereich der Aufrechterhaltung unserer Verteidigungsfähigkeit im Interesse von Frieden, Freiheit, Sicherheit und Stabilität". Gabriel diente aber mit diesem Verkauf eher französischen Interessen. Denn damit hatte er seinem französischen Genossen, dem innenpolitisch unter Druck geratenen Staatspräsidenten François Hollande, ein politisches Geschenk gemacht.

Und die deutsche Rüstungsindustrie sollte weitere Federn lassen. Ende Januar 2016 wurde bekannt, dass auch Airbus die sensible Rüstungselektroniksparte (Sensoren, Radar und Grenzsicherung!) an zwei amerikanische Private-Equity-Gesellschaften (Kohlberg Kravis Roberts, Carlyle) verkauft. Also an anonyme Investoren, die der damalige SPD-Vorsitzende Franz Müntefering noch 2005 als „Heuschrecken" bezeichnet hatte.[40] Gabriel scheint mit diesen Heuschrecken keine Probleme zu haben. Dabei wäre es doch gerade jetzt sinnvoll, die von Airbus vertriebene Grenzsicherungselektronik zu behalten. Denn die deutsche Grenze benötigt diese Technik in Zeiten der Masseninvasion besonders. Auch für Airbus wäre dieses Geschäft sehr lukrativ gewesen.

Auch von der Leyen beteiligt sich am Ausverkauf deutscher Militärtechnik an vorderster Front. Obwohl die deutsche Marine neue Kriegsschiffe für ihre internationalen Einsätze von NATO und EU benötigt, schreibt sie als einzige Verteidigungsministerin in der EU die nächsten Großprojekte europaweit aus. Dies wird dazu führen, dass die wenigen noch existierenden heimischen Marinewerften (Blohm + Voss, Lürssen) in Bälde trockengelegt sind. Die Fregatten stammen dann aus den Niederlanden oder Frankreich.[41]

Dennoch reicht der Ausverkauf deutscher Rüstungsschmieden an ausländische Unternehmen der Bundesregierung anscheinend immer noch nicht aus. Frau von der Leyen war es, die dem renommierten Rüstungsunternehmen Heckler & Koch einen irreparablen Schaden zufügte, indem sie dessen Gewehr G36 sturmreif schoss. Dies führte unter anderem dazu, dass Litauen dieses Gewehr nicht mehr kaufte. Und das, obwohl der Großteil der Bundeswehrsoldaten sowie andere Armeen das Sturmgewehr G36 sehr schätzen! Dennoch wurde es par ordre du mufti von der Suffragette von der Leyen ausgemustert. Dabei war es jedoch „alles andere als ein ‚Pannengewehr‘", wie eine Kommission im Oktober 2015 herausfand. „Es sei vielmehr bedienungsfreundlich, leicht und dennoch robust, insgesamt sehr zuverlässig – vor allem im Vergleich mit den Sturmgewehren anderer Nationen. Kurz gesagt: Die Soldaten gaben eine Ehrenerklärung für das öffentlich diskreditierte Gewehr ab."[42] Anstatt jedoch Konsequenzen aus ihrem Fehlverhalten zu ziehen und sich öffentlich für die Reputationsschädigung bei Heckler & Koch zu entschuldigen, verfuhr sie weiter nach Gutsherrenart. Die 170.000 Sturmgewehre werden ersetzt, denn Geld hat die Bundeswehr ja genug. Zuständig für das Beschaffungsmanagement ist Staatssekretärin Katrin Suder, die sich vormals bei McKinsey mit dem Thema Diversity Management befasste – sich also um die Vielfalt unter den Beschäftigten kümmerte. Ob sie mit ihrer Erfahrung die Organisation in den Griff bekommt, scheint daher eher fraglich. Was aber mit den ausgemusterten Gewehren passiert, ist noch nicht ganz klar. Entweder gehen sie an den Lieferanten zurück oder werden, wie andere Waffen zuvor, an die Kriegsparteien, die gegen den IS oder Assad kämpfen, verschenkt. Viele bislang dorthin gelieferte Waffen fielen bereits auf den arabischen Schwarzmärkten den feindlichen Kräften in die Hände. Ganz besonders beliebt scheint das Vorgängermodell des Sturmgewehres G36 zu sein, das G3. Dieses wurde an die Kurden verschenkt. Dies alles scheint weniger problematisch für von der Leyen zu sein, auch wenn diese Waffen irgendwann gegen das deutsche Volk gerichtet werden könnten.[43] Mitinitiator der Übergabe von 8.000 Stück an G3-Gewehren war übrigens der Vorsitzende des Reservistenverbandes, Mitglied des Verteidigungsausschusses und CDU-Hinterbänkler Roderich Kiesewetter, der nicht nur die Merkelsche Politik der offenen Grenzen verteidigt, sondern „die Bevölkerung darauf vorbereiten [möchte], dass auch in diesem Jahr etwa eine

Million Menschen nach Deutschland kommen". Denn es gibt seiner Meinung nach „keine Alternative", und Europa müsse damit leben, „dass jährlich mehrere Millionen Menschen auf den Kontinent streben".[44] Diese Sprüche der Alternativlosigkeit kennen wir alle bereits von Merkel, die damit zur Verbreiterin des Unworts des Jahres 2010 wurde. Denn wie sagte schon der Schriftsteller Nicol Ljubić: „Nur der politische Dialog ist alternativlos." Manchmal fragt man sich, was einige Politiker täglich konsumieren. Es wäre besser, sie gingen dem Auftrag des Wählers nach, als dass sie alles als alternativlos darstellen und nichts tun. Eigentlich sollte es doch die Aufgabe der Politik sein, Wege zur Lösung von Problemen zu finden. Tut sie es nicht, sollten diese Politdarsteller – denn souverän ist unser Staat nach Aussagen von Wolfgang Schäuble und Gregor Gysi nicht – besser zurücktreten.[45]

Doch wo sollen alle die noch kommenden Wirtschaftsmigranten unterkommen? Bereits heute „hat die Bundeswehr in 78 Liegenschaften (Kasernen und Standortübungsplätzen) und zwei Wartezentren Unterbringungsmöglichkeiten für rund 47.000 Flüchtlinge bereitgestellt." Und „weitere Liegenschaften [für zugesagte weitere 40.000] befinden sich in der Prüfung [oder] stehen noch nicht bereit, da sie noch entsprechend hergerichtet werden müssen". Wie stark die selbstverschuldete Merkelsche Flüchtlingskrise die Bundeswehr belastet, wird in einem internen Bericht der Bundeswehr deutlich. Danach „sind aktuell durchschnittlich 6.300 Bundeswehr-Angehörige [in der Spitze bis zu 9.000 am Tag], zum Teil im Schichtbetrieb, in der Flüchtlingshilfe gebunden."

Die ehemalige Verteidigungsarmee bietet zudem folgende Unterstützungsleistungen:

„14 mobile Röntgengeräte werden bereitgestellt, von denen elf ausgegeben sind.

Bereitstellung einer mobilen Duschkapazität.

Die Bundeswehr unterstützt mit bis zu 80 Bussen und Kraftfahrern den Personentransport. Derzeit sind 25 Busse im Einsatz.

102 Sanitätskräfte werden im Rahmen der Aufnahmeunter-suchung und der allgemeinen medizinischen Versorgung von Flüchtlingen und Asylsuchenden eingesetzt.

In zwölf Liegenschaften ist die Bundeswehr für den abweh-renden Brandschutz zuständig.

Verpflegung: Über 850.000 Einheiten (Stand: 18. Januar 2016) wurden ausgegeben.

Bisher wurden 12.760 Betten bereitgestellt.

Weitere Unterstützungsleistungen mit Material (Zelte) und Zeltaufbau, Betten, mobile Röntgengeräte sowie Personal er-gänzen diese Anstrengungen.

540 Angehörige der Bundeswehr unterstützen als Abord-nungen das Bundesamt für Migration und Flüchtlinge.

Seit Mitte November [2015] bietet das Zentrum Innere Führung der Bundeswehr in Koblenz wöchentlich zwei auf die Flüchtlingshilfe zugeschnittene Lehrgänge für Führungsperso-nal der Streitkräfte an."

Damit weitere Unterbringungen möglich sind, schränkt die Bundeswehr auf den Standortübungsplätzen den „Übungs- und Nachtschießbetrieb" ein. Mit anderen Worten: Das Geld für Übungen wird für die Migranten zweckentfremdet, da-mit diese auch nicht in ihrer Nachtruhe gestört werden. Denn sie sind ja – wie uns immer wieder die Medien einimpfen – durch ihre „einschneidenden Erlebnisse von posttrauma-tischen Belastungsstörungen und Depressionen geplagt".[46] Blöd nur, dass der größte Teil der Illegalen nicht aus dem Kriegsgebiet in Syrien stammt beziehungsweise monate- bis jahrelang in der friedlichen Türkei Aufnahme gefunden hatte.

Wörtlich lässt sich von der Leyen zu der Aussage hinrei-ßen, dass es ihr „in der akuten Krise wichtig war und ist, dass die Bundeswehr ihr Land nicht im Stich lässt". Natürlich ist auf die Bundeswehr in Notlagen immer Verlass gewesen, sei es in der Hamburger Sturmnacht 1962 oder bei den Hoch-wassereinsätzen 1997, 2002 und 2013. Doch wie dankt die Verteidigungsministerin ihren Soldaten in der Flüchtlingskrise?

Sie räumt einzelne Kasernen und quartiert die Soldaten in Zelten ein. Was für eine verkehrte Welt![47]

Aber im Gegensatz zur Kanzlerin, die sich nicht vorstellen kann, selbst Flüchtlinge bei sich aufzunehmen, hat von der Leyen diesen Schritt gewagt – zeitweise und medienwirksam.[48] Natürlich hat sie sich einen Exoten unter den Flüchtlingen herausgesucht, den ihre Familie zudem noch von früher kannte: einen Reiter der syrischen Jugendnationalmannschaft, also jemanden aus der höheren Schicht.[49] Mehr Verlogenheit geht wirklich nicht. Die Bevölkerung hingegen muss sich meist mit den aus anderen Schichten kommenden Migranten abgeben, wie die Silvestervorfälle in Köln und anderswo deutlich gezeigt haben.[50]

Damit wir uns wieder sicherer fühlen können, preschte der Bundesfinanzminister – nicht die Verteidigungsministerin – vor. Schäuble möchte die noch in Deutschland stationierten Soldaten nun auch im Inneren einsetzen, da „die Menschen [nicht die Deutschen!] erwarten, dass der Staat, der das Gewaltmonopol hat, Sicherheit gewährleistet". Wessen Sicherheit meint er, und gegen wen sollen die Soldaten eingesetzt werden? Bereits 2012 hatte das Bundesverfassungsgericht in seiner Rechtsprechung den Gebrauch der Bundeswehr im Inland für zulässig erklärt. Und zwar nicht nur bei Katastrophen, sondern auch bei „besonders schweren Unglücksfällen".[51] Und diese sind Auslegungssache!

Wenn man dem ehemaligen CIA-Chef Michael Hayden Glauben schenkt, dann steht uns ein Bürgerkrieg bevor. Er prognostizierte diesen für spätestens 2020. Auch die Bundesregierung erwartet laut Rainer Wendt, dem Bundesvorsitzenden der Deutschen Polizeigewerkschaft, „schwere soziale Unruhen". Und dieser fügte hinzu: „Man weiß, was sich da zusammenbraut, aber man verdrängt das in der Öffentlichkeit lieber."[52] Hier stellt sich die Frage, warum Merkel noch weiteres „Flüchtlings"-Öl ins Feuer gegossen hat.

Letztlich kann die Regierung zur Machterhaltung die Waffen gegen das eigene Volk richten. Der Tyrannei ist dann Tür und Tor geöffnet, falls das Militär sich nicht an seinen Eid und seine Verpflichtung dem Grundgesetz gegenüber erinnert. Auch in der DDR haben die Streitkräfte am Ende nicht auf die eigenen Brüder und Schwestern geschossen. Daran sollten die „politischen Eliten" immer denken! Doch wie heißt es so schön: „Die Hoffnung stirbt zuletzt".

Ob sich von der Leyen letztlich für ihre (Fehl-) Leistungen als Nachfolgerin von Merkel erfolgreich positioniert hat, wird die Zeit zeigen. Jedoch konnte selbst der Plagiatsvorwurf um ihre Doktorarbeit ihr nichts anhaben. Letztlich hatte dieser ein „glimpfliches Ende" genommen, obwohl „einige Plagiate festgestellt wurden". Bereits „unmittelbar vor der Entscheidung [der Medizinischen Hochschule Hannover] hatte sich auch Bundeskanzlerin Angela Merkel hinter ihre Verteidigungsministerin gestellt". Sie kannte wohl vorab das Ergebnis. Zudem benötigt sie die Verteidigungsministerin noch. Denn diese hat das Ziel Merkels noch nicht ganz erfüllt: Das Ende der Bundeswehr einzuläuten, damit diese ihrem Auftrag zur Verteidigung des deutschen Volkes nicht mehr nachkommen kann![53]

Dabei führt von der Leyen die Bevölkerung absichtlich in die Irre. Noch Ende Januar 2016 kündigte sie großspurig an, in den nächsten 15 Jahren zusätzlich 130 Milliarden in die Ausrüstung der Bundeswehr zu investieren, um die Landesverteidigung zu stärken. Keine vier Monate später ging die Verteidigungsministerin auf Tauchstation, als bekannt wurde, dass das Geld für künftige Rüstungsinvestitionen fehlt. Gut gebrüllt Löwin, mehr aber auch nicht! Können von der Leyen und ihre für das Beschaffungsmanagement zuständige Staatssekretärin Suder nicht mit einfachen Zahlen umgehen? Oder liegt es daran, dass sich die Prioritäten der Regierung geändert haben? Denn der Bund möchte nun für Flüchtlinge bis zum Jahr 2020 weitere 94 Milliarden Euro ausgeben.[54]

2. Bundesministerium für Gesundheit – Hermann Gröhe

Dass das deutsche Krankenversicherungssystem seit Jahrzehnten marode ist, ist hinlänglich bekannt. Darunter leiden besonders die Versicherten, die immer höhere Beiträge zahlen, aber immer geringere Leistungen in Anspruch nehmen können. Schuld daran sind vor allem die Krankenversicherungen – besonders die gesetzlichen –, da ihre viel zu großen Verwaltungsapparate Unsummen verschlingen. Doch ist das der alleinige Grund, warum die Beiträge fast jährlich steigen?

An den angeblich zu teuren Ärzten liegt es sicherlich nicht, da die gesetzlichen Krankenkassen die Honorare der Ärzte in den letzten Jahren drastisch eingeschränkt haben. Dies führte aber nicht dazu, dass das Interesse an einem Medizinstudium nachgelassen hätte. Nein, im Gegenteil: Die Gesamtzahl der praktizierenden Ärzte hat sich in Deutschland von 1990 bis 2014 nahezu verdreifacht. Sie stieg von 127.500 auf 365.200. Dabei herrscht gerade in den Ballungszentren ein Überangebot an Ärzten, während ländliche Gebiete aufgrund ihrer Sozialstruktur nur wenige Ärzte anziehen. Da die Ausstattung einer Arztpraxis in die Hunderttausende Euro geht, muss sie sich auch amortisieren. Damit dies kein Verlustgeschäft wird, benötigt eine Arztpraxis etwa 20 Prozent Privatversicherte, die dort aber meist nicht leben. Das heißt aber auch, dass Deutschland keine Ärzte aus anderen Ländern benötigt, zumal nur wenige Mediziner pro Jahr Deutschland verlassen. Allein im Jahr 2014 verließen laut Bundesärztekammer nur knapp 2.400 Mediziner das Land. Damit eine ärztliche Versorgung auch in Randgebieten gewährleistet werden kann, könnte der Staat Unterstützung anbieten (günstige Förderkredite, steuerliche Anreize, Anschubfinanzierung und so weiter). Dass der Staat über genügend Finanzmittel verfügt, zeigt er doch gerade in der selbst verschuldeten Flüchtlingskrise. Er müsste sie nur gezielter für die Bedürfnisse der eigenen Bevölkerung einsetzen.[55]

Woran liegt es also, dass die Beiträge kontinuierlich steigen?

Einerseits tragen die teuren Medikamente der Pharmahersteller daran eine Mitschuld. Andererseits wandern jedes Jahr viele Hunderttausend Menschen nach Deutschland ein (Prognosen gehen von weiteren bis zu zehn Millionen Flüchtlingen bis 2020 aus), die nicht nur eine Grundversorgung, sondern eine Vollversorgung erwarten. „Ökonomen der renommierten Freiburger Denkfabrik SAT" rechnen „im schlimmsten Fall" mit 6,4 Millionen Flüchtlingen. Und das nur für das Jahr 2016! Das noch funktionierende Gesundheitssystem gerät dadurch ins Wanken und kann nur mittels steigender Beiträge gestützt werden.[56]

Viele der nach Deutschland strömenden Wirtschaftsflüchtlinge leiden unter Tuberkulose (TB), Masern, Polio oder Krätze. Krankheiten, die in Deutschland schon seit Jahrzehnten als ausgestorben beziehungsweise als geheilt galten. Alleine jeder TB-Patient kostet den deutschen Steuerzahler um die 200.000 Euro pro Jahr – und die Behandlung in Quarantäne-Kliniken dauert bis zu 18 Monate! Ärzte gehen davon aus, dass mindestens 8.000 bis 10.000 Flüchtlinge behandlungsbedingte Krankheitserreger in sich tragen.[58] Laut dem Robert-Koch-Institut „steckt ein Patient mit offener TB pro Jahr zehn Gesunde an".[58] Zudem berichtete das Institut, dass das einzige in Deutschland zugelassene Medikament, das eine TBC-Infektion erkennen kann, bis voraussichtlich Februar 2016 nicht lieferbar sein wird. Allein in den ersten vier Wochen des Jahres 2016 ermittelte das Institut insgesamt 1.030 Fälle von meldepflichtigen Infektionskrankheiten bei Asylsuchenden, unter anderem 428 Windpockenfälle, 197 TBC-Fälle, 62 Hepatitis-B- und 51 Hepatitis-A-Fälle.[59] Das heißt, die Ansteckungsgefahr mit gefährlichen Krankheitserregern wird zunehmen! Nicht ohne Grund stehen in jeder Erstaufnahmeeinrichtung und zentralen Unterbringungseinrichtung mobile Röntgengeräte!

Einige Ärzte nahmen daher den Hippokratischen Eid ernst, der unter anderem besagt, dass sie ihre Patienten „vor Schaden und willkürlichem Unrecht bewahren" sollen.[60] Dennoch sollte dies für sie Konsequenzen haben. Unter anderem musste eine Erfurter Zahnärztin im Rahmen des Notdienstes Asylbewerber behandeln. Sie warnte daraufhin ihre Patienten und die Hausbewohner mit einem Aushang vor eventuellen „Krankheiten wie Krätze, Lungen-Tuberkulose, Masern oder Typhus", die bei Asylbewerbern diagnostiziert worden seien. Zudem teilte sie mit, dass sie „nach dem Notdienst das gesamte Treppenhaus desinfizieren" würde. Neben einer saftigen Medienschelte verurteilte auch die Landeszahnärztekammer Thüringen ihre Aktion scharf.[61] Dass bis dato „die rechtlichen Rahmenbedingungen für die Behandlung von Asylbewerbern unklar [und] Ärzte bisher nicht ausreichend abgesichert" sind, steht noch auf einem anderen Blatt. Wenn dann ein Arzt dieses zur Entscheidung für seine Ablehnung macht, wobei es nicht um die Notversorgung, sondern nur um die Grundversorgung der Flüchtlinge geht, wird er der Presse zum Fraß vorgeworfen.[62]

Damit die medizinische Grundversorgung auch für Zuwanderer gesichert bleibt, hat daher Bundesgesundheitsminister Hermann Gröhe seinen Etat für 2016 um 2,5 Milliarden Euro auf 14,6 Milliarden Euro aufstocken lassen. Dabei gehört nach Angaben des Statistischen Bundesamtes „das Bundesgesundheitsministerium [bereits heute] zu den größten Bürokratiesündern in Deutschland". Dass letztlich die Versicherten mit höheren Beiträgen rechnen müssen, erwähnte Gröhe hingegen nicht.[63]

Eine neue Bürokratiesünde Gröhes ist die Förderung der Internetseite „Zanzu" der Bundeszentrale für gesundheitliche Aufklärung. Auf dieser werden den Flüchtlingen „Tipps zur Selbstbefriedigung oder zum Gelegenheitssex" sowie zum „Analverkehr bis Zungenkuss", natürlich in „geschlechtergerechter Sprache", gegeben. „Bunte Zeichnungen und einfache Texte erklären den Körper in Wort und Bild." Eine Übersetzungshilfe auf Arabisch wird außerdem angeboten. Mit dieser Internetseite soll den meist konservativen muslimischen Einwanderern die sogenannte offene Gesellschaft vermittelt werden. Eine Welt, die glücklicherweise von den meisten Deutschen bislang nicht gewünscht wird.[64]

Dass die Kostenexplosion allein im Bund um über 20 Prozent (!) in einem Jahr nur ein Tropfen auf dem heißen Stein ist, zeigt die Kritik des Städte- und Gemeindebundes. Denn die Rechnung zahlen zuerst die Kommunen – und somit die Steuerzahler –, da die anfallenden Kosten einfach weitergereicht werden. Schuld sind einzelne Landesregierungen wie Berlin, Bremen, Hamburg, Nordrhein-Westfalen und Schleswig-Holstein, die eine Gesundheitskarte für Asylbewerber nach der Erstaufnahme eingeführt haben. Dadurch „verlieren die Kommunen die Kontrolle über die Kosten der medizinischen Behandlung von Flüchtlingen" und der Verwaltungsaufwand erhöht sich drastisch, wie der Hauptgeschäftsführer des Städte- und Gemeindebundes mitteilte.[65]

Verschleiert wird zudem häufig, dass auch die Behörden eine Mitschuld an den Kostenexplosionen tragen, wie ein Beispiel aus Sachsen zeigt. In vielen Kommunen werden die Wirtschaftsmigranten in großem Stil mittels Taxen von der Flüchtlingsunterkunft für Behandlungen zum Arzt chauffiert. Und das, obwohl der Mediziner meist nur wenige Straßen entfernt seine Praxis hat. Die Taxiunternehmen freuen sich über volle Auftragsbücher und die „neue Art der Wirtschaftsförderung". Dabei kommen die Chauffeure selbst ins Grübeln, ob dies eigentlich richtig ist. Denn letztlich trägt der Steuerzahler – und somit auch der Taxifahrer – die Kosten. Wie sieht es nun bei den gesetzlich Versicherten aus? Erhalten diese auch ihre Fahrten zum Arzt für ambulante Behandlungen erstattet? Eindeutig nein![66] Bereits in George Orwells „Farm der Tiere" waren alle gleich, einige andere aber gleicher. Vielleicht gehört dies zu den Grundsätzen der deutschen Politik.

Aber damit nicht genug. Sind die „Asylbewerber" erst einmal 15 Monate in Deutschland, haben sie Anspruch auf alle

Leistungen – wie ein in Deutschland Zwangsversicherter. Nur dass der gemeine Versicherte einen „Beitrag zur Solidargemeinschaft" leistet, für Zahnersatz einen Eigenanteil zuzahlt und noch ein Bonusheft führt. Anders dagegen Asylbewerber und Wirtschaftsflüchtlinge. Diese sind von Zuzahlungen befreit und können eine „Rundum-Sorglos-Versorgung" beanspruchen. Soziale Gerechtigkeit sieht eigentlich anders aus. Michael Paulwitz von der „Jungen Freiheit" kommentierte folgerichtig: „Während also deutsche Arbeitnehmer mit schmalem Portemonnaie wegen der hohen Zuzahlungen zunehmend zur Behandlung beim billigeren polnischen oder ungarischen Zahnarzt ins Ausland gehen, dürfen sie im eigenen Land immerhin noch über ihre Steuern und Beiträge die kostenfreie Behandlung der von ihrer eigenen Regierung eingeladenen Mühseligen und Beladenen dieser Welt mitbezahlen."[67]

Die Kassenärztliche Vereinigung Baden-Württemberg schlug daher nicht unbegründet Alarm und bemerkte, dass auf die Sozialkassen eine Kostenlawine von vielen Milliarden Euro zurollt. Schließlich besteht „bei einem großen Teil der Flüchtlinge Bedarf auf eine umfassende zahnmedizinische Behandlung oder Sanierung der Gebisse".[68]

So dauerte es nicht lange, bis auch die gesetzlichen Krankenkassen auf ein drohendes Milliarden-Loch durch den Flüchtlingszuzug hinwiesen. Das hohe Defizit könne nur durch „mehr Zuschüsse aus Steuergeldern" ausgeglichen werden. Die Krankenkassen gingen nach „ersten Erfahrungswerten aus Hamburg von Kosten von 180 bis 200 Euro im Monat aus". Pro Flüchtling versteht sich. Geht man von dem niedrigsten Wert aus, müsste der Staat bei nur einer Million Flüchtigen allein fast 2,2 Milliarden Euro pro Jahr zuschießen. Doch der Bund plant für 2017 nur eine Erhöhung von 0,5 Milliarden Euro – die Zusatzbeiträge sind somit „nicht ansatzweise kostendeckend".[69]

Den Volljuristen Hermann Gröhe wird das nicht weiter tangieren. Viel zu sehr ist der linksstehende Christdemokrat, der von 1998 bis 2005 der Fraktionsarbeitsgruppe „Menschenrechte und humanitäre Hilfe" vorstand und von 2000 bis 2009

Mitherausgeber des linken evangelischen Magazins „Chrismon"
war, seiner Parteichefin für seinen Karrieresprung vom Hinterbänkler zum Minister dankbar.

Damit auch künftig die nach Deutschland Strömenden gut
versorgt sind, wird Gröhe sicherlich die Leistungen der gesetzlich Versicherten weiter kürzen, bei gleichzeitiger Erhöhung der
Krankenkassenbeiträge. Die Zeche zahlen wir, die gesetzlich
Versicherten. Denn andernfalls bricht das Sozialsystem ausein-
ander. Und das wäre zum Nachteil für „das neue Hätschelkind
und bevorzugte Fürsorgeobjekt der Sozialpolitiker und Wohl-
fahrtsbürokraten".[70]

Ob dann noch die bislang willigen Ärzte mitziehen, wird
sich zeigen. Denn im benachbarten Ausland (Großbritannien,
Niederlande, Schweiz), aber auch in den USA, verdienen Mediziner deutlich mehr – bei weniger Flüchtlingskranken![71]

3. Bundesministerium für Bildung und Forschung
– Johanna Wanka

Dem Bildungs- und Forschungsministerium steht derzeit Prof. Dr. Johanna Wanka vor, die mit der Kanzlerin einiges gemein hat. Beide stammen aus den neuen Bundesländern, haben zu fast gleicher Zeit ein mathematisch-naturwissenschaftliches Fach in Leipzig studiert und waren beide Mitglied der „Freien Deutschen Jugend", dem sozialistischen Jugendverband der DDR. Es ist daher zu vermuten, dass sich Merkel und Wanka bereits an der Universität kennengelernt haben.[72]

Wanka war von 1994 bis 2000 Rektorin der Fachhochschule Merseburg (FH), die Ende Januar 2016 unrühmlich in die Schlagzeilen geriet. Was war passiert? Angela Merkel hielt an der FH eine Laudatio zur Einweihung des neuen Fraunhofer-Instituts in – man höre und staune – Halle an der Saale, nicht Merseburg! Es stellt sich daher die Frage, warum die Kanzlerin in dieser angespannten „Flüchtlings-Zeit" an einer Fachhochschule eine Festrede hält. Das wissenschaftliche Renommee Merseburgs kann es sicher nicht gewesen sein, eher der Dank an eine alte Weggefährtin.

Während der Laudatio hielt Chemieprofessor Thomas Rödel ein Transparent mit der Aufschrift hoch: „CDU – Keine Experimente" und unterbrach die Rede mit folgendem Zwischenruf: „Sie machen einen Versuch und wissen nicht, wie das Experiment ausgeht. Ich mache mir ernsthaft Sorgen. Von Ihnen als Physikerin erwarte ich verantwortungsvollere Entscheidungen." Nach seinem kurzen Diskursbeitrag wurde der Professor aus dem Saal geleitet, wobei viele seiner Kollegen die Entfernung mit Wohlwollen goutierten.[73]

Das angebliche Fehlverhalten des Hochschullehrers sollte Konsequenzen haben. Der Rektor der Fachhochschule, Jörg Kirbs, beabsichtigte nun, juristische Schritte gegen den Zwischenrufer einzuleiten. Und das, obwohl Rödel eigentlich in einer guten Tradition von Demokraten steht, die sich gegen Unrecht aussprechen. Unrecht, das wir in Deutschland bereits in zwei Diktaturen erlebten. Zumal auch die ehemaligen Bundesverfassungsrichter Hans-Jürgen Papier und Udo Di Fabio der Kanzlerin eklatante Rechtsbrüche vorwerfen.[74] Andere Verfassungsrechtler hatten bereits zuvor ähnlich Stellung bezogen.[75] Der Merseburger Hochschullehrer konnte sich außerdem auf das im Grundgesetz verbriefte Recht der freien Meinungsäußerung (Artikel 5) sowie auf die „akademische Freiheit" berufen, die das Recht der freien Forschung und Lehre beinhaltet und gerade dazu aufruft, frei zu denken und zu handeln. Das Humboldtsche Bildungsideal in Reinform!

Rektor Kirbs schien jedoch in der Äußerung seines Kollegen eine Majestätsbeleidigung gegen die Kanzlerin zu erkennen und ging dazu über, seinen Kollegen medial zu stigmatisieren. Zudem rügte er dessen Aktion. Der sachsen-anhaltinische Wissenschaftsminister Hartmut Möllring qualifizierte dagegen Rödel ab, indem er ihm die „sittliche Reife" absprach und verächtlich fragte, „wer heute so alles einen Professorentitel bekommt". Letztlich ruderte der Rektor zurück, da Professor Rödel juristisch nicht zu belangen ist.[76] Ein fader Beigeschmack bleibt dennoch, sowie ein nun geächteter Wissenschaftler. Aber auch Lehrer werden auf Linie gebracht. So denunzierten zwei niedersächsische CDU-Landtagsabgeordnete und „Freizeit-Ideologen" („Erzieherin" Gudrun Pieper und „Tischler" Kai Seefried) einen Gymnasiallehrer der Kooperativen Gesamtschule Wilhelm-Röpke-Schule in Schwarmstedt (KGS). Was hatte dieser Böses getan? Er „hat bei Facebook die AfD gelikt – obwohl er sich an der Schule nichts zu schulden hat kommen lassen oder sich in irgendeiner Weise einseitig geäußert hätte". Die Landesschulbehörde zwangsversetzte ihn, da angeblich die von ihm „mit beeinflusste kontroverse Diskussion den Schulfrieden an der KGS Schwarmstedt massiv störe". Zwischenzeitlich stellte sich heraus, dass der „Schulfrieden nie gestört" war, denn „nie" habe sich der Lehrer „im Unterricht politisch einseitig oder tendenziös geäußert". Auch fühlen sich „einige Schüler aufgrund des Lehrerwechsels persönlich benachteiligt". Sie selbst sehen den „angeblich gestörten Schulfrieden [als] konstruiert" an. Daher fordern bereits 350 Schüler der Jahrgänge 8 bis 12 und 35 Lehrer die sofortige Rückkehr des Strafversetzten.[77]

Auch dem Leipziger Rechtswissenschaftler Thomas Rauscher − der nebenbei Ausländerbeauftragter seiner Fakultät ist − wurde von der eigenen Universitätsleitung „intolerantes und fremdenfeindliches Gedankengut" vorgeworfen, da er als Privatperson (!) folgendes über Twitter publiziert hatte: „Es ist natürlich, sich zu wehren, wenn die eigene Kultur untergeht. Die ‚Angst des weißen Mannes' sollte wehrhaft werden!" − „Wenn man Illegale nicht mehr ausweisen kann, ohne dass Gutmenschen sich inszenieren, ist das die Besetzung der EU durch Roma und ‚Flüchtlinge'." − „Dublin III gebrochen. Schengen zerstört. Marodierende Banden von Arabern und Afrikanern an Silvester. Danke, Frau Merkel, für ein anderes Land." Nachdem die üblichen Gruppen über ihn herfielen, warnte der Hochschullehrer „vor einer Meinungskontrolle, die ihn an die Inquisition erinnere". „Ich fühle mich als nicht homosexueller, weißer Mann über 50 in Deutschland als mißtrauisch beäugte Spezies. Und in einer ähnlichen Rolle, wie früher Farbige in den USA sie hatten." Glücklicherweise stand ihm der bekannte Dresdner Politikwissenschaftler Werner J. Patzelt zur Seite, der zu bedenken gab: „Wenn Universitätsleitungen nicht entschieden die Freiheit des privaten Austauschs sichern, fördert dies nur das Duckmäusertum."[78] Dem Massenmörder Mao wurde einmal folgendes Zitat zugeschrieben: „Bestrafe einen, erziehe hundert." Vielleicht versucht man so, andere (Hochschul-) Lehrer zu disziplinieren. Denn von Einzelfällen kann nicht mehr gesprochen werden.

Kommen wir zu Professorin Wanka zurück. Ihr Aufstieg in die Politik gelang rasend schnell. Denn sie wurde im Jahr 2000 ohne Parteibuch Ministerin für „Wissenschaft, Forschung und Kultur" in Brandenburg im Kabinett Stolpe III – die CDU ermöglichte es ihr. Sie war in einer Landesregierung untergekommen, deren Ministerpräsident Stolpe durch eine Enquetekommission des Landtages sowie der „Birthler-Behörde" (Bundesbeauftragte für die Stasi-Unterlagen) als ehemaliger „Inoffizieller Mitarbeiter" (IM „Sekretär") enttarnt wurde.[79] Aber da es glücklicherweise in einem Rechtsstaat keine Sippenhaft gibt, gilt auch für Politiker die Unschuldsvermutung!

Als Präsidentin der Kultusministerkonferenz führte sie 2005 die umstrittene Reform der deutschen Rechtschreibung ein, die sie bereits in den Vorjahren mit Vehemenz verteidigte. Es schien sie nicht sonderlich zu tangieren, dass Kritiker „die sogenannte Rechtschreibreform [als] ein[en] Kniefall vor der fortschreitenden Legasthenisierung der Gesellschaft" bezeichneten und „zu viel Duckmäuserei, in der Politik, im Erziehungswesen, auch in der Lehrerschaft" erkannten. Obwohl sie später selbst zugab, dass „die Kultusminister längst [wussten], dass die Rechtschreibreform falsch war", zog sie diese – ohne mit der Wimper zu zucken – durch. Denn sie durfte „aus Gründen der Staatsräson nicht zurückgenommen werden". Dass darunter besonders die Kinder bis heute leiden, scheint die Bildungspolitikerin nicht zu interessieren. Dabei „hat die Politik mit der Rechtschreibreform ein Regelwerk beschlossen, das die Bürger nicht gefordert hatten. Sie hat sich daran gemacht, die Schriftsprache zu erneuern, obwohl die Deutschen keinen Erneuerungsbedarf hatten. Sie hat sich eines Bereichs bemächtigt, für den sie gar nicht zuständig ist."[80]

Was hinter der sogenannten „Staatsräson" steckt, erläuterte sie nicht. Nachfragen seitens der Medien gab es – wie so häufig – keine, denn anecken ist politisch nicht korrekt. Dabei ist mit Staatsräson wohl die ideologische Hinwendung zum gleichmachenden Menschen gemeint, die die „Frankfurter Schule" bereits in den 1920er Jahren propagierte. Es geht darum, den Sozialismus in der Gesellschaft zu verankern. Das, was die Sowjetunion und die DDR nicht geschafft hatten, soll nun auf diesem Wege gelingen. Oder um es mit Erich Honecker zu sagen: „Den Sozialismus in seinem Lauf hält weder Ochs noch Esel auf."

Dass die Reformversuche der letzten 20 Jahre für unser gesamtes Bildungswesen und letztlich auch für den Industriestandort Deutschland nur Nachteile haben, nehmen Bundes- wie Landespolitiker gerne in Kauf. Mit der Rechtschreibreform ist nach Ansicht des Präsidenten des Deutschen Lehrerverbandes, Josef Kraus, ein „Sprachverfall quasi mit der pädagogischen Muttermilch und mittels medialer Zwangsernährung eingeflößt" worden. Dass „deutsche Studienanfänger [durch die Reform, laut einer Studie der Universität Bayreuth von 2012] massive Lükken in Rechtschreibung, Grammatik und Syntax aufweisen und eine mangelnde Lesekompetenz zeigen", scheint für die Politik ebenso irrelevant wie die Tatsache, daß heutige Schüler nur noch „eingeschränkt fähig sind, selbständig zu formulieren und zusammenhängende Texte zu schreiben. Es mangelt ihnen auch an der Fähigkeit, bei Vorlesungen so mitzuschreiben, dass sie das Mitgeschriebene nachher mit Gewinn wieder verwenden können." Weitere Gutachten stellen fest, dass Studenten über einen „immer kleineren Wortschatz verfügen" und Lehramtsstudenten in Deutsch „erhebliche Grammatiklücken" aufweisen. Sie sind somit des Deutschen nicht mehr mächtig, sollen aber künftige Schüler genau hierin unterrichten![81]

Heute macht jeder Grundschüler im Durchschnitt 17 Rechtschreibfehler auf 100 Wörter. 1972 waren es nur sieben! Dies liegt unter anderem an der Kürzung des Deutschunterrichts zugunsten von „Früh-Englisch" in der Grundschule, dem weitgehenden „Verzicht auf das Auswendiglernen von Gedichten" und der unsinnigen Rechtschreibstrategie „Schreibe, wie du hörst". Nicht ohne Grund müssen deshalb knapp 25 Prozent der sechsjährigen Grundschüler wegen Sprachstörungen therapiert werden. Zudem haben sich „Sprach-Parallelgesellschaften" gebildet. Allein in Hamburg unterhalten sich 23 Prozent der Grundschüler nicht mehr auf Deutsch. Linksgestrickte Hochschullehrer und Politiker verkaufen das immer öfter anzutreffende „Kiez- beziehungsweise Kanak-Deutsch (‚Ich geh' Schule.') [jedoch als] Bereicherung". Auch fordert bereits ein Hochschullehrer einer privaten Hochschule, dass Kinder schon im Grundschulalter Arabisch lernen sollen. Letztlich ist die Rechtschreibreform auf ganzer Linie gescheitert, hatte man uns doch „70 Prozent weniger Fehler" versprochen![82]

Wie stark das Bildungsniveau bereits gesunken ist, zeigt sich am „erfolgreichen Abschneiden aller Schüler" in Nordrhein-Westfalen. Dort hatte die Ministerin für Schule und Weiterbildung, Sylvia Löhrmann (Bündnis 90/Die Grünen), einen landesweiten Mathe-Test von Achtklässlern durchführen lassen, der es in sich hatte. Denn „die Aufgaben waren zum großen Teil geradezu lächerlich einfach", da die Schüler neben simplen Rechenaufgaben auch „Striche abzählen" mussten. Die Lösungen fanden sich zudem „meist schon im Aufgabentext oder in mitgelieferten Graphiken. Damit dürfte ein durchschnittlich begabter Zweitklässler nicht überfordert sein", wie die „Wirtschaftswoche" konstatierte. Daher wundert es nicht, dass ein Großteil der 2,8 Millionen Studenten in Deutschland nicht mehr studierfähig ist. Der Präsident des Deutschen Hochschulverbandes, Bernhard Kempen, beklagt nicht nur eine „Inflation guter Noten", sondern auch, daß die Universitäten „den Unterricht der Oberstufe nachholen" müssen und damit überfordert sind. Und der Test des nordrhein-westfälischen Kultusministeriums belegt die Noten-Inflation auch. Denn es ging nicht darum, das tatsächliche Qualifikationsniveau der Schüler zu ergründen, sondern der Test diente in erster Linie der Dokumentation des angeblichen Erfolgs der Bildungspolitik". Oder anders ausgedrückt: Da das Bildungsniveau der ausländischen Kinder meist niedriger als das der Deutschen ist, muss das der Deutschen nach unten nivelliert werden. Gelingt dies, können Politiker das hohe Lied des Integrationserfolges und des guten Bildungsstandes ausländischer Kinder singen. Aus diesem Grund schlagen Bildungsexperten (!) des Aktionsrates Bildung vor, den „Gebrauch von Fachwörtern vor allem in den Naturwissenschaften" zu reduzieren, „damit ausländische Kinder dem Unterricht besser folgen können."[83]

Haben diese Reformen bereits großen Schaden angerichtet, so müssen unsere Kinder mit weiteren täglichen Unzulänglichkeiten an den Schulen kämpfen. Seien es die „schlechten Sanitäranlagen" oder „der bauliche Zustand der Schulen und der Unterrichtsausfall". Selbst die ehemalige Berliner Schulsenatorin Ingrid Stahmer (SPD) gab bereits 1999 zu, dass in ihrer Stadt der „Stundenausfall durchschnittlich acht Prozent, an 42 Schulen (…) jedoch bei zehn Prozent" liege. Nach ihrer Sicht sei dies „viel zuviel", doch reichte sie den Schwarzen Peter nach Hessen weiter, „wo dreimal soviel Stunden ausfallen". So leicht kann man es sich also machen.[84]

Dabei beschreiten einige nordrhein-westfälische Kommunen bereits einen anderen Weg. Als Beispiel dient das Theodor-Heuss-Gymnasium in Dinslaken. Dort müssen sich die Schüler der Klassen 5-9 nach beiden Hof-Pausen [am] sogenannten Hofdienst beteiligen, in welchem sie die Allgemeinflächen der Schule vom herumliegenden Müll befreien. Die Schüler der Klassen 10 bis 12 sind von diesem Aufräumdienst ausgenommen, da diese häufig den Unterrichtsort, beziehungsweise die unterrichtende Schule wechseln müssen und die Pausen für die Fahrzeit benötigen. Dagegen „hat die dort eingerichtete Flüchtlingsklasse das Privileg, nicht aufräumen zu müssen". Durch den Hofdienst beginnt für die nicht privilegierten Schüler der Unterricht nach den Pausen somit 10 bis 15 Minuten später. Dies hat unter anderem die unangenehme Folge, dass die regulären Schulstunden – sofern sie aufgrund des Lehrermangels überhaupt stattfinden – um ein Drittel der Zeit verkürzt sind. Doch es geht noch besser: Von den Eltern wird erwartet, dass sie für die Sauberhaltung der Toiletten freiwillig jährlich zwölf Euro" zahlen. Und das, obwohl die Reinigung eigentlich zum regulären Bestandteil des Haushalts einer Schule gehört. Zuwandererkinder zahlen dagegen bislang nichts. Auch zahlen die Schulkinder im Gegensatz zu anderen Schulen am THG für die Bewachung des Fahrradkellers 24 Euro pro Jahr – sofern sie ein

Fahrrad dort unterstellen wollen. Dabei hat sich die Bewachung der Fahrräder in der jüngsten Vergangenheit als notwendig erwiesen, da offensichtlich einige Mitbürger trotz intensiver Beschulung vermehrt Schwierigkeiten mit der Unterscheidung der deutschen Possessivpronomen haben. Da auch an dieser Schule Lehrer fehlen, führte der Schuldirektor die sogenannte „DAL-TON-Pädagogik" ein. Die Schüler können sich aussuchen, zu welchen Fächern sie gehen und zu welchen lieber nicht. Wenn der normale Schulunterricht ausfällt, müssen sich die Schüler in dieser Zeit nun gegenseitig bei den Hausaufgaben unterstützen. Um es deutlich zu sagen: Statt Unterricht, beschulen sich die Kinder gegenseitig. Bei den Sprachen Englisch, Französisch und Spanisch beträgt die Wochenstundenzahl statt der üblichen drei Stunden jetzt nur noch zwei Stunden. Die dritte Stunde soll angeblich eine DALTON-Stunde sein, für die es aber nicht genügend Sprachlehrer(innen) gibt.[85]

Bereits vor der Merkelschen Öffnung der Flüchtlingsschleusen hat der Philologenverband am 31. August 2015 „vor einem gravierenden Lehrermangel an deutschen Schulen gewarnt". Danach fehlen „derzeit 30.000 Lehrkräfte".[86] „Am meisten fehlen in den allgemeinbildenden Schulen Fachkräfte, die Mathematik, Physik, Informatik oder Biologie unterrichten können. Auch für die Fächer Musik, Kunst und Latein werden an vielen Schulen händeringend Lehrer gesucht." Gerade „die Kultusverwaltungen haben es in den vergangenen Jahren versäumt, eine differenzierte Lehrerbedarfsprognose zu erstellen". Hinzu kämen die Probleme mit Kindern „aus unterschiedlichen Kulturkreisen, sozialem und finanziellem Hintergrund". Diese führen dazu, dass „wir mehr Lehrkräfte mit sonderpädagogischer Kompetenz brauchen, mit psychologischen und medizinischen Qualifikationen. In vielen Klassen reicht ein Lehrer nicht aus, um die Schüler zu betreuen und zu unterrichten." Letztlich würden „in den kommenden zehn Jahren bis zu 250.000 neue Lehrer gebraucht". Noch einmal: Diese Alarmrufe kamen bereits vor der – selbst von Papst Franziskus so bezeichneten – „arabischen Invasion"![87]

Wie gut, dass die Politik nun reagiert hat. Sie will mehrere Tausend Deutschlehrer einstellen, unter anderem 2.600 in NRW und 800 in Hessen – für Flüchtlinge, versteht sich. Die deutschen Kinder haben davon nichts. Da der Lehrermangel auch für die meist Illegalen nicht so einfach zu beheben ist, hat sich Frau Wanka etwas Neues ausgedacht. Sie hat die bisherigen Zulassungskriterien nicht – wie es eigentlich sein sollte – nach oben, sondern nach unten angepasst. Unter anderem können nun „auch Personen mit einem nicht-pädagogischen oder nicht-philologischen Abschluss [die also keine Lehrer sind!] schneller als bisher Integrationskurse unterrichten". Sie reduzierte auch die „nachzuweisende Unterrichtserfahrung und die Erweiterung dieser Unterrichtspraxis auf den Bereich der Sprachlehrererfahrung in der Erwachsenenbildung" und bewertet „andere pädagogische Abschlüsse neu, zum Beispiel schnellere Zulassung von Lehrkräften mit 2. Staatsexamen, einschließlich Grundschullehramt und von Lehrerinnen und Lehrern aus dem Ausland".[88] Damit nivelliert Wanka das bisherige System zum Schaden aller Bildungshungrigen weiter!

Doch auch für die Umverteilung zum Ausgleich der sozialen Unterschiede benötigt Professorin Wanka mehr Geld, so dass „der Etat [2016] des Bundesministeriums für Bildung und Forschung erneut, diesmal um 1,1 Milliarden Euro auf rund 16,4 Milliarden Euro" steigt. Da „alle Maßnahmen grundsätzlich auch Flüchtlingen offen stehen, werden einige [angeblich] bewährte Instrumente für den steigenden Bedarf erweitert. Dies gilt insbesondere für die Sprachvermittlung, die Anerkennung im Ausland erworbener Qualifikationen sowie für die Förderung der Studierfähigkeit." Syrische Abschlüsse nach der 12. Klasse können somit zum Besuch einer deutschen Hochschule berechtigen, obwohl diese Schüler „den Deutschen etwa fünf Klassen hinterherhinken". „Darüber hinaus werden zusätzliche Haushaltsmittel eingesetzt, um die Ausbildung und berufliche Integration der neu nach Deutschland gekommenen Menschen zu unterstützen."[89] Letztlich ist damit Betrügern Tür und Tor geöffnet, da Flüchtlinge nicht mehr mittels Zeugnissen ihre Studierfähigkeit beziehungsweise ihre im Ausland abgelegten Abschlüsse nachweisen müssen. Ein offensichtlicher Skandal, denn nun kann ein nicht approbierter syrischer oder irakischer Mediziner in Deutschland eine Praxis eröffnen. Zudem muss er nicht die in Deutschland von Medizinstudenten verlangten Zulassungsbedingungen erfüllen. Nur eins dazu: In den USA reicht ein deutscher Universitätsabschluss in Medizin nicht aus, um praktisch arbeiten zu können. Darüber hinaus erleichtert die Deutsche Forschungsgemeinschaft (DFG) den Flüchtlingen die Mitarbeit in Forschungsprojekten – auch wenn sie nicht über die erforderlichen Qualifikationen verfügen.[90] Hier stellt sich die Frage der Diskriminierung. Denn es gibt viele einheimische Voll-Akademiker, die trotz eines Universitätsabschlusses aus haushaltstechnischen Gründen keine Festanstellung an einer Hochschule erhalten. Das Beispiel eines Bekannten spricht Bände:

„Ich bin jetzt 52 Jahre alt, kann Magister und Assessor vorweisen, zwei Doktorgrade, eine Habilitation und einen Privatdozenten, dazu rund 400 Veröffentlichungen, davon anderthalb Dutzend Bücher und 200 größere Aufsätze. Aber ich hatte noch nie eine unbefristete Stelle, sondern nur Projekt nach Projekt oder Zeitvertrag nach Zeitvertrag, und das mit Entlohnungen, die die Schamröte ins Gesicht treiben. Wünschen würde ich mir, [die Politiker] würden sich einmal so für Leute wie mich ins Zeug legen, wie sie es für zugereiste Fremde tun."[91]

Dennoch wird der neue Bildungshaushalt nicht ausreichen, wie die Kultusministerkonferenz (KMK) feststellte. Denn allein für 2015 muss sich „Deutschland auf 300.000 schulpflichtige [Flüchtlings-] Kinder einstellen". „Die Beschulung der Flüchtlingskinder droht [letztlich] die Landeshaushalte zu überfordern." Denn „ein Lehrer kostet minimum 50.000 Euro im Jahr". Bei einem geschätzten Bedarf von 24.000 Lehrern für die 300.000 Flüchtlingskinder – die teilweise auch noch traumatisiert sind – entstehen zusätzliche Kosten von mindestens 1,2 Milliarden Euro pro Jahr.[92]

Es ist daher davon auszugehen, dass das Budget des Bundesbildungsministeriums letztlich nur für die „Neuankömmlinge" erhöht wurde, obwohl Deutschland bereits heute unter den OECD-Staaten nur etwas über fünf Prozent des Bruttoinlandsprodukts (BIP) für Bildung ausgibt und damit im internationalen Vergleich einen der hinteren Plätze belegt. Dänemark investiert mit fast acht Prozent des BIP am meisten in Bildungseinrichtungen, gefolgt von Korea, Israel, den USA, Kanada, Belgien, Finnland, Großbritannien, Schweden, den Niederlanden, Frankreich. Sie alle liegen über dem OECD-Durchschnitt von sechs Prozent. Deutschland ist auf dem Niveau von Tschechien angelangt, das nur noch von Italien und der Slowakei unterboten wird.[93]

Bereits heute besteht eine Lehrer-Unterversorgung. Und da sich die vorhandenen auch noch um die Flüchtlingskinder kümmern müssen, ist mit weiteren Unterrichtsausfällen oder auch mit Umquartierungen zu rechnen. Erst jüngst mussten Schüler der Jahn-Realschule in Minden innerhalb einer Stunde (!) das gesamte Schulgebäude für ankommende Flüchtlinge räumen. Der Unterricht wird seitdem in einer Nachbarschule fortgeführt – nun etwas beengter.[94]

Da allein in Nordrhein-Westfalen über 270 Sporthallen mit Illegalen belegt sind, wird dort auf absehbare Zeit kein Sportunterricht mehr stattfinden können. Dass das „verbindlich vorgeschriebene Unterrichtsfach Sport für die Versetzung der Schüler und als Prüfungsfach im Abitur" somit an vielen Gymnasien nicht mehr angeboten werden kann, hinterfragen die Kultusminister nicht. Wen interessieren schon die künftigen Leistungsträger? Allein in Baden-Württemberg sind davon pro Jahr mehr als 7.000 Schüler betroffen. Sport spielt jedoch nicht nur „für das Abiturergebnis, sondern auch für die Chance, einen Studienplatz mit Numerus Clausus zu erhalten, eine erhebliche Rolle".[95]

Aber nicht nur Schüler sind nun vom Sport ausgeschlossen, auch die Turnvereine haben das Nachsehen. Denn die Dauerbelegung mit Flüchtlingen führt zur „Beeinträchtigung des Vereinssports", wie der Präsident des Landessportbunds von NRW befürchtet. Da die Sportler nicht mehr trainieren können, werden immer häufiger Vereinsmitgliedschaften gekündigt.[96] Dazu kommt, dass viele Hallen nach der Belegung nicht mehr benutzbar sind, da Geräte auf unerklärliche Weise verschwinden und viele Böden erneuert werden müssen. Eine weitere ungeahnte Kostenlawine rollt somit in naher Zukunft auf Vereine und Kultusministerien zu, die dann noch weiter zu Lasten der künftigen Generationen geht. Allein die Schäden der Charlottenburger Sportanlage in Berlin belaufen sich auf 4,3 Millionen Euro. Und das, obwohl diese nur wenige Monate lang als Asylanten-Herberge diente.[97]

Aber Wanka führt fort, was ihre Vorgängerin Annette Schavan bereits angefangen hat: den Anfang vom Ende des früher hochgelobten deutschen Bildungswesens einzuleiten, der geradewegs in die Bedeutungslosigkeit führt. Frau Schavan war es, die zuvor als baden-württembergische Ministerin für Kultus, Jugend und Sport im „Ländle" das Abitur nach der zwölften Klasse – das sogenannte G8 – einführte und die Schüler damit noch mehr unter Druck setzte. Auch bei der Abschaffung des dreigliedrigen Schulsystems (Gymnasium, Realschule, Hauptschule) hat sie an vorderster Front mitgekämpft. Ihr Ziel war es, die Haupt- und Realschule abzuschaffen und durch eine Gemeinschaftsschule zu ersetzen. Denn neben der Gleichmacherei aller Kinder sollten auch die Ausgaben reduziert werden, zumal ein Hauptschüler mit durchschnittlich 7.300 Euro pro Jahr teurer als ein Realschüler (5.600 Euro) ist.[98] Als sie dann 2005 in den Bundestag einzog, hatte sie sich schon erste Meriten verdient und wurde von Merkel zur Bundesministerin für Bildung und Forschung ernannt. Schavan hätte nun eine Verbesserung der Bildungssituation zum Wohle des Volkes anstreben können. Doch sie wirkte nicht dem bereits unter Rot-Grün eingeleiteten Umbau des Bildungswesens entgegen. Weder setzte sie sich – genausowenig wie Frau Wanka – für die Wiedereinführung des Diploms und des Magisters an Universitäten ein, noch verhinderte sie den durch den Genderismus ausgelösten Flächenbrand an den Hochschulen. Vielmehr ging sie, da auch sie zum linken Meinungsspektrum gehört, „zu allem, was deutsch aussah oder sich anhörte, aus nationalem Selbstmisstrauen und multikultureller Neigung auf Distanz". Denn „die unerwartete und oft sogar unerwünschte deutsche Einheit verführte nun manche zu einer geradezu hysterischen Angst vor einem neuen ‚Wilhelminismus'". Hinzu kam „ein Mangel an Wertschätzung der deutschen Universität".[99]

Dabei zeigt sich bereits heute, dass es ökonomisch und wissenschaftlich falsch war, das weltweit anerkannte Markenzeichen des Diploms im Zuge der Bologna-Reform durch den unbestimmten Begriff des „Masters" – des Meisters – sowie des noch niedrigeren „Bachelors" zu ersetzen. Gerade das Gütesiegel „Diplomingenieur" stand in Preußen-Deutschland seit 1899 für einen Studienabschluss mit einer hohen Reputation im In- und Ausland. Mit der Einführung der neuen zweitrangigen Bildungsabschlüsse „Bachelor" und „Master" schädigte die deutsche Regierung die Reputation des deutschen Akademikers. Der frühere sächsische Wissenschaftsminister Professor Hans Joachim Meyer nennt die Reform daher „ideologische Rosstäuscherei". Doch vom Ansehen und vom Erfindungsgeist des „Exportartikels" Diplomingenieur hängt letztendlich auch die Wettbewerbsfähigkeit des Standorts Deutschlands ab. Es war daher nicht verständlich, dass aus einem etablierten Titel ein globaler Massenartikel gemacht wurde und auch Nachfolgeregierungen nicht den Mut bewiesen, zu den Ursprüngen zurückzukehren. Zumal nicht alle EU-Staaten die Bologna-Reform konsequent umsetzten. Die Hoffnungen auf eine internationale Vergleichbarkeit haben sich in Luft aufgelöst. Unter anderem wird das „Schmalspurwissen" des deutschen Bachelors beispielsweise in Dänemark oder in den Niederlanden „nur bedingt anerkannt". Zudem ist der Bachelor in England nur „ein berufsbefähigender Abschluss". Dies führte auch dazu, dass „die europäische und selbst die binnendeutsche Mobilität der Studierenden geradezu implodierte"; das heißt nur wenige können noch ein Auslandssemester einlegen. Darüber hinaus sind die Studienabbrecherquoten gestiegen.[100] Auch in den USA kann man mit diesem Abschluss nichts anfangen. Anders als in Deutschland verleihen die renommierten amerikanischen Hochschulen nun Diplome! Denn sie haben ein Gespür dafür, dass besonders der Diplomingenieur aufgrund seiner fundierten wissenschaftlichen Ausbildung ein weltweit hohes Ansehen genießt. Doch Deutschland geht einen anderen Weg und fördert eine spezielle Akademikergruppe. Hier sind nun die „Soziologen die neuen Ingenieure".[101]

Um die deutsche Wissenschaft noch schneller gegen die Wand zu fahren, setzt das Wanka-Ministerium nun auf die englische Sprache. Deutsche Wissenschaftler müssen ihre Forschungsförderungsanträge auf Englisch einreichen. Und das, „obwohl alle Antragsteller und das Gutachtergremium deutschsprachig sind"! Auch die „Begutachtungen der Deutschen Forschungsgemeinschaft müssen mitunter in englischer Sprache ablaufen". Und die Wissenschaftler folgen, ohne aufzubegehren, indem sie immer mehr Lehrveranstaltungen auf Englisch – unter anderem in Medizin, Betriebswirtschaftslehre und in den Ingenieurstudiengängen – abhalten und auf „Fachkongressen in Deutschland mit 90 Prozent deutscher Beteiligung [häufig] Englisch" sprechen. Ein Irrsinn. Denn damit findet ein „konsequenter Rückbau der deutschen Sprache statt", wie der Präsident des Deutschen Lehrerverbandes feststellte. Und weiter: „Auch wenn viele deutsche Wissenschaftler über exzellente Fremdsprachenkenntnisse verfügen: Komplexe Sachverhalte können sie niemals so treffsicher, stilistisch so nuanciert und vor allem so bildhaft wiedergeben, wie das in einer Muttersprache möglich ist. Die Folgen sind Missverständnisse, die Verflachung des inhaltlichen Niveaus, die Unterdrückung kontroverser Diskussionen, wenn neueste Ergebnisse auf Englisch besprochen werden." Zudem wird ausländischen Studenten das Lernen der deutschen Sprache erschwert.[102]

„Die bildungs- und schulsoziologischen Ruinen, den dieser bildungspolitische Amoklauf der 68er-Generation beschert und ihre Bildungsstürmer in unseren Schulen und Universitäten hinterlassen haben",[103] lässt sich exemplarisch an der Vergabe der Nobelpreise ablesen. Von 1901 bis 1967 erhielten 55 Deutsche diesen renommierten Preis, von 1968 bis 2015 jedoch nur noch 29 Deutsche – von denen ein Teil der Wissenschaftler nicht in Deutschland forschte![104]

Nobelpreis in:	Gesamt	1901 – 1968	1969 – 2015
Chemie	29	21	8
Physik	25	14	11
Medizin	17	12	5
Literatur	8	5	3
Frieden	4	3	1
Wirtschaftswissenschaften	1		1

Die Bildungspolitiker nivellierten aber nicht nur die Abschlüsse, sondern trugen dazu bei, auch die Universitäten zu „kastrieren". Denn sie erlaubten den früheren praxisorientierten Fachhochschulen, den Titel „University of Applied Sciences" zu tragen. Damit beschnitten sie in der Außenwirkung den altehrwürdigen Universitäten und Technischen Hochschulen den wissenschaftlichen Rang.

Die Verleihung des Promotionsrechts an die Fachhochschulen ist nun das neueste Projekt von Frau Wanka. Nach Ansicht des Geschäftsführers des Deutschen Hochschulverbandes, Michael Hartmer, wird damit die Universität „ihres Markenkerns beraubt" und „ein weiterer Schritt" getan, dieselbe „als Institution bis zur Unkenntlichkeit zu schleifen".[105] Deutlicher kann man die Zerstörung des Wissenschaftsbetriebs durch die Politik nicht brandmarken!

Dabei scheint ein Hochschulzweig für Wanka – wie auch für ihre Vorgängerin – besonders wichtig zu sein: der der Geschlechterforschung – Neudeutsch: „Gender Studies" –, dem sehr viel Aufmerksamkeit seitens der Politik zuteil wird und der wohl als der „schnellste wachsende Wissenschaftszweig in Deutschland" bezeichnet werden kann. Bis Mitte 2015 gab es in Deutschland bereits „fast 200 speziell dafür eingerichtete Professuren". Dabei ist dieser Zweig wissenschaftlich mehr als fragwürdig und trägt nichts zum Gemeinwohl bei. Beispiele wie der Berliner Professorin, die geschlechtsneutral (!) als „Sehr geehrtx Profx. Lann Hornscheidt" bezeichnet werden will, oder das der Universität Leipzig, bei der die männlichen Professoren seit 2013 nur noch als „Herr Professorin" anzusprechen sind, machten die Runde.[106]

Statt dass die Regierung ertragreiche und wissenschaftlich wichtige Studiengänge verstärkt finanziell unterstützt, wird seit Jahren vermehrt in die Geistes- und Sozialwissenschaften (hier unter anderem Gender Studies) investiert. Allein von 2010 bis 2012 wurden die Ausgaben für letztgenannte Hochschulart um 13 Prozent auf knapp 6,5 Milliarden Euro erhöht. Dagegen stiegen im Vergleichszeitraum die Ausgaben für die Ingenieurwissenschaften nur um zehn Prozent auf 4,2 Milliarden Euro. Noch geringer fielen die Steigerungsraten im Bereich Medizin aus: Ganze vier Prozent machten diese aus![107]

Zurück zu der Installierung der Geschlechts-Sprachlabors. Es geht darum, dass „Minoritäten, offenbar mit politischer Unterstützung, der Mehrheit ihre Vorstellungen mit fast religiösem Eifer diktieren können. Um ihre Überzeugungen durchzusetzen, schaffen sie ein Klima, in dem nicht mehr der Diskurs gedeiht, sondern Andersdenkende durch Verdächtigungen und Anschuldigungen eingeschüchtert und verängstigt werden. Wer dagegen aufbegehrt, muss mit der Diffamierung und Diskreditierung der eigenen Person oder der Zensur kritischer Beiträge rechnen."[109] Also Diktatur in Reinform, wie es sich unsere Vorbilddemokraten wünschen.

Hinzu kommt die Frühsexualisierung der Kinder, die nun mittels des an den Hochschulen geschaffenen „Genderwahns" vorangetrieben wird und unverdächtig als „Bildungs- und Aktionsplan" daherkommt. Dabei geht es darum, dass Kinder bereits vom Kindergarten an „lernen müssen, was ‚LSBTTIQ' bedeutet" (Lesbisch, Schwul, Bisexuell, Transgender, Queere usw.), „und ihnen der Eindruck vermittelt wird, das alles sei völlig normal". Gleichzeitig verlernen sie „die naturgewachsene Rolle von Mann und Frau, auch als Vater und Mutter."[109] Man will die Familie als die letzte Bastion des „Konservatismus" zu Fall bringen und durch neue Lebensformen ersetzen. Der ehemalige Franz-Josef-Strauß-Berater Peter Helmes hat die Gefahren erkannt und richtig gedeutet:

„Wie ändert man möglichst unauffällig ein gesellschaftliches System? Indem man über die Umdeutung bedeutsamer sprachlicher Begriffe das kollektive Bewusstsein ändert. Es ist unglaublich, wie unreflektiert wir zum Beispiel den auf natürlichen Grundlagen beruhenden, Jahrtausende alten Begriff ‚Ehe' mit neuen Inhalten zu füllen bereit sind, weil es politisch angesagt ist und Anpassung die sachliche Diskussion ersetzt. Damit die ‚lieben Kleinen' von früh auf das richtige Gesellschaftsbewusstsein finden, beginnt die Erziehung zum ‚Neuen Menschen' schon im Kindergarten und setzt sich dann intensiver in den Schulen fort. (…) Es deutet sich an, wohin der deutliche Kurswechsel (…), der in den ‚Bildungs- und Aktionsplänen' zum Ausdruck kommt, wohl führen wird: Zu dem Versuch, das Grundgesetz zu ändern und das grundlegende Verständnis von Ehe und Familie als Verbindung von Vater, Mutter und Kindern und als Keimzelle der Gesellschaft aufzugeben. Nachdem sie uns in eine ökosozialistische Gesinnungsdiktatur gedrängt haben, [wollen die Politiker] also jetzt unser traditionelles Familiensystem zerstören. Männer sollen ihre männlichen Eigenschaften ablegen, und per Gender-Order soll der neue ‚gemischtgeschlechtliche Einheitsmensch' geschaffen werden." Glücklicherweise regt sich immer mehr Widerstand in Deutschland, wie die „Demo für Alle" in Baden-Württemberg fast monatlich unter Beweis stellt.[110]

Jedoch wird die Kabinettsumbildung nach der Landtagswahl im März 2016 nicht die Gesellschaftstransformation in Baden-Württemberg beenden, auch wenn jetzt die CDU das Kultusministerium besetzt. Anstatt den früheren Staatssekretär und Gegner der fragwürdigen grün-roten Bildungspolitik Georg Wacker zum Minister zu ernennen, übte Merkel auf die Besetzung dieser Personalie Druck aus. Kultusminister wurde die Befürworterin der grünen Gemeinschaftsschule Susanne Eisenmann, die mit Volker Schebesta einen Staatssekretär berief, der auch „ein pragmatisches Verhältnis" zu dieser hat.[111]

Dennoch: Wenn Wanka weiter ihre Bildungspolitik an der „Frankfurter Schule" ausrichtet, kann sie bald ihrer „Möchtegern-Staatsratsvorsitzenden" Vollzug vermelden. Dies war dagegen ihrer Vorgängerin Schavan nicht mehr möglich. Sie musste, nachdem ihr der Doktortitel wegen Plagiatsvorwürfen aberkannt wurde, das Ministeramt räumen. Heute arbeitet Schavan als Botschafterin beim Heiligen Stuhl in Rom. Und das, obwohl ihr nach Angaben des Personalrats des Auswärtigen Amtes die „Eingangsvoraussetzungen für den höheren Auswärtigen Dienst" fehlen.[112] Denn sie verfügt nun über keinen Studienabschluss mehr, da sie mit einer sogenannten „grundständigen" Promotion ihr Studium beendete, die ausschließlich die Doktorarbeit als Abschluss vorsah. Wie so häufig setzt sich die Politik auch hier über Gesetze und Vorschriften hinweg. „Was nicht passt, wird passend gemacht."[113]

4. Bundesministerium der Justiz und für Verbraucherschutz – Heiko Maas

Der Bundesjustizminister sollte wie der Bundesinnenminister für Recht und Ordnung in Deutschland sorgen. Doch mit der Berufung von Heiko Maas hat sich am Zustand des Rechts einiges geändert – leider nicht zum Guten. Dies hat auch indirekt der bayerische Ministerpräsident Horst Seehofer beklagt. Er sprach von einer „Herrschaft des Unrechts".[114]

Bestärkt wird Seehofer von ausgewiesenen Staatsrechtlern, wie den ehemaligen Bundesverfassungsrichtern Hans-Jürgen Papier und Udo Di Fabio, dem früheren Präsidenten des Verfassungsgerichtshofs für Nordrhein-Westfalen, Michael Bertrams, den Verfassungsrechtlern Ulrich Battis und Karl Albrecht Schachtschneider. Diese werfen der Regierung Merkel nicht nur „Kompetenzüberschreitung und möglichen Verfassungsbruch" beziehungsweise „klaren Verfassungsbruch" und ein „eklatantes Politikversagen in der Flüchtlingspolitik" vor, sondern üben auch scharfe Kritik an Merkels „selbstherrlicher Kanzler-Demokratie". Zudem werfe ihr „Vorgehen die verfassungsrechtliche Frage auf, ob sie dazu überhaupt legitimiert war". Letztlich sei „Merkels Alleingang ein Akt der Selbstermächtigung", da sie nur mit Zustimmung des Bundestages die Migranten hätte ins Land lassen dürfen.[115]

Für den emeritierten Berliner Hochschullehrer Battis gibt es eine grundgesetzliche Verpflichtung, die Grenzen zu kontrollieren, da „ansonsten eine Überforderung durch die Aufnahme von Ausländern" drohe. Zudem verstehe Merkel nicht, dass es „nicht um Einwanderung, sondern um Asylsuchende" gehe und „Einwanderung und Asyl zwei unterschiedliche Paar Schuhe" seien. Auch sei „das Asylverfahren kein Instrument der Einwanderungspolitik". Er hob dabei auf die sogenannte Ewigkeitsklausel im Grundgesetz (Art. 79) ab, in der eine Veränderung der „in den Artikeln 1 und 20 niedergelegten Grundsätze" unzulässig sei. Jedoch habe Merkel den Artikel 16 Grundgesetz im Alleingang einfach ausgehebelt. Dieser besagt, dass „politisch Verfolgte in Deutschland Asylrecht genießen. In Absatz 2 des Asylartikels des Grundgesetzes heißt es [aber] klipp und klar, dass sich darauf nicht berufen kann, wer aus einem Mitgliedsstaat der Europäischen Union oder einem anderen sicheren Herkunftsland einreist. Diese Regelung ist der Kern des Dublin-Vertrags. Dieses System funktioniert nicht mehr. Damit ist die Bundesrepublik verpflichtet, sich vor ungeregelter Einwanderung zu schützen. Ohne Grenzkontrollen wird auf Dauer nicht nur der Sozialstaat aus den Angeln gehoben, sondern auch der Rechtsstaat." Der Staatsrechtler Battis versteht zudem „Merkel nicht mehr: Einerseits sagt sie, es sei nicht möglich, die deutschen Grenzen zu sichern. Andererseits will sie Europas Außengrenzen schützen. Wie soll das gehen?"[116]

Da auch Bundesjustizminister Maas bei dieser offensichtlichen Rechtslage überfordert schien, sich gleichzeitig aber auf frischer Tat ertappt fühlte, ging er in die Offensive. Er warf den renommierten Kritikern vor, sie fügten der „politischen Kultur und dem Recht schweren Schaden zu". Für Maas sei es „besorgniserregend", dass „immer häufiger Legitimität und Legalität bundespolitischer Entscheidungen in Frage gestellt" würden. Denn „der erhobene Vorwurf, die Bundesregierung betreibe in dieser Frage ständigen Rechtsbruch, sei nicht nur sachlich falsch, sondern auch ‚Wasser auf die Mühlen von Pegida und Verschwörungstheoretikern im Internet'." Er forderte zudem die Kritiker auf, ihrer Verantwortung für ihre Thesen und Worte bewusst zu sein: Denn angeblich kann „auch ein juristischer Diskurs entgleiten und zur geistigen Brandstiftung beitragen". Bundesfinanzminister Wolfgang Schäuble sprang Maas zur Seite, indem er die ehemaligen Verfassungsrichter aufforderte, „sich mit solchen öffentlichen Wortbeiträgen" zurückzuhalten.[117]

Um Henryk Broder zu zitieren: „Im Klartext: Nicht das Verhalten der Bundesregierung fügt der politischen Kultur und dem Recht schweren Schaden zu, sondern die Kritik am Verhalten der Bundesregierung." Denn für Maas stellen die „Kritiker der Bundesregierung eine Gefahr für den inneren Frieden im Lande dar". So weit war noch nie ein Justizminister vorgeprescht und hatte die rechtsprechende dritte Gewalt in die Schranken gewiesen. Letztlich überschritt er seine „Kompetenzen weit" und bahnt „den Weg für eine Aufhebung der Gewaltenteilung".[118] Dass Maas damit das von Hans-Jürgen Papier kritisierte „Politikversagen" bestätigte, entging ihm.

Gerade der letzte Satz von Maas – dass den Kritikern „auch ein juristischer Diskurs entgleite und zur geistigen Brandstiftung beitrage" – forderte einen Kolumnisten der eigentlich einwanderungsbefürwortenden linken Zeitung „Der Freitag" zu einer ungewöhnlichen Replik heraus: „Erneut lässt Heiko Maas nach seinem ‚Spiegel'-Beitrag zu ‚Pegida' eine gerade für einen Justizminister fragwürdig enge Auffassung von Meinungsfreiheit und politischer Diskurskultur durchscheinen, falls die kritische Meinung nicht mit jener der von ihm und seiner Partei mitgetragenen Regierung übereinstimmt."[119] Im Dezember hatte Maas vor angeblichen „zündelnden Biedermännern bei Pegida gewarnt".[120] Obwohl er auf Max Frischs „Biedermann und die Brandstifter" abhob, scheint ihm das Drama nicht vertraut. Denn dieses handelt von einer Person namens Biedermann, der zwei Brandstifter in sein Haus aufnimmt, obwohl diese von Beginn an erkennen lassen, dass sie es anzünden werden. Heute wird dieses Drama nur noch selten in Schulen gelesen sowie an großen deutschen Theatern aufgeführt, da dies auch als Kritik an der „Politik der offenen Grenzen" verstanden wird.

Nicht von ungefähr nahmen sich einige Redakteure – die dem freien Wort noch verantwortlich sind – der Person des Bundesjustizministers an. Ein Titel hatte es in sich: „Minister

Mittelmaas. Ein Justizminister, dem Recht und Justiz fremd sind".[121] Danach sei Heiko Maas nicht nur „eine gefährliche Fehlbesetzung", sondern bei ihm habe „wohl der Größenwahn Besitz ergriffen". Selbst das Mitglied der Chefredaktion der „Süddeutschen Zeitung" Heribert Prantl bezeichnete Maas als einen „Justizminister, dem die Justiz fremd ist". Er sei „ein Jurist, bei dem man in der Biographie nachschauen muss, um zu erfahren, dass er wirklich einer ist".[122] Ein heftiger Schlag ins Kontor – und wohl nicht ganz abwegig. Denn Maas ist „wie die Jungfrau zum Kind an seinen Job gekommen". Seine berufliche Leistungsbilanz ist überschaubar und „ohne Fortune". Sie lässt sich folgendermaßen beschreiben: Kreißsaal, Hörsaal, Plenarsaal – eine echte Politikerkarriere!

Dabei hat er sich seinen „Arbeitsstempel" für „ein Jahr Fließbandarbeit bei den Ford-Werken" kräftig erarbeitet. Fraglich ist, ob er diesen benötigte, „weil er den Numerus Clausus für sein Jurastudium nicht auf Anhieb schaffte". Nach seinem Studium „ohne Prädikatsexamen und Promotion" wurde er Juso-Chef, Abgeordneter, Umweltminister unter Oskar Lafontaine, Fraktionschef, dreimal erfolgloser Ministerpräsidentenkandidat und dann als Belohnung für die CDU/SPD-Fraktion Minister für Wirtschaft, Arbeit, Verkehr und Energie. Und das alles im kleinen, beschaulichen Saarland![123] Nun macht er bundesweite Karriere. Für Merkel ist er wohl die Idealbesetzung, da sie ihn nicht erst auf Linie bringen musste und er ihr aufgrund seiner Schwächen und des „Charmes eines Oberprimaners" keine Konkurrenz bedeutet.[124]

Sogar gegen den erst 29-jährigen österreichischen Außenminister Sebastian Kurz wirkt der 20 Jahre ältere Maas „wie ein Schuljunge". Zum Aufpolieren seines Ansehens lässt er sich gerne bei TV-Auftritten von mindestens einen „Jubelperser" begleiten, der alle seine Worthülsen frenetisch beklatscht. Die „Penetranz" dieser Klatscharien war jüngst so auffällig, dass selbst Anne Will in ihrer Sendung diese Person – es handelte sich um seinen Pressesprecher – persönlich begrüßte. Danach applaudierte keiner dem Bundesjustizminister.[125]

Rechtssicherheit ist nicht die Stärke von Herrn Maas. Das zeigte sich bereits bei seinem Umzug nach Berlin. Denn er verlangte vom Mieter seines Hauses im Saarland, dass dieser die Maklercourtage übernehmen sollte. Dabei hatte er kurz zuvor „einen Gesetzentwurf auf den Weg gebracht, wonach der[jenige] den Makler bezahlt, der ihn bestellt". Auch im Saarland schienen sich Maas und seine SPD nicht gerade rechtskonform verhalten zu haben, wie der Bundesrechnungshof bemängelte. Denn seine Abgeordneten-Fußballmannschaft, die „Roten Hosen", „stieg gern und mehrfach in einem teuren Schwarzwälder Hotel ab und machte einen ordentlichen Deckel" von 83.000 Euro. Zudem reichte Maas jede „Menge Benzinquittungen" ein, obwohl seine Ministerkarossen Diesel tanken. Auch „fehlten in der SPD-Fraktionskasse knapp 16.000 Euro". Es bleibt daher spannend, ob die Staatsanwaltschaft gegen ihn ein Verfahren einleitet oder dieses aus Rücksicht auf seine Stellung einstellt. „Bleibt das ‚Pech' wie Hundescheiße am Schuh dieses Ministers kleben", so hätte man doch hoffen können, dass er nun seiner Tätigkeit als Bundesjustizminister neutral und gewissenhaft nachgeht. Leider Fehlanzeige, denn seine erste Großtat ging nach hinten los. Was war passiert? „Zwei Journalisten von ‚netzpolitik.org' hatten Unterlagen veröffentlicht, die das Bundesamt für Verfassungsschutz [BfV] als Staatsgeheimnis klassifizierte. Der Generalbundesanwalt [Harald Range] trat auf den Plan und bestellte ein eigenes Rechtsgutachten." Er bestätigte die Einschätzung des BfV. Nun griff Herr Maas ein! Als Justizminister wies er den Generalbundesanwalt an, sein Gutachten zu stoppen und den Gutachter zu entlassen. Für Range, der von Maas in den vorzeitigen Ruhestand versetzt wurde, ein „unerträglicher Eingriff" in die Unabhängigkeit der Justiz. „Es ist nicht hinnehmbar, wenn der Bundesjustizminister direkt in der Sache Einfluss genommen hat, nur weil ihm ein mögliches Ergebnis der Ermittlungen politisch nicht opportun erscheint", zürnte auch der Vorsitzende des Richterbundes, Christoph Frank. Der Verein der Bundesrichter und Bundesanwälte beim Bundesgerichtshof" sieht in Maas' Verhalten sogar „eine Schädigung des Rechtsstaats". Doch die einsetzende Flüchtlingskrise überlagerte das nicht rechtskonforme Verhalten des „notorischen Verlierers", wie ihn die „Augsburger Allgemeine" bezeichnete.[126]

Da reicht es auch nicht, dass Maas erst jüngst vom Männermagazin „GQ" zum „bestangezogenen Mann des Jahres 2016 gekürt" wurde. Leider ist ihm der „Justizminister-Anzug jedenfalls ein paar Nummern zu groß. Dafür sitzt ein anderer paßgenau. Der des ‚Weltanschauungs-Ministers'."[127]

Denn hier ficht er mit Inbrunst und „missionarischem Eifer seinen Lieblingskampf" aus: den Kampf gegen rechts. Nicht nur, dass er fast täglich in Talkshows oder in Interviews gegen die bislang immer friedlichen Teilnehmer von Pegida und der grundgesetztreuen Alternative für Deutschland pöbelt und hetzt („AfD nicht viel besser als Pegida – oder die NPD!"; „Schande für Deutschland"; „rhetorische Brandstifter"; „Heuchler"; „dumpfe Parolen"; „Die AfD lebt vom Protest und den Ressentiments, die sie schürt"; „Fall für den Verfassungsschutz"),[128] er verstößt damit auch permanent gegen das Gebot parteipolitischer Neutralität. Erst Ende 2014 hatte das Bundesverfassungsgericht hierzu ein Grundsatzurteil erlassen. Vielleicht würde es Maas helfen, einfach einmal wieder ins Grundgesetz zu schauen. Dort wird er erstaunt feststellen, dass jeder Deutsche ein Recht auf Demonstration hat und Gegendemonstrationen diese nicht stören dürfen.[129] Doch darüber setzt er sich nicht nur hinweg, er überrascht sogar mit klammheimlicher Zustimmung. Als Mitte Februar 2016 eine Sitzblockade von Bürgern eine angemeldete Demonstration gestoppt hatte, begrüßte er dies nicht nur, er forderte zudem unbedarfte Schüler indirekt dazu noch auf: „Ich darf als Minister die Sitzblockade ja nicht gutheißen – aber cool war das schon."[130]

Zudem nimmt er häufiger „Seit' an Seit' mit der Antifa" und der Linkspartei an (Gegen-) Demonstrationen teil, obwohl Teile der Initiatoren vom Verfassungsschutz observiert werden. Immer wieder misst er mit zweierlei Maß, wie ein „Welt"-Redakteur erstaunt feststellte: ‚Eine Frage, Herr Maas. Der Pegida wird ja vorgeworfen, Rechtsradikale in ihren Demonstrationen

zu dulden – Sie demonstrieren heute gemeinsam mit Linksradi-
kalen, wie geht das?' Der Justizminister schaut sich erstaunt um.
‚Wieso, wo sind denn welche?' –‚Na, gleich hinter Ihnen, schau-
en Sie, da steht die Antifa.' Er schüttelt den Kopf. ‚Ich habe hier
meine SPD-Fahne und meine IG-Metall-Fahne, ich kann nicht
jeden kennen, der hierhin kommt.'"[131] Seine Doppelmoral zeigte
er auch am 25. Februar 2016, als 150 Anhänger der linken Szene
in Berlin gegen eine Asylunterkunft und für den Erhalt ihrer Wa-
genburg „Schwarzer Kanal" – eine Anspielung auf Karl-Eduard
von Schnitzlers DDR-Propagandasendung – demonstrierten.
Maas, der sonst immer schnell rechte Proteste vorverurteilt, ver-
zog sich in sein Kämmerlein und schwieg. Auch hörte man von
ihm nichts, als Linksextremisten Ende Juni 2016 eine Spur der
Verwüstung mit „meterlangen Feuerschneisen" in Berlin hin-
terließen. „Brennende Autos in Prenzlauer Berg, Barrikaden in
Friedrichshain, Trümmer und Scherben in Kreuzberg, abgefak-
kelte Mülltonnen in Treptow" waren das Ergebnis – natürlich alles ohne Festnahmen! Hintergrund für die Gewalteskalation war
die Räumung eines von Linken besetzten Hauses in der Rigaer
Straße 94, das zum Zwecke eines Flüchtlingswohnhauses um-
funktioniert werden sollte. Interessant dabei ist, dass sich Linke
gegen Asylunterkünfte nicht nur mit Worten, sondern auch mit
Taten wehren dürfen. Passiert dies, verlieren weder Bundespoli-
tiker noch überregionale Medien darüber ein Wort. [132][133]

Kritik scheint ihn zudem anzuspornen. Da ihm die Kom-
mentare auf Facebook nicht gefielen, zwang er das soziale Netz-
werk zur Zensur gegen angebliche „rassistische Kommentare".
Dass dafür eigentlich der Staatsanwalt zuständig ist und ein
Gericht letztlich entscheiden müsste, ob diese tatsächlich gegen
Recht verstoßen, überging er geflissentlich. Irgendwie scheint
Herr „Maas-los" über dem Gesetz zu stehen. Die Schnüffelarbeit
bei Facebook übernimmt eine Tochter des Privatunternehmens
Bertelsmann (Arvato), die nun mit 200 Personen (!) die Kommentare nach nicht genehmen Wörtern durchforstet, löscht und
auch an die Staatsanwaltschaft meldet. Ein Rückgriff in die Mot-
tenkiste zweier deutscher Diktaturen, als Meinungsfreiheit mit

Gefängnis bedroht war. Aber Maas „vergisst auch alte Juso- und Antifa-Kampfgenossen nicht, wo er jetzt an den Fleischtöpfen der Macht sitzt. So setzt er Gesinnungsfreunde für Spitzeldienste bei Facebook und Twitter ein, von denen mancher schon der einstigen staatsterroristischen Stasi treue Dienste leistete",[134] wie Anetta Kahane mit ihrer Amadeu Antonio Stiftung. Denn Kahane „arbeitete von 1974 bis 1982 unter dem Decknamen ‚Victoria' als Inoffizielle Mitarbeiterin des Ministeriums für Staatssicherheit". Ihre „Stasi-Akte umfasst knapp 800 Seiten"! Auf Kahanes Schnüffel-Expertise konnte wohl nicht verzichtet werden, hat sie doch bereits früher „dutzende Personen aus ihrem Umfeld belastet".[135]

Doch halt. Was passiert, wenn plötzlich im „Kampf gegen rechts" eine extrem linke Facebook-Seite selbst unter die Räder der Zensoren kommt, weil sie rechtsextreme Hetze an den Pranger stellt und daraufhin geschlossen wird? Dann fallen Politiker vom Schlage eines Heiko Maas, einer Katrin Göring-Eckardt beziehungsweise einer Renate Künast (beide Grüne) wie Hyänen über Facebook her und fordern die umgehende Annullierung der gesperrten Seite, was auch geschah. Denn nach Ansicht von Maas „schwächt das Sperren von Seiten wie @FreitalPerlen den Kampf der Zivilgesellschaft gegen Hasskriminalität" beziehungsweise laut Göring-Eckardt „geht @Facebook gegen @FreitalPerlen vor & trifft d[ie] Falschen. Hetzer sperren, statt Aufklärer blockieren!" An diesem „kabarettreifen" Beispiel zeigt sich, dass „dort, wo der einheitliche rechtliche Rahmen fehlt, die Willkür nicht weit entfernt ist. Denn sowohl Maas als auch die grünen Freunde der Zensur sind ja schon einen Schritt weiter gegangen: Sie entscheiden jetzt offensichtlich darüber, was ins Netz darf und was nicht. Damit erleben wir eine schmerzhafte Lehrstunde in Sachen Rechtsstaat und Grundgesetz."[136]

Dass Maas mit dem Recht auf Kriegsfuß steht, bewies er kurz vor den Landtagswahlen in Baden-Württemberg, Rheinland-Pfalz und Sachsen-Anhalt. Als sich abzeichnete, dass die Alternative für Deutschland (AfD) aus dem Stand heraus zweit- beziehungsweise drittstärkste Partei werden würde, drohte er mit der Beobachtung durch den Verfassungsschutz. Für ihn sei die Partei „längst auf dem Weg dahin, ein Fall für den Verfassungsschutz zu werden". Dabei entscheiden nicht die etablierten Parteien, sondern das Bundesamt für Verfassungsschutz über Beobachtungen extremistischer Parteien und Gruppen. Und dieses sieht dafür keinen Anlass, da die AfD „für die freiheitliche demokratische Grundordnung keine Gefahr darstelle". Der Präsident des Bundesamts für Verfassungsschutz, Hans-Georg Maaßen, wurde deutlich: „Wir sehen es in allererster Linie als eine Aufgabe der Parteien, sich untereinander und miteinander auseinanderzusetzen. Es sei nicht Sache der Verfassungsschutzbehörden, in den demokratischen Diskurs der Parteien einzugreifen." – „Die AfD ist aus unserer Sicht derzeit keine rechtsextremistische Partei. Es gebe keine Anhaltspunkte, dass die Partei die Voraussetzungen erfüllt, um Beobachtungsobjekt des Bundesverfassungsschutzes zu sein." Die öffentliche Bloßstellung seiner Rechtskenntnisse müsste Maas eigentlich peinlich sein. Ist sie aber nicht, denn er hat sein angestrebtes Ziel erreicht: die mediale Stigmatisierung des politischen Gegners. Und nur wenige Medien griffen die Zurechtweisung durch einen Untergebenen auf.[137]

Damit die Umverteilung auch nach links beziehungsweise linksextrem richtig funktioniert, wurden die Gelder für den „Kampf gegen rechts" verdoppelt. Nun stehen jährlich 100 Millionen Euro zum Abruf bereit. Diese Ankündigung kam wenige Wochen nachdem bekannt wurde, dass in der Silvesternacht viele hundert Frauen in Deutschland durch Flüchtlinge sexuell bedrängt und vergewaltigt wurden. Denn damit sollte allen verdeutlicht werden, wer für ihn die wahren Übeltäter sind.[138]

Aber nicht nur die „Rechten" hat Maas als Verursacher der Kölner Exzesse ausgemacht. Angeblich ist es auch die „sexistische Werbung", die die testosterongesteuerten Muslime verleitet hat, sexuelle Belästigungen, Nötigungen oder gar Vergewaltigungen zu begehen. Komisch nur, dass es diese Werbung seit Jahrzehnten in Deutschland gibt und Deutsche nicht hordenweise Frauen überfallen. Um künftig weitere sexuelle Übergriffe zu minimieren, möchte er „geschlechterdiskriminierende Werbung in Deutschland unterbinden" und ein „moderneres Geschlechterbild" etablieren. Der FDP-Vorsitzende Christian Lindner konnte es nicht fassen und reagierte umgehend: „Seine Pläne zum Verbot vom Nacktheit und sexualisierter Werbung sind an Spießigkeit kaum zu überbieten. Die Verhüllung von Frauen zur Bändigung von Männern zu fordern, das kannte man von radikalen islamischen Religionsführern, aber nicht vom deutschen Justizminister."[139]

Zudem vergaloppiert sich der Bundesjustizminister häufig, wie das jüngste Beispiel eines glücklicherweise fehlgegangenen Handgranatenanschlags auf eine Asylbewerberunterkunft beweist. Obwohl Polizei und Staatsanwaltschaft bereits von Beginn an in alle Richtungen – und nicht nur in eine! – ermittelten, positionierte sich Maas mit seinen ideologischen Gesinnungsgenossen, den Grünen (Volker Beck, Winfried Kretschmann) entsprechend und stellte „die eigenen Bürger unter Generalverdacht", wobei er von einer „neuen Qualität der Hetze und Gewalt" fabulierte. Als dann nach einigen Tagen bekannt wurde, dass die Tat von rivalisierenden osteuropäischen Sicherheitsunternehmen verübt wurde, gingen die politischen „Scharfmacher, Klimavergifter und Gesellschaftsspalter" wieder auf Tauchstation, ohne sich für ihre Vorverurteilungen zu entschuldigen. Ähnlich verlief es bei einem moslemischen Anschlag auf einen Sikh-Tempel in Essen.[140]

Wenn ihm sein „Kampf gegen rechts" einmal Zeit lässt, nutzt der Bundesjustizminister seine noch verbliebene Ministerzeit, um das liberale deutsche Rechtssystem Stück für Stück weiter auszuhebeln und zu untergraben. So beabsichtigt er, die lebenslange Haft für Mord abzuschaffen und diese auf bis zu fünf Jahre zu senken, wenn Täter „aus Verzweiflung" handeln, durch eine „schwere Beleidigung" oder „Misshandlung zum Zorn gereizt" werden oder von einer „vergleichbar heftigen Gemütsbewegung" betroffen sind. Und wie immer begründet er seine überflüssige Reform mit einer angeblichen „Tätertypenlehre aus der Nazi-Zeit", die es zu tilgen gilt. Maas spielt nicht nur mit unserem Strafrecht. Vielmehr missachtet er das Leben und stiftet letztlich zum Mord an. Denn damit erhalten Mörder einen Freifahrtschein, wenn beispielsweise jemand „Allah" kritisiert oder die Familienehre beleidigt – wie es nicht selten unter Moslems vorkommt. Maas, seine SPD und seine ideologischen Helfershelfer erkennen dagegen nicht die Menschenverachtung, die darin liegt. Dagegen läßt der Justizminister über 107.000 verurteilte Personen in Deutschland frei herumlaufen, so dass diese weitere Straftaten begehen können. Um die Anzahl der Straftäter zu reduzieren, hat sein Parteikollege, der promovierte Politikwissenschaftler und stellvertretende Bundesparteivorsitzende Ralf Stegner, die geniale Idee, Ladendiebstahl nicht mehr als Straftat, sondern nur noch als Ordnungswidrigkeit zu ahnden. Stegner scheint den alten Traum der Linken wiederzubeleben. Danach darf derjenige, der nichts hat, sich beim angeblichen Kapitalisten frei bedienen. Glücklicherweise widersprechen die Gewerkschaft der Polizei und der Einzelhandel. Denn „es sei wichtig, mutmaßliche Täter zu erfassen, um Mehrfachtäter und Banden zu ermitteln". Zudem ist Ladendiebstahl kein „Kavaliersdelikt".[141]

Dabei wäre es vielmehr sinnvoll, das Strafrecht zu verschärfen, und zwar nach Herkunft der Täter. Da bereits in der deutschen Rechtsprechung die Scharia eingezogen ist – unter anderem im Erbrecht, bei dem der deutsche Staat die Vielehe belohnt, indem jede Frau eines moslemischen Bürgers – auch wenn er vier hat – Anspruch auf Witwenrente hat. Da viele moslemische Täter die deutsche Justiz nicht fürchten, wäre es sinnvoll, für diese Gruppen das Strafrecht des Staates heranzuziehen, aus dem diese ursprünglich stammen. Auch wenn dadurch der Justizapparat aufgebläht würde, hätte es abschreckenden Charakter.[142]

Maas ist aber nicht nur Justiz-, sondern auch Verbraucherschutzminister. Und auch hier fühlt er sich den Wirtschaftsflüchtlingen in besonderer Weise verpflichtet. Um diese für Verbraucherschutzthemen zu sensibilisieren, fordert er zusätzlich 20 Millionen Euro vom Bundesfinanzminister. Geld scheint somit auch für unwichtige Themen in Hülle und Fülle vorhanden zu sein, damit die Illegalen nicht „bei Handyverträgen übers Ohr gehauen werden". Es gilt sie zudem über ihre Rechte in Deutschland aufzuklären, natürlich in ihren Heimatsprachen „Urdu, Paschtu, Dari und Arabisch".[143]

Letztlich ist dem ehemaligen stellvertretenden „Focus"-Chefredakteur Stephan Paetow zuzustimmen, dass die „Schamlosigkeit an politischem Nepotismus" – Vetternwirtschaft – unter Maas' „Amtstätigkeit eine neue, öffentliche Dimension erreicht" habe.[144] Denn weder trägt er dazu bei, dass wieder Rechtssicherheit in der Flüchtlingskrise eintritt, noch intensiviert er die Abschiebung ausländischer Krimineller oder nicht politisch Verfolgter. „Er sieht kein Problem im Linksextremismus. Er sieht kein Problem im Islamismus. Er sieht auch kein Problem in Sexismus nach den massenhaften Attacken auf Frauen in verschiedenen Städten. Von linken Ausschreitungen in Magdeburg, Leipzig, Hamburg, Berlin und so weiter hat er nichts mitbekommen. Auch die permanente Terrorgefahr durch Islamisten ficht seinen festen Klassenstandpunkt nicht an. Aber er sieht hinter jedem Busch einen Nazi lauern." Ebenfalls scheint ihn die dauernde Verhöhnung von Polizei und Justiz durch arabische und landfahrende Familienclans nicht zu interessieren. Dafür akzeptiert er, dass „Polizei und Staatsanwaltschaften Kriminalitätsstatistiken verfälschen" (Kiel) oder Wahlfälschung in Bremerhaven und Köln begehen. Und hier ist er sich scheinbar mit dem CDU-Landtagsabgeordneten und Beisitzer im Vorstand des Bundesarbeitskreises der CDU-Juristen Hartmut Honka einig: „Lieber Wahlfälschung als ein Sitz mehr für die AfD." Ein eigenartiges Demokratieverständnis, das eigentlich „mit einem öffentlichen Amt nicht vereinbar" ist. „In einer funktionierenden Demokratie würde die Opposition jetzt seinen Rücktritt wegen Realitätsverweigerung fordern. In einer funktionierenden Presse würden Kommentatoren mit spitzer Feder fragen, ob der Herr Minister noch alle Datteln in der Pfanne hat. Aber in Deutschland fällt so etwas kaum noch auf, weil es zur Normalität geworden ist."[145]

Normalität aber wohl nur deshalb, weil auch die höchsten deutschen Gerichte entweder noch nicht aus ihrer Narkose erwacht sind oder sich dem Spiel der Alleinherrscherin ergeben haben und nun als Testamentsvollstrecker agieren. Vieles deutet auf letzteres hin, denn bereits einige Male hat sich das Bundesverfassungsgericht um unangenehme Urteile gedrückt, wie bei den EZB-Anleihekäufen, wo es die Entscheidung an den Europäischen Gerichtshof weiterreichte. Erst jüngst hat das Bundesverfassungsgericht die von der Bürgerinitiative EinProzent.de „unterstützte Verfassungsbeschwerde gegen die Politik des Kabinetts Merkel III ohne Begründung zurückgewiesen". Der Verfahrensbevollmächtigte, Staatsrechtler Karl Albrecht Schachtschneider, bezeichnete „die Beschwerde als ‚historisches Dokument': Das Gericht habe sich seiner ‚Befriedungsaufgabe verweigert'. Damit ist der mittelbare Zweck der Beschwerde erfüllt: ‚Die Möglichkeiten, schnell die notwendige Verwirklichung des Rechts zu erreichen, sind durch die Nichtentscheidung des Gerichts für die Bürger erschöpft.'"[146]

Auch die obersten Gerichtshöfe des Bundes (Bundesgerichtshof, -verwaltungsgericht, -arbeitsgericht, -sozialgericht) glänzten in den letzten Jahren mit Urteilen, die zum Nachteil der Deutschen und Deutschlands gereichen. Unter anderem hat das Bundessozialgericht im Dezember 2015 ein weitreichendes sozialpolitisches Urteil gefällt. Danach haben in Zukunft EU-Ausländer aus anderen EU-Staaten, die länger als sechs Monate in Deutschland leben und darlegen, sie wollten in Deutschland arbeiten, Anspruch auf Sozialhilfe. Dass dies über kurz oder lang den Sozialstaat aus den Angeln heben wird, kalkulieren die Höchstrichter anscheinend ein. Drei weitere Beispiele: Mitte März 2016 entschied das Bundesverwaltungsgericht, dass die Namen der Bundestagsabgeordneten, die rund 400 Montblanc-Füller und -Stifte im Wert von 68.800 Euro über ihre Bürokostenpauschale abrechneten und diese auch an Familienmitglieder und Freunde verschenkten, geheim bleiben dürfen. Als Begründung gaben die Richter an, dass das „Vertraulichkeits-Interesse der Abgeordneten höher zu bewerten sei als das Informationsinteresse der Öffentlichkeit". Doch genau das Gegenteil ist der Fall. Denn der Bürger hat ein Recht, zu wissen, wie seine Volksvertreter mit den Steuern umgehen: verschwenderisch und ohne Skrupel! Wenige Tage nach diesem Urteil entschied ebenfalls das Bundesverwaltungsgericht, dass der Rundfunkbeitrag – der wie eine Steuer daherkommt – verfassungsgemäß sei. Es müssen somit auch Personen diesen bezahlen, die weder ein Rundfunkgerät noch ein Radio besitzen. Die öffentlich-rechtlichen Sendeanstalten können aufatmen, und die Propaganda-Berieselung der „Aktuellen Kamera" geht weiter. Meinungsfreiheit sieht anders aus. Auch hebelte das Bundesverwaltungsgericht die Dublin-Richtlinien der EU aus. Diese besagen, dass derjenige Staat für die Prüfung eines Asylbewerbers zuständig ist, in dem dieser erstmals den Boden der EU betritt. Da viele Asylanten häufig von Griechenland oder Italien nach Deutschland weiterreisen, müssen eigentlich diese Staaten das Asylverfahren durchführen. Nach dem neuesten Urteil kann nun jeder in Deutschland bleiben, wenn der abgegebene EU-Staat den Asylbewerber nicht zurücknimmt. Und das passiert unter den „befreundeten" EU-Staaten leider häufig. So stellten unsere Behörden fast 45.000 Rücknahme-Ersuche an die EU-Partner. Eigentlich eine kleine Zahl, da mehr als eine Million eingereiste Wirtschaftsflüchtlinge hätten zurückgeschickt werden müssen, zumal nach der Dublin-Verordnung im Jahr 2015 nur 1.699 Asylanten wirklich antragsberechtigt waren. Doch unsere EU-Partner nahmen von den 45.000 nur 3.600 Asylanten zurück. Anders dagegen unser Staat, der allein im letzten Jahr über 3.000 Asylanten zurücknahm – unter anderem aus Schweden. Das neue Urteil hat eine weitere Schleuse geöffnet. Nun können alle Abzuschiebenden hoffen, in Deutschland zu bleiben. Es spottet jeder Beschreibung, wie oberste deutsche Gerichte Recht sprechen, indem sie deutsches und europäisches Recht permanent unterlaufen und „vergünstigend" auslegen. Die Gerichtsbarkeit scheint zum Büttel der Regierung geworden zu sein.[147]

Die dargelegten Fälle zeigen, dass die obersten Bundesgerichte immer häufiger fatale Urteile fällen, die sich gegen die

Mehrheit des Volkes richten. Dies liegt auch an der Qualifikation der Richter, denn immer seltener gibt die Reputation (renommierte Verfassungsrechtler; langjährig tätig an einer höchsten Instanz der ordentlichen Gerichtsbarkeit) den Ausschlag für die Berufung. Vielmehr werden Ansehen und Sachkenntnis durch die Ideologie des Einzelnen ersetzt, wie die nun kurz genannten Fälle verdeutlichen. Denn nur durch die Installierung von ideologisch verbrämten Juristen ist es möglich gewesen, die dritte Gewalt – die Judikative – gleichzuschalten und der Agenda der Kanzlerin unterzuordnen. Auch wenn liberal-konservative Richter – ähnlich wie Politiker – die politischen Meinungen dieser Ideologen nicht immer teilen, so beziehen sie diese aus einem Überlegenheitsgefühl heraus in ihre Überlegungen erst mit ein und setzen sie dann letztlich ohne große Bedenken als die ihren um. Der ehemalige „FAZ"-Herausgeber Frank Schirrmacher schrieb dazu folgendes: „Die Stärke der Linken (…) liegt darin, dass sie verstanden haben, wie die Mächtigen sich liberal-konservativer Sprache als Tarnumhang bedient haben, um sich ihre Vorteile zu sichern."[148]

Einer dieser Ideologen – eigentlich Gender-Ideologin – ist Susanne Baer. Als bekennende Lesbe befasst sie sich bis heute vornehmlich mit dem Thema des Gleichstellungsrechts und des sogenannten „Gender Mainstreaming" sowie des Antidiskriminierungsrechts. Dementsprechend sind ihre rechtswissenschaftlichen Qualifikationen sehr überschaubar, ihre Publikationen zudem extrem ideologisch, wobei sie die Stellung des Mannes und die der Familie zu unterminieren versucht.[149] Die für diese Aufgabe am Bundesverfassungsgericht nötigen Fachkenntnisse in Verfassungsrecht dagegen kann man bei ihr mit der „Nadel im Heuhaufen" suchen. Doch für SPD und Grüne war gerade Baers Tätigkeit im philosophisch-soziologischen Bereich und ihre politische Auslegung der Wissenschaft ausschlaggebend, um sie in das oberste Richteramt zu berufen. Denn dadurch lässt sich die offene Gesellschaft leichter umsetzen.

Ähnlich bei Gabriele Britz, die ebenfalls von der SPD vorgeschlagen wurde und mit Baer im Ersten Senat Recht spricht.

Ihre Habilitationsschrift „Kulturelle Rechte und Verfassung – Über den rechtlichen Umgang mit kultureller Differenz" und ihr zeitweises Engagement als Mitglied im „UN-Ausschuss für die Beseitigung der Rassendiskriminierung" zeigen deutlich ihre politischen Positionierungen auf und lassen eine Neutralität für dieses wichtige Amt vermissen.

Aber auch im Zweiten Senat, der unter anderem für das „Asyl-, Aufenthalts- und Staatsangehörigkeitsrecht" und das „Verfahren mit überwiegend völkerrechtlichem Bezug" zuständig ist, wurden vier von acht Personen plaziert, bei denen Bedenken über ihre Qualifikationen bereits häufiger aufkamen, wie bei Peter Michael Huber.

Huber kam über das Ticket der CDU/CSU und somit durch Merkels Gnaden an den Futtertrog des deutschen Verfassungsorgans. Selbst war der Verfassungsrechtler ein Jahr lang Innenminister des Landes Thüringen. Dort hatte „er sich nicht nur die Achtung des Koalitionspartners SPD erarbeitet, sondern auch den Respekt der Opposition aus Linken, Grünen und FDP". Seine liberale Gesinnung machte es möglich. In seiner Karlsruher Zeit „weiteten die Verfassungsrichter das Ehegattensplitting auf homosexuelle Paare aus und stärkten deren Adoptionsrechte". Nach Ansicht der wenigen noch verbliebenen konservativen CDU-Bundestagsmitglieder „treibe Karlsruhe mit seinen Urteilen eine Liberalisierung der Gesellschaft voran und überschreite die eigenen Zuständigkeiten". Der Staatsrechtler Rupert Scholz wurde deutlicher: „Das Gericht mache Gesellschaftspolitik."[150] Dazu beigetragen hat auch Monika Hermanns. Obwohl sie viele Erfahrungen am Saarländischen Oberlandesgericht, am Verfassungsgerichtshof des Saarlandes und am Bundesgerichtshof sammeln konnte, ist sie nur aufgrund eines „Tauschgeschäfts" zwischen SPD und CDU/CSU in das Richteramt berufen worden.[151]

Viel gravierender als dieses Tauschgeschäft war aber die Nominierung des früheren saarländischen Ministerpräsidenten Peter Aloysius Müller. Hier „urteilt er über den ESM [Europäischer Stabilitäts-Mechanismus], die Wahlmänner in der Bundesversammlung und womöglich über ein NPD-Verbot. Doch er ist erst einmal befangen – wegen seiner politischen Vergangenheit." Allein schon bei der Klage Seehofers gegen den Länderfinanzausgleich stellt sich die Frage der Befangenheit. Hatte er sich doch als saarländischer Ministerpräsident stets als „Befürworter des Transfers" ausgesprochen. Zudem wird ihm eine „mangelnde Qualifikation für das höchste Richteramt" von vielen Seiten attestiert. Denn seine „Erfahrungen beschränken sich tatsächlich auf zwei Jahre Amtsrichter in Ottweiler und zwei Jahre beim Landgericht Saarbrücken. Publizistisch ist er in Sachen Rechtsprechung zeit seines Lebens nicht in Erscheinung getreten. Bekannt ist nur, dass er „im Jahr 2006 ein Grußwort zum 25-jährigen Bestehen des Saarbrücker Rechtsforums gehalten hat, in freier Rede". Letztlich wurde mit ihm ein „amtsmüder Ministerpräsident auf einem Richtersessel entsorgt. Es war von politischem Kuhhandel die Rede."[152] Und dafür zeigt er sich seiner Parteivorsitzenden bislang dankbar. Dass die anderen vier Verfassungsrichter im Zweiten Senat auch eher dem linksliberalen Lager zugeordnet werden, wird auf absehbare Zeit zu keiner Veränderung zum Guten führen. Denn die Amtszeit jedes Verfassungsrichters beträgt zwölf Jahre.

5. Bundesministerium für Arbeit und Soziales – Andrea Nahles

Auch Bundesministerin Andrea Nahles beschritt den Weg vom Kreißsaal über den Hörsaal in den Plenarsaal und gilt somit als typische Vertreterin der heutigen Politikerkaste, der es häufig am beruflichen Sachverstand und an Arbeitsexpertise mangelt. Dennoch wartete sie als einziger Bundesminister mit kritischen Tönen zu der aktuellen Flüchtlingspolitik auf. Anders als die meisten Politiker, Medien und Wirtschaftsverbände versuchte sie den Deutschen nicht zu suggerieren, dass die Einwanderer über hohe Fachqualifikationen verfügen und unter ihnen viele Ärzte und Ingenieure zu finden seien. Gepriesen wurde von diesen nämlich vielfach das Potential der Flüchtlinge, die unsere angeblich stagnierende Wirtschaft wiederbeleben könnten. Nicht nur, dass Politik und Wirtschaft dabei die Einwanderungs- und Asyldebatte miteinander vermischen. Beide Gruppen interessiert auch nicht, dass wir derzeit keinen Fachkräftemangel haben. Denn Deutschland gehört – trotz Demographieproblematik – seit Jahrzehnten immer noch zu den größten Exportnationen, seit 2014 belegt es zudem die weltweite Spitzenposition beim Exportüberschuss – viel mehr geht eigentlich nicht! Doch Nahles traute sich aus der Deckung heraus, denn sie gehört dem linken Flügel der SPD an und ist somit sakrosankt, auch wenn sie damit AfD-Positionen einnimmt. Sie erklärte, dass „nicht alle, die da kommen, hoch qualifiziert" seien. „Der syrische Arzt ist nicht der Normalfall." So haben laut der Bundesagentur für Arbeit „87 Prozent der Asylbewerber aus den Kriegsländern keine abgeschlossene Berufsausbildung".[153]

Dass Nahles mit ihrer Einschätzung richtig lag, wurde einige Monate darauf durch eine OECD-Studie bestätigt. Danach gelten rund „zwei Drittel der jungen Syrer nach internationalen Bildungsstandards als funktionale Analphabeten", das heißt sie verfügen nur über begrenzte Lese- und Schreibkenntnisse. Damit sie in Deutsch Schreiben und Lesen lernen können, muss aber erst eine andere Hürde genommen werden: die Unterweisung der Flüchtlinge in Arabisch. Denn erst wenn sie Arabisch schreiben können, besteht die Möglichkeit, sie mit der deutschen Schriftsprache vertraut zu machen. Hier stößt diese Anforderung an Grenzen, da es nicht genügend Arabisch-unterrichtende Lehrer in Deutschland gibt. Eine Integration in den Arbeitsmarkt scheint damit für diese Personengruppe fast aussichtslos, ein Leben mit Hartz IV vorprogrammiert. Erfahrungen der Handelskammer München und Oberbayern stützen diese Ergebnisse. Danach brachen 70 Prozent der Azubis aus Syrien, Afghanistan und dem Irak eine vor zwei Jahren begonnene Lehre schnell wieder ab. Und auch die Vereinigung der hessischen Unternehmerverbände teilte mit, dass „über 80 Prozent keine abgeschlossene Berufsausbildung und davon ein Großteil noch nicht einmal einen Schulabschluss" haben.[154]

Langsam reift bei vielen die Erkenntnis, dass „selbst die Fittesten [der jugendlichen Flüchtlinge] es nicht schaffen", und das trotz intensiver Betreuung mittels Sprachkurs und Praktika durch „Arbeitsagentur, Jobcenter, Jugendamt und Kommune". Allein der Kreis und die Stadt Rosenheim haben im letzten Jahr knapp 5.000 unbegleitete Minderjährige aufgenommen. Unter ihnen sind viele Afghanen und Nordafrikaner wie Eritreer, „die bisher nie zur Schule gegangen sind". Es wurde – wie in vielen Städten – ein Vorzeigeprojekt gestartet, um diese in den Arbeitsprozess zu integrieren. Doch wie die Ko-Geschäftsführerin der Initiative selbstkritisch feststellt, sind den Initiatoren „in den vergangenen Monaten jeden Tag die Augen aufgegangen". Denn „bei rund 80 Prozent der Jugendlichen fehlen fast komplett neun Jahre Schulbildung. Eine Ausbildung ist eigentlich nicht realistisch." Nur einem „ganz kleinen Bruchteil" gelinge eine Ausbildung. Die jungen Illegalen werden „nicht die Probleme des demographischen Wandels in Deutschland lindern".

Nach Ansicht des Rosenheimer Kreisjugendamtsleiters „mache von 100 bis 150 unbegleiteten minderjährigen Flüchtlingen nur einer eine Ausbildung. Für die meisten seien die Ausbildungsstandards deutlich zu hoch. Viele könnten vielleicht den praktischen Teil bestehen, den theoretischen sicherlich nicht." Er plädiert daher für eine „abgespeckte Form der Ausbildung", was zu Lasten des weltweit geschätzten deutschen dualen Ausbildungssystems geht. Hinzu kommt, dass die meisten moslemischen Jugendliche keine „Frauen als Vorgesetzte akzeptieren" und sich weigern unter anderem in den Gemeinschaftsunterkünften zu putzen, da dies in ihren Heimatländern Frauenarbeit sei. Ein desaströses Bild, das die vielgelobten Fachkräfte da abgeben.[155]

Schlimmer trifft es jedoch die deutschen Jugendhilfefälle. „Für die eigenen Jugendlichen mangele es an Platz und auch an Personal." Sie sind somit die Leidtragenden, die letztendlich durch das soziale Netz fallen werden. Denn für sie ist immer weniger Geld und Betreuung vorhanden, um sie in die Gesellschaft zu integrieren und aus ihrem schlechten sozialen Umfeld herauszuholen.[156]

Aber für Wirtschaftsflüchtlinge scheint Geld in Hülle und Fülle zur Verfügung zu stehen. Erst im Dezember 2015 stockte Nahles für die Integration der Wirtschaftsflüchtlinge in den Arbeitsmarkt das Sozialbudget für 2016 um knapp 3,6 Milliarden Euro auf fast 130 Milliarden Euro auf. Dies entspricht 41 Prozent des gesamten Bundeshaushalts. „Allein für den Lebensunterhalt von Flüchtlingen, die in Deutschland bleiben dürften, rechne sie mit Mehrausgaben von ein bis zwei Milliarden Euro. (…) Für Programme zur Integration in den Arbeitsmarkt veranschlage sie 600 Millionen bis 1,1 Milliarden Euro. Für berufsbezogene Sprachkurse seien zusätzlich 180 Millionen Euro erforderlich." Die Katze war aus dem Sack![157]

Doch auch das reicht nicht, wie sich bereits im Februar 2016 herausstellte. Allein für die Schaffung von 100.000 Arbeitsgelegenheiten für Flüchtlinge – das sind mehrheitlich Ein-Euro-Jobs – benötigt die Bundesministerin weitere 450 Millionen Euro. Jährlich, versteht sich. Hinzu ist für zusätzliche Integrationsmaßnahmen, wie ausbildungsbegleitende Hilfen, mit weiteren Belastungen zu rechnen. Wie hoch diese ausfallen, bezifferte sie aus gutem Grund nicht. Selbst rechnet Nahles die Ausgaben schön. Für ihr Ressort verlangt sie vom Bundesfinanzminister nur rund eine halbe Milliarde Euro mehr – für 100.000 Arbeitssuchende! Dabei geht sogar die ihr unterstellte Bundesagentur für Arbeit „nicht von 100.000, sondern von 350.000 anerkannten Asylbewerbern aus, die in diesem Jahr Ausbildung und Arbeit suchen".[158] Legt man dagegen die genannten Kosten auf die bis 2015 eingereisten 1,1 Millionen Flüchtlinge um, so entstehen künftig Mehrausgaben von knapp fünf Milliarden Euro pro Jahr. Und das nur für ihr Ministerium. Wie gut, dass das Bundeswirtschaftsministerium bis 2020 mit weiteren 2,5 Millionen Wirtschaftsflüchtlingen rechnet, pro Jahr 500.000. Dabei ist die jährliche Zahl bereits im ersten Wintermonat 2016 Makulatur. Denn allein im Januar drangen fast 100.000 Asylbewerber nach Deutschland ein. Vorausschauende und reelle Prognosen sehen anders aus.[159] Eine davon hat das Institut der deutschen Wirtschaft in Köln aufgestellt. Danach werden dem Staat für Unterbringung, Verpflegung sowie Integrations- und Sprachkurse in diesem und im nächsten Jahr Kosten von fast 50 Milliarden Euro entstehen.[160]

Insgesamt werden die Flüchtlinge „vor allem wegen ihrer geringen Qualifikationen den Staat vielmehr gigantische Summen kosten", und sie werden uns wirtschaftlich nicht helfen können. Der Freiburger Ökonom Bernd Raffelhüschen errechnet pro Flüchtling Kosten in Höhe von 450.000 Euro. Doch auch diese Zahlen hält der ehemalige Chef des ifo-Instituts für Wirtschaftsforschung Hans-Werner Sinn „noch für optimistisch", da die Asylbewerber nicht „so schnell in den Arbeitsmarkt integriert werden können wie frühere Einwanderer".[161]

Der Zuzug von Millionen Menschen wird aber dennoch zu einem „Verdrängungswettbewerb, der Ängste schürt, statt sie abzubauen" führen, wie Nahles selbst zugibt. Damit der deutsche Michel nicht auf die Barrikaden geht, knüpfte sie die Zahlungen an bestimmte Vorgaben für Flüchtlinge. Danach muss derjenige, der „Hilfe in Anspruch nimmt, sein ganzes Können, seine Arbeitskraft und – übrigens wie alle anderen auch – sein eigenes Vermögen einbringen. Wer das nicht tut, der wird [laut Nahles] hier dauerhaft keine Unterstützung erhalten."[162] So weit, so gut. Doch wer unsere Politiker kennt, weiß, dass dieser Ankündigung keine Umsetzung folgen wird. Käme es dennoch zu einer Verschärfung des Gesetzes, würde das nächstbeste Sozialgericht dieses wieder kippen.

Anstelle des erhofften neuen Wirtschaftswunders wird die Alimentierung der nach Deutschland Strömenden weiter zunehmen. Da hilft es auch nicht, dass Nahles Tausende neue Arbeitsplätze rund um die Flüchtlingsindustrie verspricht, „etwa bei der Betreuung von Flüchtlingen, aber auch bei den Sicherheitsdiensten, im Catering oder im Wohnungsbau". Sozialistische „Planwirtschaft auf höchstem Niveau. Hier werden keine Arbeitsplätze geschaffen, weil die Wirtschaft so gut läuft und weil Unternehmen mehr produzieren können – hier werden Arbeitsplätze im staatlichen Dienstleistungsgewerbe geschaffen, zugunsten einer Bevölkerungsgruppe, die nichts zum Sozialprodukt beiträgt, sondern erst einmal durchgefüttert und gehätschelt werden muss." Daher kommt die Nachricht, dass der Bedarf an Sozialarbeitern mit akademischem Abschluss nicht gedeckt werden kann, nicht überraschend. Zumal Nahles mit ihrem 20-semestrigen Germanistikstudium mehr als geeignet für diesen Arbeitsmarkt erscheint. Noch vor einigen Jahren fragte man sich, welche Unternehmen „Sozialarbeiter, Streetworker und Sozialpädagogen" einstellen würden. Man konnte fast nur Politiker werden. Dabei „wird jeder dieser Arbeitsplätze vom Steuerzahler finanziert, geht also zu Lasten der eigenen Lebensqualität, weil Steuererhöhungen – gerne auch ob dieses Wahnsinns – als Preissteigerungen getarnt – unabdingbar sind. Das Perverseste daran ist aber, dass die Leute, die durch ihre neuen Jobs wieder etwas verdienen, einen großen Teil über die Lohnsteuer wieder an die sogenannten Flüchtlinge abgeben."[163]

Dass Nahles den Wirtschaftsflüchtlingen zusätzliche Beschäftigungen im Ein-Euro-Bereich anbieten will – ein Job, den bisher nur Hartz-IV-Empfänger nutzen können – wird den Verdrängungswettbewerb weiter fördern. Zudem vermarkteten die Bundesministerin und ihre Partei früher den Mindestlohn als Maßnahme gegen die staatlich subventionierten Aushilfsjobs. Nun ist alles anders, denn nun wird immer häufiger der Ruf nach dem Aussetzen des Mindestlohnes laut – natürlich nur für die Zuwanderer. Die Zeche zahlt der Geringverdiener, der weiter aus dem Niedriglohnsektor herausgedrängt wird. Es ist daher verständlich, dass immer mehr das gleichgültige, wenn nicht skrupellose Verhalten der Politik gegenüber der eigenen Arbeiterschaft kritisieren, zumal im Januar 2016 mehr als 2,9 Millionen Menschen arbeitslos gemeldet waren, bei nur 580.000 offenen Stellen. Dabei wurden aus der offiziellen Arbeitslosenstatistik knapp 800.000 Personen herausgerechnet, unter anderem da sie sich im Krankenstand, in Ein-Euro-Jobs oder in Fortbildung befinden, oder da sie aufgrund ihres Alters (älter als 58 Jahre) beziehungsweise aufgrund ihrer Meldung bei privaten Arbeitsvermittlern – ohne dass sie Arbeit haben – aus der Statistik fallen. Hinzu kommt noch die stille Reserve, die sich „entmutigt vom Arbeitsmarkt zurückgezogen hat". Insgesamt beziehen bereits sieben Millionen Menschen in Deutschland Leistungen zum Lebensunterhalt, darunter über 940.000 als Arbeitslosengeld I, über 4,3 Millionen als Hartz IV (Arbeitslosengeld II) und 1,7 Millionen als Sozialhilfe.[164] Dabei sind nicht alle Sozialhilfeempfänger wirklich notleidend. Besonders Südosteuropäer nutzen das deutsche Sozialsystem aus, obwohl ihnen die Sozialleistungen nicht zustehen. Unter anderem betrügen seit Jahren viele Rumänen und Bulgaren den Staat, indem sie – wie in Landshut – eine Meldeadresse angeben, obwohl sie nicht in Deutschland leben und arbeiten. Hier werden sie von südosteuropäischen Kleinunternehmern für ein halbes Jahr zu Minilöhnen pro forma beschäftigt, damit die Arbeitsagentur ihre Gehälter aufstockt. Nach dieser Zeit erwerben sie sofort einen Anspruch auf Grundsicherung. Damit nicht auffällt, dass sie nicht in Deutschland leben, findet ein täglicher Sozialtourismus mittels Bustransfer statt. Nachdem die Südosteuropäer die Leistungen der Arbeitsagentur erhalten haben, fahren sie wieder in ihre Heimatländer zurück. Die Betrügereien sind seit langem bekannt und verursachen einen hohen Milliardenschaden. Dennoch dämmt Nahles den Missbrauch nicht ein.[165]

Dass die Kosten für die „Neubürger" (Angela Merkel)[166] ins Unermessliche steigen und den Haushalt zum Platzen bringen werden, versteht jeder Realist. Um dies zu verhindern, werden Politiker und Ökonomen dennoch nicht müde, der Bevölkerung den Renteneintritt mit 70 Jahren schmackhaft zu machen. Denn angeblich gebe es viele Menschen, die gerne länger arbeiten möchten. Zudem würden die „niedrigen Zinsen alle Vorsorgepläne zunichte machen. Da hilft nur mehr sparen oder länger arbeiten."[167] Dass die verfehlte Euro-Politik von Bundesregierung und Europäischer Zentralbank eine große Mitschuld an diesem Dilemma trägt, wird dabei ausgespart. Vielmehr wird immer wieder die Demographieproblematik angeführt, die Masseninvasion nicht integrierbarer Zuwanderer dagegen nicht. Dabei zeigen gerade kleinere Staaten wie Dänemark, die Schweiz oder die Niederlande, dass man auch mit einer geringeren Bevölkerungszahl wettbewerbsfähig sein kann. Zumal beim Bruttoinlandsprodukt pro Kopf im Jahr 2015 Deutschland (41.300 US-Dollar) den vorletzten Platz von 20 Staaten einnimmt. Rang eins belegt Luxemburg mit 104.000 Dollar, gefolgt von der Schweiz (82.200 Dollar), Katar (79.000 Dollar), Norwegen (76.000 Dollar) und den USA (56.000 Dollar). Vor Deutschland liegen auch Dänemark, Island, Schweden, das krisengeschüttelte Irland, die Niederlande, Großbritannien und Österreich.[168] Letztlich bringt es dem eigenen Staat nichts, dass er als Wirtschaftsmacht einen vorderen Rang einnimmt. Es weckt nur Begehrlichkeiten, denen die Bundesregierung gerne durch Zahlung höherer Entwicklungshilfe oder Stützung fremder Staaten fast immer nachkommt. Auch sollte einmal der Frage nachgegangen werden, ob Deutschland bei einer abnehmenden Bevölkerung noch Bedarf an weiteren Straßen und einer Ausweitung des Wohnungsbaus hat. Hinzu kommt, dass von der fortschreitenden Digitalisierung in den nächsten zehn bis 20 Jahren 60 Prozent aller Arbeitnehmer betroffen sein werden. Das Zentrum für empirische Wirtschaftsforschung hält es für möglich, dass „infolge des technologischen Wandels zwölf Prozent der Arbeitsplätze wegfallen könnten". Sinnvoller ist es daher, wenn der Staat mehr in Bildung investieren würde, denn diese wird auch künftig der Antriebsmotor von Innovationen sein.[169]

Mit der „Rente mit 70" kommt die Politik nur einer Forderung der Arbeitgeberverbände nach. Zudem vermeidet sie den Offenbarungseid. Nämlich, dass die Rente doch nicht sicher ist und die von den Arbeitnehmern zwangsweise angesparten Rentenbeiträge längst für die früheren Generationen ausgegeben wurden.[170]

6. Bundesministerium für Umwelt, Naturschutz, Bau und Reaktorsicherheit – Barbara Hendricks

Im Bundesumweltministerium wirkte Merkel in der Zeit von 1994 bis 1998 als Ministerin, ganz besonders aber als Kanzlerin, als sie für dieses Ressort keine Verantwortung mehr trug.

War sie als Physikerin noch bis Mitte der 2000er Jahre eine strikte Befürworterin der Kernkraft, so änderte sich mit Fukushima im Jahr 2011 alles. Von heute auf morgen ließ sie acht Kernkraftwerke erst für drei Monate – kurz danach für immer – abschalten, indem sie unter anderem „der hessischen Landesregierung den Text der Stillegungs-Verfügung vorgegeben und zugeschickt" hatte. „Hessen habe die Weisung umsetzen müssen." Damit haben „die Kanzlerin und der damalige Bundesumweltminister Norbert Röttgen zusammen mit der ehemaligen hessischen Umweltministerin Lucia Puttrich sowie der hessischen Staatskanzlei sehenden Auges einen rechtswidrigen Verwaltungsakt begangen". Zumal die Betreiberfirma rechtlich nicht angehört wurde. Somit erfolgte die Stillegung von Biblis nach Ansicht des Hessischen Verwaltungsgerichtshofs und des Bundesverwaltungsgerichts widerrechtlich. Denn es bestand keinerlei Grund für die Abschaltung, da die Sicherheit von Biblis durch die Ereignisse in Japan in keiner Weise tangiert war. Hinzu kam, dass „in Fukushima niemand durch die spezifischen Gefahren radioaktiver Strahlen zu Tode gekommen ist", wie selbst die Weltgesundheitsorganisation bestätigte. Obwohl damit die Staatsanwaltschaft nach Paragraph 339 Strafgesetzbuch wegen „Rechtsbeugung" hätte ermitteln müssen, geschah bis heute nichts.[171]

Führt Merkel Deutschland in eine atomfreie Zeit, sieht es im nahen und fernen Ausland anders aus. Dort setzt man auf den günstigsten Stromlieferanten. So bauen innerhalb Europas Bulgarien, Litauen, Slowenien in nächster Zeit jeweils ein neues Atomkraftwerk, Frankreich, die Niederlande und Ungarn je zwei, Finnland, Rumänien, die Slowakei und Tschechien je drei, Weißrussland vier, Polen sechs, Großbritannien und die Ukraine je 13. Auch in Japan blieb das „Beben ohne Folgen". Dort werden 15 neue Meiler errichtet. Weiter baut Kanada fünf, Nord- und Südkorea 13, USA 22, Rußland 56, Indien 66 und China 200! Aber auch die islamischen Staaten, die eigentlich nicht über zu wenig Sonne klagen dürften, rüsten auf: Bangladesch und Jordanien je zwei, Kasachstan und Pakistan vier, Indonesien fünf, die Türkei acht, der Iran neun, die Vereinigten Arabischen Emirate 14 und Saudi-Arabien 16. Weltweit kommen zu den bisher bestehenden 439 Atomkraftwerken 554 hinzu.[172]

Parallel mit der Abschaltung der restlichen acht deutschen Kernkraftwerke bis 2022 geht es nun auch den fossilen Energieträgern wie Braun- und Steinkohle, aber auch Erdöl und Erdgas und deren Kraftwerken an den Kragen. Als Ersatz sollen dabei die staatlich subventionierten Erneuerbaren Energien weiter ausgebaut werden, wie Windkraft, Wasserkraft, Photovoltaik und Biomasse. Und das, obwohl die viel zu teuren Erneuerbaren Energien bereits heute 30 Prozent der Bruttostromerzeugung in Deutschland abdecken. Denn man will diese bis 2050 auf 80 Prozent erhöhen. Dabei hilft der Ausstieg aus der Kohleverstromung dem Klima wenig. Er ist „allenfalls ökobewegte Symbolpolitik". Bereits heute hat Europa „mit Hilfe des Emissionshandels diesen Weg eingeschlagen". Indem Deutschland nun den Ausstieg forciert, hebelt es den Handel mit Verschmutzungsrechten aus. „Denn je weniger Kohle in Deutschland verbraucht wird, desto mehr Zertifikate bleiben für andere Länder übrig. Es wird also europaweit kein Gramm Kohlendioxid (CO_2) eingespart."[173]

Letztlich zahlen Unternehmen, Bürger und Tiere einen hohen Preis für die verblendete, gutmenschliche Ideologie der Politik. Durch die Windräder sterben in Deutschland jährlich Millionen Vögel und Fledermäuse qualvoll, vom großflächigen Abholzen von Bäumen einmal ganz abgesehen. Der Schutz- und Lebensraum für Tiere wird dadurch Tag für Tag kleiner.

Allein in Schleswig-Holstein kommen jedes Jahr bis zu 100.000 Vögel durch die Windenergie ums Leben, „vor allem Greifvögel wie Seeadler und Mäusebussarde, aber auch Seeschwalben und Möwen". Sie werden meist „beim Durchfliegen von einem Rotorblatt tödlich getroffen. Mindestens genauso hoch wie die Zahl der getöteten Vögel liegt die Opferschätzung bei Fledermäusen. Die kleinen Säugetiere sterben häufig durch innere Verletzungen, weil der Unterdruck in der Nähe der drehenden Rotoren die feinen Blutgefäße zerreißt."[174] Schöne neue Welt, in der es eigentlich nur um Profitinteressen geht. Und zwar für die eigene links-grüne Klientel, die den Umweltschutz wie eine Monstranz vor sich her trägt.

Gerade die Abschaffung von Atom- und fossilen Energieträgern hat bewirkt, dass die Stromkosten für die privaten Haushalte in Deutschland ins Unermessliche gestiegen sind. Denn den Erneuerbaren Energien fehlt es nicht nur neben Speichertechnologien an Übertragungs- und Verteilnetzen, sie sind lediglich aufgrund hoher staatlicher Subventionen überlebensfähig. Das ist Planwirtschaft in Reinform, bei der der Steuerzahler die Kosten trägt. Nicht von ungefähr haben die privaten Haushalte in Deutschland mit 30 Cent pro Kilowattstunde die zweithöchsten Stromkosten in ganz Europa. Nur in Dänemark ist Strom noch teurer. „Damit ist der Strom bei den beiden Tabellenführern mehr als dreimal so teuer wie in Bulgarien" (neun Cent). Franzosen und Finnen zahlen nur 16 Cent, Luxemburger 18 Cent, die Niederländer und Österreicher je 20 Cent, Belgier und Briten je 21 Cent, Polen 14 Cent.[175] Leidtragende sind wieder einmal die unteren sozialen Schichten. Bereits 2012 „kämpften zwischen zehn und 15 Prozent der Bevölkerung damit, die Energiekosten zu finanzieren". Da viele Familien ihre Stromrechnung nicht mehr bezahlen können, „wird jährlich bei 600.000 Haushalten der Strom gesperrt".[176]

Dass die Erneuerbaren Energien so teuer sind, liegt nach Ansicht des Experten für Kernkraftsicherheit, Manfred Haferburg, am Erneuerbare-Energien-Gesetz (EEG): „Wenn der Preis an der Strombörse sinkt, steigt der Preis für die Verbraucher. Gern wird geschimpft: ,Die gierigen Energieversorger geben die Preissenkung nicht weiter an die Kunden.' Das ist so bösartig, wie es unwahr ist. Die Erneuerbaren bekommen feste Preise, auch wenn sie am Bedarf vorbei produzieren. Sinkt der Börsenpreis wegen des Überangebotes, steigt der Anteil der Subventionen am Festpreis. Es sind also die Erneuerbaren, die die Preissteigerungen verursachen, und nicht die großen Energieversorger. Die Nicht-Öko-Stromproduzenten erhalten an der Strombörse 20 Euro für die gleiche Strommenge (1MWh), für die die Verbraucher letztendlich 270 Euro bezahlen müssen. Und mit jedem neu gebauten Windrad und Solarpaneel steigt der Preis für den Verbraucher weiter, während der Börsenstrompreis sinkt. Aufgrund dieser Schieflage ist der Zubau von Wind- und Solaranlagen das einzige Energiewendeziel, das jährlich bei weitem übertroffen wurde. Nur ein Schelm fragt noch, warum das so ist."[177]

Aber auch die Unternehmen haben das Nachsehen bei den Energiekosten. Denn sie stehen im Wettbewerb mit der ausländischen Konkurrenz. Allein in Deutschland sind die durchschnittlichen Industriestrompreise von 2000 bis 2015 um 20 Prozent gestiegen. Dies hat dazu geführt, dass die deutschen Unternehmen nach einer Studie des Fraunhofer-Instituts im weltweiten Vergleich mit anderen Industriestaaten mit die höchsten Strompreise zahlen und somit Wettbewerbsnachteile haben.[178] Eine kluge und weitsichtige Wirtschafts- und Energiepolitik, wie sie die meisten anderen Industriestaaten betreiben, scheint für die Bundesregierung nicht von Belang zu sein. Mit ihrer Energiewende unterwirft sie sich lieber einer globalen Klimazielpolitik, die den Wirtschaftsstandort Deutschland weiter schwächt, viel Steuergeld verbrennt und wissenschaftlich nicht haltbar ist.

So kam der Verein Deutscher Ingenieure (VDI) bereits 2004 zur Erkenntnis, dass „die bisherigen Untersuchungen also viele Argumente dafür liefern, dass die atmosphärischen Treibhausgase in den vergangenen 1.000 Jahren nicht die Auslöser und Hauptfaktoren von dokumentierten und rekonstruierten Klimaänderungen gewesen sein können, sondern dass die Sonne einen deutlich lenkenden Einfluss auf das Klima ausgeübt hat. Kohlendioxid war und ist ein wichtiges Treibhausgas, aber es war nicht allentscheidend für die Klimawandel der Vergangenheit."[179]

Doch diese Kritik perlt nicht nur an den Klima-Endzeit-Gläubigen, wie Merkel, den Links-Grünen und ihren von den Fördergeldern abhängigen Instituten wie dem Potsdam-Institut für Klimafolgenforschung oder dem UN-Weltklimarat (IPCC) ab. Sie kämpfen zudem mit harten Bandagen, indem sie abweichende Meinungen unterdrücken und über gut geschmierte Informationskanäle ihre Kritiker medial zu diffamieren versuchen. So warf das Potsdam-Institut dem VDI vor „keine neuen oder ernsthaften Argumente zu bieten". Seine „Argumente können allenfalls bei Laien, die nicht mit der klimatologischen Fachliteratur vertraut sind, Verwirrung stiften".[180]

Doch auch wenn den globalen Erderwärmungs-Hysterikern Falschmeldungen nachgewiesen wurden, korrigierten sie diese „trotz Protest nie mehr". So verbreitete der UN-Weltklimarat (IPCC) 2007 die Falschmeldung, dass die Himalaja-Gletscher „bereits 2035 völlig verschwunden sein" könnten, obwohl Berechnungen dies frühestens für das Jahr 2350 prognostizieren.[181] Letztlich ist die Liste von Klima-Fehlprognosen endlos, angefangen vom Waldsterben der 1980er Jahre, das nie eintrat. Vielmehr hat sich der Baumbestand in Deutschland als gesünder herausgestellt und vergrößert – und zwar durch den angeblich teuflischen Klimakiller CO_2. Bereits die sogenannte „Peer-Review-Studie" der Technischen Universität Braunschweig und der Universität Hamburg bewies, dass sich die irdische Atmosphäre nicht erwärmen kann und es somit auch keinen „Treibhaus-Effekt" gibt. „Stark vereinfacht gesagt: CO_2 kann der

Atmosphäre keine zusätzliche Wärme zuführen. Und: Wärme kann nach dem Zweiten Hauptsatz der Thermodynamik nicht von kalt nach warm, also von der oberen Atmosphäre in die untere fließen und so die Erdoberfläche erwärmen, wie es von den dumm-dreisten Klima-Lügnern fälschlich und lächerlicherweise behauptet wird, sondern nur umgekehrt: Wärme fließt immer von warm nach kalt. Das weiß jeder Unterstufen-Gymnasiast aus dem Physik-Unterricht (zumindest sollte er es wissen...), offenbar aber nicht die angeblich ‚promovierte Physikerin' Dr. Angela Merkel."[182] Ihr hätte auch auffallen müssen, dass die Atomenergie nicht nur „sauber und günstig" ist, sondern auch keine CO_2-Emissionen verursacht. „Bekenntnisse zum Klimaschutz, wie sie Ende 2015 auf dem Klimagipfel in Paris [auch von Merkel] verabschiedet wurden, stärken die Kernenergie sogar wieder." Das stellte das Institut der deutschen Wirtschaft in Köln fest. Sachverstand scheint bei deutschen Politikern leider Mangelware zu sein.[183]

Aber es geht nicht um Sachverstand, sondern um die Gängelung und weitere Zerstörung der letzten Habe der Deutschen, angeblich der Umwelt zuliebe. Im April 2016 wurde bekannt, dass das Bundesumweltministerium zusammen mit den Ländern die Daumenschrauben bei Besitzern von Diesel-Kraftfahrzeugen anziehen will, um den Stickstoff-Ausstoß zu verringern. Ab 2017 dürfen dann in vielen Städten nur noch Autos fahren, die blaue Umweltplaketten haben. Über 13 Millionen Fahrer von Dieselautos werden enteignet, da sie nicht mehr in die Städte, in denen sie wohnen und arbeiten, fahren dürfen. Dieselautos werden dann in Deutschland unverkäuflich sein. Freuen wird es die halbseidenen – meist aus dem arabischen Raum stammenden – Autohändler, die die Autos unter Wert ankaufen und dann zu Höchstpreisen in Länder des Nahen Ostens und Afrikas exportieren. Auf der Strecke bleiben wieder die Geringverdienenden und die Mittelschicht, die aus beruflichen Gründen auf ihr Auto angewiesen sind und für die ideologische Verblendung der Systemparteien einen weiteren hohen Preis zahlen müssen. Setzt man einen niedrigen Durchschnittwert von 10.000 Euro pro Auto an, so ergibt sich ein volkswirtschaftlicher Schaden von mehr als 130 Milliarden Euro. Gut, dass die Regeln für die Moralapostel aus der Politik nicht gelten. So hat die Deutsche Umwelthilfe herausgefunden, daß die Dienstwagen von Bundesumweltministerin Hendricks und ihrer Parteigenossen Heiko Maas und Manuela Schwesig im Vergleich zu 227 getesteten Wagen anderer Bundes- und Landespolitiker die höchsten CO_2-Ausstöße haben. Der frühere Autospruch „Freie Fahrt für freie Bürger" gilt nur noch eingeschränkt – und zwar für scheinheilige Politiker-Eliten![184]

Letztlich geht es den Politikern darum, das eigene Volk durch ständige Klima-Hysterien in Dauer-Alarmbereitschaft zu halten, ähnlich wie die damalige Furcht vor einem Atomkrieg. Nicht ohne Grund hat Merkel im Bundeskanzleramt „Psycho-Trainer" eingestellt, die mittels des amerikanischen „Nudgings" (des Anstubsens) das deutsche Volk weiter umerziehen sollen. „Kritiker sehen im Nudging eine besonders hinterhältige Form der Gängelei, bei der der Staat den Bürger ohne demokratische Kontrolle manipuliert, bevormundet und sich so letzten Endes seinen Musterbürger formt" (siehe Kapitel 15).[185] Nordkorea greift noch heute auf diese Propagandastrategie zurück und hält das eigene Volk damit klein. Im Westen dagegen dient die Angst vor der Erderwärmung auch als Mittel zum Handeln mit Emissionszertifikaten. Ein neuer Ablasshandel, für den in London und Chicago internationale Klimabörsen errichtet wurden. Unter anderem war Barack Obama als Senator aus Illinois an der Gründung der Chicagoer Börse beteiligt und gehört bis heute zu den Verfechtern des „Global Warmings", das zu einer riesigen Umverteilung von arm zu reich führt.[186]

Obwohl Merkel keine Ressortverantwortung trägt, greift sie immer wieder in die Zuständigkeiten ihrer Minister ein. Wenn diese dann nicht so parieren, wie sie es sich wünscht, kommen sie schnell unter die Räder. Den ersten Bundesumweltminister in ihrem Kabinett, den promovierten Juristen Norbert Röttgen, traf es als einer der ersten. Dabei gehörte Röttgen anfänglich zu den engsten Vertrauten Merkels. Jedoch hatte er als Spitzenkandidat „Merkel gegen deren Willen und Interesse in seinen Wahlkampf gezogen". Seine „Illoyalität plus Erfolglosigkeit" bei der nordrhein-westfälischen Wahl führte dazu, dass er eines der „letzten einer Kette von Opfern der bemerkenswert machiavellistischen Spitzenfrau" wurde.[187] Denn die in Berliner Politkreisen auch mit dem Spitznamen „Mädchen mit den blutigen Händen" bezeichnete Merkel hat bis heute weit über zehn Konkurrenten und interne Kritiker kaltgestellt oder aus dem Weg geräumt: Hans-Peter Friedrich, Martin Hohmann, Franz Josef Jung, Roland Koch, Helmut Kohl, Horst Köhler, Friedrich Merz, Laurenz Meyer, Günter Oettinger, Friedbert Pflüger, Wolfgang Schäuble, Edmund Stoiber, Matthias Wissmann, Klaus-Peter Willsch und Christian Wulf.[188] Einige davon haben Lehren aus ihrem damaligen „Ungehorsam" gezogen (Oettinger, Schäuble) und sind ihr heute auf Gedeih und Verderb ausgeliefert.

Nachfolger Röttgens wurde der Jurist Peter Altmaier, der als wichtigster Vertrauter der Kanzlerin gilt. Seine bedingungslose Loyalität empfahl ihn nach der Bundestagswahl 2013 für höhere Weihen. Er wurde Chef des Bundeskanzleramtes und Bundesminister für besondere Aufgaben. Dort ist er seit Oktober 2015 Koordinator für die Flüchtlingspolitik und kanzelt die wenigen Koalitions-Kritiker der „Willkommenskultur" mit aller Härte ab.[189]

Als Umweltminister war seine Tätigkeit überschaubar und ideologisch Merkel-konform. Als in der Bevölkerung leichte Kritik wegen der steigenden Stromkosten aufkam, reagierte er prompt mit der Veröffentlichung einer Broschüre.[190] In dieser gab er Energiespartipps. Unter anderem sollte man nur noch mit Deckel kochen, auch wenn „das manchmal zum Überkochen führt". Es helfe aber, „Energie zu sparen". Darüber hinaus schlug er vor, sich einen energiesparenden Induktionsherd anzuschaffen und die Wohnung auf 18 Grad – auch im Winter – zu heizen. Das würde ihm selbst reichen, da er aufgrund seiner Körperfülle „auch ordentlich vor Wärmeverlust geschützt" sei. Witzigkeit kennt keine Grenzen! Nicht jeder kann sich einen teuren Induktionsherd leisten. Und dass gerade Familien mehr heizen, damit ihre Kinder nicht krank werden, das scheint dem Junggesellen Altmaier wohl unbekannt zu sein. Sein Ministerbüro ist sicher immer angenehm temperiert, den Steuerzahlern sei Dank. Seine Ratschläge hörten sich dagegen an, als seien sie der Mottenkiste der sozialistischen DDR entsprungen.[191] In einer anderen Broschüre stellte Altmaier Klimaskeptiker, die nicht an die globale Erderwärmung glauben, öffentlich an den Pranger.[192] Er blieb somit stromlinienförmig, wie es Merkel gerne schätzt.

Auch seine Nachfolgerin Dr. Barbara Hendricks kommt bisher nicht aus der Deckung, sondern unterstützt loyal die Merkelsche Flüchtlingspolitik. Obwohl aus einem katholischen Elternhaus stammend, ist die studierte Sekundarstufenlehrerin dem linken Flügel der SPD zuzurechnen. Ihre gleichgeschlechtlich eingetragene Partnerschaft unterstreicht zudem ihre politische Einstellung. Als Bauministerin, die sie ebenfalls ist, will sie den sozialen Wohnungsbau fördern und fordert, „pro Jahr 1,3 Milliarden Euro zusätzlich" vom Bundesfinanzminister. Dabei soll die „Konkurrenz zwischen Flüchtlingen und Einheimischen vermieden werden".[193] Dies hört sich positiv an. Doch muss sich Hendricks die Frage gefallen lassen, warum sie bislang immer geschwiegen hat, wenn deutsche Sozialhilfeempfänger ihre Wohnungen für ankommende Illegale räumen mussten. So berichtete unter anderem der Fernsehsender RTL, dass die Stadt Nieheim langjährige Mietverträge (16 beziehungsweise 23 Jahre) „aus berechtigtem Interesse" fristlos aufkündigte, um Platz für „die große Zahl alleinreisender junger Männer" zu schaffen. Nach Angaben des Mieterschutzbundes waren diese Kündigungen „rechtlich problematisch und politisch katastrophal".[194]

Daß die Beschlagnahme städtischer Wohnungen keine Ausnahme ist, zeigen weitere Fälle: So kündigte die Stadt Singen einzelnen Mietern mit der fadenscheinigen Begründung der „Baufälligkeit" ihre Wohnungen, um sie dann für Flüchtlinge zu renovieren. Denn es kann nicht sein, dass diese in heruntergekommenen Wohnungen hausen. Den bisherigen Mietern – darunter Deutsche und Ausländer – war es dagegen seit Jahren zuzumuten! Auch eine achtköpfige deutsche Familie musste wegen der Asylanten ihr Haus in Niederkassel bei Köln räumen, obwohl sie immer ihre Miete gezahlt hat. Da es in dieser Kleinstadt keinen städtischen und somit kostengünstigen Wohnraum für die Großfamilie gibt, ist sie gezwungen, in eine andere Gemeinde umzuziehen und die Kinder aus ihrem gewohnten Kindergarten- und Schulumfeld herauszureißen. Soviel zur sozialen Gerechtigkeit und dem Schutz der Familie.[195]

Da aber nicht genügend Sozialwohnungen vorhanden sind beziehungsweise nicht kurzfristig frei gemacht werden können, beschreiten einzelne Städte andere Wege. So hat der Berliner Senat ohne Ausschreibung (!) versucht, 22 Grand City Hotels für Flüchtlinge anzumieten. Der „Asyl-Mietvertrag" hätte dem Land Berlin Kosten in Höhe von 600 Millionen Euro verursacht. Denn „der Anbieter verlangt je Platz und Nacht eine Miete von 50 Euro, also etwa 1.500 Euro im Monat und 18.000 Euro jährlich. Auch ein „All inclusive"-Programm für die Betreuung und Integration" konnte zusätzlich gebucht werden. Dabei hängt das am zweithöchsten verschuldete Bundesland seit langem am Tropf des Länderfinanzausgleichs. Erst als die „Frankfurter Allgemeine Zeitung" diesen Skandal publik machte und auf die Eigentümerstruktur hinwies – eine israelische Investorengruppe mit einer Londoner Briefkastenfirma –, platzte vorerst der Traum. Gerade die Herkunft der Investorengruppe führte wohl bei vielen linken Abgeordneten zu einem Umdenken. Dabei sollte es nicht um die Betreiber gehen, sondern vielmehr darum, Missbrauch und Korruption einzudämmen. Gerade in Berlin werden „Unterkünfte in Betrieb genommen, noch bevor ein Vertrag abgeschlossen" ist. So bemängelt der Berliner Rechnungshof, dass das Sozialamt „erpressbar werde, wenn der Vermieter hohe Preise durchsetzen wolle. Der die Fachaufsicht führende Senator [Mario Czaja/CDU] habe über Jahre nicht in die [allseits] „bekannte, rechtswidrige Praxis eingegriffen". Ein leitender Mitarbeiter der Senatsverwaltung wird noch deutlicher: „Hier werden große Deals ohne Ausschreibung freihändig vergeben und es gibt keine ausreichende Kostenkontrolle."[196]

Aber es geht noch besser. Viele Kommunen bauen jetzt Häuser für die „Neusiedler". Neusiedler deshalb, da die EU-Kommission bereits 2009 ein Ansiedlungsprogramm für ihre Mitgliedsstaaten forderte, „mit dem Flüchtlinge, die anderswo keinen Schutz finden, in der EU aufgenommen werden sollen".[197]

Letztlich setzen die Kommunen den Besiedlungsplan der EU ohne rechtliche Grundlage um. Unter anderem will die niedersächsische Kleinstadt Meppen acht Häuser bauen. Die „Kosten des Vorhabens werden auf insgesamt circa 6,5 Millionen Euro geschätzt". In Hamburg wurde das „wohl größte Bauprogramm der Stadt" beschlossen. Dort werden 5.600 Wohnungen entstehen, damit schon Ende 2016 „die ersten Flüchtlinge in diese Folgeunterkünfte einziehen" können. Auch in den bayerischen Kommunen setzt ein Rennen um neue Häuser für diese Personengruppe ein, wie in Puchheim, Wehringen oder Eckental. Die „mittelfränkische Marktgemeinde Eckental lässt gerade sechs jeweils dreigeschossige Reihenhäuser mit jeweils 160 Quadratmetern Wohnfläche in die Höhe ziehen, die der Freistaat Bayern für zehn Jahre als Flüchtlingsunterkünfte angemietet hat". Neuen und günstigen Wohnraum, den sicher auch Einheimische gerne hätten. Das dachte man sich bei der Stadt Puchheim auch. Sie möchte „Häuser für anerkannte Asylberechtigte und Einheimische, die ihre Wohnungen verloren haben" bauen. Dass die Obdachlosen in kürzester Zeit entweder von den Illegalen selbst der Straße verwiesen oder erst gar nicht einziehen werden, ist von vornherein klar.[198] Auch die evangelische Kirche mischt beim Wohnraum mit, indem sie in bester Kölner Lage – im Belgischen Viertel – neuen schafft. Die zwei neu errichteten Wohn- und Bürogebäude sind nicht nur modern, sondern auch architektonisch gelungen. Wie eine Art Kirchenschiff laufen diese auf den alten Kirchturm zu. Dass die Gebäude von vornherein nicht als Sozialwohnungen gedacht waren, zeigt sich am Quadratmeterpreis, der mit bis zu 19,14 Euro extrem hoch ausfällt. „Für 128 Quadratmeter zahlt man 2.450, für eine Einzimmerwohnung mit knapp 58 Quadratme-

tern 1.010 Euro." Paradiesische Verhältnisse für die Wirtschaftsflüchtlinge. Denn die Stadt trägt den üblichen Sozialhilfesatz,
die „Differenz zur Nettokaltmiete übernimmt die Kirche" – also
der Kirchensteuerzahler. Das einfache Kirchenmitglied hätte diese Subventionierung sicher nicht erhalten. Die evangelische Kirche begründet mit dieser Diskriminierung eine neue
Zweiklassengesellschaft.[199]

Aber die Propagandamaschinerie von Politik und Medien
läuft landauf, landab zur Beruhigung der Bevölkerung weiter.
Dumm nur, dass die einheimische Bevölkerung nach und nach
den Braten riecht. Denn häufig „sollen die Baugrundstücke
wie im niedersächsischen Ronneberg fünf Vorgaben erfüllen:
Lage im Wohn- oder Mischgebiet, gute Einkaufsmöglichkei-
ten, gute Erreichbarkeit von Schulen, Kindergärten, Ärzten
und öffentlichem Nahverkehr sowie schnelle Verfügbarkeit –
also möglichst Areale in städtischem Eigentum". Zum Nachteil der alteingesessenen Bürger, die nichts mehr als den Wert-
verlust ihrer Immobilien und eine Ghettoisierung mit allen
daraus resultierenden Nachteilen wie eine hohe Kriminalität
fürchten.[200]

Gerade in ländlichen Gebieten sinken seit Jahren die Im-
mobilienpreise. Da in diesen strukturschwachen und gering
besiedelten Regionen nun große Massen an Flüchtlingen untergebracht werden, fördert die Politik diese gefährliche Dynamik
weiter. So sind im brandenburgischen 1.500-Seelen-Ort Dams-
dorf bis zu 600 Illegale angekommen. Im niedersächsischen
Sumte sind bereits 1.000 Flüchtlinge eingetroffen. Dabei leben
in diesem Ort nur 102 Einheimische. Wie das funktionieren soll,
versteht keiner, noch nicht einmal die internationale Presse, die
bereits häufiger über diese Zustände berichtete. Denn in diesem
„abgelegenen Dorf in der brettflachen Elbmarsch" gibt es „außer
ein paar Kühen keinen Supermarkt, keine Kneipe". Die soziale
Infrastruktur ist damit längst überfordert. Die Angst vor Ein-
brüchen und Schlimmerem steigt zusehends, zumal die Häuser
tagsüber meist nicht bewohnt sind. Verständlicherweise regt sich
bei der Bevölkerung Unmut, der sich in den Bürgerversammlun-

gen entlädt. Doch wie reagieren Regierungspräsidenten, Landräte und Parlamentarier auf Kritik? Sie beschimpfen das eigene Volk. So stellte der Kasseler Regierungspräsident Walter Lübkke (CDU) seinen Kritikern anheim, Deutschland zu verlassen, wenn sie nicht bereit wären, für Werte einzutreten. Unter Werten verstand er seine beziehungsweise die seiner Partei, nicht die der breiten Mehrheit. Etwas Positives gibt es aber aus Sumte doch noch zu berichten. Gab es dort früher keine Straßenlaternen, wurden diese innerhalb kürzester Zeit – ebenso wie eine weitere Bushaltestelle – für die Flüchtlinge installiert. Zugleich muss nun die Kläranlage für die größer werdende Ortschaft aufgerüstet und erweitert werden. Allein „die Kosten für die neuen Lampen von rund 20.000 Euro teilen sich Landkreis und Land", sprich der Steuerzahler. Und dann rätseln Politiker, warum es Bürgerproteste gibt. Denn für ihre Anliegen hatten diese früher kein Geld und Interesse.[201]

Aber nicht nur das. Da fast alle Kommunen klamm sind und die Illegalen den städtischen Haushalt zusätzlich belasten, werden Politiker immer einfallsreicher. Die Stadt Bad Honnef erhöht daher in diesem Jahr die Grundsteuer um 30 bis 40 Prozent. Letztlich trifft die Erhöhung nicht nur die Immobilienbesitzer, sondern auch die Mieter. Denn die Grundsteuer kann auf die Miete umgelegt werden. Jedoch reicht dies nicht, um einen ausgeglichenen Haushalt zu erzielen. Die rheinische Stadt hat daher weitere Ideen, wie sie den Bürger schröpfen kann: Sie erhöht die Parkgebühren, die „Elternbeiträge für Kitas, die Sportstättennutzungsgebühr, die Verwaltungsgebühren, die Traugebühren, aber auch die Hunde- oder Vergnügungssteuer sowie die Gewerbesteuer". Allein die Abwassergebühren steigen bis zum Jahr 2017 dann um fast 30 Prozent. Da andere Städte und Gemeinden ähnlich vorgehen, darf sich fast jeder Einheimische auf weitere indirekte Steuererhöhungen freuen.[202]

Damit die Wirtschaftsflüchtlinge „eine Perspektive" erhalten, will Hendricks „mindestens 350.000 zusätzliche Wohnungen" bauen. Doch diese Zahlen stammen vom Beginn der Masseninvasion und sind längst nicht mehr haltbar. Hinzu kommt, dass es nicht genügend neue Bauflächen gibt. Und wenn es welche gibt, sind diese fast unerschwinglich.[203]

Um schnell Wohnraum für die illegale Zuwanderung zu schaffen, wurde innerhalb kürzester Zeit das Baugesetzbuch (BauGB) – unter anderem der Paragraph 246 Absatz 8-14 – im Rahmen des Asylverfahrensbeschleunigungsgesetzes entsprechend geändert. Dieser Paragraph trat mit Wirkung vom 24. Oktober 2015 in Kraft und gilt zunächst für Baugenehmigungen, die bis 2019 erteilt werden. Die Baugenehmigungen gelten dann für zwei Jahre und können auf Antrag mehrfach verlängert werden. Sprengstoff birgt besonders der Absatz 9. Dieser besagt, dass exklusiv für „Flüchtlinge" in bislang unbebaubaren „Außengebieten" nun auch Grundstücksflächen bebaut werden können, die bislang der einheimischen Bevölkerung vorenthalten waren.

Der „Privilegierungstatbestand" für Flüchtlinge umfasst jedoch nicht nur die Bebauung der eigentlich unbebaubaren Sahne-Grundstücke in den stadtnahen Grüngürteln, sondern setzt auch bisherige Planungsvorgaben außer Kraft. Wenn beispielsweise in einem Einfamilienhausgebiet mit eineinhalbgeschossiger Bauweise es für den heimischen Häuslebauer illegal ist, aus dem halben Geschoss noch ein Ganzes zu machen, so wird bei der angrenzenden Exklusiv-Bebauung für illegale Zuwanderer bislang Illegales nun legal – und zwar mehrgeschossig. Neben dem Einfamilienhausgebiet darf aufgrund des Privilegierungsparagraphen jetzt ein vier- oder mehrgeschossiges Asylbewerberghetto mit beliebig vielen Wohnblocks entstehen. Dass die Bebauung nur von Asylbewerbern genutzt werden darf und die Deutschen neidisch auf diese bevorzugten Wohnanlagen schauen, stört die Politik nicht. Für die Ghettobebauung erhalten die klammen Kommunen Fördermittel, aber noch lukrativer ist der Verkauf der bislang wertlosen Überflutungsweiden als Bauland für mehrgeschossige Häuser. Angesichts der lockenden Gelder blenden Kommunalpolitiker sämtliche negative Beispiele einer abzusehenden Ghettobildung aus. „Geld frißt Hirn", sagt der Volksmund – und irrt bekanntlich selten.[204]

Was früher jeden Häuslebauer zur Verzweiflung gebracht hat – der ewige Genehmigungskampf mit dem Bauamt um Kleinigkeiten – gilt fortan nicht mehr, jedenfalls nicht für Flüchtlinge.

Die Stadt Dinslaken nutzte dieses neu geschaffene Instrument, indem sie am 1. März 2016 ein Baukonzept vorlegte, daß einem Hören und Sehen vergeht. Mit einem unpassenden – und für die einheimische Bevölkerung zudem noch hohnsprechenden – Zitat Konrad Adenauers wurde das Konzept vorgestellt: „Die Frage der Bodenpolitik, ist eine Frage der höchsten Sittlichkeit." Ob es wirklich sittlich ist, daß einerseits die Deutschen diskriminiert und andererseits entrechtet werden, sollte sich die Stadt Dinslaken einmal überlegen. Denn in diesem Konzept geht es darum, unter Ausnutzung des neuen Paragraphen 246 BauGB direkt neben gewachsenen Einfamilienhausgebieten drei- bis viergeschossige Sozialwohnungen zu bauen, die ausschließlich Asylbewerbern zur Verfügung stehen dürfen. Die deutsche Bevölkerung muß draußen bleiben.

Wer hofft, daß unsere Politiker sich endlich einmal um den sozialen Wohnungsbau für die eigene Bevölkerung kümmern würden, der wird wieder enttäuscht. In Dinslaken sind vier weitere Gemarkungen vorgesehen, in denen nur Asylbewerber untergebracht werden sollen. Am Standort „Südstraße" handelt es sich um ein Hochwasserrückhaltebecken, daß bislang dazu diente, Überschwemmungen der Kloake Emscher aufzuhalten. Nun läßt die Stadt die Anrainer sprichwörtlich absaufen, indem sie 42 Wohneinheiten auf einer ‚überbaubaren' Fläche von 6.800 qm errichten lassen möchte. Pikant am Standort „Südstraße" ist die unmittelbare Nähe zum ehemaligen Bergarbeiterheim „Südlager", das in „Fliehburg" umbenannt wurde und dessen Bebauung ebenfalls mit Hilfe des Privilegierungsparagraphen verdichtet wird. Derzeit (2016) wohnen dort schon 1.200 Asylbewerber, deren Kinder auf die lokal zuständige Averbruch-Grundschule in beträchtlicher Mannschaftsstärke gehen. Mit der weiteren Blockbebauung im Einfamilienhausgebiet „Averbruch-Südstraße" werden die Zuwandererkinder mit Baufertigstellung dort schlagartig in der Mehrheit sein. Auch die Bewohner rund um die Ziegel- und die Augustastraße – bei der „Maßnahmen zum Schutz gegen Extremhochwasser" einzuleiten sind – werden sich über 72 Wohneinheiten auf einer Fläche von 21.000 qm freuen. Liegen die Straßen genauso wie der vierte Standort (Jägerstraße, 16 Wohneinheiten, ca. 3.000 qm) doch in der Nähe von „mehreren Kindergärten, Schulen sowie Sport- und Spielplatzanlagen." Plätze, die bald nicht mehr von Deutschen frequentiert werden können. Die nur wenige Minuten entfernte und deutschlandweit bekannte „No-Go-Area" Duisburg-Marxloh scheint Dinslakens Lokalpolitiker nicht abzuschrecken, denn die heimischen Politiker wohnen glücklicherweise nicht in den vorgesehenen neuen Asyl-Hochburgen.[205]

Im Kreis Fulda ließ die Gemeinde Petersberg eine „Flüchtlingsunterkunft für 170 Menschen" in einem Gewerbegebiet entstehen, ohne dass vorher eine Baugenehmigung eingeholt wurde. Auch der Brandschutz war nicht ausreichend. Für den CDU-Bürgermeister stellt dies alles kein Problem dar, er will diese „reine Formsache" nachholen. Anders ist es, wenn ein Deutscher beim Bauen einen Mindestabstand zum Nachbargrundstück um wenige Zentimeter nicht einhält. Dann muss das Haus wieder abgerissen werden. Wo kommen wir auch hin, wenn das Baurecht für alle gleichermaßen gilt![206]

Glücklicherweise gibt es noch vereinzelt Richter, die den Bau einer Flüchtlingsunterkunft für rechtswidrig erklären. So hat das Verwaltungsgericht Hamburg Anfang März 2016 entschieden, dass „eine 18 Millionen Euro teure Folgeunterkunft in Klein-Borstel für 700 Flüchtlinge", die nur „30 Meter entfernt von einem Wohngebiet entstehen [soll], in dem 800 Menschen in Einzel- und Reihenhäusern leben", nicht gebaut werden darf. Denn „der gültige Bebauungsplan sieht eigentlich nur gärtnerische und friedhofsbezogene Nutzungen vor". „Die erteilte Baugenehmigung weiche von der im Bebauungsplan festgelegten Nutzungsbestimmung ab." Und „diese Abweichung könne nicht auf die im Oktober 2015 im Rahmen des Asylverfahrensbeschleunigungsgesetzes geschaffene Vorschrift des Paragraphen

246 Absatz 14 BauGB gestützt werden". Es ist zu hoffen, daß die Gerichte auch in höheren Instanzen dieser Auslegung zum Wohle des Volkes folgen werden.[207]

Aber nicht nur das Baurecht wird für die Neuankömmlinge ausgehebelt, auch die Gesetze zum Tierschutz, ohne dass die Ministerin Hendricks bislang etwas dagegen unternimmt. Die meisten Wirtschaftsflüchtlinge kommen aus islamischen Staaten, die ein Helal- beziehungsweise Halal-konformes Essen – das heißt nur das aufgrund des Koran und der Sunna zulässige – einfordern. Um der großen Nachfrage nach islamkonformen Speisen nachzukommen, gibt es immer häufiger illegale Hinterhofschlachtungen, und das ohne Veterinär. Halal-Fleischgerichte, die besonders in türkischen und arabischen Schnellrestaurants ausgegeben werden, können daher mit Parasiten durchtränkt sein. Die Gammelfleisch-Skandale sind noch in guter Erinnerung. Doch Hendricks sitzt als Bundesministerin die Gefahren aus und gefährdet damit das Leben vieler Menschen. In den moslemischen Schlachtereien wird zudem häufig das rituelle Schächten ohne Betäubung vorgenommen, obwohl es in Deutschland grundsätzlich verboten ist. Für das Tier bedeutet es einen qualvollen Tod, wie die Bundestierärztekammer, das Eidgenössische Bundesamt für Veterinärwesen (BVET) und der Bundesverband Tierschutz e.V. feststellten. Auch der Verfasser hat als Kind diesem Töten fassungslos beiwohnen müssen. Unter anderem sah er, wie Schafe ohne Kopf noch zehn bis 15 Meter wegzulaufen versuchten. „Bis die geschächteten Tiere ihr Bewusstsein verlieren, können sie nicht mehr atmen, weil sie das ausströmende Blut in die Bronchien und Lungen saugen. Die Hauptschlagader kann durch ein Blutgerinnsel oder durch das Zusammenziehen der Arterienwände wieder verschlossen werden. Dann wird der Blutverlust gestoppt. Videos zeigen Rinder, die noch sechs Minuten nach dem Halsschnitt versuchten, aufzustehen, die Augen weit aufrissen, stöhnten und durch den Raum torkelten, bis sie zusammenbrachen. Der gesamte Ablauf der rituellen Schächtung ist ein Akt der Gewalt, der die Tiere in Höchstpanik versetzt: Sie werden hingeworfen, festgehalten (und/oder gefesselt), auf den Rücken gedreht und der Kopf überstreckt, damit der Schnitt gesetzt werden kann."[208]

Auch beim Tierschutz wird Hendricks nicht aktiv. Gilt es doch, den religiösen Gefühlen der Moslems und somit der Staatsdoktrin Merkels zu entsprechen. Dabei wird es endlich Zeit, den Tierschutz ernst zu nehmen und das Staatsziel Tierschutz (Artikel 20a Grundgesetz) zum Wohle der Tiere weiter zu konkretisieren.

7. Bundesministerium für Familie, Senioren, Frauen und Jugend – Manuela Schwesig

Die Fachhochschulabsolventin der Finanzwirtschaft Manuela Schwesig hat sich seit ihrem Politikeinstieg 2004 in einer Sache besonders hervorgetan: im Kampf gegen rechts. Überall wittert sie – wie ihr Ministerkollege Maas – dumpfe und bösartige Rechtsextremisten, die nur darauf warten, die Demokratie zu zerstören. Bereits als Ministerin für Soziales und Gesundheit der Landesregierung von Mecklenburg-Vorpommern (2008 bis 2011) ließ sie Kindergartenmitarbeiter auf ihre Verfassungstreue hin überprüfen. Denn es galt, die Kinder vor einer möglichen rechtsextremen Indoktrination zu schützen. Gegen eine linksextremistische Beeinflussung hatte sie dagegen nichts einzuwenden.[209]

Dieser eindimensionalen politischen Ausrichtung bleibt sich Schwesig bis heute treu. So sponserte ihr Bundesfamilienministerium Anfang 2016 eine Broschüre der Amadeu-Antonio-Stiftung, der die ehemalige Stasi-Mitarbeiterin Anetta Kahane vorsteht. Mit dieser Handreichung wird versucht, die massenhaften Übergriffe von Flüchtlingen in der Silvesternacht 2015/16 zu relativieren, indem behauptet wird, dass „sexuelle Gewalt real, täglich und überall in Deutschland stattfindet. Immer schon. Begangen von Tätern und Täterinnen aller Nationalitäten." Gehören die Täter anfänglich laut Broschüre allen Nationalitäten an, so wird die Tätergruppe kurz darauf auf die Deutschen verengt. Denn „der Sexismus unter einheimischen Männern und Frauen sei sehr weit verbreitet". „Die Täter sind ganz überwiegend Männer und häufig Familienangehörige, Nachbarn, Kollegen oder Freunde. Sie sind also meist keine Fremden, mehr als drei Viertel kommen aus dem unmittelbaren sozialen Umfeld der betroffenen Frau oder des Mädchens." Zudem führe „die Debatte um die ethnische Herkunft weg vom eigentlichen Thema und [biete] keine sachdienlichen Lösungen". Dabei versuchen die Herausgeber, den Leser mit dem Begriff der „ethnischen Herkunft" in die Irre zu führen. In Wirklichkeit sind das Problem aber nicht die unterschiedlichen Völker, sondern vielmehr der religiöse Islam und seine steinzeitlichen Wertvorstellungen. Darauf wird aber in der Handreichung mit keiner Silbe eingegangen. Letztlich sei nach Ansicht der Amadeu Antonio Stiftung „das Bild des übergriffigen Fremden" nur ein Mythos. Gerade „Nazis verbreiten Gerüchte über Gewalttaten und über Missbrauch und schüren damit Angst und Hass gegen eingewanderte und heimische people of colour". Aus Kritikern wird in diesem Schwarz-weiß-Denken ein Rassist beziehungsweise Rechtsextremer konstruiert. Das Mittel der Diffamierung mittels der Faschismuskeule nutzt Kahane, um verunsicherte Bürger gesellschaftlich und beruflich zu diskreditieren und sie letztlich zum Schweigen zu bringen. Und das alles im staatlichen Auftrag und mit Steuergeldern finanziert durch die Bundesfamilienministerin. Perfider geht es nicht, zumal die vergewaltigten und belästigten einheimischen Frauen damit ein zweites Mal gedemütigt werden.[210]

Indem Schwesig immer neue Programme gegen den Rechtsextremismus auflegt und den Linksextremismus „als ein aufgebauschtes Problem" darstellt, führt die in der DDR Aufgewachsene den ewigen antifaschistischen Kampf des Arbeiter- und Bauernstaats fort. Ganz zur Freude der Bundeskanzlerin. Denn diese schritt nicht ein, als Schwesig das von ihrer Vorgängerin, der konservativen Kristina Schröder, initiierte „Extraprogramm gegen linken Extremismus" wieder einkassierte und die vorhandenen Gelder entsprechend umleitete. Dabei hat das Bundesamt für Verfassungsschutz allein im letzten Jahr 2.246 Gewalttaten mit linksextremistischem Hintergrund (2014: 995 Gewalttaten) festgestellt.[211]

Nach den Wahlerfolgen der Alternative für Deutschland in den drei Bundesländern Baden-Württemberg, Rheinland-Pfalz und Sachsen-Anhalt im März 2016 beteiligte sich Schwesig daher an der Gründung eines „Allparteien-Bündnisses Aufstehen gegen Rassismus". Dabei macht sich die Bundesministerin – die sich qua Amt neutral verhalten müsste – mit der „Parteivorsitzenden der Linken Katja Kipping, der Grünen-Fraktionschefin Katrin Göring-Eckardt, dem unvermeidlichen Konstantin Wekker, Verdi-Chef Frank Bsirske, dem Chaos Computer Club sowie dem Zentralrat der Muslime, der Vereinigung der Verfolgten des Naziregimes – Bund der Antifaschistinnen und Antifaschisten gemein. Ein illustres Volksfrontbündnis, das nach ‚DDR-Mief' riecht. Die linken und linksextremen Gutmenschen wollen sich – wie es sich für aufrechte Demokraten gehört – gegen das ‚Erstarken rechter Bewegungen' [AfD, Pegida] wenden und die eigenen Aktivisten dabei unter anderem mit ‚fundierten Argumenten' zu 25.000 ‚Stammtischkämpfern' ausbilden." Antifa und Autonome können sicherlich gute Ratschläge geben, der Rotfrontkämpferbund der Zwischenkriegszeit lässt grüßen. Am 30. April 2016 wurden erste Aktionen gegen den AfD-Bundesparteitag in Stuttgart durchgeführt. Die „800 bis 900 gewaltbereiten Störer" blockierten Zugänge, griffen AfD-Mitglieder und Polizisten (mit Eisenstangen und Kotbeuteln) an, beleidigten diese, entzündeten Autoreifen und besetzten eine Spur der Autobahn A8. Mehrere hundert Linksextremisten wurden daraufhin in Gewahrsam genommen. Selbst die AfD-Vizechefin Beatrix von Storch wurde wegen Morddrohungen unter Polizeischutz gestellt. Daneben hackten sie die Teilnehmerliste fast aller AfD-Mitglieder, die auf dem Bundesparteitag anwesend waren. Das vom Verfassungsschutz observierte linksextremistische Medium Indymedia veröffentlichte diese Daten rechtswidrig, so dass die Mitglieder nach wenigen Tagen bereits Bekanntschaft mit dem „roten Gesinnungsterror" machten. Neben Drohanrufen („Braunes Nazischwein, deine Tage sind gezählt. In 48 Stunden wirst du umgebracht") und üblen Beleidigungen („Nazi-Schwein", „AfD Rassistenpack") versuchte die Linkspartei in Braunschweig ein

AfD-Mitglied öffentlich zu diskreditieren, da es im Schulausschuss als Vertreter der Elternschaft sitzt. Der neue paramilitärische Kampfverband hat damit gezeigt, dass er gewaltbereit ist und gewaltbereit vorgeht. Die Medien begrüßten die Veröffentlichung der Adressliste klammheimlich. Auch die Politik äußerte sich anders als gedacht. Statt dass sie die Taten der Linksextremisten verurteilte, rief SPD-Parteivize Ralf Stegner zu weiterer Gewalt gegen Andersdenkende auf. So twitterte er am 8. Mai 2016: „Fakt bleibt, man muss Positionen und Personal der Rechtspopulisten attackieren, weil sie gestrig, intolerant, rechtsaußen und gefährlich sind!" Und der politischen Aufforderung wurde gefolgt. Wenige Tage später verübten seine Gefolgsleute ein Sprengstoffattentat auf die AfD-Landesgeschäftsstelle in Kiel. Beides zeigt, dass nicht wenige Politiker und Journalisten gerne ihre schützende Hand über diese linksextremen Gruppen halten. Bereits 2014 veröffentlichte der sonst so moralinsaure „Tagesspiegel" eine Liebeserklärung an die Antifa: „Danke, liebe Antifa! Sie gelten als Krawallmacher, Störenfriede, Chaoten. Dabei ermöglichen sie uns ein Leben, in dem Rechtsextreme die Rolle spielen, die ihnen zusteht: nämlich keine. Zur Verteidigung einer viel gescholtenen Subkultur. ..." Die „Neue Zürcher Zeitung" untersuchte die Entwicklung des deutschen überregionalen Journalismus („FAZ", „Spiegel", „Stern", „Tagesspiegel", „taz", „Welt", „Zeit") und stellte fest, dass dieser „statt zwischen konservativ, rechts, rechtspopulistisch und rechtsextrem zu unterscheiden, den gesamten Kommunikationsraum, der sich in Opposition zum linksliberal-grünen Justemilieu zu etablieren beginnt, zu einer Zone des Bösen erklärt, die unter Quarantäne zu stellen ist." Auch „das linke Londoner Wochenblatt ‚New Statesman' sieht in der deutschen Lust, abweichende Meinungen aus dem öffentlichen Diskurs auszuschließen, ohne sich argumentativ mit ihnen auseinanderzusetzen, das Merkmal eines sehr ‚eingeschränkten und elitären' politischen Systems, in dem das Verhältnis zwischen Repräsentanten und Repräsentierten gestört sei". Für das „Allparteien-Bündnis" um Schwesig bedeutet es eins: Es hat damit einen Freifahrtschein für zukünftige Gewaltexzesse erhalten.[212] Dabei gab es bereits früher viele Gewalttaten gegen AfD-Politiker, Wahlkampfhelfer und Betreiber von Gaststätten, die der AfD Räume zur Verfügung stellten. So wurden viele Gastwirte und Messebetreiber öffentlich unter Druck gesetzt, an die AfD keine Räume zu vermieten, indem Scheiben eingeworfen, Graffitis an Hauswände gesprüht und Drohungen ausgesprochen wurden. Zudem wurde im Januar 2016 in Karlsruhe ein „AfD-Plakatierer von einem Unbekannten" beschossen; im August 2015 Fensterscheiben des Unternehmens der AfD-Chefin Frauke Petry eingeworfen, im Oktober das Auto ihrer Stellvertreterin Beatrix von Storch angezündet und einen Monat darauf Farbbeutel und Steine vor ihr Büro geworfen. Nicht zu vergessen der Tortenanschlag auf von Storch im Februar 2016, der mit viel Häme von den überregionalen Medien begleitet wurde. Auch suchte man Politiker aus etablierten Parteien wie die Nadel im Heuhaufen, die die Anschläge verurteilten. Vielleicht lag dies unter anderem daran, dass die Kuchen-Attacke von Personen verübt wurde, die von der Kulturstiftung des Bundes mit insgesamt 150.000 Euro alimentiert werden. Der Staat fördert somit im Kampf gegen Andersdenkende indirekt Straftaten.[213]

Um ihrer linken Klientel „vor Ort den Rücken zu stärken und ihnen zu zeigen, dass man Vertrauen in ihre Arbeit habe" – niederträchtiger kann man es nicht ausdrücken –, bietet Schwesig ihr zusätzlich „Planungssicherheit". Anders ausgedrückt: Sie erhöht laufend die Fördergelder, um damit indirekt Gruppen wie die von einigen Verfassungsschutzämtern observierte Antifa zu finanzieren. Zugleich fördert sie „Modellprojekte gegen Islamfeindlichkeit, Antiziganismus (Gewalt gegen Sinti und Roma), Antisemitismus, Homophobie und Transgender-Diskriminierung sowie für die Demokratieentwicklung im ländlichen Raum mit insgesamt rund sechs Millionen Euro". Allein für „Maßnahmen zur Stärkung von Vielfalt, Toleranz und Demokratie" – also zur Bekämpfung des Rechtsextremismus – sind für 2016 über 50 Millionen Euro eingeplant. Zwei Jahre zuvor waren es noch 28,5 Millionen Euro.[214] Doch das reichte ihr nicht, da angeblich die „Form der Prävention nicht viel bewirkt". Deshalb forderte Schwesig vom Bundesfinanzminister, den Betrag auf 100 Millionen Euro zu erhöhen, um „zivilgesellschaftliche Initiativen und Projekte, die sich in den Kommunen gegen Rechtsextremismus und Menschenfeindlichkeit" einsetzen, stärker zu unterstützen. Und Schwesigs Forderung kam die Bundesregierung nach. Der Wahnsinn der linken Klientelwirtschaft feiert fröhliche Urständ!

Zur Untermauerung ihrer Forderungen nutzt Schwesig geschickt die negativen Vorfälle in Sachsen im Februar aus, als in Clausnitz etwa 100 Menschen gegen die Ankunft von Illegalen protestierten und in Bautzen Schaulustige einen Brand in einer geplanten Flüchtlingsunterkunft bejubelten.[215] Dagegen rang sie sich bei den Silvesterexzessen in Köln und anderswo nur Lippenbekenntnisse ab. Von einer finanziellen Unterstützung für die Opfer oder für Opfervereinigungen hält sie wohl nichts. Denn es waren eben die falschen Täter und die falschen Opfer. Auch schweigt Schwesig, wenn immer öfter Bedürftige und Mitarbeiter der gemeinnützigen Organisation der Tafeln bei der Essensausgabe angegriffen werden. Dabei ist sie seit 2014 Schirmherrin der Tafeln. Warum, wird auch schnell klar. Denn die Täter sind keine Einheimischen, sondern Flüchtlinge. Etwa 25 der Schutzsuchenden schlugen im mecklenburg-vorpommerschen Crivitz mit „Fausthieben gegen Köpfe und Körper" der wirklich bedürftigen Deutschen. Zudem versuchten sie, „das Eingangstor gewaltsam zu öffnen". Dass dies kein Einzelfall ist, belegen Übergriffe in Bochum oder in Mülheim im Schwarzwald. Die Wattenscheider Tafel verlor binnen eines halben Jahres „300 ehrenamtliche Mitarbeiter" wegen „Anfeindungen an Ausgabestellen". Warum sich die Flüchtlinge überhaupt bei den Tafeln anstellen, hinterfragen Politiker nicht. Zumal diese eine tägliche Vollverpflegung in den Asylbewerberunterkünften erhalten.

Bis Mitte Januar 2016 war sie in der Flüchtlingspolitik nicht sonderlich aufgefallen. Dies änderte sich Mitte Januar 2016 schlagartig, als sie das zehn Millionen Euro teure Patenschaftsprogramm für Flüchtlinge „Menschen stärken Menschen" vorstellte. Geplant sind dabei 25.000 Patenschaften, die „die Basis für viele dauerhafte persönliche Begegnungen" bilden und somit die Integration erleichtern sollen. Was im ersten Moment positiv klingt, stellt sich im Nachhinein als negativ heraus. Denn zum einen beabsichtigt Schwesig, dass für „unbegleitete minderjährige Flüchtlinge Vormundschaften gewonnen werden". Vormundschaften können sich aber als Bumerang herausstellen, da der Vormund für die Person und das Vermögen des Mündels zu sorgen hat. Auseinandersetzungen sind vorprogrammiert. Zum anderen sollen die finanziellen Mittel an „die freien Wohlfahrtsverbände, moslemische Verbände, Migrantenorganisationen, den Stiftungssektor und Freiwilligenagenturen" fließen. So wird wieder eine bestimmte linke und moslemische Klientelwirtschaft betrieben. Die begünstigten Wohlfahrtsverbände werden zudem in absehbarer Zeit darauf dringen, dass dieses Programm längerfristig zum Einsatz kommt.[216]

Dennoch gehört die Flüchtlingspolitik nicht zu ihrem zweiten Steckenpferd. Dieses ist und bleibt die offene Unterstützung der schwul-lesbischen Szene – und das als Familienministerin!

Obwohl es einen Beflaggungserlass[217] gibt, ließen sie und die Bundesumweltministerin in den Jahren 2014 und 2015 vor ihren Ministerien die Regenbogenflagge als Bekenntnis der internationalen Homosexuellen-Bewegung hissen. Beide nahmen damit die Verletzung der Neutralitätspflicht in Kauf, indem sie sich parteiisch verhielten. Konsequenzen mussten sie nicht fürchten. Vielmehr bereiten Hendricks und Schwesig mit der Begründung des Hissens der Schwulenfahne den Weg in Richtung eines „intoleranten und weniger freiheitlichen Landes. Das ganze Gerede von Vielfalt und Toleranz führt [vielmehr] schnurstracks zu weniger Meinungs- und Religionsfreiheit und zu einem Klima der Angst in der öffentlichen Auseinandersetzung rund um polemische Themen." Denn das Ziel beider Minister ist „ein tolerantes und weltoffenes Europa ohne Diskriminierung. Überall dort, wo Menschen wegen ihrer sexuellen Orientierung benachteiligt, angefeindet oder gar angegriffen werden, muss gehandelt werden. (…) Mir [Schwesig] ist wichtig, dass wir den Kampf für Vielfalt und Toleranz auf der rechtlichen Ebene, aber eben auch auf der kulturellen Ebene führen. Denn unsere Gesellschaft ist bunt und vielfältig. Deshalb muss ‚anders' sein endlich normal sein." Sie fordert somit ein anderes Gesellschafts- und Familienbild und missachtet den grundgesetzlich verankerten Auftrag: den Schutz von Ehe und Familie (Artikel 6). Zudem missbraucht sie „ihr Amt und das Bundesfamilienministerium, um Lobbys, die ihrer linken Weltanschauung entsprechen, zu unterstützen". Wer nun auf den Gedanken kommt, dass Schwesig damit Unfrieden in der Koalition heraufbeschwört, der irrt. Bereits im Juli 2013 hatte sie die CDU/CSU offen angegriffen, indem sie erklärte: „Immer noch prägt ein homophobes, diskriminierendes Weltbild die Politik der Merkel-Regierung." Ein Aufschrei seitens der CDU/CSU-Fraktion blieb aus, da auch Merkel ein ähnliches Weltbild vertritt. Schwesig setzt somit Merkels Agenda um.[218]

Das Schweigen ihrer Koalitionskollegen versteht Schwesig vielmehr als einen Blankoscheck, den sie reichlich nutzt. Unter anderem griff sie die saarländische Ministerpräsidentin Annegret Kramp-Karrenbauer medial an, als sich diese gegen die Öffnung des Ehegesetzes für gleichgeschlechtliche Paare aussprach. Schwesig spielte sich dabei wie eine aggressive „LSBTIQ-Aktivistin" von der Straße auf und zitierte die Ministerpräsidentin – man könnte meinen, absichtlich – falsch. Schwesig: „Wenn eine Ministerpräsidentin Kramp-Karrenbauer die Wünsche von homosexuellen Paaren, die Ehe und Familie leben wollen, mit Inzest oder Polygamie in Verbindung bringt, dann ist das absolut inakzeptabel." Nicht nur, dass sie damit „bestimmte Lobbys gegenüber anderen bevorzugt", sie erzeugt damit nebenbei auch ein Klima der Angst unter ihren Mitarbeitern. Im Juli 2015 ließ sie vor ihrem Ministerium ein Plakat mit der Aufschrift „Bei uns ist für Homophobie und Transphobie kein Platz!" aufhängen. „Mitarbeiter, die sich nicht mit den politischen Zielen und Forderungen dieser Lobby einverstanden" erklären, müssen seither mit beruflichen Schwierigkeiten rechnen. Die Meinungsfreiheit ist seit 2015 mindestens in ihrem Ministerium nur noch eingeschränkt gewährleistet.[219]

Für Familienpolitik interessiert sich die Bundesfamilienministerin dagegen nur am Rande. Gerade die traditionelle Rollenverteilung ist ihr ein Dorn im Auge. Daher sprach sie sich als stellvertretende Bundesvorsitzende der SPD gegen das Betreuungsgeld aus, da es für sie eine „Fernhalteprämie" sei. Dabei erleichtert das Betreuungsgeld den Eltern die Entscheidungsfreiheit zwischen Kindergarten oder eigener Kindesbetreuung. Doch soviel Freiheit will sie den Eltern nicht lassen, geht es ihr doch um die frühzeitige staatliche und gutmenschlich-linke Indoktrination, wie die Frühsexualisierung der Kinder (siehe Kapitel 3). Daher war sie mehr als erleichtert, als das Bundesverfassungsgericht im Juli 2015 das Betreuungsgeldgesetz für verfassungswidrig erklärte.[220]

Für Schwesig ist Familienpolitik vielmehr ein Relikt des Dritten Reiches. Bei ihr haben Alleinerziehende, Patchworkfamilien – eigentlich: Stückwerkfamilien – sowie Lesben und Schwule Vorrang; ihnen gilt ihre ganze Aufmerksamkeit. Darin ist sie sich einig mit vielen Bundestagsabgeordneten und Ministern, die dieses auch vorleben. Die Ehen von Heiko Maas oder Andrea Nahles scheiterten, Barbara Hendricks lebt in einer lesbischen Partnerschaft, und Peter Altmaier ist alleinstehend. Schwul sind unter anderem Volker Beck, Kai Gering, Ursula Schauws, Gerhard Schick (alle Grüne); Karin Binder, Harald Petzold (beide Linkspartei); Sebastian Edathy, Michael Hartmann, Johannes Kahrs (alle SPD); Stefan Kaufmann, Jens Spahn (beide CDU), Bernd Fabritius (CSU).[221] Zudem herrscht unter Politikern eine hohe Kinderlosigkeit, die Bundeskanzlerin lebt diese vor. Zeigten sich früher Politiker auf ihren Wahlplakaten gern mit Familie und Hund, so haben diese heute eher Seltenheitswert.

Nicht von ungefähr unterstützt Schwesig das bekannte „Aktionsbündnis ‚Demo für Alle'" nicht, das sich aus verschiedenen „Familienorganisationen, politischen Vereinen und Initiativen und Familien aus ganz Deutschland" zusammensetzt. Denn dieser Verein demonstriert „für die Wahrung der Elternrechte, Ehe und Familie und gegen Gender-Ideologie und Sexualisierung der Kinder", aber auch für das Recht auf Leben – welches „ein essentielles Grundrecht aller Menschen" ist.[222]

Hier zeigt sich, dass Schwesig sich weder neutral noch tolerant gegenüber dem Anliegen vieler Bürger und deren Familien verhält. Dass sie damit die Freiheit – insbesondere die Meinungsfreiheit – beschränkt, nimmt sie nicht nur billigend in Kauf, sondern sie betreibt aggressiv die „totale Ausgrenzung des Andersdenkenden und des politischen Gegners".

Dabei geht es den „Amtsträgern von CDU und SPD" laut dem ehemaligen hessischen Staatssekretär Ulrich Thurmann darum, „die demographische Zusammensetzung der in Deutschland lebenden Menschen völlig zu verändern".[223] Wäre es anders, hätte die derzeitige Regierung – wie ihre Vorgängerregierungen – alles unternommen, um die Geburtenrate zu erhöhen.

Interessant ist in diesem Kontext, dass bereits während des Zweiten Weltkrieges unter anderem in den USA Pläne entworfen wurden, wie man mit den Deutschen – nicht mit den Nationalsozialisten – nach der bedingungslosen Kapitulation verfahren sollte. Dabei traten Personen wie Henry Morgenthau, Theodore N. Kaufman, Robert G. Vansittart, Louis Nizer, Ilja Ehrenburg und Earnest Hooton besonders hervor. Wegen des einsetzenden Ost-West-Konflikts blieben diese Pläne, die Identität der Deutschen betreffend, bis 1990 weitgehend unberührt! Seit 2014 könnte man auf den Gedanken kommen, dass insbesondere der Hooton-Plan mit Vehemenz Gestalt annimmt. Es geht darum, ein Volk und eine ganze Nation verschwinden zu lassen. Hooton, Professor für Anthropologie an der Harvard-Universität, veröffentlichte 1943 im „Peabody Magazine" unter der Überschrift „Sollen wir die Deutschen töten?" die Forderung der Verschleppung möglichst vieler deutscher Männer zu lebenslanger Sklavenarbeit in fremde Länder. Eine Forderung, die auch von den anderen genannten Personen aufgestellt wurde. Hooton ging dabei am weitesten. Er trat für eine Reduktion der Geburtenzahl ein sowie für die systematische Vermischung der Deutschen durch Einwanderung und Ansiedlung von Abermillionen Ausländern aus fremden Völkern. Von einer gezielt herbeigeführten

„hellbraunen Rasse" zur Etablierung eines europäischen Staatengebildes hatte bereits 1925 Richard Coudenhove-Kalergi fabuliert. Auch heute fordern einzelne Protagonisten eine gezielte Völkervermischung. Denn „seit langem treibt sie die Angst um, dass sich ihrem imperialen Streben nach Kolonisierung (möglichst aller Völker) eine große zentraleuropäische", mit Russland und China verbündete Macht entgegenstellen könnte (siehe Kapitel 14). Dazu gehört unter anderem der US-Geo- und Militärstratege Thomas Barnett. In seinen Büchern nennt der „Vordenker der Globalisierung" und Berater der US-Regierung als Endziel die „Gleichschaltung aller Länder der Erde".[224] Gerade vor dem Hintergrund der aktuellen Immigrationswelle sind Barnetts Gedanken zu Europa höchst interessant. Der Kontinent soll nach seiner Ansicht jährlich 1,5 Millionen Einwanderer aus der Dritten Welt aufnehmen. Das Ergebnis wäre eine Bevölkerung mit einem durchschnittlichen Intelligenzquotienten von 90, „zu dumm, zu begreifen, aber intelligent genug, um zu arbeiten". Unterstützung erfährt Barnett vom Direktor der privaten Denkfabrik Stratfor, George Friedman, den das „Handelsblatt" im März 2012 als „enttarnte[n] Chef der Schatten-CIA" bezeichnete. Aber nicht nur aus den USA kommen diese Stimmen. Auch der Vizepräsident der EU-Kommission und niederländische Sozialist Frans Timmermans forderte beim „EU Fundamental Rights Colloquium" Anfang Oktober 2015 eine multikulturelle Diversität in Europa, also eine Vermischung der Kulturen, da angeblich eine homogene Gesellschaft nie existierte. Die Zukunft der Menschheit werde nicht länger auf einzelnen Nationen und Kulturen beruhen, sondern auf einer vermischten Superkultur. In der Weltsicht des Literaturwissenschaftlers Timmermans „seien europäische Kultur und europäisches Erbe lediglich soziale Konstrukte, und jeder, der etwas anderes behaupte, sei engstirnig". Pipi Langstrumpf hätte es nicht besser ausdrücken können: „Ich mach' mir die Welt, wie sie mir gefällt." Zumal in Pipis Heimat, Schweden, sich bereits die ersten Resultate dieser Vermischung zeigen. Denn „in keinem Pisa-Land ist das Bildungsniveau derart rapide gesunken wie in Schweden: Schuld daran ist den Behörden zufolge die wachsende Zuwanderung." Allein im Jahr 2012 scheiterten in dem skandinavischen Land 50 Prozent der ausländischen Kinder. Wenn man nun bedenkt, dass Schweden im Jahr 2015 „etwa 163.000 Asylbewerber", von denen „43 Prozent minderjährig" waren, aufgenommen hat, lässt sich erahnen, dass sich das Bildungsniveau rapide verschlechtern wird. Dies wird zum Niedergang des Wohlstandes führen. Lag Schweden noch im Jahr 2010 auf Rang 15 des Wohlstandsindikators, so wird es nach Angaben der Vereinten Nationen bis zum Jahr 2030 auf Rang 45 abrutschen und das Niveau eines Dritte-Welt-Landes erreichen.[225]

Am stärksten aber engagiert sich der Hedgefonds-Manager, Philanthrop und Multimilliardär George Soros mittels seiner zahlreichen Nichtregierungsorganisationen für die Veränderung in Europa. Unter anderem spielte er in der ukrainischen Revolution und in dem sich daraus ergebenden russisch-ukrainischen Konflikt eine zentrale Rolle.[226] Darüber hinaus forderte er Deutschland immer wieder zur finanziellen Rettung Griechenlands auf. Dass er auch an der massiven Migrationsbewegung beteiligt ist, stellte sich im September 2015 heraus. Denn seine Organisation gab in arabischer Sprache einen „speziellen Reiseführer" mit dem Titel heraus: „Wie komme ich am besten nach Europa?"[227] Zudem forderte er am 26. September 2015, dass das EU-Asylsystem der Zukunft „eine Million Einwanderer pro Jahr" zusätzlich aufnehmen und jede Person mit mindestens 15.000 Euro pro Jahr finanzieren müsse.[228] Dass jeder Wirtschaftsflüchtling den deutschen Bürger bereits heute mindestens 50.000 Euro kostet, so die Angaben einiger Bundestagsabgeordneter in privaten Gesprächen, ist für das Erreichen des großen Ziels nebensächlich.

Europa soll sich somit zugunsten der Massenzuwanderung noch weiter verschulden. Mittels des Schuldenmachens könnte nach Ansicht von Soros das Wirtschaftswachstum in der EU künstlich angekurbelt werden. Letztlich würde sich damit der EU-Zentralstaat festigen und die halb-souveränen Nationalstaaten auflösen. Eine Ansicht, die auch die deutsche Bundeskanzlerin vertritt.[229] Dieser eliminatorische Anti-Germanismus wird von vielen deutschen Politikern und linken Gruppen geteilt. Hier nur ein paar Belege dieser geistigen Ergüsse: „Deutschland ist ein in allen Gesellschaftsschichten und Generationen rassistisch infiziertes Land." (Jürgen Trittin; Grüne); „Deutschland muss von außen eingehegt und von innen durch Zustrom heterogenisiert, quasi verdünnt werden." (Joseph Fischer, Grüne); „Jedes Jahr sterben mehr Deutsche, als geboren werden, das liegt zum Glück daran, dass die Nazis sich nicht besonders vervielfältigen" (Gregor Gysi, Linkspartei). Und zu guter Letzt die Antifa mit ihren verqueren Sprüchen: „Nie wieder Deutschland", „Deutschland verrecke" oder „Bomber Harris do it again".[230]

Nicht von ungefähr hält Deutschland daher seit einigen Jahren weltweit die „rote Laterne" beziehungsweise den Negativrekord bei der Geburtenrate. Und dies zeichnete sich bereits seit 1971 ab. Seit dieser Zeit reicht die Zahl der Neugeborenen nicht mehr aus, um die Elterngeneration zahlenmäßig zu ersetzen. Für die Bestandserhaltung einer Bevölkerung ist eine durchschnittliche Kinderzahl je Frau von 2,1 nötig – bei uns liegt sie aktuell bei nur 1,47, 2013 bei 1,42.[231] Wer nun denkt, dass eine Erhöhung der Geburtenrate auf 2,1 Prozent kurzfristig Abhilfe schaffen könnte, täuscht sich. Denn es braucht bei einer anhaltenden Fertilitätsrate in dieser Höhe mindestens 80 bis 100 Jahre, damit die eingeborene Bevölkerung wieder wächst. Dabei sind bei der derzeitigen Geburtenrate von 1,47 je Frau die ausländischen Kinder – vor allem durch die islamische Zuwanderung – bereits dabei. Die Geburtenziffer der autochthonen Deutschen beziehungsweise Bio-Deutschen liegt somit unter ein Prozent. Im Gegensatz zu Deutschland leiden die wichtigsten Wirtschaftskonkurrenten wie Frankreich, Großbritannien und die USA nicht unter einem ähnlich hohen Geburtenrückgang. Hier wird die für die Bestandserhaltung notwendige Geburtenrate erreicht oder überschritten. Doch auch hier wird sich über kurz oder lang die ethnische Zusammensetzung deutlich verändern. Kurienkardinal Peter Turkson hat dies 2009 öffentlich gemacht. Seiner Meinung nach wird Frankreich – ähnlich wie Deutschland – bis zum Jahr 2050 mehrheitlich moslemisch geprägt sein. Belgien und die Niederlande sogar bereits in 15 Jahren. Und in den USA werden bis dahin 50 Millionen Moslems leben.[232]

Wenn die Bundesregierung wirklich die Zukunftsfähigkeit und den Wohlstand in Deutschland langfristig sichern wollte, würde sie Alternativen zur Erhöhung der Geburtenrate ergreifen. Unter anderem könnte sie Familien mit mehr als zwei Kindern von der Einkommenssteuer befreien; Frauen bei der Kindererziehung mehr Freiraum zugestehen; Familien wieder in den Mittelpunkt der Gesellschaft rücken; Kindern bessere Bildungsmöglichkeiten offerieren und die politische Indoktrinierung zurückfahren.

Auch Abtreibungen könnte man soweit als möglich – siehe die frühere Indikationslösung – verhindern und sollte sie nicht mehr von den Krankenkassen finanzieren. Denn allein in Deutschland sind seit den 1970er Jahren nach inoffiziellen Zahlen fast zehn Millionen Kinder getötet worden. Wäre ein großer Teil dieser Kinder nicht abgetrieben worden, gäbe es kein Demographieproblem. Oder um es mit dem Demographen Professor Herwig Birg auszudrücken: „Nichtgeborene können selbst bei der besten Familienpolitik keine Kinder haben." Es handelt sich somit um ein hausgemachtes Politikerproblem! „Und wo schwindende Völkerschaften Räume frei machen, drängen fruchtbare nach; es wird faszinierend sein, zu beobachten, wie unsere Schwulen, Lesben und Feministinnen zum Selbstbehauptungskampf gegen die moslemischen Machos antreten."[233]

Doch das tangiert Schwesig nicht. Vielmehr spricht sie sich gegen Einschränkungen beim Familiennachzug der Flüchtlinge aus, da „Kinder die Integration erleichterten".[234] Dass der Staat für deutsche Kinder keine Integrationskosten aufbringen muss und diese als künftige Steuerzahler sogar Leistungen erbringen – im Gegensatz zu den meisten Migranten – fällt der ehemaligen Finanzbeamtin Schwesig dagegen nicht auf.

8. Bundesministerium für Verkehr und digitale Infrastruktur – Alexander Dobrindt

Als einziger Bundesminister hat bisher der Diplomsoziologe Alexander Dobrindt die Flüchtlingspolitik der Kanzlerin kritisiert und zu einem Kurswechsel aufgerufen. Dies hat zum einen mit seiner CSU-Parteimitgliedschaft zu tun, da sein Vorsitzender Horst Seehofer bereits frühzeitig eine Obergrenze für Flüchtlinge forderte und mit dem Gang zum Bundesverfassungsgericht drohte.[235] Ein anderer Grund für Dobrindts Verhalten ist die angespannte Lage in Bayern, vornehmlich im deutsch-österreichischen Grenzgebiet. Bei der künftigen Landtagswahl 2018 droht ein Ende der CSU-Alleinregierung. Denn die überwiegend konservative Wählerklientel findet immer mehr Gefallen an den Positionen der Alternative für Deutschland. Doch der Verkehrsminister ist ähnlich wie Horst Seehofer auch „als bayerischer Löwe gesprungen, aber nicht mal als Bettvorleger gelandet. Er ist nur der Fußabtreter einer Politik, die die Folgen ihrer Kopflosigkeit mit Kopflosigkeit und Unentschiedenheit bekämpft."[236]

Zugute halten muss man ihm aber, dass er die Klaviatur des Konservativen innerhalb der CSU zu spielen weiß. Bereits als CSU-Generalsekretär warf er den Grünen vor, „keine Partei, sondern der politische Arm von Krawallmachern, Steinewerfern und Brandstiftern" zu sein, die nur versuchen würden „unsere Demokratie zu schottern". Zudem forderte er, „staatliche Gelder für die Linkspartei zu streichen und ein Verbotsverfahren gegen sie einzuleiten" und „alle Abgeordneten der Linkspartei im Bundestag wie in den Bundesländern durch den Verfassungsschutz" zu überwachen.[237]

Da Merkel immer mit Gegenwind aus der CSU rechnen muss, haben daher Parlamentarier der CDU-Schwesterpartei in der 18. Legislaturperiode (2013 bis 2017) nur unbedeutende Ressorts (Verkehr, Entwicklungshilfe; Landwirtschaft) erhalten. Also Ministerien, die für Merkels Agenda der Zerstörung Deutschlands nur am Rande taugen.

Doch Dobrindt hat mit seinen Drohgebärden einen Flurschaden angerichtet, der sich nicht mehr so leicht beheben lässt. Der Druck auf die Bundeskanzlerin nimmt intern zu. Nicht ohne Grund greifen CDU-Vorstandsmitglieder Abweichler harsch an und fordern „einfach mal die Klappe zu halten". Wer solche Parteifreunde hat, braucht keine Feinde mehr, könnte man meinen. „Sogar von einem ‚kleinen Tribunal' und einer ‚Tirade' [innerhalb einer CDU-Vorstandssitzung] war die Rede."[238] Sowjetische Gepflogenheiten scheinen wieder Hochkonjunktur zu haben und das in einer sich nach außen demokratisch gebenden Partei.

Dobrindt könnte ganz einfach Tatsachen auf den Tisch legen, die die negativen Ausmaße der Masseneinwanderung belegen. Denn wie bereits dargelegt, kostet laut dem Freiburger Wirtschaftswissenschaftler Raffelhüschen jeder Einwanderer den Staat über mehrere Jahre mindestens 450.000 Euro.[239] Alleine für die 1,1 Millionen Wirtschaftsmigranten aus dem Jahr 2015 müsste der Steuerzahler demzufolge 495.000.000.000 Euro aufbringen, also fast 500 Milliarden Euro. Der Bundeshaushalt sieht aber nur Gesamtausgaben pro Jahr von knapp 316 Milliarden Euro (2016; 2015: 307 Milliarden Euro) vor. Gut, dass das Statistische Bundesamt mitteilte, dass im Gesamtjahr 2015 knapp zwei Millionen Zuzüge von Ausländern nach Deutschland registriert wurden, während rund 860.000 das Land wieder verließen. Dabei handelt es sich aber nur um eine „Schnellschätzung". Das Bundesamt geht selbst von einer „Untererfassung" aus. Höchstwahrscheinlich sind noch viel mehr nach Deutschland eingeströmt, die bislang nicht erfasst wurden

110

oder in die Illegalität abtauchten.[240] Jeder Grundschüler erkennt sofort, dass allein die Finanzierung der Wirtschaftsflüchtlinge in den Staatsbankrott führen muss.

Doch der Bundesverkehrsminister hat ein weiteres Argument. Er ist nämlich auch für die digitale Infrastruktur zuständig und somit für den Ausbau des Glasfaser-Internets. Damit Deutschland die Wende zur Digitalisierung nicht verschläft, müsste der Staat um die 80 Milliarden Euro investieren. Der Bund will jedoch bis 2018 den Netzausbau nur mit 2,7 Milliarden Euro unterstützen – mehr Geld ist für die moderne Technik nicht vorhanden.[241] Absichtlich hintertreibt die Regierung damit den Fortschritt und verschlechtert die Wettbewerbsbedingungen für deutsche Unternehmen. Andere Industriestaaten dagegen bauen ihr Breitbandnetz kräftig aus. Im europäischen Vergleich lag Deutschland deshalb im Jahr 2014 „beim Glasfasernetz mit einem Anteil von nicht einmal einem Prozent an letzter Stelle".[242]

Wie stark die Bundesregierung unter Merkel den früheren Infrastrukturvorsprung Deutschlands zunichte macht, lässt sich aber auch am Zustand der Autobahnen, der Brücken, der Straßen und des Schienenverkehrs erkennen. Alles ist marode. Zwischen Leverkusen und Köln können Lastkraftwagen seit einigen Jahren die für sie verkehrsgünstige und wichtige Autobahn A 1 nicht mehr befahren, da die Rheinbrücke die Last nicht mehr trägt. Auch zwischen Mainz und Wiesbaden konnten Lkws die Schiersteiner-Autobahnbrücke neun Monate lang nicht nutzen. Insgesamt sind 12.000 Brücken sanierungsbedürftig, viele müssen durch neue ersetzt werden. Mehr als die Hälfte aller Autobahnen sind älter als 50 Jahre. Ein Verkehrskollaps droht; mit langwierigen Staus und Umleitungen ist zu rechnen. Letztlich wird der für Deutschland und Europa so wichtige Fernverkehr blockiert. Die Logistikindustrie und mit ihr der deutsche Mittelstand leiden bereits heute unter den Verfallserscheinungen. Nicht ohne Grund beklagte der Bundesrechnungshof „den besorgniserregenden Zustand der Straßen in Deutschland" und forderte „die Regierung auf, mehr Geld für die Sanierung in die

Hand zu nehmen. Denn der Erhalt sei nicht nur eine staatliche Pflichterfüllung, ‚er gehört zu den Zukunftsaufgaben unseres Landes'." Nach Angaben der Kreditanstalt für Wiederaufbau (KfW) besteht seit 2015 ein Investitionsrückstand von 136 Milliarden Euro. Ohne die selbstverschuldete Flüchtlingspolitik hätte die Bundesregierung die Investitionen in Straßen, Verkehr und Bildung somit kurzfristig und leicht schultern können![243]

Aber weder der Verkehrsminister noch die Kanzlerin scheint am Erhalt der Infrastruktur interessiert zu sein. Auch der Erhalt des größten deutschen Unternehmens, des Volkswagenkonzerns, ist eher nebensächlich. Vielmehr erwägt Dobrindt, „als Reaktion auf den VW-Abgasskandal die Kontrollen bei allen Autobauern [zu] verschärfen", die „im Stile von Dopingtests" unangemeldet durchgeführt werden sollen. Zudem sollen „die Konzerne künftig auch ihre Motorsoftware offenlegen". Die Konkurrenz wird es freuen. Sicherlich ist VW an der Abgasaffäre nicht unschuldig. Doch die drohenden Strafen stehen im krassen Missverhältnis zum eigentlichen Delikt. Denn durch den CO_2-Schwindel von VW ist kein Mensch gestorben, anders als beim Zündschloss-Skandal bei General Motors. Obwohl durch defekte Zündschlösser mindestens 124 Menschen ums Leben kamen, brauchte der größte US-Autokonzern nur 900 Millionen Dollar an die US-Aufsichtsbehörden – zuzüglich knapp 625 Millionen Dollar an die Familien der tödlich Verunglückten – zu zahlen. Auch wegen Toyota starben durch klemmende Gaspedale nachweislich 93 Personen. Durch eine Zahlung von 1,1 Milliarden Dollar wurden anhängige Sammelklagen in den USA abgewiesen. Anders beim Wolfsburger Autokonzern. Hier könnten drohende Strafen den Volkswagenkonzern empfindlich treffen – die Möglichkeit einer Zerschlagung besteht. Auch wenn sich VW mit der US-Umweltbehörde und dem US-Justizministerium auf einen Vergleich von 15 Milliarden Dollar einigte, kommen noch die bislang unbekannten Forderungen aus US-Sammelklagen, die Kosten der Rückrufaktion von Millionen Kfz in Deutschland und der nachhaltige Reputationsverlust für deutsche Qualitätsarbeit hinzu. Die Wahrscheinlichkeit, dass VW in Konkurs gerät, ist hoch.[244] Um das Unternehmen zu retten, sind voraussichtlich Kapitalerhöhungen nötig. Damit wird das – neben BMW – noch einzige überwiegend in deutscher Hand befindliche DAX-Unternehmen in ausländische Hände übergehen. Ähnlich scheint die Zukunft des nicht börsennotierten Großunternehmens Bosch mit seinen 375.000 Mitarbeitern offen. Dieses gerät nun auch in der Diesel-Affäre ins Visier von US-Sammelklagen mit ungewissem Ausgang. Ihrem Ziel, der Zerschlagung deutscher Traditionsunternehmen wäre Merkel damit näher gekommen. Befremdlich ist, dass sich Merkel, ebensowenig wie Dobrindt oder Wirtschaftsminister Gabriel, nicht, wie es sich eigentlich für eine Regierung, die deutsche Interessen vertreten sollte, gehört, demonstrativ hinter das (Teil-Staatsunternehmen) VW stellt. Fast 600.000 Mitarbeiter weltweit und Millionen von Beschäftigten in der Zulieferindustrie sind unseren Politikern den Einsatz anscheinend nicht wert.[245] Für die Gutmenschen zählen nur noch die Wohlfahrtsverbände, wie Caritas und Diakonie. Diese haben sich dank der Politik in den letzten Jahren zu den größten deutschen Arbeitgebern entwickelt. Die Caritas beschäftigt etwa 560.000 Mitarbeiter, die Diakonie 453.000 und die Arbeiterwohlfahrt 145.000. Deutschland hat sich somit gewollt vom Industrie- zum Wohlfahrtsstaat verändert. In wenigen Jahren wird die Wertschöpfungskette enden.[246] Es wundert daher nicht, dass die zu den beiden großen christlichen Kirchen gehörenden Verbände (Caritas, Diakonie) zu den größten Profiteuren der Masseninvasion zählen, sind sie es doch, die viele Unterkünfte betreiben sowie Sprachkurse und Freizeitangebote für die Wirtschaftsflüchtlinge auf Staatskosten anbieten. Und es wundert nicht, daß die katholischen und evangelischen Bischöfe – anders als der Erzbischof von Canterbury – die Merkelsche Einwanderungspolitik durchgängig begrüßen und deren Kritiker geißeln, obwohl es sich bei den Migranten meistens um Moslems handelt, die nicht nur in ihren Heimatländern, sondern auch in den deutschen Flüchtlingsunterkünften Christen und andere Minderheiten beleidigen, foltern, sexuell bedrängen und umbringen. Die Aktion für verfolgte Christen und Notleidende schätzt, dass in deutschen Flüchtlingsheimen „bis zu 40.000 Flüchtlinge aufgrund ihrer religiösen Überzeugung drangsaliert" wurden. Unter Christen und vom Islam abgefallenen Personen herrscht ein „Klima der Angst und Panik". Bislang sind seit 2015 weit mehr als zehn Menschen in Deutschland durch Flüchtlinge ermordet worden. Eine Zahl, die weder die Medien, noch die Politiker beunruhigt. Erst im März 2016 wurde ein iranischer Lehrer, der „als Helfer und Dolmetscher [in einem Celler Flüchtlingsheim] im Einsatz" war, durch einen Afghanen ermordet. Einen Monat später tötete ein Kosovare einen Albaner vor einer Bonner Flüchtlingsunterkunft.[247]

Aber wie bei der VW-Affäre hat Dobrindt auch bei der Flüchtlingskrise versagt und sich auch mitschuldig gemacht. Denn als Oberaufseher der Deutschen Bahn heizt er die Flüchtlingskrise indirekt mit an, indem er mit Sonderzügen Illegale aus Ungarn und aus Österreich nach Deutschland bringt. Damit hat sich der Bundesverkehrsminister der vorsätzlichen Förderung der rechtswidrigen Ein- oder Durchreise Fremder in oder durch einen Mitgliedsstaat der Europäischen Union mitschuldig gemacht. Denn das Einschleusen ist nach den Paragraphen 96 und 97 des bundesdeutschen Aufenthaltsgesetzes und des EU-Rechtssystems unter Strafe gestellt.[248]

Doch der Bundesbürger kann sich weder auf Rechtsstaatlichkeit verlassen noch auf seine früheren Freiheitsrechte berufen. Denn auch diese werden aufgrund des vordringenden Islams immer mehr beschnitten. Wie in islamischen Staaten üblich, wird nun auch die Mitteldeutsche Regionalbahn auf der Strecke zwischen Leipzig und Chemnitz eigene Abteile nur für Frauen einrichten, um angeblich das „Sicherheitsgefühl der weiblichen Fahrgäste" zu stärken. Auch wenn das Unternehmen behauptet, dass diese Entscheidung „nichts mit sexueller Belästigung" durch Migranten zu tun hat, so belegen viele Fälle das Gegenteil.[249]

9. Bundesministerium für wirtschaftliche Zusammenarbeit und Entwicklung – Gerd Müller

Der Entwicklungshilfeminister Gerd Müller hat mit Ausnahme des Namens und der schwäbischen Wurzeln nichts mit dem ehemaligen Fußball-Weltmeister und „Bomber der Nation" zu tun. Der promovierte Wirtschaftspädagoge nutzt aber gerne die Namensgleichheit, um sein Image aufzupolieren.[250]

Ähnlich wie sein Ministerkollege Dobrindt begann er seine CSU-Karriere ganz zackig, indem er sich einer Demonstration gegen Abtreibung anschloss und 1987 die Todesstrafe für Drogendealer forderte. Obwohl die Forderung einer Todesstrafe nicht nur unsinnig ist, sondern auch gegen das Grundgesetz verstößt, erreichte er damit zwei wichtige Ziele: Einerseits zog er konservative Wähler auf seine Seite, und andererseits erhöhte die Aktion seinen Bekanntheitsgrad innerhalb der CSU enorm.[251] Anders als bei der AfD-Vorsitzenden Frauke Petry – die von den Medien absichtlich falsch zum Schusswaffengebrauch an der Grenze zitiert wurde[252] – schadeten ihm seine Äußerungen nicht. Denn er wurde zwei Jahre später Europaabgeordneter in Straßburg und Parlamentarischer Geschäftsführer der Europäischen Volkspartei-Fraktion. Seit 1994 ist er Bundestagsabgeordneter.

In dieser Zeit muss er bereits einen Bewusstseinswechsel vollzogen haben. Einen wesentlichen Anteil daran hat aber auch sein Ministerium, das fast durch die Bank mit linkslastigen Mitarbeitern durchsetzt ist. Diese hatten mit Müller leichtes Spiel, fehlten ihm doch einerseits Sachkenntnis und andererseits Vertraute, auf die er sich verlassen konnte. Seit seiner Ernennung zum Bundesminister ist er ganz auf die Linie der Kanzlerin eingeschwenkt.

Er „distanzierte sich von seinem Vorgänger Dirk Niebel". Dieser habe angeblich „die Entwicklungspolitik mit seinem plumpen FDP-Filz noch weiter an den Rand gedrängt". „Während der FDP-Mann im Amt keine Gelegenheit ausließ, lautstark über die rot-grüne Gutmenschenpolitik herzuziehen", plädierte Müller dafür, den „Märkten mit sozialen und ökologischen Standards beim Welthandel Grenzen zu setzen". Unter anderem plante er ein eigenes und „neues Label für faire Kleidung, das Kunden zeigt, ob ein Kleidungsstück fair produziert" wird. Damit wollte der Entwicklungshilfeminister zusammen mit den Textilverbänden „die Ausbeutung von Näherinnen bekämpfen". Doch die Verbände sprangen schnell ab, da sie „eine nationale Regelung, wie Müller sie plante", als wettbewerbsschädlich ansahen. Erst als die Medien starken Druck auf die Textilunternehmen ausübten und die Müllerschen Standards gesenkt wurden, kam es zu einer Einigung.[253]

Die Flüchtlingskrise kam daher zur richtigen Zeit, um sich zu profilieren. Müller nutzte diese von Anbeginn geschickt, indem er dafür sorgte, dass die deutsche wie europäische Entwicklungshilfe erhöht wird. Er machte sich zum Sprachrohr der Flüchtlingsindustrie. Bereits im Oktober 2014 verlangte er eine Milliarde Euro für die Flüchtlinge aus dem Nordirak. Einen Monat später forderte er zusätzlich 100 Millionen Euro „um Flüchtlinge im Mittelmeer zu retten", und im Dezember wieder eine „Sonder-Milliarde" von der EU, „um die Not der Flüchtlinge im Irak und Syrien zu lindern". Im April 2015 gab er bekannt, dass Deutschland „notfalls auch im Alleingang eine Weißhelm-Truppe zur Seuchenbekämpfung aufbauen" werde, um die Ebola-Erkrankung in den westafrikanischen Staaten einzudämmen. Kostenpunkt: 200 Millionen Euro. Und im Dezember 2015 stellte Deutschland „zusätzlich 140 Millionen Euro für Flüchtlinge aus den Krisenstaaten Syrien und Irak zur Verfügung". Keine zwei Monate später wurde auf der Londoner Geberkonferenz ein „Marshallplan für Syrien" ausgerufen, an dem „Deutschland mit 2,3 Milliarden Euro ein Viertel der Gesamtsumme trägt. Deutschland nimmt in der EU also nicht nur die meisten syrischen Flüchtlinge auf, sondern auch mit Abstand das meiste Geld für Nothilfe in die Hand." Müller gewinnt dadurch nicht nur international an Renommee, sondern er wird auch von den deutschen Medien über den grünen Klee gelobt. Ein Gutmensch, wie ihn sich Weltverbesserer wünschen. Nur mit dem Unterschied, dass Müller – der sich gerne als Philanthrop sieht – nicht sein Geld für die Rettung der Welt verwendet, sondern das des deutschen Steuerzahlers.[254]

Für seine gutmenschliche Ader erhielt er von der linken Zeitung „Der Freitag" den Ritterschlag: „Es gibt Momente, da redet der CSU-Politiker fast wie ein Linksradikaler: Es sei ein Irrtum, ,dass sich Deutschland und Europa abschotten und Länder auf anderen Kontinenten durch unfaire Handelsbedingungen und eine ungerechte Ressourcenverteilung sogar noch ausbeuten können'." Müller wirft somit den europäischen Staaten indirekt vor, die afrikanischen Staaten weiter zu kolonialisieren. Zudem stellt er „die derzeitige Form des Wirtschaftswachstums und den konsumfixierten Lebensstil im eigenen Land in Frage, indem er „unseren Wohlstand nicht abbauen, sondern umbauen" möchte. Wohin lässt sich leicht erraten: Richtung Sozialismus. Selbst innerhalb der nach links gerutschten CDU „fragte sich so mancher Abgeordnete, ob da nicht ein Fraktionskollege mit allzu grünen Ansichten an den Interessen der Wirtschaft vorbei gepresst sei. Die Grünen selbst waren [anfänglich] irritiert." Dass Müller mit seinen Entwicklungshilfe-Plänen zum Liebling der Entwicklungshilfeorganisationen und der linken Parteien avancierte, ist verständlich.[255]

Dabei stehen die zusätzlichen Entwicklungshilfe-Ausgaben diametral zum tatsächlichen Haushalt des Ministers. Wer glaubt, dass das Entwicklungsministerium unterfinanziert ist, liegt grundfalsch. Erst im Jahr 2015 ist der Bundeshaushalt für Entwicklungshilfe auf ein Rekordniveau aufgestockt worden. Damit stieg „das Budget für die Entwicklungszusammenarbeit 2016 um 13,2 Prozent auf 7,4 Milliarden Euro". Das ist der „höchste Entwicklungshilfe-Etat in der Geschichte der Bundesrepublik". Bis 2019 plant man, für die Entwicklungshilfe zusätzlich (!) 8,3 Milliarden Euro zu investieren. Die „Mittel sollen im wesentlichen für die Flüchtlingskrisen im Mittleren und Nahen Osten sowie Afrika" eingesetzt werden. Hier sollten wir einmal innehalten und uns vergegenwärtigen, dass diese Finanzmittel für die externe Flüchtlingskrise verwandt werden – die internen, also deutschlandweiten Flüchtlingskosten, werden aus anderen Budgets bestritten. Das reicht Müller aber nicht, da er überdies auch „Projekte gegen den Welthunger sowie zum Schutz des Klimas und der natürlichen Ressourcen unterstützen" will. Gerade im Bereich der Entwicklungshilfe gibt es aber „Zahlentricksereien und falsche Mittelverwendungen". Denn nicht nur das Bundesentwicklungsministerium, sondern auch andere Bundes- und Landesministerien beteiligen sich zusätzlich an der Entwicklungshilfe. Insgesamt flossen im Jahr 2014 fast 12,5 Milliarden Euro an Nettozahlungen in die öffentliche Entwicklungszusammenarbeit. Im Jahr 1994 waren es nur 5,5 Milliarden Euro, zehn Jahre später 6,1 Milliarden Euro. Das heißt, allein von 2004 bis 2014 stieg die deutsche öffentliche Entwicklungshilfe um über 100 Prozent. Die Kanzlerschaft Merkels machte es möglich![256]

Seine neue (Finanz-) Macht und mediale Beliebtheit nutzt Müller aber auch, um sich von seinen Parteifreunden öffentlich zu distanzieren. So fiel er seinem Parteichef Seehofer in den Rücken und sprach sich gegen eine Obergrenze bei den Flüchtlingszahlen aus. Gleichzeitig kritisierte er erste außenpolitische Gehversuche des Vizekanzlers Sigmar Gabriel. Dieser möchte nämlich die Entwicklungshilfe dann streichen, wenn Staaten abgelehnte Asylbewerber nicht zurücknehmen. Angeblich sei „dieser Vorschlag nicht zielführend". Um seine Visionen durchzusetzen, schreckt Müller vor nichts zurück. So drückt er bei seiner Argumentation auf die Tränendrüse, indem er die Entwicklungshilfe mit der „Nahrungsmittelhilfe" gleichsetzt: „Wenn wir Staaten die Nahrungsmittelhilfe streichen, werden nur noch mehr Flüchtlinge nach Deutschland kommen. Wir müssen mehr tun und nicht weniger." Dabei hat sich in den letzten Jahrzehnten gezeigt, dass man despotische und undemokratische arabische wie afrikanische Staaten nur durch drakonische Sanktionen zügeln kann. Ein Hilfsmittel, das Müller ablehnt.[257]

Dass „die westliche Welt mit ihrer Entwicklungspolitik grandios gescheitert ist", hat schon vor ein paar Jahren der Gründer von Cap Anamur/Deutsche Not-Ärzte, Rupert Neudeck, festgestellt. Das „Geld versickert ohne Wirkung". In einem Beitrag für die Wirtschaftszeitschrift „brand eins", wurde Neudeck deutlich:

„Mit dem Staatsaufbau sind viele [Entwicklungs-] Staaten nicht zu Rande gekommen. Sie haben sich auf die faule Haut gelegt, auch weil sie wussten, dass wir, die westlichen Industrienationen, als Nothelfer kommen würden und ihnen die Bevölkerung ernähren. (…) Geld hat der Entwicklung sogar häufig geschadet, weil es die Eigeninitiative lähmt." So hat die „UN-Ernährungs- und Landwirtschaftsorganisation FAO zugunsten des Welternährungsprogramms für Kenia und Simbabwe um Nahrungsmittel geworben. Nun liegt Kenia am Victoriasee. Es ist der mit rund 68.000 Quadratkilometern größte See Afrikas und besteht aus reinem Süßwasser. Bei einem derart riesigen Wasserreservoir und vielen guten Böden darf in diesem Land eigentlich niemand verhungern – sofern man sich nicht ganz ungeschickt anstellt. (…) Was im Westen Kenias produziert wird, müsste nach Norden geliefert und dort zugunsten der einheimischen Bauern verkauft werden. Das könnte den Verdienst der kleinen Landwirte steigern. Das könnte für den Staat auch bedeuten: mehr Steuern! Und mit den Steuern könnten mehr Straßen gebaut werden. Doch steckt der kenianische Staat nach Auskunft des Finanzministers das Geld nur ungern in neue Straßen oder Eisenbahnen. Stattdessen verkündet dieser, er müsse ein Riesenkabinett bezahlen, wofür er jährlich einen Milliarden-Dollar-Etat benötige. Kenia ist das Land mit den meisten Ministern der Welt: 94 Minister und Vizeminister, damit hat die Regierung einen Weltrekord aufgestellt. Jeder dieser Amtsträger kassiert pro Monat rund 20.000 US-Dollar. Dazu kommt ein ganzer Hofstaat aus Autos, Büros und Assistenten. Fatal daran: Wir, die Entwicklungshelfer und Steuerzahler des Westens, bezahlen diese Rechnung." – „Bekommen die UN die Verantwortung in die Hände, graben sie sich an dem Ort ein, veranlassen den Bau von Infrastrukturgebäuden, Flughäfen und Hotels, dass einem Hören und Sehen vergeht. An der Grenze von Kenia zum Sudan, in einem Steinzeitgebiet, in dem die traditionellsten und konservativsten Viehhalter- und Nomaden-Stämme, die Turkana, leben, wurde tatsächlich ein Flughafen gebaut, wie man ihn sonst nur in Nairobi kennt. Es wurden Flugzeuge stationiert, Nahrungsmittel eingeladen, Helferbataillone zogen auf, die mit der Organisation dieses Camps erstaunlich viel zu tun hatten und sich Luxusquartiere leisteten. Drei Jahre nach der Gründung kamen Helfer sogar zum Urlaub dorthin." Die Perversität kennt keine Grenzen! Und die deutschen Entwicklungshelfer sind Teil dieser perfiden Geschäftemacherei. Denn „allein in Deutschland leben 100.000 professionelle Helfer sehr gut von ihrem Job. Mancher deutsche Botschafter rauft sich die Haare, weil der zuständige Repräsentant der Deutschen Gesellschaft für Technische Zusammenarbeit mehr verdient als er." – „Inzwischen hat sich ein weltweit funktionierendes Versicherungssystem etabliert. Die Folge: Verantwortungslosigkeit wird geradezu prämiert." Wird in Europa auf allen Ebenen richtigerweise Korruption bekämpft, so fördern Staaten wie Deutschland mit ihrer Entwicklungshilfe diese in Afrika und Asien. Bei der Bevölkerung aber kommt fast nichts an. Das Geld versickert vielmehr bei Oligarchen wie dem Präsidenten von Simbabwe, Robert Mugabe. Eine Person, die als Despot und Wahlfälscher „systematisch die eigene Landwirtschaft zerstört", indem er weißen Farmern das Land enteignet und sie töten lässt. „Seit 1994 sind mehr als 3.000 weiße Farmer ermordet worden."[258]

Doch das tangiert Bundesminister Müller nicht. Er arbeitet vielmehr gern mit den Unrechtsstaaten zusammen. So bescheinigt sein Ministerium dem moslemischen Staat Mauretanien eine „gute Regierungsführung", obwohl dort Sklaverei an der Tagesordnung ist. Amnesty International schätzt, dass in Mauretanien „Zehntausende Menschen als Sklavinnen und Sklaven" gehalten werden.[259] Ein anderes Beispiel: Deutschland unterstützt in Mosambik eine „nachhaltige Entwicklungspolitik", indem dort der Klimaschutz vorangetrieben wird. Doch dies hilft dem Land, das zu den ärmsten auf der Welt gehört, in keiner Weise. Dabei wäre es leicht, die Armut zu bekämpfen, zumal es in Mosambik große Erdgasvorkommen und Seltene Erden gibt. Würden deutsche Unternehmen dem Staat mit Infrastrukturprojekten helfen, könnte das Land nachhaltig und schnell erstarken. Im Gegenzug könnten die Unternehmen für ihre Hilfe am Abbau von Rohstoffen beteiligt werden. China macht es vor, wobei es andere Prioritäten als deutsche Unternehmen setzt.[260]

Ein letztes Beispiel ist Südafrika. Obwohl es das reichste afrikanische Land ist und in den nächsten Jahren acht Atomkraftwerke bauen wird, hat das Bundesministerium „Kooperationsprogramme in Höhe von 72,5 Millionen Euro in den Bereichen Energie und Klima, HIV-Prävention und Regierungsführung zugesagt". Zum Verständnis: Deutschland steigt aus der Atomenergie aus und unterstützt in Südafrika indirekt die Kernkraft. Aber es kommt noch besser. Nimmt der südafrikanische Präsident Zuma es einerseits mit dem Klimaschutz nicht so genau, beschreitet er andererseits mit seiner Regierungsführung einen neuen Weg. Leider anders, als von unseren Gutmenschen gedacht. Denn er ließ eine Boeing 747 für 400 Millionen Dollar zu einer Villa mit luxuriösen Zimmern, einem Restaurant und einer „Chill-out-Zone" umrüsten. Ein Künstler verzierte zudem den Flugzeughimmel. Zuma lässt es sich auf Kosten der deutschen sowie südafrikanischen Steuerzahler einfach gutgehen. Wer kann es ihm verdenken, bei der Infantilität, die der bundesdeutsche Minister und seine Entourage an den Tag legen.[261]

Anstatt die Entwicklungsländer weiter mit öffentlichen Geldern vollzupumpen, damit die dortigen Oligarchen ein Leben in Saus und Braus führen können, sollten besser Netzwerke zu deutschen Unternehmen geknüpft werden. Denn diese verstehen es, Menschen in Lohn und Brot zu bringen und die desolate afri-

121

kanische Infrastruktur aufzubauen. Gleichzeitig ist es Zeit, „den ganzen Qualm an karitativer Rührseligkeit und emotionaler Zuneigung für die anrührenden Hungernden" abzuschütteln.[262]

10. Bundesministerium für Ernährung und Landwirtschaft – Christian Schmidt

Der Jurist Christian Schmidt ist sicher der unbekannteste Minister in Deutschland, was nicht unbedingt schlecht ist. Zumal der CSU-Politiker Schmidt seine Arbeit pragmatisch und unaufgeregt, aber nicht ideologisch betreibt. Daher wirbt er dafür, „Brücken zwischen Landwirten und Verbrauchern – für ein besseres Verständnis – zu bauen".[263]

Gerade Landwirtschaftsminister hatten früher vielfach den Zorn der linken Weltverbesserer zu spüren bekommen. So wurden die Landwirte von ihnen fälschlicherweise überwiegend mit dem Klassenkämpferargument als Großagrarier beschimpft, die nicht nur konservativ-national wählen, sondern auch ihre angeblichen Angestellten angeblich ausbeuten. Hinzu kam der Vorwurf der Massentierhaltung, die „unnachhaltig, unsozial, unethisch, [schlichtweg] ungesund" sei.[264]

Die Landwirtschaft wurde dadurch zum Experimentierfeld für einen kulturellen Wandel. Landwirte, die sich das Etikett „Bio" umhängen und auch noch mit der staatlich hoch subventionierten Agrarenergie wie Biogas, Photovoltaik und Windkrafträder hantieren, gehören seither zu den Gewinnern. Dabei ist dieser Wandel nicht nur teuer und tötet massenhaft Tiere (Windkraft), er führt außerdem zu Monokulturen (Rapsfelder). Nicht ohne Grund haben sich heute viele Bauern mit den ideologisierten Grünen arrangiert. Denn nur so ist vielfach ein Überleben – besonders für kleine Agrarbetriebe – möglich. Folglich demonstrieren gerade die Landwirte häufig zusammen mit grünen Berufsagitatoren beispielsweise gegen die Atomkraft. Denn wenn es keine Atomkraft mehr gibt, subventioniert der Staat ihre Agrarenergie! Dennoch ist die Zahl der Betriebe von 1990 bis 2014 um fast 60 Prozent auf nur noch 281.000 zurückgegangen, die der Beschäftigten sank um 44 Prozent auf circa eine Million. Und auch die landwirtschaftliche Nutzfläche hat sich von 1995 bis 2015 um 3,5 Prozent auf 16,7 Millionen Hektar reduziert. Der Rückgang entspricht in etwa zweimal der Größe des Saarlandes.[265] Der Strukturwandel fördert somit Großbetriebe und bietet den Linken neues Polit-Futter, um ihren immerwährenden Klassenkampf fortzuführen. Ein Landwirtschaftsminister muss sich daher gut überlegen, ob es sich lohnt, den Kampf gegen das gutmenschliche Establishment aufzunehmen.

Die Abnahme der landwirtschaftlichen Fläche fand überwiegend im Umland von Städten statt. „Der wichtigste Grund dafür ist die stete Zunahme der Siedlungs- und Verkehrsflächen." Die Masseneinwanderung nach Deutschland wird dies in den nächsten Jahren noch verstärken. So überrascht es nicht, dass Bundesagrarminister Schmidt – der sich auffallend wenig mit dem Thema Flüchtlingskrise beschäftigt – Migranten „verstärkt im ländlichen Raum" unterbringen möchte. Unter anderem auch in Naturschutzgebieten, wie auf den Halligen im nordfriesischen Wattenmeer, die überwiegend vom Tagestourismus leben. Dieser wird dann versiegen![266]

Dass gerade dort der Unmut der Bevölkerung zunimmt, nimmt er in Kauf. Denn er will die Migranten als Arbeitskräfte in der Landwirtschaft und im Gartenbau einsetzen. Dabei probt er einen Spagat zwischen der Beibehaltung und der Aufweichung des Mindestlohnes, indem er für Flüchtlinge auch „unorthodoxe Maßnahmen" ergreifen möchte. So schlägt er „eine Bezahlung, die sich zunächst an die von Auszubildenden anlehne", vor. Denn „wer noch nicht vollwertige Arbeit leistet, zum Beispiel aufgrund fehlender Sprachkenntnisse oder [weil er] in einer Anlernphase ist, kann nicht den vollen Lohn erwarten." Eine eigentlich pragmatische Herangehensweise. Doch einerseits ist nicht gesichert, dass sich die Migranten für die schwere körperliche Arbeit beim Spargelstechen oder Erdbeerpflücken eignen, andererseits fördert er mit seinem Vorschlag einen Verdrängungswettbewerb unter den Erntehelfern. Denn bislang sind viele deutsche Betriebe auf die Hilfe von Osteuropäern angewiesen. Hier scheint sich ein neuer Konfliktherd anzubahnen.[267]

Alles in allem aber zeigt Schmidt, dass er einer der wenigen Minister ist, die noch keine eingeschränkte Wahrnehmung haben. Er setzt sich zudem für die Interessen der Landwirte ein und scheut auch einen möglichen Disput mit Merkel und der EU nicht. Denn um die Not der Bauern zu lindern, fordert er seit langem die Aufhebung der Sanktionen gegen Russland, da diese die deutsche Agrarindustrie schädigen. So ist der deutsche Agraraußenhandel mit Russland allein im Jahr 2013 im Vergleich zum Vorjahr um 14 Prozent eingebrochen. Durch das Wegbrechen des russischen Marktes werden noch mehr Landwirte in die Pleite getrieben, denn die EU-Sanktionen haben den russischen Präsidenten Wladimir Putin herausgefordert. Und dieser verhängte als Reaktion ein Importverbot auf Gemüse, Obst, Fleisch- und Molkereiprodukte. Dieses führte unter anderem dazu, dass „Milch inzwischen [in Deutschland] billiger als manche Mineralwassermarke ist". Die Erzeugerpreise sind bereits auf 20 Cent pro Liter Milch gefallen – „die Hälfte dessen, was die Bauern brauchen, um ihre Kosten zu decken". Und die Talfahrt wird noch anhalten und das Sterben der deutschen Bauernhöfe fortsetzen. Zumal die Milchviehhalter „durchschnittlich mit über 180.000 Euro verschuldet sind". Aber auch das geplante Transatlantische Freihandelsabkommen (Transatlantische Handels- und Investitionspartnerschaft/TTIP) zwischen der EU und den USA wird die Lage der deutschen Landwirte verschlimmern. Wie die geheimen Verhandlungsdokumente belegen, fordern die Vereinigten Staaten die Abnahme der eigenen – viel günstigeren – landwirtschaftlichen Produkte. Zudem möchten die USA das europäische Vorsorgeprinzip durch das Risikoprinzip ersetzen. Damit könnten genmanipulierte Lebensmittel solange in die EU exportiert werden, bis ihre Gefährlichkeit wissenschaftlich erwiesen ist. Und das ist nicht möglich![268]

Auch für die 370.000 Jäger, die Wälder und Felder vor Wildschäden schützen, setzt sich der Bundeslandwirtschaftsminister mit seinen Möglichkeiten ein. Ein schweres Unterfangen. Denn hier herrscht vielfach nicht nur Unkenntnis vor, sondern besonders eine falschverstandene linke Ideologie, die das Jagen gänzlich verbieten will, Jäger als „Mörder" und „Tierquäler" diffamiert und das Halten von Jagdwaffen noch weiter reglementieren möchte.[269]

Eine Gefahr für Kanzlerin Merkel mit ihrem Plan zur radikalen Umgestaltung Deutschlands ist Bundeslandwirtschaftsminister Schmidt mit seinem Nischenministerium jedoch nicht.

11. Bundesministerium für Wirtschaft und Energie – Sigmar Gabriel

Gefahr könnte Merkel nur vom Vizekanzler Sigmar Gabriel drohen. Denn im Gegensatz zu seinen Ministerkollegen handelt er weder als willfähriger Handlanger wie Altmaier, von der Leyen, de Maizière und Schäuble, noch aus ideologischer Verblendung wie Hendricks, Maas, Müller und Schwesig heraus. Sein Handeln beruht vielmehr auf seiner sozialdemokratischen Überzeugung, die auch Widerspruch beinhaltet. So diskutierte er ohne Absprache und zum Verdruss seiner Partei mit Personen, die mit Pegida in Dresden demonstrierten, und nahm damit Kritik auch aus den eigenen Reihen in Kauf.[270] Dennoch verfällt er schnell wieder in seine eingefahrenen linken Denkmuster und Meinungsschablonen, wenn er zum Beispiel Pegida als „in Teilen offen rechtsradikale Empörungsbewegung" oder die AfD als „offen rassistisch" bezeichnet, die vom Verfassungsschutz observiert gehört. Letztlich helfen solche persönlichen Diffamierungen im Wettstreit mit demokratischen Gruppen und Parteien nicht weiter. Vielmehr vertiefen sie den bestehenden Graben. Er sieht auch nicht, dass damit seine ehemaligen Wähler – nämlich die aus der Arbeiterschicht – beschimpft werden. Sind es doch gerade die Wechselwähler, die aus Enttäuschung über die alternativlose Politik der Großen Koalition sich neue Parteien mit Profil und Positionen suchen. Bei den drei Landtagswahlen im März 2016 haben fast 150.000 ehemalige SPD-Wähler die AfD gewählt. Das müsste auch Gabriel zu denken geben.[271]

Aber auch seitens der CDU lauert seit Jahren Gefahr für die Sozialdemokraten. Seit Merkels Kanzlerschaft fischt die CDU ganz besonders in Gewässern der SPD. Bereits bei der Bundestagswahl 2013 verlor die älteste deutsche Partei rund 220.000 Wähler an die Kanzlerpartei und ist bei Lichte betrachtet unter Gabriels „Regentschaft", nur noch ein Schatten ihrer selbst. Es ist fraglich, ob ehemalige SPD-Wähler durch AfD-Diffamierungen und parteitaktische Spielchen wirklich zurückgewonnen werden können. Hinzu kommt ein „gewisses" persönliches Problem des Deutsch-, Politik- und Soziologielehrers Gabriel, das wohl auf den Vater zurückgeht, der bis zu seinem Tod ein überzeugter Nationalsozialist gewesen ist.[272]

Seine Tätigkeit als Wirtschaftsminister gerät dadurch häufiger ins Hintertreffen. Ob es daher sinnvoll war, den SPD-Parteivorsitzenden – der keinerlei Fachkenntnis aufweist – zum wichtigen Bundeswirtschaftsminister zu ernennen, bleibt dahingestellt. Doch er wollte wohl beweisen, dass die SPD nicht nur Arbeits- und Sozialthemen beherrscht, sondern auch Wirtschaftskompetenz besitzt. Auch wenn er sich wirtschaftsliberal gibt und deutsche Wirtschaftsdelegationen international anführt, bleiben seine Erfolge sehr überschaubar. Doch viel falsch machen kann er als Wirtschaftsminister nicht, da die Realwirtschaft mit ihren fast drei Millionen Unternehmen auch ohne Politikeingriffe gut funktioniert. Deutschland gehört seit Jahrzehnten zu den größten Exportländern, zudem hat die Wirtschaft frühzeitig und entschlossen in die Forschung investiert. Allein in den letzten zehn Jahren stieg die Zahl der Forscher in Deutschland von 72.000 auf 371.000. Konsequenterweise hat die deutsche Wirtschaft noch nie so viel in Forschung und Entwicklung investiert wie im Jahr 2014. Die Ausgaben sind auf das Rekordniveau von 57 Milliarden Euro geklettert (plus 6,4 Prozent). Und sie sollen im letzten Jahr weiter gestiegen sein. Hinzu kommt, dass durch Gerhard Schröders „Agenda 2010" die Arbeitslosenquote seit Jahren niedrig ist.[273]

Fast könnte man meinen, die Unternehmen hätten die Regierung Merkel für ihre Erfolge nicht benötigt. Und hier liegt man nicht ganz falsch. Denn diese hat mehr für die Deindustrialisierung Deutschlands getan als für dessen Modernisierung. Unter anderem verscherbelte Gabriel deutsche Spitzen-Wehrtechnologie an ausländische Konkurrenten (Krauss-Maffei Wegmann) und trat nicht energisch dafür ein, dass ThyssenKrupp einen U-Boot-Großauftrag über 35 Milliarden Euro von Australien erhielt. Obwohl die Technik eindeutig für Deutschland spricht, gab letztlich der engagierte Einsatz des französischen Präsidenten den Ausschlag! Dies schmerzt besonders, da ThyssenKrupp seit Jahren aufgrund der subventionierten Billigimporte aus China Absatzrückgänge zu verzeichnen hat. Die Gefahr, dass der Stahlriese ganz oder zum Teil vom indischen Weltmarktführer Tata Steel übernommen wird und es dann zum Ausverkauf kommt, steigt täglich. Und wieder wäre ein deutsches Traditionsunternehmen vom Markt verschwunden! Ebenso verursachte Verteidigungsministerin von der Leyen deutschen Rüstungsunternehmen (Heckler & Koch, Blohm + Voss, Lürssen; siehe Kapitel 1) irreparable Reputationsschäden. Auch setzten sich weder Merkel noch ihr Adlatus Gabriel vehement für die Eindämmung des weltweiten VW-Skandals und dessen mögliche Zerschlagung ein. Dies überrascht, da Gabriel in seiner Zeit als Ministerpräsident von Niedersachsen (1999 bis 2003) im Volkswagen-Aufsichtsrat saß und das Land Niedersachsen bis heute immer noch zweitgrößter Anteilseigner von VW ist. Interesse sollte daher vorhanden sein, zumal es nicht nur um die Existenz des Konzerns, sondern auch der Mitarbeiter geht (siehe Kapitel 8).[274]

Dabei fürchtet selbst die Wirtschaft die „Deindustrialisierung Deutschlands", die durch eine „drohende ‚Öko- und Klimadiktatur'" eingeleitet wird. Die Energiewende – die Merkel ohne Not 2011 selbst ausgerufen hat – macht es möglich! Denn wie bereits beschrieben (siehe Kapitel 6) soll der „klimaschädliche CO_2-Ausstoß Deutschlands bis 2050 gegen Null gefahren werden". Um dies zu erreichen, „plant die Bundesregierung ein radikales Gesetz zum ‚Klimaschutz 2050'", das nach Angaben des Deutschen Industrie- und Handelskammertages (DIHK) und des Bundesverbandes der Deutschen Industrie (BDI) „katastrophale wirtschaftliche Folgen" nach sich ziehen wird. Laut „Die

Welt" will man, dass „die Besitzer von energieineffizienten Gebäuden künftig durch höhere Grundsteuern bestraft werden sollen – auch wenn dies tendenziell die Mieten treibt und die sozial Schwachen am schwersten trifft. Wer noch mit Öl oder Gas heizt, solle zudem durch eine neue fossile Brennstoffsteuer zur Kasse gebeten werden. Hausbesitzer sollen ohnedies dazu gezwungen werden, ihre Heizungen auf erneuerbare Energien umzustellen, obwohl die Politik Sanierungspflichten im Häuserbestand bislang abgelehnt hatte. Setzte der bis 2020 reichende Nationale Aktionsplan Energieeffizienz noch auf Anreize und Freiwilligkeit, wird jetzt wieder das scharfe ordnungspolitische Schwert gezogen." Um den ‚Klimaschutzplan 2050' umzusetzen, soll die Kohleverstromung bis 2040 komplett beendet werden. Zehntausende Arbeitsplätze in der Lausitz und im rheinischen Revier sind akut gefährdet. Zudem sollen „Autofahrer ihren Teil zum Klimaschutz beitragen". Geplant sind ein durchgängiges Tempo 30 in Ortschaften und ein Tempolimit von 120 auf Autobahnen. Aber die Ökodiktatoren halten mit ihren Eingriffen nicht Maß. „Weil in der Landwirtschaft und in bestimmten industriellen Prozessen die CO_2-Einsparung physisch unmöglich ist, müssen nach der Argumentation der Bundesregierung alle anderen Sektoren umso stärker ran und ihren Treibhausgas-Ausstoß auf Null senken." Dies betrifft alle Fahrzeuge und somit die Automobilindustrie – die immer noch der Motor der deutschen Wirtschaft ist. Letztere soll bis 2030 alle Verbrennungs- gegen Elektromotoren umstellen. Dass sich Elektroautos dabei weder in Deutschland noch weltweit in hohen Stückzahlen verkaufen lassen, ist nebensächlich. Zudem fragt kein Politiker, woher der Strom für die Millionen Elektromotoren herkommen soll.[275]

Die Zukunft der Wirtschaft sieht nicht rosig aus, zumal Deutschland unter den wettbewerbsfähigsten Ländern nach einer Studie des Schweizer IMD World Competitiveness Center von Platz zehn (2015) auf Platz zwölf im Jahr 2016 abgerutscht ist. Gerade die hohen Energiekosten und Steuern, die schlechte Infrastruktur, das mäßige Bildungssystem und die Zurückhaltung bei den Zukunftsinvestitionen werden in den nächsten

Jahren für einen weiteren Abschwung sorgen.[276] Hinzu kommt, dass die überwiegend unqualifizierten Flüchtlinge nicht das Demographieproblem lösen werden. Vielmehr führt die Masseninvasion zur weiteren kräftigen Erhöhung der Staatsausgaben und mindert die Effizienz des Staates. Die politische Instabilität ist vorprogrammiert. Doch anstatt sich der Wettbewerbsfähigkeit Deutschlands als Wirtschaftsminister anzunehmen, tritt Gabriel seit Herbst 2015 mehr und mehr als SPD-Parteivorsitzender in Erscheinung. Die Flüchtlingskrise hat nun auch für ihn und seine Partei oberste Priorität.

Anfänglich passte beim Thema Flüchtlinge zwischen Kanzlerin und Vizekanzler kein Blatt. Erst als die Landtagswahlen im März 2016 immer näher rückten und die Umfrageergebnisse Schlimmes für seine Partei erahnen ließen, unternahm er Alleingänge, die die Wähler nicht goutierten. Viel zu sehr hatte er zuvor den Schulterschluss mit Merkel gesucht und Kritiker der offenen Grenzen beleidigt und in den Senkel gestellt. So verpufften beim Wahlvolk seine Forderung nach „Kontingenten statt chaotischer Zuwanderung" und sein Hinweis, „dass man nicht auf Dauer in Europa Grenzen offen halten kann" sowie seine konsequente Ablehnung der Erhöhung der Benzinsteuer wegen der Flüchtlinge. Denn Gabriel konterkarierte sogleich seine an sich vernünftigen Bemerkungen, indem er neue Forderungen aufstellte, die genau das Gegenteil bewirkten. So sprach er sich für den Familiennachzug von Syrern aus. Einen Bundeswehreinsatz im Inneren lehnte er dagegen ab. Zudem forderte er „Milliardeninvestitionen in Bildung, Wohnungsbau, Polizei und Arbeitsmarkt", auch wenn das „Ziel des ausgeglichenen Haushalts fallen" gelassen werden müsse. Bei den Investitionen in Milliardenhöhe setzte sich Gabriel gegen Schäuble durch. So werden 2017 weitere fünf Milliarden Euro überwiegend zum Wohl der Migranten investiert und die vom Finanzminister versprochene „Schwarze Null" – sprich ein ausgeglichener Haushalt – indirekt bereits aufgegeben.[277] Wohin der Bürger auch blickt, überall nur Widersprüche und weitere auf ihn zurollende Kostenlawinen.

Als die Stimmung in der Bevölkerung im Winter 2015 kippte und die Forderungen nach Grenzschließungen immer lauter wurden, ging Gabriel in die Offensive. Wider besseres Wissen behauptete er, dass Grenzschließungen den europäischen Binnenhandel nicht nur behindern, sondern auch zu Milliardenschäden führen würden. Und das, obwohl ihm zu diesem Zeitpunkt bereits ein „Geheimpapier" aus seinem eigenen Ministerium vor[lag], das „auch im Falle dauerhafter Grenzkontrollen keine dramatische Steigerung der Kosten" erkannte. Vielmehr „dürften die ökonomischen Auswirkungen insgesamt überschaubar bleiben. Zwar könnte es ‚Warteschlangen vor Grenzübergängen' und ‚Auswirkungen auf die Lieferketten' von Unternehmen geben", doch hält das Bundeswirtschaftsministerium „Befürchtungen aus der Wirtschaft für unbegründet, dass ein stockender Warenverkehr Kosten in Milliardenhöhe verursachen würde". So veranschlagte selbst der Deutsche Industrie- und Handelskammertag die Kosten durch neue Grenzkontrollen auf lediglich zehn Milliarden Euro pro Jahr. Für den Mittelstandsverband-Präsidenten Mario Ohoven ist „das ein relativ geringer Betrag verglichen mit den bis zu 700 Milliarden Euro, die uns die Flüchtlinge langfristig kosten können". Zu einem ähnlichen Ergebnis kommt der ehemalige Präsident des ifo-Instituts für Wirtschaftsforschung in München, Hans-Werner Sinn. Seiner Ansicht nach „ließen sich die Grenzen auch ohne Belastung für die Wirtschaft sichern. ‚Wenn man es richtig macht, gibt es keine Staus, und die Kosten der Grenzsicherung beschränken sich auf die Kosten der Zöllner und Grenzanlagen. Das dürfte nur ein kleiner Bruchteil der Kosten sein, die die Flüchtlinge verursachen."[278]

Gabriel war düpiert, denn nun konnte er sich auch beim Flüchtlingsthema nicht mehr auf die deutsche Wirtschaft verlassen. Waren zu Beginn der Krise noch viele große und mittelständische Unternehmen gewillt, Migranten einzustellen, machte sich innerhalb weniger Monate Resignation unter den Unternehmern breit. Es fehlen Qualifikationen und auch die Motivation zum Arbeiten (siehe Kapitel 5).[279] Mehr noch: Mitte März 2016 forderten bereits 68 Prozent der deutschen „Unternehmer von Merkel einen Kurswechsel. Vor allem bei kleinen und mittleren Unternehmen wächst der Unmut."[280]

Die ersten Auswirkungen wird die deutsche Tourismusbranche in den nächsten Jahren zu spüren bekommen. Ein Wirtschaftssektor, der knapp drei Millionen Arbeitsplätze in Deutschland sichert und „sieben Prozent aller Erwerbstätigen beschäftigt". Laut Angaben des Deutschen Tourismusverbandes „beträgt der direkte Anteil der Tourismuswirtschaft an der Brutto-Wertschöpfung der deutschen Volkswirtschaft 4,4 Prozent. Das sind 97 Milliarden Euro. Damit ist der Tourismus bedeutender für die Bruttowertschöpfung als die Kraftfahrzeugindustrie oder die Bankwirtschaft." Der Finanzsektor macht nur vier Prozent aus![281]

Die Reisebranche ist aber nicht in Gefahr, weil viele Deutsche nicht mehr in arabische Länder reisen werden, sondern weil viele ausländische Touristen aus Angst vor moslemischen Anschlägen keine Reisen nach Deutschland mehr antreten werden. Einzelne Außenministerien wie die USA, Japan und Israel haben bereits Reisewarnungen für Deutschland ausgesprochen. Die „sexuellen Attacken und Diebstähle in Köln" in der Silvesternacht fügten nicht nur „dem guten Ruf Kölns als Messe- und Kongress-Standort weltweit weiteren Schaden zu", sie führten auch bereits zu vielen Hotelstornierungen. Hinzu kommt, dass große wie kleine deutsche Bahnhöfe – diese gelten als erste Visitenkarte eines Landes – veraltet, verdreckt und verwahrlost sind. Der Uringeruch in den Bahnhöfen begleitet jeden Zugreisenden auf seinem Weg zur Arbeit oder zu den Sehenswürdigkeiten. Dabei fallen Touristen über Drogensüchtige, die sich vermehrt in den U-Bahn-Unterführungen öffentlich ihren Schuss setzen. Anders übrigens als in Barcelona, London, Hongkong, Moskau, New York, Paris oder Singapur. Dort sind die Bahnhöfe sauber, sicher und modern ausgestattet. Nicht ohne Grund warnt der weltgrößte Reiseführer „Lonely Planet" „vor Junkies, Drogendealern und Prostituierten in den Hauptbahnhöfen von Frankfurt und Hamburg (und Reeperbahn), vor Besoffenen in München, vor der Klett-Passage unter dem Hauptbahnhof Stuttgart und vor ‚heruntergekommenen Gestalten' (seedy characters) nach Sonnenuntergang im Stuttgarter Schlossgarten (Palace Garden) sowie auf der Platanenallee (Neckarinsel) in Tübingen."[282]

Aber vielleicht ist dies auch nur – wie es Peter Gauweiler schockiert ausdrückt – „Lokalkolorit". Zumal der Regierende Bürgermeister Michael Müller (SPD) sein Berlin folgendermaßen international anpreist: „Wir sind eine Vier-Millionen-Stadt demnächst, es gibt bei uns wie in jeder großen Millionen-Metropole Kriminalitätsschwerpunkte." Damit meint er Orte, in denen „Dealer ihre Geschäfte abwickeln, Junkies sich Spritzen setzen. Am Kottbusser Tor ist Berlins härtester Drogenumschlagplatz. Trostloser geht's eigentlich nicht."[283]

Und wie reagieren Staat und Deutsche Bahn? Beide unternehmen fast nicht gegen diese Missstände. Die Bahn unternimmt – wie am sonst so beschaulichen Wiesbadener Hauptbahnhof – auch nichts gegen die zunehmende Taubenplage mit überall ausgeschiedenem Kot und der Gefahr von Krankheitsübertragungen.

Künftige Generationen werden sich einmal fragen, wie es soweit nur kommen konnte. Dabei ist es vor allem die Angst der Regierenden, Position gegen den linken Mainstream zu beziehen. Dieser sieht in den Minderheiten wie Migranten, Drogensüchtigen und anderen subkulturellen Gruppen Heilsbringer und Helfer zugleich. Denn es geht darum, Deutschland in seinem Kern zu zerstören. Die politische Korrektheit wiegt letztlich größer als das Unsicherheitsgefühl der Fahrgäste. Für den Fahrgast bedeutet es nur eins: Zahlen und Klappe halten!

Da auch viele Migranten in den Tourismushochburgen – wie auf den Nordseeinseln, an der Ostsee, im Berchtesgadener Land oder im Schwarzwald – untergebracht wurden, wird in Bälde das dortige Hotelgewerbe mit finanziellen Einbußen zu rechnen haben. Denn viele Wirtschaftsflüchtlinge sind bereits in den Hotels auf Staatskosten untergekommen und verändern die ländliche Idylle. Dort, wo der Urlauber früher seine Seele baumeln lassen konnte und Erholung vom stressigen Berufsleben suchte, wird er verstört auf ein sich neu entwickelndes Kulturleben blicken. Nicht mehr der Bayer mit Lederhose, der Ostfriese im Friesennerz oder das Schwarzwaldmädel mit rotem Bollenhut werden Identität stiften, es wird die Monokultur des Islams sein, die den Touristen ein anderes, neues, ein rückwärtsgewandtes Bild von Deutschland zeigt. Die deutsche Identität, die sich aus unterschiedlichen regionalen Bräuchen, Trachten und Mundarten – aber auch aus der gemeinsamen deutschen Sprache, Kultur und Geschichte – zusammensetzt, verschwindet zunehmend. Dies wird dazu führen, dass es sich viele Deutsche zweimal überlegen werden, ob sie in Zukunft in ihrem Heimatland noch Urlaub machen werden. Noch ist Deutschland für die Mehrheitsgesellschaft der Deutschen „unangefochtener Spitzenreiter" unter den Reiseländern. Über 30 Prozent der 70 Millionen Urlaubsreisen wurden 2014 in Deutschland verbracht. Doch der deutsche Tourismussektor wird sich radikal und schnell verändern. Viele Arbeitsplätze werden vernichtet, und der direkte Anteil der Tourismuswirtschaft an der Brutto-Wertschöpfung wird spürbar sinken, wenn nicht endlich die Politik, insbesondere Bundeswirtschaftsminister Gabriel, die Reißleine zieht.[284]

Dabei könnte Gabriel als Minister leicht reüssieren, indem er wieder Wirtschafts- statt Flüchtlingspolitik für deutsche Unternehmen betreibt. Er müsste sich unter anderem vor Volkswagen stellen, das Gütesiegel „Made in Germany" neu beleben, mit seinen Ministerkollegen die Erbschaftssteuer abschaffen, ein milliardenschweres Infrastrukturprogramm auf die Beine stellen, den Breitbandausbau fördern, die Merkelsche Energiewende einkassieren und sich für ein Ende des Migrantenzustroms einsetzen. Zudem müsste er sich gegen das Freihandelsabkommen TTIP aussprechen, da dieses den deutschen Mittelstand gefährdet und – wie die London School of Economics für Großbritannien errechnet hat – nur „wenige oder keine Vorteile" bringt. Einzig die USA würden davon profitieren. Gerade die von den USA geforderten privaten Schiedsgerichtsverfahren werden sich deutsche Mittelständler nicht leisten können. Weitere Pleiten sind vorprogrammiert. Nur wenn Gabriel all dies beherzigt, lässt sich die deutsche Wettbewerbsfähigkeit langfristig sichern! Tut er es nicht, wirkt er an der Deindustrialisierung Deutschlands mit. Eines hat Gabriel aber bereits getan: Er hat „das Ende der Sanktionen gegen Russland [unter denen Industrie wie Landwirtschaft stark leiden] wieder ins Gespräch gebracht und sich damit sichtbar von der Russland-Politik der Kanzlerin distanziert". Der Anfang aus der Umklammerung Merkels ist gemacht. Übrigens war der ehemalige langjährige Bundesaußenminister Hans-Dietrich Genscher ein Gegner der Rußland-Sanktionen, da es „in Europa keine Stabilität ohne Rußland gibt und erst recht nicht gegen Rußland." Doch um wirklich eigenständige Politik zu betreiben, muß Gabriel seine Anbiederung an die Kanzlerin künftig unterlassen. Äußerungen wie die der SPD-Generalsekretärin Katharina Barley, die Merkel bei der Flüchtlingskrise „im Team [der] SPD" sieht, sind kontraproduktiv. Das erzeugt beim Wähler nur Frust und gibt dem Vorwurf neue Nahrung, die SPD sei Teil einer Bundestagsblockpartei.[285]

Vielleicht ist Gabriel aber auch der Anzug des Wirtschaftsministers – trotz seiner Fülle – ein paar Nummern zu groß. Vielleicht wäre er besser weiterhin „Pop-Beauftragter" der SPD geblieben. Doch auch dort konnte er nicht reüssieren, wie selbst Thomas Anders von „Modern Talking" feststellte: Gabriels „Erfahrungen liegen eher auf dem Gebiet der Flops".[286]

12. Bundesministerium des Innern – Thomas de Maizière

Dass Thomas de Maizière seinen „Laden" nicht im Griff hat, zeigt sich an allen Ecken und Enden. So hat das ihm unterstellte Bundesamt für Migration und Flüchtlinge unter der Regie des von der Politik als „Supermanager" vorgestellten Frank-Jürgen Weise durch „Turbo-Einstellungsverfahren von mehreren hundert Mitarbeitern gesetzliche Vorgaben und dringend notwendige Qualitätsstandards vorsätzlich außer acht gelassen". Dies führte beispielsweise zu Einstellungen von vorbestraften Personen. Zudem stellte sich heraus, dass sich Mitarbeiter gegenüber den Asylbewerbern teils ungebührlich verhielten, fehlende IT-Kenntnisse und mangelnde Deutschkenntnisse aufwiesen oder korrupt waren. Dabei wurden nicht – wie häufiger durch die angeblich investigativ arbeitenden Presseorgane berichtet – mehrere hundert Mitarbeiter eingestellt, sondern Tausende! Beschäftigte das Migrationsamt Ende 2014 über 1.000 Mitarbeiter, so stockte die Behörde aufgrund des Flüchtlingstsunamis bis Mitte März 2016 ihr Personal auf 5.900 auf.[287] Und wieder wurde der Staatsapparat an den falschen Stellen aufgebläht – und zwar in der Sozialindustrie.

Dabei fehlt es besonders im Sicherheitsbereich seit langem an genügend Polizeikräften: im Bund wie in den Ländern. Obwohl die Kriminalität in Deutschland immer weiter zunimmt, strich der Staat allein in der Zeit von 1999 bis 2012 über 8.000 Stellen. Derzeit gibt es nur noch etwa 244.000 Polizisten, von denen viele aufgrund ihrer häufigen Einsätze krank geschrieben sind oder Überstunden abbauen müssen. Neuere Zahlen werden wohl aus Rücksicht auf die verunsicherte Bevölkerung nicht mehr publiziert. Ein zusätzliches Problem ist das hohe

Durchschnittsalter der Polizisten. Allein in NRW beträgt es 45 Jahre (Jahr 2012), in Berlin sogar fast 50! Für den ehemaligen Vorstandschef von Air Berlin Joachim Hunold ist es „schwer vorstellbar, dass ein 60 Jahre alter Polizist noch hinter einem flüchtigen Gewalttäter herspurtet. Unwahrscheinlich auch, dass ein jüngerer Beamter für ein Grundgehalt von 2.064 Euro brutto Kopf und Kragen riskieren wird."[288]

Unter solchen Bedingungen kann die Kriminalität nur deutlich zunehmen. Besonders Araber- und Kurden-Clans haben sich in Berlin, Bremen, Duisburg, Dortmund, Essen, Hannover, Köln – aber auch in kleinen Provinzstädten wie „Hildesheim, Stade, Achim, Wilhelmshaven, Peine, Göttingen, Osnabrück, Braunschweig, Salzgitter, Hameln, Lüneburg und Delmenhorst" – „zu festen Größen der Organisierten Kriminalität entwickelt". Die Libanesen-Clans dominieren den Drogen- und Waffenhandel, Raub, Prostitution und Schutzgelderpressung. In Flüchtlingsheimen werben sie – da sie, wie in Berlin, auch als Dolmetscher und als Sicherheitsbedienstete eingestellt wurden – neue Kriminelle an. Als neue Geschäftsidee hat sich gerade unter moslemischen Gruppen die Wohnungsnot unter den Wirtschaftsflüchtlingen herauskristallisiert. Denn „das Geschäft mit den Flüchtlingen ist inzwischen einträglicher als der Handel mit Drogen". Zumal „eine 30 Quadratmeter große Wohnung in [Berlin-] Neukölln oder Reinickendorf, in denen eine Flüchtlingsfamilie notdürftig unterkommt, oftmals mehr als 3.000 Euro monatlich kostet. Das Geld, das zumeist als Flüchtlingshilfe vom Staat bezahlt wird, fließt direkt in die Taschen des Familienclans, der die Wohnung besitzt und deren Vermietung organisiert." Aber auch „Massenschlägereien" sind unter den Großfamilien – wie auch immer wieder in den Flüchtlingsunterkünften – an der Tagesordnung. Sobald Polizisten den Streit zu schlichten versuchen, richtet sich die Gewalt aller Streitenden sofort gegen die Ordnungskräfte, aber auch gegen Feuerwehr und Rettungskräfte. Allein in Bayern ist „2015 mindestens jeder dritte bayerische Polizeibeamte beleidigt, bespuckt, bedroht, geschlagen oder getreten worden". In Nordrhein-Westfalen wurden 14.000 Beamte im Dienst angegriffen, wobei in „497 Fällen Polizisten schwer und in 527 leicht verletzt wurden". Auch Ärzte und Pflegepersonal sind in vielen Krankenhäusern „Drohungen, Beleidigungen und gewalttätigen Übergriffen" durch Moslems – besonders Türken – und Zigeuner ausgesetzt. Im Jahr 2009 stellte eine Studie der Berufsgenossenschaft für Gesundheitsdienst und Wohlfahrtspflege fest, dass bereits 56 Prozent der Krankenhausmitarbeiter körperlich angegriffen wurden. Solange kriminelle Moslems nicht mit drakonischen Strafen rechnen müssen, nehmen sie weder Polizei noch Rechtsstaat ernst. Dies führt dazu, dass sich Polizisten nur noch abgesichert von Hundertschaften in einzelne No-Go-Areas hineintrauen. Dortmund-Nordstadt, Duisburg-Marxloh, Berlin-Kreuzberg, Berlin-Neukölln und Görlitzer Park, der Bremer Norden und Huchting, Köln-Chorweiler, Mannheim-Neckarstadt-West und sogar das ehemals feine Diplomatenviertel Bonn-Bad Godesberg lassen grüßen, sie stehen für unzählige rechtsfreie ehemals deutsche Wohngegenden.[289]

Zudem verschleiern und verniedlichen die Systemparteien und viele ihrer gleichgeschalteten Medien die linksextreme Gewalt, die sich besonders gegen die Institution Polizei und ihre Bediensteten richtet. Vielmehr arbeiten die Jugendorganisationen der etablierten Parteien bereits seit vielen Jahren mit linksextremistischen Gruppierungen zusammen, wie die Junge Union im April 2016 unverblümt und ohne Skrupel zugab. In einzelnen Städten kommt es mehrmals im Jahr zu gewalttätigen Ausschreitungen, bei denen nicht nur viele Polizisten verletzt, sondern Autos von Polizei, Bundeswehr, Bahn und Post abgefackelt und Polizeiwachen gestürmt werden. Berlin-Kreuzberg mit der „Revolutionären 1. Mai-Demonstration", Hamburg mit dem Schanzenviertel, Leipzig mit dem einschlägigen Connewitz befinden sich dann im Ausnahmezustand. Rückendeckung für die Einsatzkräfte gibt es seitens der Politik nur in Ausnahmefällen. Auch viele Studentenverbindungen werden in Hochschulstädten – wie in Freiburg/Breisgau, Göttingen, Heidelberg, Greifswald, Jena, Mainz, Marburg/Lahn, Rostock, Tübingen,

Würzburg – häufig Opfer von Linksextremisten. Brandanschläge und Farbbeutelanschläge auf Verbindungshäuser, schwere Köperverletzungen gegen bandtragende Studenten und Sachbeschädigungen sind fast täglich zu verzeichnen, ohne dass überhaupt eine Tat aufgeklärt wird oder sich Medien und Politik dafür interessieren.[290]

Von Verurteilungen der marodierenden Täter und ihrer Unterstützer vernimmt man fast nichts, obwohl beispielsweise in Frankfurt die Polizei 500 Linksextremisten im Mai 2015 festnahm. Dort gerieten die „Gewaltexzesse" gegen die Eröffnung der Europäischen Zentralbank-Zentrale (EZB) bei den sogenannten „Blockupy-Protesten" „vollkommen außer Kontrolle". Erst brannten Mülleimer. Dann stiegen in der Nähe der EZB Rauchsäulen auf. „Und nicht viel später zündeten Vermummte den ersten Polizeiwagen an, weitere sollten folgen, auch Privatwagen wurden zerstört, viele Schaufenster gingen zu Bruch, eine Stromtankstelle am Zoo wurde angezündet. Und an der Alten Oper flogen Steine, groß wie ein Katzenköpfchen, auf die Polizei. Ein Beamter wurde am Kopf getroffen und musste blutend ins Krankenhaus. Im Lauf des Vormittags sollte die Verletztenzahl deutlich steigen. Allein 80 Polizisten waren betroffen, als Vermummte eine ätzende Flüssigkeit versprühten."[291]

Und wie reagieren die Innenminister der Länder und der Bundesinnenminister de Maizière auf diese Vorfälle? Sie ducken sich und bauen weitere Polizeistellen ab! So kommen in Rheinland-Pfalz nur noch 224, in Baden-Württemberg 225 und in Hessen 226 Polizisten auf 100.000 Einwohner. Würde NRW nicht auch Verwaltungsmitarbeiter als Polizisten ausweisen, wäre es Schlusslicht. Doch durch diesen Taschenspielertrick verweist der Innenminister des bevölkerungsreichsten Bundeslandes, Ralf Jäger – seines Zeichens abgebrochener Pädagogikstudent, immerhin mit einer Ausbildung zum Groß- und Außenhandelskaufmann – positiv auf über 228 Polizisten auf 100.000 Einwohner. Nicht ohne Grund waren in vielen nordrhein-westfälischen Städten wie in Köln in der Silvesternacht die Bürger den marodierenden Arabern schutzlos ausgeliefert. Einzig Bayern (326) und die Stadtstaaten Berlin (473), Hamburg (437) und Bremen (418) verfügen aufgrund „der häufigen Großereignisse, der hohen Kriminalitätsrate und ihrer dichten Besiedlung traditionell über die höchste Polizeidichte".

Aber auch bei den Bundespolizisten, die unter der Ägide des Bundesinnenministers ihren Dienst versehen, wurde Personal durch die Abschaffung der Grenzkontrollen an den Binnengrenzen (Schengener Abkommen von 1995) deutlich reduziert. Dabei sind die Bundespolizisten nicht nur für den Grenzschutz zuständig, sondern auch für die Sicherheit in Zügen, auf Bahnanlagen und beim zivilen Luftverkehr. Darüber hinaus werden die 31.000 Polizeikräfte auch zur Kriminalitätsbekämpfung eingesetzt. Und mit diesen wenigen Beamten muss die Bundespolizei in Deutschland 54.000 Bahnhöfe mit 33.000 Schienenkilometern, über 550 Flugplätze sowie eine über 3.600 Kilometer lange Grenze und 2.400 Kilometer lange Küste überwachen. Zudem muss die Bundespolizei nun seit den offenen Grenzen die Herkunft der Millionen Wirtschaftsflüchtlinge überprüfen. „Etwa 77 Prozent aller Migranten, die die Bundespolizei allein im Januar an Deutschlands Grenzen aufgriff, hatten keine Personaldokumente dabei." Die Wirtschaftsflüchtlinge setzten dagegen andere Prioritäten. Ein Smartphone hatte fast jeder bei seiner Einreise dabei.[292]

Ein eigentlich aussichtsloses Unterfangen, das durch die verfehlte Personalpolitik des derzeitigen Bundesinnenministers mit herbeigeführt wurde. Nun könnte man meinen, dass die Behauptung Merkels stimme, dass sich deutsche Grenzen nicht schützen ließen. Dabei ist dies nicht nur scheinheilig, sondern „eine Heuchelei sondergleichen". Denn Merkel bezahlte die Türkei mit einer beträchtlichen Summe, damit diese ihre „rund 7.000 Kilometer lange türkische Küste, von den Landgrenzen zu schweigen, für Flüchtlinge so weit wie möglich abschotte".[293] Aber die Kanzlerin geht noch dreister vor. Denn auf dem G7-Gipfel auf Schloss Elmau im Mai 2015 wurden die bayerischen Grenzen wieder durchgängig kontrolliert. Zum Schutz der wichtigen Damen und Herren Politiker natürlich!

Dabei hat sich die kurzfristige Grenzsicherung durchaus gelohnt. Denn ins Netz der Polizei gingen keine Terroristen, vor denen die Politiker Angst hatten, sondern nahezu 700 Kriminelle, die auf Fahndungslisten standen. Darunter Schleuser, Autodiebe und Drogenkuriere. Zudem wurden noch „rund 6.600 Verstöße gegen das Aufenthaltsgesetz festgestellt". Doch hat die Politik aus dem kurzfristigen Aufheben von Schengen positive Rückschlüsse gezogen? Ein eindeutiges Nein! Dabei ermuntert gerade die Abschaffung der Grenzkontrollen die Kriminellen, ihre Arbeit ungestört fortzusetzen – zum Schaden der deutschen Bevölkerung.[294]

Nicht ohne Grund ist die Zahl der Wohnungseinbrüche in den letzten neun Jahren bundesweit um fast 60 Prozent auf erschreckende 167.136 im Jahr 2015 gestiegen. Die Zahlen in ausgewählten Bundesländern sind noch alarmierender: Brandenburg plus 92 Prozent, Sachsen plus 91 Prozent, Berlin plus 88 Prozent, Baden-Württemberg plus 84 Prozent, Rheinland-Pfalz plus 81 Prozent, NRW plus 65 Prozent und Schleswig-Holstein plus 68 Prozent. Dass „die Staatsmacht als unbeholfener Seelsorger der Opfer – statt als hartnäckiger Schrecken der Täter" auf die hohen Einbruchszahlen reagiert, zeigt die Aufklärungsquote. Diese „liegt [in Deutschland] bei mageren 15,5 Prozent", in Köln sogar „nur bei 7,9 Prozent". Dabei sind auch diese katastrophalen Prozentsätze geschönt. Denn „in der polizeilichen Kriminalitätsstatistik gilt ein Fall bereits als aufgeklärt, wenn im Ermittlungsverfahren irgendwann einmal der Name eines Tatverdächtigen aufgetaucht ist. Nur in 2,6 Prozent der Fälle endet ein Verfahren tatsächlich mit der Verurteilung des Täters." Der Rechtsstaat ist nur noch in Teilen existent – so beim Kampf gegen rechts! Beim Schutz des Eigentums – das ein grundlegendes Verfassungsprinzip ist (Artikel 14 Grundgesetz) – hat er dagegen kapituliert. Der Verfassungsrechtler Rupert Scholz spricht es aus: „Die öffentliche Sicherheit ist in Gefahr", zumal durch das Fehlen von Grenzkontrollen „zunehmend organisierte Banden aus Ost- und Südeuropa hierzulande ihr Unwesen treiben" können.[295]

Glücklicherweise reagierte de Maizière. Leider nicht wie erwartet. Er hob am 12. Mai 2016 die vorübergehenden leichten Grenzkontrollen an der österreichischen Grenze, die im Zuge der Flüchtlingskrise eingeführt wurden, wieder auf. Zur Freude der Schleuser hatte er die Kontrollen bereits vorher herunterfahren lassen und Polizisten abgezogen. Denn Merkels Agenda des Bevölkerungsaustauschs kam ein wenig ins Stottern. Nach Angaben des Bundesinnenministers sind im ersten Quartal 2016 die Asylbewerberzahlen „deutlich gesunken". Das Springer-Blatt „Die Welt" bejubelte in seiner Überschrift wie ein Claqueur die politische Botschaft. Doch wie so häufig werden Äpfel mit Birnen verglichen. Sicherlich stellten in den ersten drei Monaten 2016 „nur" knapp über 181.000 Wirtschaftsflüchtlinge einen Antrag auf Asyl. Im Vergleich zum vierten Quartal 2015 waren es deutlich mehr. Doch darf man nicht das letzte Quartal, sondern das Vorjahresquartal heranziehen, wie es auch das Bundesamt für Migration und Flüchtlinge richtigerweise auswies. Danach bedeuten die hohen Zahlen einen „Anstieg um 112,4 Prozent gegenüber dem ersten Quartal 2015". Und hier handelt es sich nur um die Asylbewerberzahlen! [296]

Da de Maizière die Grenzen wieder öffnet, können die Schleuser nun wieder verstärkt Illegale ins Land bringen wie im Jahr 2015. Nicht ohne Grund gab das Bundesinnenministerium Anfang April 2016 kleinlaut zu, dass durch die offenen Grenzen „bis zu einer halben Million Flüchtlinge" zusätzlich nicht registriert nach Deutschland gekommen und in die Illegalität abgetaucht sind. „Ihnen bleibt dann häufig nur der Weg in die Kriminalität." Es braucht nicht zu wundern, dass sich immer mehr Bürgerwehren bilden. Doch die Hauptverursacher aus Politik und Medien – die auf ganzer Linie versagt haben und nicht in der Lage zur Selbstreflexion sind – haben einen neuen Feind ausgemacht, den es kleinzuhalten gilt: den heimatlichen Selbstschutz, der nun kriminalisiert wird.[297] Dabei könnte durch eine befristete enge Kooperation von Staat und Bürgern wieder Vertrauen geschaffen und viele Kriminelle hinter Schloss und Riegel gebracht werden. Aber das ist nicht gewollt.

Vielmehr versuchen Politiker und Polizeibehörden, die Verbrechen durch Asylanten zu marginalisieren oder diese als Ausfluss rechter Hetze zu diffamieren. Dabei belegt ein Geheimbericht des Bundeskriminalamtes (BKA) von Mitte Februar 2016, dass in Deutschland über „200.000 Verbrechen durch Flüchtlinge zwischen 2014 und 2015" begangen worden sind. Und dieser wurde im Mai 2016 bei der Veröffentlichung der Polizeilichen Kriminalitätsstatistik bestätigt. Demnach verübten Zuwanderer 2015 insgesamt über 114.000 bekanntgewordene Straftaten, und das ohne ausländerrechtliche Verstöße! Darunter 286 „Straftaten gegen das Leben", 1.548 „Straftaten gegen die sexuelle Selbstbestimmung", 31.239 „Rohheitsdelikte und Straftaten gegen die persönliche Freiheit" – darunter fallen knapp 11.000 Fälle von „gefährlicher und schwerer Körperverletzung, Verstümmelung weiblicher Genitalien und fast 3.200 Raubdelikte. Dazu kommen noch über 50.000 Laden- und Taschendiebstähle, 1.800 Wohnungseinbrüche sowie 22.000 Fälle von Leistungserschleichungen. Proportional gab es mehr Täter aus Eritrea, Nigeria und den Ländern des Balkans wie Serbien und Albanien. In absoluten Zahlen begingen neun Prozent der Syrer eine Straftat, aber die Serben, die nur zwei Prozent der Flüchtlinge stellen, begingen horrende acht Prozent aller Straftaten." Dass viele Syrer dennoch keine Unschuldslämmer sind, belegt die Polizeistatistik. So verübten diese 2015 insgesamt – wieder ohne ausländerrechtliche Verstöße – 10.348 Straftaten, darunter 142 Raubdelikte und fast 3.200 Körperverletzungen.[298] Erst Anfang Juni 2016 wurden drei Syrer festgenommen, die im Auftrag des Islamischen Staates einen Terroranschlag in Düsseldorf verüben wollten.

Die Daten und Fakten widersprechen den Verlautbarungen der Politiker, die uns weismachen wollen, dass Syrer nicht besonders kriminell seien. Der Geheimbericht offenbart aber noch, dass oberste Polizeibehörden mit der Politik gemeinsame Sache machen und den Bürger an der Nase herumführen. Denn zwei Wochen bevor der Geheimbericht durch eine undichte Stelle verraten wurde, teilte das BKA mit, dass die Sicherheitslage

„nicht so schlimm [sei], wie es viele Einheimische fürchten. Der stark steigenden Zahl der Zuwanderer stehe ein nur moderater Anstieg von Zuwanderern begangener Straftaten gegenüber. Nur bei einem Tötungsdelikt mit deutschem Opfer ist ein Flüchtling dringend tatverdächtig. Die weitaus überwiegende Mehrheit der Asylsuchenden begeht keine Straftaten."[299]

Dumm gelaufen für das BKA, könnte man meinen. Es scheint, als gelinge die Strategie der Verdummung des Volkes immer weniger, da viele Beamte sich weigern, mitzuspielen, und interne Minister- wie Polizeipräsidenten-Erlasse anonym veröffentlichen. Unter anderem wurden die Kieler Polizisten aufgefordert, „einfache Delikte wie Sachbeschädigung oder Ladendiebstahl nicht weiterzuverfolgen, wenn es sich beim Verdächtigen um einen Flüchtling handelt". Ebenso wurde die schleswig-holsteinische Landespolizei mittels einer internen Anordnung „zur Tolerierung illegal eingereister syrischer und irakischer Flüchtlinge und sogar von Schleusern" aufgefordert. Leider handelt es sich nicht nur um Einzelfälle aus dem deutschen Norden.[300]

Auch dem schon erwähnten nordrhein-westfälischen Pannenminister Jäger scheint sein bisheriges Glück nicht mehr hold zu sein. Seine Entlassung rückt immer näher. 100 Tage nach den Silvester-Pogromen in der Kölner Domstadt tauchte eine Email eines Polizeibeamten auf, die den Verdacht der Vertuschung nährt. Danach „habe die übergeordnete Landesleitstelle der Polizei NRW den ,Storno' einer wichtigen Meldung des Polizeipräsidiums Köln beziehungsweise ,die Streichung der Formulierung Vergewaltigung' gewünscht: ,Laut Darstellung der Landesleitstelle sei dies ein Wunsch aus dem Ministerium.'" Doch seine Chefin, Hannelore Kraft, deckte ihn – und vielleicht auch sich selbst –, indem sie dem Untersuchungsausschuss Informationen vorenthielt. Sie verhinderte, dass dieser „die Mailkommunikation der Ministerpräsidentin, des Innenministers und des Regierungssprechers sowie zahlreiche Vermerke, Besprechungsprotokolle, handschriftliche Aufzeichnungen und Nachweise über Telefonverbindungen" erhielt. Als Grund nannte Ministerpräsidentin Kraft, dass „eine Offenlegung ‚die Funktionsfähigkeit der Regierung' beschränke." Soviel zum Versprechen einer „lückenlosen Aufklärung". Vielmehr sind Lüge, Gleichgültigkeit, Schönfärberei und Vertuschung an der Tagesordnung.[301]

In Hessen versuchte Innenminister Peter Beuth die Immigrantengewalt unter den Teppich zu kehren. Er wies durch einen sogenannten „Maulkorb-Erlass" seine Beamten an, „üble Fälle von Ausländer-Kriminalität (unter anderem Schwangere in Bauch getreten, Polizisten gebissen, Massenschlägereien)" nicht zu veröffentlichen. Und er schönte die Polizeistatistik, indem er „islamistische Rekrutierungsversuche rund um hessische Flüchtlingsheime" mit nur zwölf angab. Dabei waren es „mindestens 40 Fälle, in denen Islamisten Flüchtlinge radikalisieren wollten". Unter anderem „arbeitet ein stadtbekannter Salafist für einen Flüchtlings-Hilfe-Verein im Frankfurter Hauptbahnhof. Ein Salafist bewacht als Security-Mann die Erstaufnahmeeinrichtung in Kassel. Ein Salafisten-Prediger ist im Asyl-Heim in Hessisch Lichtenau beschäftigt." Und „zum islamischen Opferfest wurden 100 Flüchtlinge aus Kassel-Calden per Bus in eine Salafisten-Moschee gekarrt, nach Geschlechtern getrennt", versteht sich im neuen deutschen Kalifat![302] Aber auch hier zeigt sich: Statt dass der Innenminister seine Fehler erkennt und Konsequenzen zieht, jagt er wegen angeblichen Geheimnisverrats den Maulwurf in seiner Behörde.[303]

Verkehrte Welt, sollte man meinen. Doch es gibt auch positive Beispiele zu benennen, die aber das ganze Scheitern der Merkelschen Flüchtlingspolitik offenbaren. So nennt das Dortmunder Polizeipräsidium Ross und Reiter. Danach waren im Jahr 2015 über 44 Prozent aller Kriminellen „Bürger ohne deutschen Pass (2014: 38 Prozent), ein Viertel war jünger als 21. Eine weitergehende Aufschlüsselung nach ‚Menschen mit deutscher Staatsangehörigkeit und Migrationshintergrund' nimmt die Statistik nicht vor. Unter den nichtdeutschen Tatverdächtigen waren die meisten türkische Staatsbürger (1.518), gefolgt von Rumänen (1.259) und an dritter Stelle Syrern (1.143)." Dabei ist „eine genaue Zuordnung der Verdächtigen aus Nordafrika und den arabischen Staaten oft nicht möglich, da es nicht selten ‚Mehrfachidentitäten' gebe –Tatverdächtige mit zwei, drei und mehr unterschiedlichen Namen."[304]

Dass sich unter den Asylbewerbern auch Feuerteufel befinden, rückt erst seit April 2016 stärker in den Fokus der Medien. Etwas, was aus Sicht der Politiker eigentlich nicht sein kann, weil es nicht sein darf. Das politische Weltbild gerät immer stärker ins Wanken. So auch bei der rheinland-pfälzischen Ministerpräsidentin Maria Luise Dreyer, die öffentlich gerne unter dem infantilen Vornamen „Malu" auftritt. Nachdem bekannt wurde, dass kein Rechtsradikaler in Bingen eine Flüchtlingsunterkunft „mit Hakenkreuzen beschmiert und in Brand gesetzt" hatte, ruderte sie – die anfänglich von einer „rechtsmotivierten Straftat" ausging – schnell zurück und gab die Verwirrte: „Umso überraschter bin ich daher, dass es sich beim Täter um einen Flüchtling handelt." Einen Syrer übrigens, der als Grund für seine Tat die „beengten Wohnverhältnisse in der Unterkunft sowie eine fehlende Zukunftsperspektive" angab. Damit das Weltbild wieder stimmte, war es Dreyer auf einmal „vollkommen egal, woher der Täter kommt". Und so haben es viele Politiker in ähnlichen Fällen immer gehalten. Haltet den Dieb – der nur ein böser rechter Deutscher sein kann – wurde immerfort geschrien, auch wenn sich wenig später herausstellte, dass der Täter nichtdeutscher Herkunft war. Sebnitz und andere Fälle lassen grüßen. Aus dem selbstgelegten Brandanschlag in Bingen haben die niedersächsischen Politiker gelernt. Denn wenige Tage später ereignete sich in Winsen ein weiterer Brandanschlag auf eine Unterkunft. Hier war der Täter ein „17 Jahre alter Bewohner". Dass vielfach Bewohner von Flüchtlingsheimen aufgrund Fahrlässigkeit oder aus Absicht Brandstiftung begehen, lässt sich im Internet leicht recherchieren. So ist dort eine – anscheinend nicht vollständige, aber bis Mitte November 2015 mit 194 Bränden umfangreiche – „Liste von Angriffen auf Flüchtlinge und Flüchtlingsunterkünfte in Deutschland" abrufbar, die auf seriöse Polizeiquellen und Medienberichte verweist. Sie untergliedert sich in „einwanderungsfeindlich", „Bewohner" und „ungeklärt". Danach stellen die Bewohner von Flüchtlingsunterkünften die meisten Täter. Beruhigend ist dennoch, dass seit Ausbruch der Flüchtlingskrise bislang noch keiner durch einen Brand in einer Unterkunft oder in benachbarten Häusern in Deutschland gestorben ist. Die Feuerwehr hat bislang vieles verhindern können, auch wenn sie häufig „durch mutwillige Betätigung der Brandmelder" durch Flüchtlinge an ihrer Arbeit gehindert wird. Allein von Oktober 2014 bis Februar 2015 musste die Feuerwehr über 180 Mal wegen Fehlalarms in den beiden Gießener Flüchtlingsunterkünften ausrücken. Die Einsatzkosten trägt der Steuerzahler! Glücklicherweise verhindern die Sicherheits- und Reinigungsdienste, dass nicht noch häufiger die Feuerwehr gerufen werden muss. Denn diese müssen bei ihren täglichen und nächtlichen Routinearbeiten immer wieder die Kochherde ausstellen. Den Wirtschaftsflüchtlingen fehlt – wie die Sozialamtsleiterin beim Landratsamt Waldshut feststellt – „die Wertevorstellung". Nachdem die Reinigungsdienste ihre Arbeit verrichtet haben, „würde sich beispielsweise die Küche im gleichen schmutzigen Zustand befinden wie zuvor". „Verdreckte, eingebrannte Herde und abgerissene Türen an den Waschmaschinen in der Flüchtlingsunterkunft" gehören zum Alltag. „Wenn etwas kaputt geht, wird es ersetzt, ebenso, wenn etwas geklaut wird." Die Mitarbeiter „reagieren mit Unverständnis auf die Gleichgültigkeit, das Desinteresse, die fehlende Motivation und Tagesstruktur der Bewohner. Sie fragen sich, wie die Bewohner unter diesen Umständen fähig sein sollen, eigenständig zu leben, wenn sie nicht fähig seien, Herde, Waschmaschinen und ähnliches richtig zu bedienen." [305]

Aber auch de Maizière gehört zu denen, die die Bevölkerung vor den akuten Gefahren durch Migranten zu beschwichtigen versuchen. Noch gut in Erinnerung ist seine bekannteste Äußerung, als er das Fußballländerspiel Deutschland gegen die Niederlande in Hannover Mitte November 2015 wegen eines angeblichen Terroralarms absagte. Er wollte keine Details verraten und erklärte, dass „ein Teil dieser Antworten die Bevölkerung verunsichern würde". Eine ähnlich dümmliche Bemerkung machte kurz nach den Silvesterausschreitungen in Köln die dortige Oberbürgermeisterin Henriette Reker. Sie riet den Frauen, künftig „zu Fremden eine Armlänge Abstand [zu] halten".[306] Die verunglückten Wortwahlen sorgten nicht nur für weitere Verunsicherung im Volk, sie zeigten auch hilf- und hoffnungslos überforderte Politiker, die nicht mehr Herr der Lage sind. Vielleicht war de Maizière es aber von Anbeginn nicht. Denn er konnte nie in die Fußstapfen seines Vaters Ulrich, des ehemaligen Generalinspekteurs der Bundeswehr, treten. Er ist nur ein bürokratentypischer Zuträger, dem das entsprechende ministerielle Format fehlt. Doch genau diesen Typus eines rückgratarmen Ministers braucht Merkel für ihre Pläne.

Die Bundeskanzlerin konnte sich auf de Maizière immer verlassen, da er ihr nie widerspricht. So wurde er – der bereits in Mecklenburg-Vorpommern als Staatssekretär und Leiter der Staatskanzlei sowie in Sachsen als Minister Erfahrungen sammeln konnte – unter Merkel Bundesminister für besondere Aufgaben, Chef des Bundeskanzleramtes und Verteidigungsminister. Nirgendwo konnte er reüssieren. Doch mit der Edathy-Affäre Mitte Februar 2014 sollte sich alles ändern. Denn diese hatte zum Rücktritt des Bundeslandwirtschaftsministers Hans-Peter Friedrich (CSU) geführt – eines internen Kritikers Merkels, der zudem von 2009 bis Ende 2013 ehemaliger Bundesinnenminister war. Was war geschehen?

Friedrich hatte als Bundesminister des Innern verbotenerweise den SPD-Vorsitzenden und Vizekanzler Gabriel im Oktober 2013 über die Vorwürfe gegen Sebastian Edathy informiert. Edathy wurde entweder von Gabriel selbst oder von einem anderen SPD-Bundestagsabgeordneten über die polizeilichen Ermittlungen frühzeitig gewarnt, so dass er Beweise vernichten konnte. Als bekannt wurde, daß der homosexuelle Edathy (richtigerweise: Edathiparambil) strafbare kinderpornographische Bilder und Videos besaß, legte er – der sich zeitweise auf der Flucht befand – seine Ämter als Vorsitzender des Innenausschusses und Mitglied des Rechtsausschusses des Bundestages sowie sein Bundestagsmandat nieder. Positionen, die eigentlich ein Jurastudium voraussetzen sollten, das der Soziologe Edathy aber nicht hatte.[307] Dennoch war er – trotz seiner unverzeihlichen Schandtaten – höchstwahrscheinlich nur ein Bauernopfer, um Friedrich los zu werden. Ein guter Schachzug Merkels. Nun war für Merkel der gefährlichste Minister ausgeschaltet. Höchstwahrscheinlich hätte Merkel ihre Politik der offenen Grenzen bei Friedrich nicht durchsetzen können. Denn Friedrich forderte frühzeitig das Schließen der Grenze. In einer TV-Sendung sagte er, dass er nicht verstehe, „was die Dämonisierung von Zäunen soll. Schließlich sei ja auch gegen einen Gartenzaun nichts einzuwenden."[308]

Dabei bedeuten gerade geschlossene „Grenzen auch Freiheit", wie Hans-Werner Sinn in einer seiner Abschiedsreden ausführlich darlegte. „Ämter, Gerichte, Schulen. Das Gemeinwesen ist überlastet. Deutschland muss umdenken, um seine öffentlichen Güter zu bewahren. Ihre Nutzung der ganzen Welt zu ermöglichen, ist nicht liberal." Zumal „nur ein geringer Teil der Flüchtlinge asylberechtigt ist. Bei den in Deutschland im Jahr 2015 abgeschlossenen Verfahren wurden gerade einmal 0,7 Prozent der Antragsteller nach dem deutschen Grundgesetz als Asylsuchende anerkannt. 48 Prozent wurden pauschal nach der Genfer Flüchtlingskonvention akzeptiert, weil sie aus Kriegsgebieten stammen. Die Aufnahme dieser Menschen ist ein humanitärer Akt, aber keine rechtliche Notwendigkeit. Nach der Genfer Flüchtlingskonvention, dem Dublin-III-Abkommen und dem Grundgesetz ist Deutschland nicht gezwungen, Flüchtlingen Asyl zu gewähren, wenn sie über sichere Drittstaaten einreisen. Ohne Privateigentum, das notfalls durch Zäune geschützt wird, entsteht eine Wildwest-Gesellschaft mit Mord und Totschlag. Beim Zusammenleben der Staaten ist es nicht anders. Chaos, Gewalt und Ineffizienz werden die Folge sein, wenn die Staaten darauf verzichten, ihre Grenzen und damit das öffentliche Eigentum der Staatsbürger wirksam zu schützen."[309]

Doch alle Rufe verhallen ungehört bei Thomas de Maizière – der nicht nur Bundesinnenminister, sondern auch Jurist ist und sich mit der deutschen wie der EU-Rechtsprechung eigentlich auskennen sollte.

Auch beim Thema Abschiebung verhält sich der Bundesinnenminister wie die „drei Affen": „Nichts sehen, nichts hören, nichts sagen." Dabei könnten Abschiebungen für Abschreckung sorgen, da Wirtschaftsflüchtlingen vermittelt wird, dass sie – im Gegensatz zu richtigen Asylanten – kein Recht auf Aufenthalt erhalten. Letztlich sorgt dies für Entlastung im Flüchtlingschaos. Doch de Maizière und die Innenminister der Länder nutzen dieses Mittel nicht. Dabei würden Länder wie Algerien, Marokko und Tunesien die „etwa 26.000 irregulären Migranten" – nur zwei Personen wurden bislang als Asylanten anerkannt – zurücknehmen. Doch Deutschland führte im ersten Vierteljahr 2016 nur 57 Nordafrikaner aus diesen Ländern zurück. Insgesamt wurden „aus den 16 Bundesländern sowie unter der Verantwortung der Bundespolizei [im Jahr 2015] 20.888 Ausländer abgeschoben". Obwohl dies zum Vorjahr „fast doppelt so viele" waren, prognostizieren Beamte aus de Maizières Ministerium bereits wieder mit fallenden Abschiebezahlen. Grund seien angeblich Personalengpässe. Noch schlimmer sieht es bei den „rund 70.000 unbegleiteten minderjährigen Ausländern" aus – sofern es sich wirklich um Minderjährige handelt. Von diesen wurde 2015 „keine Abschiebung vollzogen". Dabei dürfte dies kein Problem darstellen, da die Eltern sicher sehnsüchtig auf ihre verschwundenen Kinder in ihrer Heimat warten. Denn normalerweise würden nur verantwortungslose Eltern ihre Kinder allein auf eine gefährliche und ungewisse Reise schicken! Zumal im Ausland minderjährige und damit nicht geschäftsfähige Deutsche aus rechtlichen Gründen selbstverständlich nach Deutschland zurückgebracht werden. Warum werden dann in Deutschland die minderjährigen Flüchtlinge aus diversen Ländern zurückgehalten? Erhofft sich die Bundesregierung insgeheim, dass die Eltern der alleinreisenden minderjährigen ausländischen Staatsangehörigen dies als Einladung für einen Familiennachzug verstehen? Nicht anders kann man die Verweigerungshaltung des Staates interpretieren, das Mittel der Abschiebung zu nutzen. Auch vor dem Hintergrund, dass „die Unterbringung eines unbegleiteten Minderjährigen jährlich je nach Bundesland zwischen 40.000 und 60.000 Euro kostet und die meist männlichen Jugendlichen häufig in die Kriminalität abrutschen". Was müssen Familien oder Alleinerziehende denken, wenn sie hören, dass der Staat für nicht einheimische Kinder 3.000 bis 4.000 Euro pro Monat großzügig zur Verfügung stellt? Selbst kommen viele Deutsche mit dem marginalen Kindergeld von 190 Euro nur schwer über die Runden. Meist reicht es nicht für Kleidung und Schulbedarf. Nicht wenigen Kindern fehlt das Geld, um an gemeinsamen mehrtägigen Schulausflügen teilzunehmen.[310]

13. Bundesministerium der Finanzen – Wolfgang Schäuble

Wolfgang Schäuble ist ein Urgestein der bundesdeutschen Politik und gleichzeitig der dienstälteste Bundestagsabgeordnete. Bereits 1972 – ein Jahr nachdem er promoviert wurde – zog er in den Bundestag ein. Ein Leben ohne Politik scheint für den Berufspolitiker nicht vorstellbar zu sein. Und sein politischer Werdegang ist beachtlich: „Von 1981 bis 1984 [war] er Parlamentarischer Geschäftsführer der CDU/CSU-Bundestagsfraktion. Anschließend Bundesminister für besondere Aufgaben und Chef des Bundeskanzleramtes, bevor er von 1989 bis 1991 Bundesminister des Innern wurde. Seit 1989 ist Schäuble Mitglied im Bundesvorstand der CDU. Von 1991 bis 2000 war er Vorsitzender der CDU/CSU-Bundestagsfraktion, ab 1998 zudem Bundesvorsitzender der CDU. Seither ist er Mitglied im Präsidium der CDU Deutschlands. Ab 2002 war Schäuble stellvertretender Vorsitzender der CDU/CSU-Bundestagsfraktion für Außen-, Sicherheits- und Europapolitik, bevor er 2005 erneut zum Bundesminister des Innern ernannt wurde. Seit 2009 ist er Bundesminister der Finanzen." Zudem war er bei der Wiedervereinigung Verhandlungsführer der Bundesrepublik beim Einigungsvertrag zur Auflösung der Deutschen Demokratischen Republik.[311]

In diesen Jahrzehnten baute er seine nationalen wie internationalen Netzwerke aus. Sein weiterer Aufstieg zum Bundeskanzler war nur eine Frage der Zeit. Daran konnte auch das Attentat 1990 durch einen psychisch kranken Mann nichts ändern. Schäuble, der seitdem im Rollstuhl sitzt, machte dies nicht nur härter, sondern auch unversöhnlicher und dünnhäutiger. Einige seiner ehemaligen Mitarbeiter, die diese Launen zu ertragen hatten, können ein Lied davon singen. Noch in Erinnerung ist eine

Pressekonferenz im November 2010, als Schäuble seinen Pressesprecher „vor laufenden Kameras derart rüde zurechtwies" und lächerlich machte, dass dieser wenige Tage später zurücktrat. Die „Süddeutsche Zeitung" erkannte in diesem Rücktritt einen „Akt des Selbstschutzes vor einem unberechenbar gewordenen Minister", der zudem in der Regierung „Narrenfreiheit" besitzt. Vor seinen Gefühlsausbrüchen fürchten sich aber nicht nur Mitarbeiter, sondern auch Parteikollegen, Wirtschaftsführer und Journalisten. Kritische Journalistenfragen bügelt er häufig mit frechen, substanzlosen Antworten ab. Er nutzt dabei seine Körperbehinderung leidlich aus, die sein Gegenüber schnell verstummen lässt. Es ist wohl politisch nicht korrekt, einem Behinderten – der zudem über eine hohe Reputation verfügt – Widerworte zu geben. Kritik wird so von vornherein ausgeschaltet. Dabei stellt sich häufiger die Frage, ob Schäuble „seinem Amt noch gewachsen ist". Zumal ihn seine Querschnittslähmung häufiger ins Krankenhaus zwingt, so dass „wichtige Termine und internationale Konferenzen regelmäßig ohne den Minister stattfinden müssen". [312]

Eine weitere Frage drängt sich zudem auf. Warum kürte Merkel einen „Mittäter" der CDU-Spendenaffäre bereits 2005 zum Bundesinnenminister und übertrug ihm 2009 das Amt des Bundesfinanzministers? [313] Dabei war sie es, die als damalige CDU-Generalsekretärin seinem „Lebenstraum", Kanzler zu werden, einen Dämpfer versetzte und ihn als Bundesvorsitzenden der CDU ablöste.

Ein kurzer Rückblick ins Jahr 1999: Helmut Kohl hatte ein Jahr zuvor die Bundestagswahl gegen Gerhard Schröder verloren und seinem anfänglichen „Ziehsohn" damit den Weg ins Kanzleramt verbaut. Schäuble versuchte einen Neubeginn, indem er sich zum CDU-Bundesvorsitzenden wählen ließ. Innerhalb eines Jahres überholte er mit seiner Partei bei den Umfragen die rot-grüne Regierung. Doch dann wurde plötzlich die CDU-Spendenaffäre publik. Schäuble wurde vorgeworfen, über 100.000 D-Mark für die CDU vom Waffenhändler Karlheinz Schreiber entgegengenommen zu haben. Obwohl Schäuble dies bis heute dementiert und von einer „kriminellen Intrige" spricht, war der Spendenskandal für die Schröder-Regierung und die Medien ein gefundenes Fressen, um den Oppositionsführer kaltzustellen. Zumal Schäuble die Angriffe nicht abwehren konnte. Denn er „war als früherer Kanzleramtsleiter, Fraktionschef und designierter Kronprinz viel zu sehr Teil des Systems, als dass er es glaubhaft hätte verdammen können". Dabei sprechen immer mehr Indizien dafür, dass ihm wirklich eine Falle gestellt wurde, da es nach seinen Worten keine „Kohlschen Spender" gegeben habe. Vielmehr existieren die „schwarzen Kassen" noch aus der Zeit des großen Flick-Skandals der 1980er Jahre, in der „ebenfalls Kohl eine Schlüsselrolle spielte". Der Flick-Konzern hatte 1981 eine Steuerermäßigung von etwa einer Milliarde D-Mark beim Bundeswirtschaftsministerium beantragt und erhalten. Bei einer Steuerprüfung fanden Ermittler heraus, dass der Konzern an Politiker aller Bundestagsparteien Schmiergelder gezahlt hatte, um in den Genuss der Steuerermäßigung zu kommen. „Allein die Zuwendungen, die an die CDU geflossen waren, summierten sich auf 26 Millionen." Letztlich wurden die FDP-Wirtschaftsminister Hans Friedrichs und Otto Graf Lambsdorff zu Geldstrafen und der Gesellschafter des Flick-Konzerns, Eberhard von Brauchitsch, zu einer Bewährungsstrafe verurteilt. Laut „Die Zeit" „ist es nicht unplausibel, dass von den Summen, Gelder auf schwarzen Konten bis in die 90er Jahre überdauerten. Immerhin waren es über 200 Millionen Mark, die die deutsche Wirtschaft zwischen 1969 und 1980 der CDU gespendet hatte. Gut vorstellbar, dass Kohl noch in den 90er Jahren aus diesen Quellen schöpfen konnte."[314]

Viel interessanter an der Geschichte ist aber, dass das Ministerium für Staatssicherheit der Deutschen Demokratischen Republik wohl bereits seit mindestens 1976 über die CDU-Schwarzgelder in der Schweiz informiert war, da es wichtige CDU-Politiker – unter anderem den Schatzmeister Walther Leisler Kiep und den Wirtschaftsprüfer Horst Weyrauch – jahrelang observiert und abgehört hatte. Die Abhörprotokolle wurden 1990 in einer Nacht- und Nebelaktion vom Bundeskabinett in

Absprache mit den westdeutschen Landesinnenministern und dem Bundestag vernichtet. Dies geschah einerseits ohne rechtliche Grundlage und unter Umgehung des Archivgesetzes und andererseits ohne das der Verfassungsschutz diese auswerten konnte. Doch dass alle Dokumente vernichtet werden konnten ist nicht sicher, außerdem leben viele Stasi-Mitarbeiter noch. Das hat deshalb Brisanz, da diese möglicherweise den kometenhaften Aufstieg der spröden, biederen und wenig geisteichen Angela Merkel erst ermöglichten (siehe Kapitel 15).[315]

1999 jedenfalls sah Merkel ihre Chance gekommen, um Schäuble zu beerben. In einem aufsehenerregenden Offenen Brief in der „Frankfurter Allgemeinen Zeitung" – der vielleicht der einzige von ihr selbst verfasste politische Text ist – distanzierte sich die politische „Außenseiterin" kurz vor Weihnachten öffentlich von Kohl. Dieser habe „der Partei Schaden zugefügt". „Es sei nicht hinnehmbar, dass er ‚in einem rechtswidrigen Vorgang' sein Wort ‚über Recht und Gesetz' stelle." Starke Worte. Nur leider hat sich Merkel in ihrer Regierungszeit bereits häufig über Recht und sogar über das Grundgesetz hinweggesetzt, ohne dass sie daraus ebenfalls Konsequenzen zog. Merkel ging in ihrem Beitrag aber weiter. „Die Partei muss also laufen lernen, muss sich zutrauen, in Zukunft ohne ihr altes Schlachtross, wie Helmut Kohl sich oft selbst gerne genannt hat, den Kampf mit dem politischen Gegner aufzunehmen. Sie muss sich wie jemand in der Pubertät von zu Hause lösen, eigene Wege gehen." Wie bekannt ist, werden für einen Zweck auch fragwürdige Mittel wie dieser Offene Brief eingesetzt. Zumal der „Text ein kalkulierter Affront" gegen Kohl wie Schäuble war. Obwohl sie kurzzeitig als „Vatermörderin" und als „Nestbeschmutzerin" bezeichnet wurde, erreichte sie ihr Ziel. Sie war zur „Meinungsführerin der CDU" geworden und wurde bereits im April 2000 auf dem CDU-Bundesparteitag mit einem Erich-Honecker-ähnlichen Wahlergebnis von 95,9 Prozent zur Bundesvorsitzenden gewählt. Eine ihrer ersten Taten war, dass sie „mit dem alten christdemokratischen Hausfrauen-Ideal brach", um die „Union liberaler, gesellschaftspolitisch moderner" zu gestalten, indem sie unter Leitung von Ursula von der Leyen eine Familienkommission einberief. Der „Transformationsprozess" der zuerst die CDU in ihren Grundfesten erschütterte, hatte begonnen.[316]

Schäuble war nun die ersten Jahre isoliert. Um politisch weiter mitspielen zu können, arrangierte er sich mit seiner Bundesparteivorsitzenden. Er war von nun an Merkels Pudel, der sich ihr bis heute voll unterwirft. Seine Hoffnung, eines Tages Nachfolger von Merkel zu werden, könnte sich in naher Zukunft ergeben. Denn Merkel werden Ambitionen nachgesagt, 2017 Generalsekretärin der Vereinten Nationen (UN) werden zu wollen. Nicht ohne Grund zollte sie dem amtierenden UN-Generalsekretär Ban Ki-Moon für seine „Leistungen für die Weltgemeinschaft" hohen Respekt. Dieser revanchierte sich prompt und „lobte Merkel für ihre Flüchtlingspolitik: ‚Sie ist die wahre moralische Stimme, die Stimme des Mitgefühls.' Andere hätten sicher den einfachen Weg gewählt. Merkel dagegen habe nicht den einfachen Weg gewählt, sondern den ‚richtigen'." Die Probleme, die für das deutsche Volk daraus resultieren, interessieren dagegen Ban Ki-Moon nicht.[317] Vielmehr hat sich Merkel durch die Aufnahme von über einer Million Moslems im Jahr 2015 besonders unter den 56 islamischen Staaten viel Kredit erworben. Denn diese stellen mehr als ein Viertel aller 193 UN-Staaten und könnten ihr den Weg zur Generalsekretärin ebnen. Vielfach wird bereits kolportiert, dass Merkel dann, sofern ihre Freundin und politische Weggefährtin, Hillary Clinton nächste US-Präsidentin wird, mit dieser den gewünschten globalen Transformationsprozess einzuleiten versucht. Neun Jahre hat sie dann als UN-Chefin Zeit! Eine ähnliche Zeitspanne, die sie auch für Deutschlands vollständige Veränderung zum Negativen benötigte.[318]

Mit Schäuble jedenfalls nutzt sie zur Zerstörung der Staatsfinanzen die psychologische Taktik des „guter Bulle-böser-Bulle-Spiels", das von der Bevölkerung nur schwer zu durchschauen ist. Immer wieder – besonders bei der Finanz- und Staatsschuldenkrise – wurde und wird dieser Trick angewandt. Geht Schäuble mit den griechischen Verhandlungsführern (unter anderem dem ehemaligen Finanzminister Giannis Varoufakis) aus innenpolitischen Gründen etwas härter zu Gericht, dann gibt sich Merkel aus außenpolitischen Erwägungen heraus verständnisvoll. Letztlich wurde immer eine Entscheidung für die GIIPS-Staaten (Abkürzung für die Euro-Staaten Griechenland, Italien, Irland, Portugal und Spanien) getroffen, die den deutschen Steuerzahler und dessen Kinder und Kindeskinder über Jahrzehnte belasten wird. So besteht derzeit eine deutsche Gesamthaftung aus der Euro-Krise von über 644 Milliarden Euro (!), also doppelt so hoch wie der jährliche Bundeshaushalt. Bedenkt man, dass die aktuelle Staatsverschuldung über 2,2 Billionen Euro beträgt, so muß einem angst und bange werden. Und jede Sekunde erhöht sich die deutsche Staatsschuld um 1.556 Euro! Die jährlichen hohen zweistelligen Milliardenkosten aus der Flüchtlingskrise sind dabei noch nicht eingerechnet.[319]

Und da die Südeuropäer und auch Irland das „guter-Bulle-böser-Bulle-Spiel" der wichtigsten deutschen Politiker durchschauten, war klar, dass die GIIPS-Staaten die Troika-Forderungen nach Reformen nicht konsequent umsetzen würden (Troika = Europäische Kommission, EZB, Internationaler Währungsfonds/IWF). Es reichte aus, den Kompromissen zuzustimmen und unter den Rettungsschirm zu flüchten. Kaum waren die überwiegend deutschen Finanzhilfen gewährt, machte Griechenland die versprochenen Reformen kurzerhand wieder rückgängig. Und das wiederholte sich des öfteren. Die neue linke portugiesische Regierung lernte schnell von den Griechen. Auch sie nahm die Sparmaßnahmen der Vorgängerregierung zurück.[320]

Varoufakis erläuterte dazu im britischen Magazin „New Statesman" am 13. Juli 2015: „Irgendwann hat [Schäuble] sehr eindeutig zu mir gesagt: ‚Das ist ein Pferd, entweder Sie nehmen es an, oder es ist tot.'" Merkel, als „guter Bulle" holte dagegen beim griechischen Premierminister Alexis Tsipras keinesfalls die Peitsche heraus, sondern signalisierte direkt ihre Unterstützung: „Wir werden eine Lösung finden, machen Sie sich keine Sorgen, ich lasse nichts Schreckliches passieren. Machen Sie nur ihre Hausaufgaben. Arbeiten Sie mit der Troika zusammen. Es wird nicht in einer Sackgasse enden."[321]

Und auf Merkel wie Schäuble konnten sich letzten Endes die Griechen immer verlassen. Bislang haftet Deutschland durch die drei Hilfspakte mit mindestens 87 Milliarden Euro. „Hinzuzählen müsste man allerdings mögliche Verluste, welche die EZB wegen ihrer hohen Bestände an griechischen Staatsanleihen zu tragen hätte und die über einen Ausfall des Bundesbankgewinns indirekt auf den Bundesetat durchschlügen." Hans-Werner Sinn sieht „auch Verlustrisiken aus Finanztransaktionen zwischen den Zentralbanken in Höhe von fast 28 Milliarden Euro, die von Deutschland getragen werden müssten. Akzeptiert man diese Rechnung, dann liegt das deutsche Haftungsrisiko für die diversen Griechenland-Hilfen deutlich über 100 Milliarden Euro – also ein Drittel des jährlichen Bundeshaushalts."[322]

Im April 2016 versuchte nun auch noch der Internationale Währungsfonds (IWF), weitere Finanzhilfen für Griechenland durchzudrücken. Zudem forderte der IWF, „dass die Euro-Staaten Griechenland Hilfskredite in Höhe von bisher etwa 200 Milliarden Euro bis zum Jahr 2040 zins- und tilgungsfrei stellen". Und wie dieser dabei vorging, könnte man als Erpressung werten. Ein abgehörtes Telefonat eines hohen IWF-Mitarbeiters förderte Erstaunliches zutage. „Merkel stehe vor der Frage, was teurer kommt: ohne den IWF weiterzumachen und dem Bundestag zu sagen, der IWF ist nicht an Bord? Oder sich für die Schuldenerleichterung zu entscheiden, die wir für notwendig halten, um uns bei der Stange zu halten". Ein Dilemma für Merkel. Nicht nur, dass dieses Telefonat den Weg in die Öffentlichkeit gefunden hat. Denn nun hat einerseits Tsipras sie in der Hand, indem er ihr vorwerfen kann, sie hintertreibe die weitere Rettung Griechenlands. Kommt sie dem Verlangen des IWF nicht nach, muss sie andererseits dem Bundestag erklären, dass ihre „Rettungspolitik den Steuerzahler doch Geld kostet". Die Pokerrunde geht von neuem los, und Profiteur und Verlierer sind bereits bekannt. Letztlich lacht über Griechenland die Sonne und über Deutschland die ganze Welt! Und so war es auch. Ende Mai gaben die Euro-Finanzminister weitere 10,3 Milliarden Euro an Griechenland frei. Zudem muss Deutschland Teile seiner Rettungshilfen abschreiben. Der IWF konnte sich mit seiner Forderung durchsetzen, indem „Griechenland Schulden in Höhe von 90 Milliarden Euro" erlassen werden. Deutschland müsste so 25 Milliarden abschreiben. „Das ist nicht so beschlossen, aber darauf wird es wohl hinauslaufen", sagte der neue Präsident des Ifo-Instituts für Wirtschaftsforschung, Clemens Fuest.[323]

Dabei tönte noch im Mai 2015 der CDU/CSU-Fraktions-chef Volker Kauder, dass seine Partei „an keine weiteren [Hilfs-] Programme [für Griechenland] denke". Und Schäuble? Dieser „wies Überlegungen, Griechenland einen teilweisen Schul-denerlass zu gewähren, zurück: ‚Wer die europäischen Verträge kennt, weiß, dass ein Schuldenschnitt unter das Bailout-Verbot (Englisch für ‚aus der Klemme helfen') fällt." Denn laut Vertrag über die Arbeitsweise der Europäischen Union dürfen weder die EU noch Mitgliedsstaaten für die Schulden eines anderen Mit-gliedslandes haften.[324]

Doch bereits im August 2015 wurde das dritte Hilfspaket für Griechenland mit fast Vier-Fünftel-Mehrheit vom Bundes-tag – unter Umgehung des Bailout-Verbots – beschlossen. Die Staats- und Mainstream-Medien und die Politiker hatten vorher ihren Propagandaapparat wieder angeworfen. Wie bereits frü-her geschehen, werden diese nicht müde, zu behaupten, dass es „Deutschland gut geht" (Merkel), „Athen [seine] Schulden zurückzahlt" und dass „Deutschland an der Griechenland-Hilfe verdient" („Süddeutsche Zeitung"), „Wie Deutschland von der Euro-Rettung profitiert" („Die Zeit") oder wie es der „Spiegel" zum griechischen Hilfsantrag kommentierte: „Einmal noch und dann nie wieder." Mit Milchmädchenrechnungen und Wirklich-keitsverweigerung versuchen sie zu belegen, dass „Deutschland dabei kaum etwas verlieren, aber viel gewinnen kann."[325]

Dabei belegen die vorherigen Kapitel, dass sich Deutsch-land nicht nur wirtschaftlich zunehmend in Richtung „Failed State" – eines gescheiterten Staates verändert. Die Euro-Staaten wissen das. Deshalb versuchen sie noch schnell, die letzten deut-schen Finanzreserven abzugreifen. Sie selbst waren nicht ge-willt, ihre Staatsschulden abzubauen. Dies führte dazu, dass die

Staatsschulden aller Euro-Länder seit Ausbruch der Finanzkrise im Jahr 2007 um 27 Prozentpunkte höher liegen. In den beiden großen Industriestaaten Frankreich und Italien hat die Staatsverschuldung in dieser Zeit drastisch zugenommen. Derzeit beträgt sie in Relation zum Bruttoinlandsprodukt (BIP) in Frankreich 97 Prozent (2007: 64 Prozent) und in Italien 133 Prozent (2007: 98 Prozent). Kommt eines dieser beiden Länder in eine Schieflage – und das wird in nächster Zeit passieren, ist eine Rettung nicht möglich. Sie werden alle noch funktionierenden Euro-Staaten mit in die Tiefe ziehen. Da hilft auch die geplante Europäische Einlagensicherung nichts, auf die gleich noch eingegangen wird. Auch die anderen reformunwilligen Staaten, wie Portugal und Griechenland, liegen bei der Staatsverschuldung weit über der Grenze von 120 Prozent, was damals für die Hilfsprogramme als nachhaltig tragfähig angesetzt wurde. So liegt diese bei Portugal bereits bei 146 Prozent (2007: 68 Prozent) und bei Griechenland bei fast 177 Prozent (2007: 103 Prozent)! Auch der deutsche Schuldenstand hat mit fast 75 Prozent die Maastricht-Grenze um 15 Prozent überschritten. Bis 2060 würde dieser nach Berechnungen des Bundesfinanzministeriums „in einem weniger günstigen Szenario kontinuierlich auf rund 220 Prozent des Bruttoinlandsprodukts steigen". Die Flüchtlingskrise wird sicherlich ihren Anteil daran haben.[326]

Die (überwiegend deutschen) Hilfsprogramme haben letztlich dazu geführt, dass die Staaten sich weiter verschuldeten, anstatt Reformen umzusetzen. Sie verhalten sich ähnlich wie die Entwicklungsländer (siehe Kapitel 9). Der Euro-Raum ist dadurch noch anfälliger für eine weitere Staatsschuldenkrise geworden. Nur wird diese noch extremer ausfallen als 2007, da Staatspleiten absehbar sind. Auch Deutschland wird 2016 eine expansive Finanzpolitik betreiben müssen, um die Sozialleistungen für Flüchtlinge im Griff zu halten. Letztlich wird es zu einer Restrukturierung der Schulden kommen. Was das bedeutet, werden Sie am Ende des Kapitels erfahren.

In Griechenland bedeuten die bisherigen griechischen Schuldenerleichterungen bereits „mittel- und langfristig nichts anderes als einen Schuldenschnitt". Athen hat „äußerst günstige Kreditkonditionen" erhalten, bei denen die Hilfskredite erst weit nach 2023 zurückgezahlt werden müssen. Sie können zudem bis zu 60 Jahre gestreckt werden. Erst 2070 beziehungsweise 2080 wären sie endgültig beglichen. Aufgrund der derzeitigen Niedrigzinspolitik der EZB und der Inflation werden wir – und die künftigen Generationen – letztlich leer ausgehen und die Kredite abschreiben müssen.[327] Zudem sind unter anderem durch die Griechenland-Krise die Zinsen auf Null gedrückt worden. Die DZ-Bank errechnete, dass den deutschen Privathaushalten dadurch fast 200 Milliarden Euro an Zinseinnahmen entgehen.[328]

Dennoch ist das Medienecho – trotz einiger weniger Presseberichte – um die sich abzeichnenden weiteren Finanzhilfen verhältnismäßig verhalten gewesen, verglichen mit den breiten Diskussionen um die vorhergehenden Rettungsversuche. Dies lag daran, dass kurz zuvor im April 2016 die sogenannten „Panama Papers" von einem weltweit agierenden Journalisten-Netzwerk veröffentlicht wurden. Deutscherseits war der Rechercheverbund „Süddeutsche Zeitung", WDR und NDR beteiligt – Medien, bei denen man sich häufiger die Frage stellt, warum eigentlich öffentlich-rechtliche mit privaten zusammenarbeiten dürfen. Geht es um staatliche Subventionierung einer Zeitung, wie dies bereits der marode Berliner Senat mit der linken Tageszeitung „taz" macht, indem er diese mit knapp 3,8 Millionen Euro an Fördermitteln stützt? Honni soit qui mal y pense – beschämt sei, wer schlecht darüber denkt.[329]

Die Berichte über Briefkastenfirmen in Panama – die es seit vielen Jahren auch in anderen Staaten der Welt gibt und die auch rechtlich erlaubt sind, schlagen dennoch hohe Wellen. Eine „Empörungswelle" machte sich breit. Dabei erlauben auch EU-Staaten (Luxemburg, Großbritannien auf den Britischen Jungferninseln und auf Guernsey/Kanalinseln) und die USA (Delaware) Briefkastenfirmen, „um Gewerbesteuer zu sparen". Doch dies interessiert die Politik nur am Rande. Auch in Deutschland war dies bis vor einiger Zeit „auf 13 Bauernhöfen im nordfriesischen Norderfriedrichskoog" möglich.[330]

Der international als „Mister DAX" bekannte Börsenexperte Dirk Müller hat bereits frühzeitig auf die Ungereimtheiten der Panama Papers hingewiesen, da diese keine Neuigkeiten und keine wichtigen Namen aus den USA, Deutschland, Großbritannien oder Frankreich enthielten – auch nichts Verwertbares. Vielmehr wurden immer wieder Personen aus dem Umfeld des russischen Präsidenten Wladimir Putin benannt. Putin selbst steht – anders als viele Medien kolportieren – nicht auf der Liste. Was ist also der Grund für die Veröffentlichung in einer Zeit, in der weitere Finanzhilfen anstanden? Und von wem hat das internationale Journalistennetzwerk die Daten und Fakten erhalten? Wurden die Unterlagen bereits vorher von anderer Seite bereinigt? Wichtig ist daher, wie es Müller ausdrückt, „die Story hinter der Story". Und schnell wird deutlich, dass erneut George Soros seine Hände im Spiel hat. Diesmal mit seinem Konsortium für Investigative Journalisten (International Consortium of Investigative Journalists/ICIJ) in Washington. Die „Süddeutsche Zeitung" gab selbst Einblick, mit wem sie zusammenarbeitet, ohne zu verstehen, dass sie nur Mittel zum Zweck ist. Sie entschließt sich, das Konsortium einzubinden, denn „kein Journalist, kein Medium, so stark es auch sein mag, könnte diese Story alleine machen. Uns [so die Vize-Chefin von ICIJ, Marina Walker] schmiedet zusammen, dass wir einander brauchen." „Hinter dem Journalisten-Konsortium steht die US-amerikanische gemeinnützige Organisation Center for Public Integrity (CPI). Sie wurde 1989 vom Journalisten Charles Lewis in der US-Hauptstadt Washington gegründet. Die CPI will ‚Machtmissbrauch, Korruption und Pflichtverletzung durch mächtige öffentliche und private Institutionen aufdecken'. Die Organisation mit ihren mehreren Dutzend festangestellten Mitarbeitern wird durch Stiftungen wie die Ford Foundation und die John S. and James L. Knight Foundation unterstützt. Der [Hedgefonds-Manager und] Milliardär George Soros spendete über eine Million Dollar."[331] Dabei besagt eine alte deutsche Redensart: „Wes Brot ich ess, des Lied ich sing."

Die Panama Papers dienen letztlich als Ablenkungsmanöver, um zusätzliche Hilfen für Griechenland durchzusetzen,

auch – beziehungsweise gerade deshalb – da es weitere gro-
ße Nachteile für Deutschland mit sich bringt. Denn Soros hat
Deutschland in den letzten Jahren immer wieder aufgefordert,
Griechenland zu retten.

Das fiel bereits der „Frankfurter Allgemeine Zeitung" Anfang 2014 auf: „Kaum eine Woche, in der Soros nicht irgendwo fordert, Deutschland solle für Griechenland und Spanien
mehr zahlen. (…) Der Spekulant verdient Milliarden mit seinem
Hedgefonds, der rund um die Uhr auf der Suche nach kleinsten
Schwachstellen in den Volkswirtschaften dieser Welt ist, um zu
wetten: dass die Währung eines Landes bald abstürzt. Doch der
früher weltgrößte Spekulant ist auch einer der größten Philan-
thropen weit und breit. Kaum eine Universität in Osteuropa, die
ohne George-Soros-Lehrstuhl ist. Er finanziert den proeuropä-
ischen Think-Tank European Council on Foreign Relations fast
im Alleingang und sein Institut namens Open Society Foundation zur Gänze. (…) Zählt man weitere Aktivitäten hinzu, ist Soros in 50 Ländern politisch aktiv. Allein sein Institut hat jährliche
Ausgaben von fast einer Milliarde Dollar für Meinungsbildung.
Nun nimmt der 83-jährige Milliardär Deutschland in seinen Fokus. Denn er hat sich entschieden, was sein Vermächtnis werden
soll: die Rettung Europas vor den Deutschen. (...) Seine Forderung, wenn Berlin nicht der Vergemeinschaftung aller Schulden
der EU-Staaten zustimme, müsse das Land aus der Euro-Zone
austreten. Das hat ein gewaltiges Echo ausgelöst. (...) Doch wie
einflussreich er dank seiner Milliarden und seiner Fähigkeit,
gegen Politik zu spekulieren, wirklich ist, bleibt geheimnisvoll.
Transparenz ist nicht Soros' Stärke. Wenn der Philanthrop (…)
zum Dinner bittet, eilen deutsche Topmanager heran, die Öffentlichkeit bleibt draußen. (…) Diensthabende wie Peer Steinbrück
begrüßte Soros in dessen Amtszimmer im Finanzministerium
einst mit den Worten: ‚Sie müssen Eurobonds einführen.' Außenminister Guido Westerwelle und Steinbrücks Nachfolger
Wolfgang Schäuble haben Soros viele Male unter vier Augen
getroffen."[332] Angeblich blieb die Bürotür von Angela Merkel
zu. Denn sie sei „zu vorsichtig, um sich mit Soros direkt einzu-

lassen". Dabei stellt sie es nur geschickter an, da sie ihn nicht persönlich in Berlin trifft, sondern sich von seiner Denkfabrik European Stability Initiative (ESI) in der Flüchtlingspolitik außenpolitisch beraten lässt (siehe Kapitel 14).

Aber die „Frankfurter Allgemeine" deckte noch weiteres über Soros auf. So „machte nach dem Fall der Lehman-Bank 2008 sein Hedgefonds Gewinn. 19 Prozent im November, 14 Prozent im Dezember, während sich die Märkte pulverisierten. (…) 2010 wurde Journalisten ein Dossier angedient, nach dem sich Soros mit anderen Hedgefonds verabredet habe, den Euro kaputtzuschießen. Das ‚Wall Street Journal‘ druckte die unbewiesenen Anschuldigungen. Soros bestreitet, gegen den Euro spekuliert zu haben. Aber er spekuliert. 2012 saß er im Fernsehstudio eines New Yorker Börsensenders und erzählte unbekümmert, er habe gerade für zwei Milliarden Dollar italienische Staatsanleihen gekauft, weil Zinsen von sechs Prozent ‚phantastisch‘ seien und ohne Risiko: Die EU werde Italien niemals pleitegehen lassen. ‚Das wäre das Ende von Europa.‘ Doch Soros sagte kurz darauf: Wenn Deutschland nicht zustimme, die Schulden der EU-Staaten zu vergemeinschaften, sei der Kontinent in drei Monaten ‚verloren‘."[333]

Da immer klarer wird, dass die Panama Papers manipuliert sind und vieles auf Soros hindeutet, bricht langsam alles wie ein Kartenhaus zusammen. Nun auf einmal übernimmt auch die Springer-Presse – federführend die „Bild"-Zeitung – die Teilargumente von Dirk Müller fast wortwörtlich. Nur dreht sie diese um und sieht den russischen Geheimdienst und somit Putin als Verursacher. Als Quelle dient „Brookings". Die „Bild"-Zeitung erklärt uns, dass es „DIE Denkfabrik in Washington ist; kaum ein ausländischer Staatsmann oder Minister, der nicht einen Abstecher in das unscheinbare Bürohaus am Dupont Circle in der US-Hauptstadt macht. Wer dort reden und sich danach hart befragen lassen darf, ist wichtig." Dass Soros über seine Open Society Foundation Einfluss auf Brookings nimmt, wird dagegen nicht genannt, und nur am Rande sei erwähnt, dass die „Bild"-Zeitung – so der ehemalige Bundesminister für Forschung und

Technologie Andreas von Bülow (SPD) – vom amerikanischen Geheimdienst CIA mit sieben Millionen Dollar gegründet wurde.[334]

Immer mehr bewahrheitet sich: Die Einführung des Euro war von Anbeginn an ein Fehler! Nicht nur, dass Griechenland den „Euro-Beitritt erschwindelte" – um es vornehm auszudrücken. Auch die EU-Institutionen (EU-Kommission, Eurostat) und Politiker haben auf ganzer Länge versagt.[335] Gerade Deutschland als größter Netto-Zahler in der EU (2014: 15,5 Milliarden Euro) hätte auf die Einhaltung der Verträge pochen können und müssen. Hätte man einen Pleitestaat wie Griechenland bereits vor dem ersten Hilfspaket wie ein normales Unternehmen in die Insolvenz geschickt, wären die Schulden restrukturiert und ein guter Teil der Forderungen gerettet worden. Zudem wären die anderen südeuropäischen Pleitestaaten gezwungen gewesen, Reformen einzuleiten und umzusetzen. Ansonsten hätte sie auch das griechische Schicksal ereilen können. Druck hilft meistens. Doch es ist anders gekommen: Die „Währungsunion ist zu einer Haftungsgemeinschaft" mutiert, wie es EZB-Direktor Yves Mersch ohne mit der Wimper zu zucken den deutschen Verfassungsrichtern erklärte. Dabei verstößt die EZB mit den OMT-Ankäufen (OMT = Outright Monetary Transactions, endgültige Käufe und Verkäufe von Wertpapieren am Markt), die „die Risiken aus möglichen Zahlungsausfällen einzelner Euro-Krisenstaatenanleihen vergemeinschaften", gegen das Verbot monetärer Staatsfinanzierung. Eine Haftung für Banken ist genauso verboten wie eine Haftung für Staaten. „Die EZB überschreitet die ihr vom Vertrag gesetzten Kompetenzgrenzen und dringt in offenkundiger und dreister Weise weit in das Gebiet ein, für das nach dem Vertrag von Maastricht und dem heutigen AEUV [Vertrag über die Arbeitsweise der Europäischen Union/ EU-Vertrag] allein die Mitgliedsstaaten zuständig sind." Leider ist die Sozialisierung der Schulden nicht mehr aufzuhalten. Bereits seit Jahren zahlt der deutsche Steuerzahler über das EZB-Target-Zahlungssystem die Exporte nach Griechenland, damit ein Grieche sich einen BMW leisten und ihn fahren kann.[336]

Doch damit ist das Ziel von Schäuble und Merkel noch nicht erreicht. Sie wollen noch mehr Souveränitätsrechte an die Europäische Union abtreten, unter anderem die Sozialpolitik und das Haushalts- und Steuerwesen. Um die Euro-Staatsschuldenkrise zu bewältigen, forderte Schäuble bereits 2011, „einen Teil der Zuständigkeiten in der Finanz- und Haushaltspolitik auf europäische Institutionen [zu] übertragen".[337] Dabei mangelt es – laut Peter Gauweiler (CSU) und den Verfassungsrechtlern Dietrich Murswiek und Karl-Albrecht Schachtschneider – der EU an der „erforderlichen demokratischen Grundstruktur, um ihr weitere Kompetenzen zu übertragen". Alle Staatsgewalt muss vom Volk ausgehen, so schreibt es das deutsche Grundgesetz vor. Doch in der Europäischen Union sei das deutsche Volk nicht ausreichend vertreten, schon gar nicht im Europäischen Parlament: „Erstens vertritt es kein Volk, das europäische Volk, das Unionsvolk, gibt es nicht, es müsste kreiert werden durch einen europäischen mühsamen Prozess." Zweitens „werden die Vertreter des Europäischen Parlaments nicht gleichheitlich, egalitär, gewählt. Denn Luxemburg hat sechs Sitze im Europaparlament, das 200-mal größere Deutschland 96 Sitze." Ein Luxemburger Abgeordneter vertritt damit etwa 96.000 einheimische Bürger, ein deutscher Europaparlamentarier dagegen rund 852.000.[338] Zudem sucht man in der EU eine Gewaltenteilung vergeblich. Denn die EU-Kommission als Exekutive bringt Gesetze über den Verordnungsweg ein und ist somit ausführende und legislative Gewalt in einem. Bereits heute „kommen 70 Prozent der Gesetze aus der EU". Und die Regelungswut der Brüsseler Bürokraten wird immer größer.[339]

Nicht ohne Grund entschied sich die Mehrheit der Briten am 23. Juni 2016 für den sogenannten Brexit. Dabei gaben ihnen die Dramen um die Merkelsche Flüchtlingspolitik und Griechenland recht. „Vielen gilt das dritte Hilfspaket als Beweis dafür, wo die Integration hinführt: zu weniger Kontrolle der Nationalstaaten und damit zu weniger Demokratie." Neben dem Demokratiedefizit, der „Bevormundung" und den zu hohen „bürokratischen Hürden" „trägt auch Europas Flüchtlingskrise nicht gerade zur EU-Euphorie bei". Die EU möchte und wird die Flüchtlingspolitik an sich ziehen und die Verteilung auf die einzelnen Staaten bestimmen. „Nichts, was aus Brüssel komme, mache das Leben der Briten sicherer, billiger oder gerechter" sind Standardantworten. Dies gilt auch für Deutsche oder andere Nord- und Westeuropäer. Zudem haben sich führende EU-Politiker wie Kommissionspräsident Jean-Claude Juncker und Parlamentspräsident Martin Schulz „Spitzbubenstücke" erlaubt. So hat Schulz vom EU-Parlament Tagegelder in Höhe von 304 Euro kassiert, obwohl er nicht anwesend war. Dabei sind diese Tagegelder nur „im Rahmen der Parlamentsarbeit vorgesehen, vor allem für Unterkunft und Verpflegung in Straßburg und Brüssel". Neben seinem hohen Gehalt erhielt er damit „jährlich zusätzliche steuerfreie Bezüge in Höhe von knapp 111.000 Euro". Ob er die zuviel beantragten Tagegelder zurückgezahlt hat, ist nicht bekannt. Und Kommissionspräsident Juncker? Der war in seiner Zeit als luxemburgischer Finanzminister und Regierungschef an der umstrittenen „Luxemburg-Leaks"-Steueraffäre federführend beteiligt. International agierende Unternehmen wie Apple, Amazon, Deutsche Bank, Google, Ikea, Pepsi und Procter & Gamble hatten immense Summen an US-Dollar nach Luxemburg geschleust und sparten damit Steuern in Milliardenhöhe. Um Juncker zu schützen, verhinderten die Fraktionen der Europäischen Volkspartei – in der die CDU/CSU ist – und der Sozialisten – darunter die SPD – die Einsetzung eines Untersuchungsausschusses. Es kam nur zu einem Sonderausschuss, der über weniger Rechte verfügte und keinen Zugang zu Dokumenten der Mitgliedsstaaten hatte. Obwohl die EU-Kommission feststellte, dass es sich bei den Steuervorteilen um illegale Beihilfen handelte und die Unternehmen Steuern nachzuzahlen hätten, kam Juncker unbeschadet aus der Affäre. Er ist immer noch der Chef der EU-Institution.[340] Daher verwundert es, dass Schäuble verstärkt für eine Verstetigung der EU eintritt und die letzten Souveränitätsrechte Deutschlands abzugeben gewillt ist. So auch bei der Europäischen Einlagensicherung, die als Ziel die Vergemeinschaftung hat. Bisher war es so, dass, wenn eine deutsche Bank in eine Schieflage gerät – wie zum Beispiel die Maple Bank –, die Sparguthaben bis maximal 100.000 Euro gesichert sind. Nun will die EU einen europäischen Topf, um mögliche südosteuropäische Bankenpleiten mittels deutscher Spargelder zu retten. Bereits heute befinden sich Italiens Wirtschaft und seine Banken im freien Fall. Die Einlagensicherung käme hier gerade zur rechten Zeit. Leider haben bislang nur 13 von 28 EU-Staaten eine Einlagensicherung, wobei die meisten der 13 diese erst vor kurzem eingeführt haben. Die deutsche Kreditwirtschaft lehnt daher eine Vergemeinschaftung der seit 30 Jahren eingezahlten Beiträge ab. Doch das nützt nichts. Denn Schäuble hat die deutsche Einlagensicherung auf dem Altar der EU geopfert, auch wenn er zeitweise wieder den „bösen Bullen" spielte.[341]

Am 21. Februar 2016 konnten die Südeuropäer „die Sektkorken knallen lassen". Schäuble hatte beim Festvortrag zur Verabschiedung des ifo-Chefs Hans-Werner Sinn „die 2.000 Milliarden Euro der deutschen Sparer als Sicherheit [der EU] zur Verfügung" gestellt. Der Bundesfinanzminister führte aus, dass „die Vergemeinschaftung von Haftung nicht zwangsläufig zu Fehlanreizen führen muss. So spricht beispielsweise viel für eine gemeinsame Einlagensicherung in unserer Bankenunion." Schäuble hatte sich wieder einmal vom Paulus zum Saulus gewandelt, indem er den italienischen Bankencrash herauszögerte. „Die deutschen Sparer werden, ohne gefragt zu werden, zu neuen Banken-Rettern – europaweit! Schäuble seinerseits hat mit seiner Mitteilung den Euro gerettet. Wie viel die Operation kosten wird, werden die deutschen Sparer ab 2024 erfahren."[342]

Noch haben wir Zeit, die Zeichen zu erkennen und entsprechend zu handeln, indem wir unsere Spareinlagen sichern. Nicht ohne Grund mieten immer mehr Deutsche aus Angst vor der schleichenden Enteignung Bankschließfächer an. „In Köln sind rund 53.000 von circa 80.000 Tresoren belegt, in Düsseldorf haben schon fast 29.000 von 36.000 Fächern einen Besitzer, in Dortmund 35.000 von 45.000, in München gar 24.000 von 25.600. In Köln, München und Dortmund führen einige

Sparkassen-Filialen [mittlerweile sogar schon] Wartelisten."[343] Dabei ist es noch nicht einmal die kommende Europäische Einlagensicherung, die zur Verunsicherung führt. Denn die meisten Bürger wissen noch gar nicht, was da auf sie zukommen wird. Vielmehr sind es bisher nur die geplante Abschaffung des Bargeldes und die Nullzinspolitik der Europäischen Zentralbank.

Bei der Abschaffung des Bargeldes geht es den Politikern – auch wenn sie es immer wieder beteuern – nicht darum, Schwarzgeld oder Steuerflucht zu begrenzen oder dem Islamischen Staat den Geldhahn abzudrehen. Nein, sie streben „nach totaler Kontrolle". „Es geht um das Ende von Privatheit und selbstbestimmter Entscheidung, um Lenkung und um den Zugriff auf das Vermögen. Der Bevormundung des Bürgers wäre in einer solchen Welt keine Grenze gesetzt, Geld wäre kein privates Eigentum mehr." Zudem „wären die Bürger ohne Bargeld den Negativzinsen der Zentralbanken ausgeliefert. Davon träumen auch viele Finanzminister." Zumal „durch negative Zinsen das Vermögen von Gläubigern zu Schuldnern umverteilt" wird. Nicht ohne Grund hält der ehemalige Bundesverfassungsgerichtspräsident Hans-Jürgen Papier „das Beschränken von Bargeldzahlungen für verfassungswidrig". Doch letzten Endes wird der Europäische Gerichtshof das deutsche Grundrecht auf Bargeld einkassieren.[344]

Aber auch die Nullzinspolitik schreckt immer mehr Bürger und Mittelständler auf. Je länger die EZB diese Fiskalpolitik aufrechterhält – und davon ist auszugehen –, desto stärker „reißt es eine Lücke bei der Altersvorsorge". So warnte der Präsident des Deutschen Sparkassen- und Giroverbands Georg Fahrenschon (CSU), dass „Millionen Beschäftigte bis 70 arbeiten müssen – oder sogar darüber hinaus!"[345] Gerade „die Lebensversicherer und Pensionswerke werden ihre Garantieversprechen nicht halten können". Daher hat die Versicherungswirtschaft die Regierung aufgefordert, bei der EZB zu intervenieren, da diese „‚in zutiefst politische Prozesse' wie eine Umverteilung von Vermögen oder einer Entwertung der Altersvorsorge eingreife". Denn die Lebensversicherer müssen überwiegend in sichere

Anlagen investieren, zum Beispiel in deutsche Staatsanleihen, da sie eine hohe Kreditwürdigkeit haben. Leider weisen derzeit allein 72 Prozent aller deutschen Staatsanleihen (825 Milliarden Euro) eine negative Rendite aus. Anders dagegen die Anleihen und Geldmarktpapiere der Krisenländer Spanien (nur 26 Prozent), Italien (nur 32 Prozent) und Irland (nur 39 Prozent). Die finanzielle Umverteilung hat bereits deutliche Ausmaße angenommen, und die große deutsche Versicherungsbranche steht vor dem Aus. „‚Nicht Deutschland profitiert von den Niedrigzinsen, sondern die verschuldeten öffentlichen Körperschaften, also Bund, Länder und Kommunen.' Was der Fiskus und damit der Steuerzahler an Zinsaufwand sparen, büßten auf der anderen Seite die Bürger in ihrer Eigenschaft als Sparer ein. ‚Die Sparer sind deutlich mehr geschädigt.'"[346]

Doch Schäuble agiert wie immer. Obwohl er medial viel Lärm schlug und die EZB aufforderte, die extrem lockere Geldpolitik zu beenden, versiegte sofort sein Kampfeswille, wenn er etwas verändern sollte: „‚Wenn wir nun den Fehler machen, die Unabhängigkeit der EZB in Deutschland anzugreifen, wären die Schäden größer als der Nutzen.' Die Deutschen seien für die Unabhängigkeit der EZB eingetreten. ‚Dann muss man ihre Entscheidungen auch akzeptieren, wenn sie einem nicht gefallen. Die Unabhängigkeit der EZB in Frage zu stellen, halte ich nicht für klug'." Dabei agiert die EZB anders als früher die Bundesbank nicht unabhängig. Vielmehr haben die Präsidenten Jean-Claude Trichet und Mario Draghi immer mehr das ausgeführt, was ihren Ländern (Frankreich, Italien) zupass kam. Ist daher Schäuble wieder umgefallen oder war es ein geplanter Schachzug? Eher letzteres, da er und Merkel die vollständige Auflösung Deutschlands in einer supranationalen Organisation betreiben, in der der Deutsche nichts mehr zählt![347]

Hätten deutsche Politiker wie Schäuble frühzeitig die Reissleine gezogen, könnte man ihnen keine Absicht unterstellen. Doch durch ihr „Festhalten an falscher Politik" hat sich „das Problem von Runde zu Runde vergrößert"! Schäuble hat aber auch dem eigenen Volk keinen reinen Wein eingeschenkt, denkt man beispielsweise an die gezahlten Kredite für die GIIPS-Staaten, die wertlos sind und niemals zurückgezahlt werden können. Für den Fall, dass er irgendwann einmal zur Rechenschaft gezogen wird, hat er sich aber abgesichert. Denn neben seiner Tätigkeit als Bundesfinanzminister ist er auch Gouverneur des Europäischen Stabilitätsmechanismus (ESM), obwohl sich dies aus rechtlichen Gründen eigentlich ausschließt. Doch weder den Rechtsanwalt Schäuble noch die deutschen Bundestagsparteien stören diese juristischen Feinheiten. Dabei fehlen dem ESM, der „700 Milliarden Euro in Form von Garantien und Kapital" umfasst und „mit denen bedürftige Mitgliedsstaaten der Euro-Zone gegen Auflagen mit Finanzhilfen unterstützt werden können", Kontrollmechanismen. Deutschland haftet mit mindestens 190 Milliarden Euro. „Theoretisch kann der Gouverneursrat seine Entscheidungen autonom treffen, also unabhängig vom Willen nationaler Regierungen oder Parlamente." In Deutschland muss der Bundestag befragt werden, doch dieser wird „dem Druck zu ständigen Ausweitungen nicht standhalten können". Zumal der ESM-Vertrag de facto erlaubt, das Stammkapital des Rettungsmechanismus in unbegrenzter Höhe aufzustocken – und zwar immer dann, wenn den Gouverneuren das genehmigte Stammkapital nicht mehr ausreichend erscheint. Da die 700 Milliarden Euro schon nicht zur Rettung Italiens ausreichen, fordern einige „eine uneingeschränkte Haftung der Euro-Länder für ihre maladen Partner". Aber auch der ESM und seine Mitglieder können nicht kontrolliert werden. Denn diese – und damit auch Herr Schäuble – besitzen „vor gerichtlichen Verfahren jeder Art" Immunität. Zudem genießen die Gouverneure und der ESM Steuerbefreiung. Die Gehälter der Bediensteten unterliegen „lediglich einer internen Steuer", die „von der nationalen Einkommenssteuer befreit" ist.[348]

Schäubles Aufruf „zur weltweiten Jagd auf Steuerbetrüger" im April 2016 mutet daher ein wenig befremdlich an. Zumal er Teil der CDU-Spendenaffäre war. Dabei ist es gerade die Politik im allgemeinen und Schäuble im besonderen, die zu wahren Steuerverschwendern (unter anderem Flüchtlingspolitik) und

Geldvernichtern (unter anderem Euro-Rettungspolitik, Niedrig-zinspolitik) mutieren. Wir Deutsche arbeiten bereits heute „das halbe Jahr nur für den Staat – so lange wie kaum ein anderes Land". Die Briten dagegen arbeiten ihre Steuer- und Abgaben-last in nur „vier Monaten und zwölf Tagen" ab. „Den Briten bleiben so im Durchschnitt gut 30.000 Euro netto im Jahr, den Deutschen 25.000 Euro – wobei letztere brutto mit rund 53.500 Euro erheblich mehr verdienen als die Bürger des Vereinigten Königreichs (47.500 Euro)." Auch die Iren, Italiener, Malteser, Spanier und Zyprioten entrichten prozentual weniger Steuern und Abgaben an den Staat und können so mehr für sich ausge-ben. Das Nachsehen haben wie immer wir Deutschen![349]

Aber die Gier nach zusätzlichen Steuereinkünften wird ge-rade in Zeiten leerer Kassen weiter zunehmen. Dabei könnte Schäuble eine freiwillige Steuer einführen, die den Staat und viele Bürger entlastet. Alle diejenigen, die zu den Befürwortern der „Willkommenskultur" gehören, zahlen einen Obolus, um die Flüchtlingskosten zu minimieren. Dieses Problem hätte sich in Nullkommanichts gelöst. Doch das ist nicht beabsichtigt und würde mit dem Hinweis auf Steuergleichheit seitens der Bun-destagsparteien einstimmig abgelehnt werden. Dabei kann man bereits seit langem von der Kirchensteuer befreit werden. Man muss nur wollen!

Viele Finanzminister wünschen sich den Abbau aller Staats-schulden. Da diese aber in der Euro-Zone seit der Finanz- und Staatschuldenkrise deutlich gestiegen sind, bleibt letzten Endes eine „Umstrukturierung unausweichlich". Das bedeutet die Ver-mögensenteignung aller EU-Bürger. Bereits 2011 hatte die ame-rikanische Unternehmensberatung Boston Consulting Group (BCG) eine Studie unter dem Titel ‚Back to Mesopotamia' verfasst und an Bundesregierung und Finanzinstitute versandt. Nach Auffassung von BCG können die Staatsschulden in Höhe von [damals!] 6,1 Billionen Euro nur durch „Abschreibungen und Enteignungen" abgetragen werden. Der Finanzsektor bleibt davon ausgenommen! BCG forderte dabei eine Schuldenquote von 60/60/60. „Das bedeutet, der Verschuldungsgrad im Bezug auf das Bruttoinlandsprodukt von Staat, Privathaushalten und Unternehmen, darf 60 Prozent nicht überschreiten." Die Studie wurde schnell vom IWF und der Bundesbank aufgegriffen. So forderte der IWF 2014, eine Schuldensteuer von „bis zu zehn Prozent der Vermögen in Form von Bankguthaben, Wertpapieren oder Immobilien" heranzuziehen, „um die maroden Finanzen des Kontinents insgesamt zu sanieren". Dies „würde in der Euro-Zone rund 3.853 Milliarden Euro in die klammen Kassen spülen und die Schuldenlast der 18 Euro-Staaten auf 5.200 Milliarden reduzieren. Damit ließe sich die Schuldenquote der Euro-Zone auf 55 Prozent reduzieren." Auch die Bundesbank forderte analog eine Vermögensabgabe. Für den normalen Steuerzahler bedeutet dies einen Totalangriff auf sein hart erarbeitetes Vermögen. Hat er beispielsweise ein Haus, müsste er sich für die Abgabe verschulden. Auch der niederländische Euro-Gruppen-Chef Jeroen Dijsselbloem hatte zur Rekapitalisierung von Banken „unversicherte Besitzer der Spareinlagen" ins Gespräch gebracht. Da die damaligen BCG-Annahmen heute nicht mehr ausreichen – die Staatsverschuldung in der Euro-Zone lag Mitte April 2016 bei fast 9,8 Billionen Euro –, rückt eine Enteignung durch Schäuble immer näher. Damit kein Bundesbürger der Enteignung entgehen kann, plant er die „faktische Abschaffung des Bankgeheimnisses". Die Finanzämter können dann massenweise Bankkonten kontrollieren, auch wenn kein Verdacht auf Steuerhinterziehung oder Betrug besteht.[350]

Treibt Schäuble einerseits den Bundesbürger immer mehr in den finanziellen Ruin, so nutzt er andererseits die hereinflutenden Steuereinnahmen für die nach Deutschland Einfallenden. So will „der Bund zur Versorgung der Flüchtlinge bis 2020 insgesamt rund 93,6 Milliarden Euro bereitstellen".[351] Die Flüchtlingskrise wird von Schäuble und Merkel zur Umverteilung biblischen Ausmaßes genutzt.

14. Auswärtiges Amt – Frank-Walter Steinmeier

Der Posten des Außenministers ist in Deutschland beliebt, da der Außenminister fast immer – Ausnahme Guido Westerwelle – gute Umfragewerte erzielt.[352] Dies liegt häufig daran, dass der Kanzler seine Richtlinienkompetenz in außenpolitischen Fragen in Anspruch nimmt und der Außenminister im Hintergrund agiert. Dieser kann eigentlich nicht viel falsch machen, da er sich auf sein Ministerium und seine Botschafter verlassen kann. Doch leider verlässt sich Merkel in der Flüchtlingskrise nicht auf die Kompetenz der Bediensteten des Bundesaußenministers Frank-Walter Steinmeier. Die Beamten des Auswärtigen Amts – wie der gesamte Öffentliche Dienst – sind aufgrund ihres Amtseids gehalten, „das Grundgesetz und alle in der Bundesrepublik Deutschland geltenden Gesetze zu wahren und [ihre] Amtspflichten gewissenhaft zu erfüllen". Ansonsten würden sie sich strafbar machen.[353] Da die meisten Beamten die Entstehung der Flüchtlingskrise anders bewerten als Merkel und Steinmeier, hätten sie diese sicher auch schneller außenpolitisch eindämmen können. Doch das wäre der Merkelschen Agenda abträglich gewesen. Nicht von ungefähr holte sich Merkel immer mehr externe Berater ins Kanzleramt und entzog dem Außenminister in dieser Frage die Aufgabenhoheit.

Und das nicht erst seitdem Merkel im März 2016 einen „schmutzigen Deal mit der Türkei" abschloss. Denn bereits am 4. Oktober 2015 stellte die European Stability Initiative (ESI) den „Merkel-Plan – Kontrolle wiederherstellen; Mitgefühl zeigen. Ein Vorschlag für die syrische Flüchtlingskrise" der Öffentlichkeit vor. Natürlich erschien der Plan auf Englisch, um viele Bürger in Unkenntnis zu belassen. Dieser „Merkel-Plan" ist die Blaupause für den politischen Kuhhandel mit der Türkei. Denn es war absehbar, dass die süd- und osteuropäischen Staaten sowie Österreich nach einer kurzen Zeit ihre Grenzen für die flutenden Wirtschaftsmigranten Richtung Deutschland wieder schließen würden. Da damit ein Versiegen beziehungsweise ein Abflauen der Asylbewerberzahlen absehbar war, musste frühzeitig ein Plan her, der dies verhinderte. Zumal George Soros bereits am 26. September 2015 – siehe Kapitel 7 – forderte, dass das EU-Asylsystem der Zukunft „eine Million Einwanderer pro Jahr" zusätzlich aufzunehmen habe. Und da hinter ESI unter anderem die Rockefeller Foundation, der German Marshall Fund und das Open Society Institute von Soros stecken, schließt sich der Kreis wieder.[354]

Aber beginnen wir mit dem Tag, als Merkel im September 2015 die Grenzen für die Masseninvasion öffnete. Ohne die Unterstützung der österreichischen Regierung hätte Merkel ihre Agenda nicht umsetzen können. Und mehrere Monate lang konnten sich die Bundeskanzlerin, ihr Außenminister und ihr Innenminister auf ihre österreichischen Pendants Werner Faymann, Sebastian Kurz und Johanna Mikl-Leitner verlassen. Ein Durchwinken der meist nicht registrierten Flüchtlinge begann. Busse und Sonderzüge aus Deutschland holten die Wirtschaftsflüchtlinge bereits an der österreichisch-slowenischen Grenze ab, nachdem Ungarn frühzeitig die Grenzen aus Sicherheitsgründen geschlossen hatte. Wurde erst Viktor Orbán seitens der Bundesregierung und der Medien zum Feindbild erklärt, änderte sich dies schlagartig, als Österreich aus innenpolitischen Zwangslagen heraus dem Vorbild Ungarns folgte. Denn auch im Alpenstaat wurden immer mehr Fälle von Vergewaltigungen, Morden und schweren Körperverletzungen sowie Diebstählen durch Flüchtlinge bekannt. Die FPÖ prangerte als einzige Oppositionspartei diese Verbrechen frühzeitig an und legte in den Meinungsumfragen deutlich zu. So lag sie im März 2016 „bei 32 Prozent, die ÖVP deutlich abgeschlagen bei 24, die SPÖ bei 22; die Grünen erreichen 14 Prozent". Zudem sind „57 Prozent der Österreicher dafür, dass Freiheitliche der nächsten Bundesregierung angehören" sollten. Dies zeichnete sich bereits ab Frühjahr 2015 ab. So erzielte die FPÖ bei den Landtagswahlen in Oberösterreich über 30 Prozent (plus 15,1 Prozent) und wurde zweitstärkste Fraktion. Einige Monate zuvor konnte sie hohe Gewinne in der Steiermark und im Burgenland verzeichnen. Im Burgenland kam dadurch eine Koalition aus SPÖ (!) und FPÖ zustande. Die Wahlkampfbotschaften „Fremd im eigenen Land" oder „Neue Wohnungen statt neue Moscheen" schlugen ein. Zudem zeigten sie die Probleme auf, die die Regierungsparteien ÖVP und SPÖ mit verursacht hatten. Selbst „Die Zeit" argwöhnte, dass „die [österreichische] Regierung ja auch wirklich nicht den Eindruck erweckt, als habe sie die Dinge im Griff". Die Konsequenz aus dieser Zwangslage war, dass Österreich eine Obergrenze von maximal 37.500 Wirtschaftsflüchtlingen Mitte Januar 2016 verkündete und das Bundesheer zur Grenzsicherung abkommandierte. Innerhalb kürzester Zeit versiegte der Zustrom, da die Balkanstaaten sich anschlossen und ihre Grenzen ebenfalls schlossen.[355]

Von einem auf den anderen Tag war das gute Verhältnis zwischen den beiden Bruderstaaten deutlich gestört. Steinmeier goss dabei noch Öl ins Feuer, als er „Österreich und andere Staaten zur Schließung der Balkanroute" öffentlich kritisierte: „Sich der eigenen Probleme entledigen, indem man europäische Partner in Not bringt – so können wir in Europa nicht miteinander umgehen. Es kommen weniger Flüchtlinge nach Mitteleuropa, weil sie in Griechenland stranden. Dort ist eine humanitäre Notlage entstanden." Und Österreich war für ihn einer der Hauptschuldigen, weil es die Flüchtlingszahlen konsequent verringerte. Die Bundesregierung isolierte sich mit ihrer Außenpolitik innerhalb der EU zusehends. Nur Luxemburg, der nach dem Bruttoinlandsprodukt pro Kopf reichste EU-Staat (2015: 87.600 Euro, Deutschland: 37.100 Euro) – der mit seinen vielen Briefkastenfirmen als Steuerparadies gilt –, hält der deutschen Regierung die Stange. Sonst gibt es in der Europäischen Union keinen mehr. Die Visegrád-Staaten (Polen, Slowakei, Tschechien, Ungarn) waren die ersten, die gegen die bundesdeutsche

Politik opponierten und auch ein vom promovierten Juristen Steinmeier favorisiertes EU-Verteilungssystem ablehnten. Der ungarische Außenminister Péter Szijjártó machte es deutlich: „Unsere wichtigste Aufgabe ist es, die Kontrolle über die Außengrenzen zurückzugewinnen." Gerade die Aufnahme von moslemischen Flüchtlingen wurde durch die Bank abgelehnt, da man die bereits bestehenden Probleme des Ostens mit diesen Bevölkerungsgruppen nicht importieren wollte.[356] Eine aktuelle britische Studie stützt diese Vorbehalte. So unterstützen nach Angaben des schwarzen Labour-Abgeordneten und früheren Leiters der Londoner Kommission für Gleichstellung und Menschenrechte, Trevor Phillips, etwa 100.000 britische Moslems islamische Selbstmordattentäter. Die Studie förderte aber weitere brisante Fakten zutage. 23 Prozent fordern die Einführung der Scharia, 52 Prozent betrachten Homosexualität als illegal, und zwölf Prozent befürworten die Todesstrafe für Blasphemie. Zudem werden nichtmoslemische Mädchen häufig als Freiwild und somit als Sexualobjekte betrachtet. Phillips kam nach diesen desaströsen Ergebnissen zu dem Schluss, dass eine Integration von vielen Moslems in westliche Gesellschaften nicht möglich sei. Bereits seit einigen Jahren verlassen viele belgische, französische und schwedische Juden aus Angst vor moslemischen Übergriffen und Antisemitismus ihre Heimatländer und wandern nach Israel oder in die USA aus. Da gerade ost- und südosteuropäische Staaten jahrhundertelang unter der Knute des Osmanischen Reiches standen, kennen sie die heraufziehende Gefahr und verhalten sich entsprechend rational.[357]

Der aus Syrien stammende Göttinger Politologe Bassam Tibi staunt daher „über das Unwissen und die Naivität der Bundeskanzlerin und ihrer Verteidigungsministerin, die glauben, auf Konferenzen in Genf und München den [syrischen] Krieg beenden zu können. (...) Unabhängig vom Krieg ist das Frauenbild in der arabisch-orientalischen Kultur patriarchalisch, eigentlich umfassend menschenverachtend.

Ein solches Frauenbild darf in Europa nicht unter dem Mantel des Respekts für andere Kulturen geduldet werden. Und es geht dem arabischen Mann bei der ausgeübten sexuellen Gewalt nicht nur um die ‚sexuelle Attraktion' der europäischen Frau, sondern auch um den europäischen Mann, dessen Ehre der Orientale beschmutzen will. So ist es auch in Köln geschehen. Köln war nur der Anfang. Wenn Deutschland mehr als eine Million Menschen aus der Welt des Islams holt und ihre Erwartungen nicht erfüllt, muss man sich auf einiges gefasst machen. Aus der Werbung glauben diese jungen Männer zu wissen, dass jeder Europäer eine Luxuswohnung, ein Auto und eine ‚hübsche Blondine' hat; sie denken, dass sie dies auch bekommen und am Wohlstand beteiligt werden. Wenn aber diese jungen Männer stattdessen in eine Notunterbringung in Schul- und Sporthallen kommen, dann fühlen sie sich betrogen, ja diskriminiert. Also entwickeln sie Rachegefühle gegenüber dem europäischen Mann. Die enttäuschten und wütenden arabischen Männer rächten sich daher in Köln und Hamburg an den deutschen Männern, vertreten durch deren Frauen. Als Syrer, der einen aufgeklärten Islam vertritt und für Respekt gegenüber Frauen einsteht, sage ich: Das war ein kulturell verankerter Racheakt." Dass die Silvesterprogrome in den deutschen Städten nur den Beginn der Feindseligkeiten ankündigten, zeigte sich im Mai unter anderem in Berlin beim Karneval der Kulturen und beim Schlossgrabenfest in Darmstadt. Auch dort wurden viele Frauen Opfer sexueller Gewalt durch Migranten.[358]

Dass selbst die moslemischen Anrainerstaaten ihre Glaubensbrüder nicht aufnehmen wollen, sollte Außenminister Steinmeier zu denken geben. Zumal er sich eine „Abfuhr" nach der anderen dort abholte. Dabei gehören Saudi-Arabien, Katar, die Vereinigten Arabischen Emirate, Kuwait und der Iran nicht nur aufgrund ihres Ölreichtums zu den reichsten Staaten der Welt, sie sprechen – mit Ausnahme des Irans – auch die gleiche Sprache. Doch Saudi-Arabien hat Angst, dass die Flüchtlinge „die saudische Gesellschaft in einem unerwünschten Maße politisieren" könnten. Dabei verfügt das Land über „100.000 Luxus-Zelte, kein einziges [aber] für Flüchtlinge". Vielmehr bieten die Saudis an, in Deutschland 200 Moscheen zu bauen. Gleichzeitig unterstützen einige dieser arabischen Staaten den Islamischen Staat und haben das Chaos in Syrien mitzuverantworten. Doch anstatt diese Staaten zur Verantwortung zu rufen oder den diplomatischen Verkehr mit ihnen abzubrechen, handelt unser Außenminister gegen deutsche Interessen und gegen die wirklichen Flüchtlinge.[359]

Es wäre ein leichtes, die wirtschaftliche Macht Deutschlands dafür einzusetzen, die Herkunftsländer zur Rücknahme der Migranten zu bewegen. Doch es geschieht nichts. Insgesamt verweigern 17 Staaten die Zusammenarbeit mit Deutschland. In Afrika sind es Ägypten, Algerien, Marokko, Äthiopien, Benin, Burkina Faso, Ghana, Guinea, Guinea-Bissau, Mali, Niger, Nigeria und Tunesien und in Asien Bangladesch, Indien, Pakistan und der Libanon. Einer Zusammenarbeit in anderer Art stehen sie dagegen offen gegenüber. Denn Entwicklungshilfe nehmen viele gerne an![360] Aber nicht nur hier versagt Steinmeier. So soll er nach unbestätigten Angaben den deutschen Botschafter in Tunesien angewiesen haben, nicht darüber zu berichten, dass Tunesien – wie fast alle Maghreb-Staaten – sich seiner Schwerverbrecher entledigt, indem es diese aus den dortigen Gefängnissen entlässt und nach Europa auf Flüchtlingsbooten verschifft.[361]

Dass Steinmeier und Merkel Deutschlands Zukunft aufs Spiel setzen, zeigt sich auch beim Flüchtlingsabkommen mit der Türkei. Anstatt dem Rat der österreichischen Innenministerin Mikl-Leitner zu folgen und auch „die Ostbalkanroute [von der Türkei nach Bulgarien] unverzüglich stillzulegen, bevor sie zur neuen Massenmigrationsroute nach Mitteleuropa wird", bieten sie durch den „schmutzigen Türkei-Deal" nun auch noch Millionen Türken und Kurden die Möglichkeit, ungehindert ohne Visum ab Juni 2016 nach Deutschland einzuwandern. Dies nennt Steinmeier „eine verantwortungsvolle Politik".[362]

Die Politik von Merkel führt sehenden Auges geradewegs in den Untergang Deutschlands. Beraten wurde sie von der European Stability Initiative, wie deren Leiter, der Österreicher Gerald Knaus, in der Zeitung „Die Welt" ohne schlechtes Gewissen zugab. Danach hat die ESI den Türkei-Handel „im vergangenen

Spätsommer entwickelt, der mittlerweile von der Kanzlerin in weiten Teilen übernommen wurde" und der die Aufnahme von 500.000 Menschen aus der Türkei pro Jahr vorsieht. Merkel hatte „Grundzüge" des von der ESI entworfenen „Merkel-Plans" bereits in der Fernsehsendung „Anne Will" vorgestellt. Im November sprachen Gabriel und Steinmeier von der Aufnahme von großen Kontingenten. Der Einflüsterer Knaus ging in diesem Interview aber noch weiter und gab unumwunden zu, dass die ESI „den Politikern daher auch in den vergangenen Monaten empfohlen habe: Nennt keine Gesamtzahl für Kontingente aus der Türkei! Sprecht lieber von einem täglichen Kontingent von ein paar Hundert Personen." Wie das von Soros mitfinanzierte ESI-Institut und die Bundesregierung das deutsche Volk absichtlich hintergehen und dies ohne Widerspruch seitens der Opposition und der Medien auch noch öffentlich zugeben, das ist an Dreistigkeit nicht zu überbieten. Auch das eigentliche Ziel der ESI trägt Knaus vor. Sie dient einzig einer Verhinderung eines deutsch-russischen Bündnisses, das fern jeglicher Realität ist, aber aus geostrategischer Sicht der US-Amerikaner irgendwann möglich sein könnte. So sagte der ESI-Chef: „Deutschland verfällt nicht wie andere Staaten in eine Anti-Islam-Rhetorik. Gleichzeitig sieht Ankara, in welch heikler geostrategischer Lage man zwischen muslimfeindlichen Regierungen in Europa und einem starken Putin steckt. Ein erfolgreiches und in Partnerschaft verbundenes Berlin kann für die Türkei und ihre Annäherung an Europa sehr viel wert sein." Es geht also um die Destabilisierung Deutschlands. Denn durch die massenhafte und unkontrollierte Einwanderung entstehen innenpolitische Krisen, die Deutschland außenpolitisch für Jahrzehnte lähmen werden.[363]

Bereits Anfang Oktober 2015 forderte Soros, dass die EU neben der jährlichen Aufnahme von einer Million Flüchtlingen den Frontstaaten [Türkei, Libanon, Tunesien, Marokko] „jährlich mindestens acht bis zehn Milliarden Euro garantieren" muss. „Diese Summe könnte durch die Art langfristiger Anleihen finanziert werden, deren Erlöse bereits den Asylbewerbern in Europa [aber sicher auch dem Spekulanten Soros] zugutekommen." Aber Soros stellte noch andere Forderungen auf, die nun von Merkel umgesetzt werden. Denn es muss zu einer „einheitlichen EU-weiten Grenzsicherung" kommen, da „das momentane Flickwerk von 28 unterschiedlichen Asylsystemen nicht funktioniert: Es ist teuer und ineffizient, und bei der Bestimmung, wer asylberechtigt ist, führt es zu völlig uneinheitlichen Ergebnissen." Sprich: Die Ost- und Südeuropäer handeln nicht so, wie der „Merkel-Plan" es vorsieht. Es geht Soros darum, „die Reiserouten der Asylbewerber" sicherer zu machen, „zunächst den Weg von Griechenland und Italien in ihre Zielländer. Der nächste logische Schritt wäre dann, sichere Verbindungsrouten zu den Frontregionen zu schaffen, um damit die Anzahl der Migranten zu verringern, die sich auf die gefährliche Mittelmeerüberquerung begeben." Letztlich sollten die „durch die EU entwickelten operationalen und finanziellen Regelungen dann dazu verwendet werden, für den Umgang mit Asylbewerbern und Migranten weltweite Standards einzuführen". Eine Weltregierung, könnte man meinen! Da Soros natürlich wusste, dass dieser Plan in der breiten Bevölkerung auf Unverständnis und Ablehnung stößt, verlangt er, dass „die EU den privaten Sektor – NGOs, Kirchengruppen und Unternehmen – dazu mobilisieren muss, als Sponsoren aufzutreten. Dazu ist nicht nur eine ausreichende Finanzierung erforderlich, sondern auch die menschlichen und computertechnischen Mittel, um zwischen Migranten und Sponsoren zu vermitteln." Ein faustischer Plan![364]

Und vieles davon wurde bereits von Merkel und ihren Getreuen umgesetzt. Unter anderem „will die Bundesregierung nach den Worten von Außenminister Frank-Walter Steinmeier gemeinsam mit dem Entwicklungsprogramm der Vereinten Nationen UNDP einen Stabilisierungsfonds für Libyen auflegen", von dem Deutschland zehn der benötigten 40 Millionen Euro trägt. „Dieser sei auch im deutschen Interesse." Zumal „Libyen im Chaos des Bürgerkrieges zum Tummelplatz für kriminelle Schleuser und für die Terrorbanden des IS geworden ist, die auch uns in Europa und Deutschland bedrohen." Derzeit wollen etwa eine Million Menschen von Libyen nach Italien übersetzen. Anstatt diese wiederbelebte Flüchtlingsroute durch Marineeinheiten zu unterbinden und die Flüchtlinge direkt nach Afrika zurückzubringen, werden die Wirtschaftsflüchtlinge wieder nach Italien verbracht, die dann ungehindert nach Österreich und Deutschland weiterreisen können. Nicht ohne Grund beschweren sich Italien und die deutsche Regierung darüber, dass Österreich Sicherungsmaßnahmen am Brenner-Pass einleiten möchte, um die afrikanischen Wirtschaftsflüchtlinge aufzuhalten.[365]

Das von der ESI erarbeitete Türkei-Abkommen sieht aber nicht nur vor, dass „jeder, der in Griechenland ankommt, in die Türkei zurückgeschickt werden soll und [als Gegenleistung, neben vielen Milliarden Euro für die Türkei] dafür ein anderer Syrer aus türkischen Flüchtlingslagern in die EU einreisen" darf, sondern hinter verschlossenen Türen wurde auch noch ein „geheimer, zweiter Deal mit der Türkei" geschlossen, über den fast nur ausländische Medien berichteten. Die überregionale österreichische Zeitung „Die Presse" meldete am 16. März 2016, dass „eine viel radikalere Idee bereits weitgehend ausgehandelt" wurde. Danach sagte der Gründer und Leiter der ESI, Gerald Knaus, „dass die EU oder eine ‚Koalition der Willigen' Hunderttausende Flüchtlinge zusätzlich übernimmt, unabhängig von der Eins-zu-eins-Formel. 900 pro Tag sei eine realistische Zahl. Unabhängig davon, ob und wie viele Syrer nach Griechenland übersetzen. Das würde 330.000 Menschen im Jahr bedeuten. Die Eins-zu-eins-Formel würde die Türkei nur um wenige Tausend syrische Flüchtlinge entlasten. Da dieser Effekt viel zu klein wäre, hat man sich parallel dazu die Umsiedlung von Hunderttausenden ausgedacht – als separates Programm." Dieses wurde auch vom „türkischen EU-Botschafter in Brüssel, Selim Yenel, bestätigt. Yenel sagte, Ankara würde nach einem Stopp der Route über Griechenland ‚mit einer Fortsetzung der Umsiedlung von Flüchtlingen in die EU' rechnen. ‚Allerdings auf freiwilliger Basis.' Deutschland, Schweden und weitere Länder seien dazu bereit." Da hierbei Afghanen oder Eritreer zunächst ausgenommen waren, will die Bundesregierung nun auch diesen über ein im Juli 2015 vereinbartes Resettlement-Programm – ein Ansiedlungsprogramm! – die Einreise ermöglichen. Letztlich werden nur Deutschland und Schweden alle Flüchtlinge aus der Türkei aufnehmen, die anderen werden ihre Sozialleistungen für diese Gruppen noch weiter reduzieren.[366]

Merkel und Steinmeier verkaufen die Deutschen. Einziger Profiteur des Abkommens ist die Türkei, die über die Unfähigkeit der deutschen Außenpolitik „herzhaft lacht". Neben den versprochenen jährlichen Milliardenzahlungen wird sie von den eigenen Flüchtlingen entlastet. Wobei die Türkei keine „syrischen Akademiker über den Eins-zu-eins-Mechanismus ausreisen" lässt. Dagegen sendet sie nach Angaben mehrerer europäischer Regierungen „auffallend viele Härtefälle", wie „schwere medizinische Fälle oder Flüchtlinge mit sehr niedriger Bildung". Darüber hinaus werden EU-Beitrittsverhandlungen wieder aufgenommen. Und ab Oktober 2016 erhalten die Türken Visafreiheit nach Europa, auch wenn die Türkei die von der EU geforderten 72 Bedingungen nicht fristgerecht umsetzt. So können nun auch Türken visafrei einreisen, die nicht über einen fälschungssicheren Pass verfügen. Da sich in der Türkei ein großer „Markt für gefälschte Pässe" etabliert hat, werden nicht nur Türken die weitergehende europäische Freizügigkeit nutzen! Auch Millionen Kurden werden diese in Anspruch nehmen, zumal der Flug „von der Kurdenmetropole Diyarbakir" nach Berlin „derzeit bei 200 Lira, umgerechnet 62 Euro – One Way, versteht sich", liegt. Der Vorsitzende der pro-kurdischen Oppositionspartei HDP, Selahattin Demirtas, prophezeit, dass „in Strömen Menschen in sicherere Regionen gehen werden". Ein Kurde fügte hinzu, dass „in Diyarbakir überraschend viele Kurden über die geplante Visumfreiheit Bescheid wissen. Alle werden nach Deutschland gehen." Doch selbst die kurdische Gemeinde in Deutschland kritisiert die geplante Visumfreiheit, da „damit die Vertreibung der Kurden belohnt werde". Besser wäre es, wenn Deutschland und die EU „sich für die Einhaltung der Menschenrechte und Demokratie [in der Türkei] einsetzen" würden, so dass die Kurden ihre Heimat nicht verlassen müssten. Zumal bereits heute die Türken die größte Zahl der Asylberechtigten in unserem Land stellen.[367]

Die Konflikte zwischen Türken und Kurden werden dann weiter nach Deutschland hineingetragen. Und der türkische Präsident Recep Tayyip Erdoğan wird seine Machtfülle nutzen, um noch stärker in die deutsche Innenpolitik einzugreifen. Sein Ziel ist nach Ansicht des Schriftstellers Boualem Sansall, „das [osmanische] Kalifat wieder aufzubauen". Da „dies die Araber niemals akzeptieren würden, stellt er sich vielleicht vor, sein Reich nach Europa auszudehnen. Aus diesem Grund ist Deutschland am meisten bedroht." Bereits früher ist Erdoğan beispielsweise in einigen deutschen Städten wie Köln unangenehm aufgefallen, als er sich auf Werbeplakaten als „Führer" feiern ließ und die Türken zu „Integration ja, Assimilation nein" aufrief. Auch sein Schlachtruf „Die Demokratie ist nur der Zug, auf den wir aufsteigen, bis wir am Ziel sind. Die Moscheen sind unsere Kasernen, die Minarette unsere Bajonette" ist noch in guter Erinnerung. Nicht ohne Grund vertagte der Bundestag eine Resolution zum 100. Jahrestag des Völkermords an den Armeniern im Osmanischen Reich. Und als er ein Jahr später die Resolution nachholte, hatte sich fast die gesamte Bundesregierung unter fadenscheinigen Begründungen der wichtigen Abstimmung entzogen. Neben Merkel fehlten Außenminister Steinmeier, Vizekanzler Gabriel sowie die Minister Schäuble, von der Leyen, Hendricks, Dobrindt und Schmidt. Altmaier war anwesend, ging aber kurz vor der Abstimmung. Zudem fehlten die nicht stimmberechtigten Maas, Schwesig und Wanka. Denn alle wollten den Flüchtlingshandel mit Erdoğan nicht gefährden. Der deutschen Bevölkerung dagegen sollte der Eindruck vermittelt werden, dass die Bundesregierung und Merkel den türkischen Despoten in die Schranken weisen. Ähnlich ging die Türkei vor. Sie zog den türkischen Botschafter aus Deutschland ab und bestellte den deutschen ein.

Der Kotau Merkels in Sachen Schmähkritik des Pausenclowns Jan Böhmermann an Erdoğan ist bezeichnend für die fatale Politik der Bundesregierung. Indem Merkel Böhmermann öffentlich rügte und diese Schmähkritik als „bewusst verletzend" darstellte, lieferte sie – wie es der frühere Präsident des Verfassungsgerichtshofs Nordrhein-Westfalen Michael Bertrams ausdrückte – „die Meinungs- und Kunstfreiheit an einen Autokraten und Despoten aus, der bürgerliche Freiheiten im eigenen Land auf gröbste Weise missachtet". Doch selbst Schäuble gibt unumwunden zu, dass „Ankara machen kann, was es wolle", denn „man brauche den Deal mit der Türkei – und zwar ‚whatever it takes'. Auf Deutsch: egal zu welchem Preis." Ein Zitat übrigens, das Schäuble vom EZB-Präsidenten Mario Draghi abkupferte. Deutschland hat sich letztlich quasi in die Hände eines Diktators begeben und kann nicht mehr entfliehen. Und Merkel berichtet sofort an den neuen Herrscher in der Türkei, auch wenn die Informationen streng vertraulich sind. Unter anderem „tippte Merkel unterm Tisch mehrere SMS in ihr Handy", um den damaligen türkischen Ministerpräsidenten Ahmet Davutoğlu über den Verhandlungsstand [zu den Visa-Freiheiten] auf dem Laufenden zu halten, damit dieser weitere Forderungen stellen konnte. Zudem „soll Merkel sogar die Botin des türkischen Präsidenten beim mit Erdoğan verfeindeten russischen Präsidenten Wladimir Putin spielen", wie Davutoğlu den Medien mitteilte. Merkel hat Deutschland zu einem türkischen Vasallenstaat erniedrigt. Dass die Deutschen diese Politik der Kanzlerin nicht gutheißen, ist verständlich. Danach lehnen knapp 70 Prozent „das Abkommen zwischen der EU und der Türkei über die Rückkehr, Aufnahme und Versorgung von Flüchtlingen" ab. „Auch verbinden nur 38 Prozent mit diesem Abkommen die Erwartung, dass jetzt deutlich weniger Flüchtlinge nach Europa kommen werden als letztes Jahr, 58 Prozent glauben das nicht."[368]

Aber unsere Politiker werden für ihr Tun auch belohnt. Steinmeier erhielt Ende Oktober 2015 die Ehrendoktorwürde der Universität Piräus. Die deutschen Medien enthielten diese Meldung der deutschen Bevölkerung vor. Vielleicht schwante ihnen, dass dies als Judas-Lohn verstanden werden könnte.[369]

15. Bundeskanzleramt – Angela Merkel

Merkel nutzte ihre elf Jahre als Bundeskanzlerin, um Deutschland in allen Bereichen zu einem gescheiterten Staat umzubauen. Der Staat versagt seither in allen elementaren Kernbereichen, wie die vorhergehenden Kapitel deutlich erkennen lassen. Um den Plan – der hinter der Zerstörung unseres modernen und ehemals gut funktionierenden Gemeinwesens steckt – zu verstehen, muss man sich mit ihrem Leben auseinandersetzen.

Die Kanzlerin wurde 1954 als Angela Dorothea Kasner in Hamburg geboren. Ihr Vater Horst hatte Evangelische Theologie in Heidelberg, Bethel und Hamburg studiert und siedelte mit seiner Familie kurz nach ihrer Geburt in die DDR über, um für die Evangelische Kirche in Berlin-Brandenburg eine Pfarrstelle in Quitzow bei Perleberg anzutreten. Kein normaler Vorgang, da die wenigsten Menschen aus einem freien, demokratischen Land in einen diktatorischen, sozialistischen Staat wechselten. Selbst nur einige wenige Kommunisten beschritten diesen Weg. Der Vater, der „ein überzeugter Sozialist" war, wurde von seinem Umfeld als „roter Kasner" bezeichnet. Dabei war es schon ein Wunder, dass er überhaupt evangelisch konfirmiert wurde. Denn sein Vater war in Posen als preußischer Pole 1896 unter dem Namen Ludwik Kazmierczak unehelich geboren und katholisch getauft. Er wurde im Ersten Weltkrieg auf seiten des Deutschen Reiches eingezogen, kämpfte aber wohl nach seiner französischen Gefangenschaft oder nachdem er desertierte für die französische „Blaue Armee" – auch „Haller-Armee" genannt. In dieser kämpften unter anderem deutsche Polen gegen Deutsche – das heißt gegen das eigene Land. Nach dem verlorenen Krieg lebte Kazmierczak aber nicht im wiedergegründeten Polen, sondern in Berlin. Dort deutschte er bereits 1930 – also drei Jahre vor der Machtergreifung Hitlers – seinen Namen in

„Kasner" ein, wohl um eine Anstellung bei der Polizei zu erhalten. Sein Sohn Horst wurde 1926 geboren und zunächst katholisch getauft, um dann zeitgleich mit der Namensänderung zum evangelischen Glauben zu konvertieren. Horst heiratete Anfang der 1950er Jahre die aus Danzig stammende Latein- und Englischlehrerin Herlind Jentzsch.[370]

Merkel hatte es somit schon aufgrund der Herkunft ihres Vaters und Großvaters schwer, eine deutsche Identität aufzubauen. Die Redakteure Ralf Georg Reuth und Günther Lachmann deckten aber in ihrer 2013 erschienenen Biographie über Merkel weitere interessante Details auf. So sei „ihre Rolle in der DDR wie auch in den Wendejahren komplexer und für die Kanzlerin weniger schmeichelhaft, als es die gängige Legende besagt". Es ergaben sich nämlich immer mehr Widersprüche zwischen dem Wenigen, das Angela Merkel über ihr erstes Leben verrät, und ihrem tatsächlichen Handeln. Und die Autoren fragten sich: „Können wir Angela Merkel glauben, wenn sie sagt, dass die DDR ihr nie eine Heimat war, dass sie nichts, aber auch rein gar nichts mit diesem Land verband? Dass sie das System sogar ablehnte, ihm also kritisch gegenüberstand? All das hat Angela Merkel in den vergangenen Jahren in zahlreichen Interviews behauptet." Zumal Horst Kasner dem „von der Stasi stark beeinflußten ,Weißenseer Arbeitskreis' angehörte", der „theologisch und kirchenpolitisch ,linke' Positionen vertrat: Als führender Mann dieser ,Bruderschaft' wirkte er innerkirchlich stark auf die Spaltung der Evangelischen Kirche in Deutschland und der Berlin-Brandenburgischen Kirche hin. Obschon das von ihm geleitete Pastoralkolleg finanzielle Unterstützung durch die westdeutschen Landeskirchen erhielt, war Horst Kasner ganz und gar auf die DDR-Staatlichkeit fixiert." Er „entwickelte teilweise eine feindselige Haltung gegenüber der Bundesrepublik". Das war auch nicht schwierig, da er über viele Privilegien verfügte. Ähnlich wie Bundespräsident und Pfarrer Joachim Gauck, der von 1991 bis 2000 Bundesbeauftragter für die Stasi-Unterlagen war und dem Spitzeltätigkeiten als Inoffizieller Mitarbeiter (IM) „Larve" vorgeworfen werden. „Dazu zählten zwei Automobile und ein Pass für Reisen ins westliche Ausland, Zollfreiheit für westliche Literatur und ähnliches." Merkel wuchs „in einem Elternhaus auf, in dem Politik und Theologie verschmolzen und in dem das Politische mit dem Streben nach dem sozialistischen Ideal verknüpft war". Bereits „seit dem zweiten Schuljahr trug Angela das blaue Halstuch der Jungen Pioniere, einer Unterorganisation der Freien Deutschen Jugend (FDJ). Zwingend notwendig wäre das nicht gewesen, denn zu jener Zeit, als sie die Grundschule besuchte, hatte die DDR-Bevölkerung die Mitgliedschaft ihrer Kinder in den Jugendorganisationen des Staats längst noch nicht mehrheitlich akzeptiert. Nach Erinnerung von Mitschülern war Angela auch in der FDJ ihrer Klasse führend." Sie konnte – anders als andere Akademikerkinder – an der Karl-Marx-Universität in Leipzig (dem sogenannten „Roten Kloster") und in Moskau studieren, was nur privilegierten und linientreuen Personen vorbehalten war. So durfte ihr Schulfreund Matthias Rau – „der auch aus einem kirchlichen Elternhaus stammt" – aber „weder zu den Pionieren noch in die FDJ" ging, nicht studieren. Merkel engagierte sich dagegen neben dem Studium weiter in der FDJ. „Als FDJ-Propagandistin nahm sie an Schulungen teil und hatte den Studenten im Zuge des FDJ-Studienjahrs die vorgegebenen Polit-Themen zu vermitteln." Nachdem ihre erste Ehe mit Ulrich Merkel nach vier Jahren 1981 gescheitert war, half ihr „Hans-Jörg Osten, SED-Mann mit den allerbesten Beziehungen und Kollege an der Akademie der Wissenschaften, an der Merkel damals forschte, eine leerstehende Wohnung im Prenzlauer Berg zu beziehen". Als sie an der Berliner Akademie der Wissenschaften der DDR arbeitete, bescheinigte ihr ein Kollege, dass „sie eine saubere politische Haltung vertrete. Bei ihr stimmen (...) die Haltung und die Handlungen überein, der noch hervorhob, dass sie sich als Funktionärin in der FDJ betätigte." Dabei war diese FDJ-Kreisleitung „nicht irgendeiner Bezirksleitung unterstellt, sondern unmittelbar dem Zentralrat der FDJ, dessen Vorsitzender damals Egon Krenz hieß. Die FDJ an der Akademie war also ganz oben in der Hierarchie angesiedelt." Dort war Merkel als „Sekretärin für Agitation und Propaganda" tätig. „Merkels späterer Förderer, der ehemalige Bundesverkehrsminister Günther Krause" erklärte, dass sie dort nicht die idealistische Weltanschauung der CDU propagierte, sondern Marxismus-Leninismus. „Agitation und Propaganda, da ist man verantwortlich für die Gehirnwäsche im Sinne des Marxismus. Das war ihre Aufgabe, und das war keine Kulturarbeit. Agitation und Propaganda, das war die Truppe, die alles, was man in der DDR zu glauben hatte, in die Gehirne der Leute abzufüllen hatte, und zwar mit allen ideologischen Tricks. Es ärgert an dieser Frau, dass sie nicht zugibt, in der DDR eine Systemnähe gehabt zu haben. Sie war fachlich nicht unverzichtbar an der Akademie der Wissenschaften. Sie war aber durchaus nutzbar als Pfarrerstochter im Sinne des Marxismus-Leninismus. Und das verdrängt sie. Das ist aber die Wahrheit." – „Sie gehörte auch der Betriebsgewerkschaftsleitung (BGL) der Akademie an. Im Mittelpunkt der Arbeit der BGL standen die Arbeitsorganisation, die Verteilung von Ferienplätzen, aber auch die ideologische Schulung. Dies bedeutete in Zeiten der NATO-Nachrüstung die geistige Mobilmachung, die Maximierung der wissenschaftlichen Forschungsarbeit, um gegen den umfassendsten und gefährlichsten Gegenangriff des Imperialismus auf den Frieden und die Sicherheit der Völker seit der Periode des Kalten Krieges gewappnet zu sein." – „So heißt es etwa in einem Sitzungsprotokoll: Als Jugendvertreterin in der BGL berichtete Kollegin Merkel über die Tätigkeit der FDJ-Grundorganisation am ZIPC, Probleme junger Wissenschaftler und Mitarbeiter des technischen Bereichs (...)." Nicht ohne Grund wird häufig spekuliert, dass Merkel als Inoffizielle Mitarbeiterin unter dem Decknamen „IM Erika" gearbeitet hatte und auch ihre Stasi-Akte im Zuge der „Wirren der untergehenden DDR 1989" durch amerikanische Agenten in der Operation Rosenholz aus dem Land gebracht wurde. Erst zehn Jahre später wurden MfS-Kader-Akten in die sogenannten „Rosenholz-Dateien" – circa 300 CDs – eingelesen und an die Bundesrepublik übergeben. Dass diese Dateien nicht alle Inoffiziellen Mitarbeiter und Berichte der Stasi beinhalten, sondern dass der amerikanische Geheimdienst wichtige Informationen für sich behielt, ist mehr als wahrscheinlich. Denn gerade die Erpressung gehört zu den zentralen Methoden eines Nachrichtendienstes. Wenn Merkel nichts zu verbergen hat, hätte sie beispielsweise „den Autoren des WDR-Films ‚Im Auge der Macht – die Bilder der Stasi‘ die Freigabe eines Fotos von ihr aus den frühen 80er Jahren nicht verweigern dürfen. In den Akten über den Regimekritiker Robert Havemann und dessen Frau Katja waren die Rechercheure auf ein Passfoto der jungen Merkel gestoßen. Das Bild fand sich in einer Foto-Sammlung von Personen, die bei der Annäherung an das Havemann-Grundstück in Grünheide bei Berlin erfasst worden waren." Und dort stand Havemann unter Hausarrest und wurde rund um die Uhr von der Staatssicherheit observiert. Ihm war der Umgang mit DDR-Bürgern nur eingeschränkt möglich. Merkel gab an, sie habe seinen Sohn besuchen wollen, mit dem sie am „Ost-Berliner Zentralinstitut für Physikalische Chemie zeitweilig das Büro" teilte. Eine merkwürdige Konstellation, zumal sie wissen musste, dass sie damit erneut in den Blick der Stasi geriet. Auch 1981 hätte sie die „Staatssicherheit auf dem Hals" haben müssen, nachdem sie unerlaubt aus Polen „zwei Fotos vom Denkmal einer Solidarność-Märtyrerin in Gdingen, eine Solidarnosc-Zeitschrift und ein Solidarność-Abzeichen" mit sich führte. Doch in beiden Fällen musste sie keine Konsequenzen fürchten, obwohl doch ähnliche Fälle in dieser Zeit heftige Repressalien zur Folge hatten. „Einem Kollegen, der für die Staatssicherheit arbeitete, sagte sie über die Verhältnisse in Polen, sie stimme der Einschätzung der UdSSR zu, dass die Gefahr einer Untergrabung des Sozialismus in Polen bestehe." Eine Antwort auf die Frage, wie sie zum Sozialismus stand, könnte auch „ihre Arbeit über Marxismus-Leninismus geben, die untrennbarer Bestandteil ihrer Dissertation war und die – welch Zufall! – als verschollen bezeichnet wird". Durfte sie nach Abgabe ihrer Dissertation deshalb 1986 für mehrere Tage zur Hochzeit ihrer Cousine nach Konstanz reisen, wo sie angeblich „einen aus der DDR geflüchteten Kollegen besuchte"? Dabei wurden diese Personen damals von der DDR als Staatsfeinde betrachtet! Oder verhalf ihr heutiger Ehemann Joachim Sauer – den sie an der Akademie kennenlernte und der „bereits damals ein auch im Westen angesehener Quantenchemiker" war, ihr dabei? Denn Merkel besuchte auch die Universität Karlsruhe. Auch reiste sie „für einen längeren Studienaufenthalt nach Prag und unternahm eine ausgedehnte Privatreise durch die Sowjetunion". Dabei durften gerade „in den Westen nur absolut systemloyale Wissenschaftler reisen. Diese Leute waren handverlesen, sie gehörten dem sogenannten Reisekader an. Wenn sich ein Reisekader auf den Weg in den Westen machte, bekam er klare Ansagen mit auf den Weg. Nach der Rückkehr aus dem Ausland mussten die Wissenschaftler dann berichten. Es muss also wohl wieder die von [einem] MDR-Moderator erwähnte ‚real existierende Schizophrenie' sein, die einen Menschen dazu bringt, sich selbst als systemkritisch zu betrachten, während das System offenbar ein Höchstmaß an Loyalität erkennt." Obwohl Merkel früh die auftretende Distanz zwischen Michail Gorbatschow und dem Honecker-Regime erfasste, fand sie „erst spät zu Reform-Gruppen". „Ein wiedervereinigtes Deutschland lag zu diesem Zeitpunkt außerhalb ihrer Vorstellungskraft, nicht nur weil es nicht in die bipolare Welt gepasst hätte, sondern weil Merkel das westliche Gesellschaftssystem strikt ablehnte." Zur Frau des Bochumer Theologieprofessors Christofer Frey soll Angela Merkel damals gesagt haben: „Wenn wir die DDR reformieren, dann nicht im bundesrepublikanischen Sinne." Als die Mauer am 9. November 1989 fiel, hat sie nicht – wie hunderttausende DDR-Bürger – sofort West-Berlin besucht. Sie gönnte sich vielmehr erst einmal ein Sauna-Bad. Trotz dieser Petitesse war ihr unaufhaltsamer Aufstieg scheinbar geplant. Denn es gab einige Förderer. Bereits im Oktober hatte sich Merkel bei der Oppositionspartei Demokratischer Aufbruch (DA) engagiert, die anfänglich für einen „demokratischen Sozialismus" in einer „eigenständigen DDR" eintrat. Sie wurde im DA Pressesprecherin und konnte ihre frühere Erfahrung als ehemalige Sekretärin für Agitation und Propaganda einbringen. Vorsitzender wurde der Kirchenanwalt Wolfgang Schnur, der bereits früher eng mit Merkels Vater zusammengearbeitet hatte. Auch bestanden lange, freundschaftliche Beziehungen zur Familie de Maizière. Der Vater des späteren letzten DDR-Ministerpräsidenten Lothar de Maizière, Clemens, war Mitglied der Provinzialsynode von Berlin-Brandenburg. Beide, Vater und Sohn de Maizière, arbeiteten seit Jahren für die Stasi – Lothar als „IM Czerny". „Und dieser CDU-Politiker de Maizière wiederum stand der Gruppe um den früheren Moskau-treuen und KGB-nahen Geheimdienstchef Markus Wolff [und dem laut Abschlussbericht des Immunitätsausschusses des Deutschen Bundestages unter verschiedenen Decknamen inoffiziell der Stasi zuarbeitenden] Gregor Gysi nahe. Lothar de Maizière trat [vor und nach der Wiedervereinigung] zwar an der Seite von Helmut Kohl auf, aber politischen Rat holte er sich bei Gysi. Das offenbart ein Dokument, das unbedingt geheim bleiben sollte und nur auf dem Klageweg herausgerückt wurde." Doch einer nach dem anderen flog nach einer gewissen Zeit als Agent der Staatssicherheit auf. Erst war es Schnur, der vier Tage vor der Volkskammerwahl im März 1990 über seine langjährige Stasi-Tätigkeit als „IM Torsten" beziehungsweise „Dr. Ralf Schirmer" stolperte, die durch eine Indiskretion an die Öffentlichkeit drang. Dabei sah sich Schnur bereits als künftiger Ministerpräsident, der sich mit dem Demokratischen Aufbruch dem Wahlbündnis Allianz für Deutschland (CDU-Ost, DA, Deutsche Soziale Union) angeschlossen hatte. Merkel leitete die Pressekonferenz, auf der der Rücktritt Schnurs bekanntgegeben wurde. Sein Nachfolger wurde der Bürgerrechtler und Pfarrer Rainer Eppelmann, der nichts mit der Staatssicherheit gemein hatte. Aber Merkel stieg auf und wurde Vorstandsmitglied. Gemeinsam gewann die Allianz für Deutschland trotz dieses Skandals die Volkskammerwahlen, bei denen Lothar de Maizière – der Vorsitzende der ehemaligen Blockpartei-CDU – zum Ministerpräsidenten gewählt wurde. Der Demokratische Aufbruch erzielte dagegen bei der Wahl nur 0,9 Prozent und rutschte in die Bedeutungslosigkeit ab (CDU-Ost: 40,8 Prozent, DSU: 6,3 Prozent). Normalerweise würden Politiker, die solche Ergebnisse erzielen, in der Versenkung verschwinden. Doch bei Merkel sah es anders aus. Denn sie wohnte – und wohnt bis heute – „Am Kupfergraben, Nummer 6, in Berlin-Mitte". Ein Haus, das sie mit Lothar de Maizière teilte, der dort bis vor einigen Jahren seine Rechtsanwaltskanzlei betrieb. „Lothar de Maizière berief Angela Merkel dann zur stellvertretenden Regierungssprecherin. Ihre Leistungen dort wurden schnell öffentlich anerkannt. Es sei ihr gelungen, sich durch ,Intelligenz und Zuverlässigkeit einen Ruf zu schaffen, der sie für Höheres' empfehle, schrieb das [ehemalige SED-Blatt] ,Neue Deutschland'. Es sollte recht behalten. Nachdem der DA in der CDU aufgegangen war, lenkte de Maizière den Blick Helmut Kohls auf Merkel, der von der Pfarrerstochter sogleich angetan war." Aber auch de Maizière ereilte das gleiche Schicksal wie Schnur. Mitte Dezember 1990 trat er als Bundesminister für besondere Aufgaben zurück und legte neun Monate darauf sein Bundestagsmandat nieder.[371]

Aufgrund der langjährigen familiären Kontakte zu Schnur und de Maizière wird Merkel über deren Stasi-Verstrickungen gut und früh informiert gewesen sein. Erleichterten deren Rücktritte ihren kometenhaften Aufstieg? Sicherlich! Doch ihre Vision eines „demokratischen Sozialismus" vereinbarte sich nicht mit der damaligen Programmatik der West-CDU. Wie schaffte sie es also, nach wenigen Monaten zur Bundesfamilienministerin im Kabinett Kohl aufzusteigen? Hatte sie etwa Kenntnisse über die Flick-Affäre, die sich zur späteren CDU-Spendenaffäre ausweitete und von der seit Mitte der 1970er Jahre die Staatssicherheit wusste (siehe Kapitel 13)? War Kohl dadurch erpressbar? In Hamburg am Vorabend des Bundesparteitags, drei Tage vor der Wiedervereinigung, traf Merkel kurz den CDU-Bundesvorsitzenden Helmut Kohl, der danach ein wenig verstört wirkte. Anschließend lud Kohl Merkel zu einem bilateralen Gespräch nach Bonn im November ein. Am 2. Dezember wurde sie bei der ersten gesamtdeutschen Bundestagswahl als Direktkandidatin im Wahlkreis Stralsund/Rügen/Grimmen gewählt. Mitte Januar 1991 ernannte Kohl die Quereinsteigerin, die weder über eine Hausmacht in der CDU verfügte noch mit den Spielregeln bundesdeutscher Politiker vertraut war – aber auch keine Kinder hatte –, zur Bundesministerin für Frauen und Jugend. Ein Kuriosum! Auf dem CDU-Bundesparteitag in Dresden im Dezember 1991 wurde sie zudem Stellvertretende Bundesvorsitzende der CDU, also Nachfolgerin Lothar de Maizières. Später wird dessen Cousin, Thomas de Maizière, zu einem ihrer engsten Vertrauten.[372]

Obwohl Merkel bis heute immer beteuert, niemals für die Staatssicherheit gearbeitet zu haben, bleiben Zweifel. Denn sie gab an, dass sie als Vorbedingung für ihre Tätigkeit an der Akademie der Wissenschaften eine Verpflichtungserklärung der Stasi erhalten habe, die sie aber nicht unterschrieben habe. Wenn das stimmt, hätte sich „ein entsprechender Ablehnungs-Vermerk in ihrer Akademie-Kaderakte befinden" müssen, der das bestätigt. Doch davon ist nichts bekannt. Hinzu kommt, dass sie es angeblich nicht mag, „Menschen auf eine Linie zu zwingen". So sagte sie: „Ich habe einen gewissen Widerwillen dagegen, jemanden politisch stark unter Druck zu setzen, damit er dies oder jenes tut oder lässt. Das hat wohl mit der DDR-Erfahrung zu tun, wo wir ständig unter Druck standen." Ihre Kanzlerzeit widerlegt ihre Behauptung ein ums andere Mal, so auch bei der Ablösung von Gerhard Schindler als Chef des Bundesnachrichtendienstes Ende April 2016. „Einfluss auf die Personalie habe die Bundeskanzlerin selbst genommen." Sie „wollte aber nicht öffentlich in Erscheinung treten". Schindler wurde angeblich ausgewechselt, da seine Schwester mit dem AfD-Pressesprecher des Saarlandes, Rolf Müller, verheiratet ist. Die Sippenhaft scheint nun auch in der Bundesrepublik angekommen zu sein. Nachfolger ist ein linientreuer Schäuble-Untergebener. Zudem versucht Merkel seit einiger Zeit, die Deutschen mit Strategien aus der Verhaltensforschung umzuerziehen, dem sogenannten „Nudging" (siehe Kapitel 6).[373]

Als Merkel vom „Time Magazine" Ende 2015 zur „Person des Jahres" ausgezeichnet wurde, da sie Griechenland gerettet, Flüchtlinge aufgenommen und sich im Kampf gegen den Islamischen Staat engagiert hat, konnte man dies als Ehre ansehen.

Doch man kann es auch anders interpretieren. Nämlich als „vergiftetes Time-Votum, weil sich die USA freuen, wenn Deutschland und Europa an Merkels Politik Schaden nehmen". Zumal die „Time"-Begründung auch folgende Sätze beinhaltet: „Es ist selten, einem Anführer bei dem Prozess zuzusehen, eine alte und quälende nationale Identität abzulegen." Und: „Dafür, dass sie ihrem Land mehr abverlangt hat, als es die meisten Politiker wagen würden."

Der Großteil der Deutschen folgt Merkel seit ihrer selbstverschuldeten Flüchtlingskrise nicht mehr. Das hat sie begriffen. Nicht von ungefähr hat sie Mitte September 2015 wohl zum ersten Mal ehrlich ihre Sicht über Deutschland allen mitgeteilt: „Dann ist das nicht mein Land."[374]

Dabei ist und war es nie ihr Land. Sie hätte die erste Dienerin des Staates und somit des Volkes – so wie sich auch Friedrich der Große sah – sein müssen! Und als Beauftragte des Volkes wäre es ihre Aufgabe gewesen, die Gesetze der Bundesrepublik Deutschland – also auch das Grundgesetz – zu beachten und zu befolgen. Dies hat sie aber nur sehr bedingt getan. Stattdessen hat sie ihre Agenda der Zerstörung Deutschlands umgesetzt! Das alles zeigt eines ganz klar: Aufgrund ihrer Sozialisation kennt Merkel keine Identität zur freiheitlich-demokratischen Staatsform, sie hat keinen Bezug zum wiedervereinigten deutschen Nationalstaat, und ganz besonders fremd ist ihr das eigene Volk. Sie ist und bleibt eine Sozialistin, die sich für „ihre" untergegangene DDR an uns, den Deutschen, rächen will. Dies hat sie auch nach der Bundestagswahl 2013 deutlich gezeigt, als sie auf der CDU-Wahlparty angewidert die ihr von Hermann Gröhe überreichte schwarz-rot-goldene Fahne entsorgte.[375]

16. Schlussbetrachtung

Obwohl Deutschland durch die Wiedervereinigung nicht souverän geworden ist, trachten dennoch viele Staaten danach, unseren Staat wirtschaftlich und politisch klein zu halten. Johannes Rau sprach davon, dass „Deutschland von Freunden umzingelt" sei.[376] Und er hatte recht. Der Preis der Einheit war der Verzicht auf die D-Mark. Den hohen Preis dafür zahlen wir seit Einführung des Euro. Doch trotz des Verzichts auf die Währungshoheit hat sich die wirtschaftliche Lage noch nicht in dem Maße abgeschwächt, wie es US-Geostrategen und auch Spekulanten prognostizierten. Die absurde Angst der USA, dass sich Deutschland mit Russland irgendwann einmal wirtschaftlich oder sogar militärisch verbinden könnte, besteht seit Anfang des 20. Jahrhunderts. Selbst die European Stability Initiative gibt offen zu, dass die massenhafte Einwanderung nach Deutschland dazu dient, ein deutsch-russisches Bündnis zu verhindern. Dafür nimmt man eine Destabilisierung Deutschlands gerne in Kauf. Für den algerischen Schriftsteller Boualem Sansal hegen zudem „alle Europäer Ressentiments gegen Deutschland. Deutschland ist reich, einflussreich, außerordentlich gut organisiert. Die Leute träumen von nichts anderem als dem Absturz Deutschlands."[377] Und die unkontrollierte moslemische Einwanderung wird diesen forcieren. Es entstehen innenpolitische Krisen, die Deutschland außenpolitisch für Jahrzehnte lähmen werden. Nicht ohne Grund entzog Merkel dem Auswärtigen Amt die Aufgabenhoheit und holte sich externe Berater – wie die ESI – ins Kanzleramt. Und diese entwarfen den sogenannten „Plan", der gewährleistet, dass die Asylbewerberzahlen auch in den nächsten Jahren nicht abflauen. Dieser sogenannte „Merkel-Plan" ist die Blaupause für den politischen Kuhhandel mit der Türkei. Damit setzen Steinmeier und Merkel Deutschlands und Europas Zukunft aufs Spiel. Da dieser Effekt aber immer noch zu klein wäre, um Deutschland schnell zu zerstören, hat man sich parallel dazu eine Umsiedlung von weiteren Hunderttausenden ausgedacht – als separates, geheimes Programm. Letztlich werden Deutschland und eventuell Schweden alle Flüchtlinge aus der Türkei aufnehmen, wenn sich die anderen EU-Staaten weigern. Und das werden sie tun! Denn sie sind noch nicht voll kontaminiert, narkotisiert und umprogrammiert, wie leider die meisten Deutschen. Aufgrund der fehlenden Abwehrkräfte in Deutschland – Ausnahme die Unterstützer von Pegida und der Alternative für Deutschland – erhalten nun auch noch Millionen Türken und Kurden die Möglichkeit, ungehindert – durch die Visafreiheit – nach Deutschland einzuwandern. Das Ziel, Deutschland aufzulösen, entspricht Merkels Agenda. Es spricht vieles dafür, dass sie sich seit dem Zusammenbruch der DDR zu einem Rachefeldzug gegen Deutschland und insbesondere gegen die Deutschen entschlossen hat. Denn diese haben ihre geliebte DDR, in der sie sozialisiert wurde und im Vergleich zu anderen Mitteldeutschen privilegiert lebte, für die Freiheit des Westens eingetauscht. Sie wurde quasi ihres Lebens beraubt, auf das sie politisch und agitatorisch vorbereitet wurde.

Dass Merkel alle Bereiche des Staates von der Bildung, Familie, Finanzen, Gesundheit, Innere Sicherheit, Verteidigung, Verkehr über die Versorgung bis hin zur Wirtschaft selbständig zerstört, ist nicht nur unwahrscheinlich, sondern einfach unmöglich. Sie konnte sich aber auf viele deutsche Politiker verlassen, die aus ideologischer Verblendung einen anderen Staat – einen sozialistischen – herbeisehnen oder aus Rückgratlosigkeit diesen nicht verhindern. Zumal die Wiedervereinigung für viele ein Schock war, galt doch die DDR als der „bessere Staat". Nicht zu vergessen, dass viele Abgeordnete aus allen Parteien die Vereinigung beider Staaten hintertrieben haben und für Zweistaatlichkeit eintraten. Das Thema Wiedervereinigung war von Politikern wie Gerhart Baum, Norbert Blüm, Heiner Geißler, Joseph Fischer, Burkhard Hirsch, Oskar Lafontaine und Gerhard Schröder ins „rechte" politische Umfeld verbannt worden, das angeblich „wieder den rechten Traum" sehnsüchtig erwarten würde.[378] Linksorientierte Parteien und Politiker wurden in ihrer Haltung, die Wiedervereinigung sei ein nationalistisches Gedankenspiel, von Intellektuellen und der evangelischen Kirche unterstützt, denen eine deutsche Wiedervereinigung, wie es der Soziologe Erwin Scheuch ausdrückte, „als Unwert" galt. Der Nationalstaat – besonders der deutsche – wurde von ihnen als antiquiert angesehen, die DDR jedoch schlechthin als paradiesischer Wohlfahrtsstaat erträumt, in dem ein besseres Leben möglich gewesen wäre. Leider kam ihnen das Ende der DDR dazwischen, und die Wahrheit brach sich Bahn. Doch die Verlierer schworen Rache![379]

Es war für Merkel leicht, den vollständigen Umbau der CDU von der „Partei der Mitte" nach links – hin zu den linken Grünen – zu betreiben. Denn die Partei erodierte bereits in der Kohl-Ära. Zu viele Karrierelinke und CDU-Hinterbänkler mit einem religionsethischen Gleichheitsfimmel fanden hier ihren Platz. Kohls „geistig-moralische Wende" war nur eine Platitüde, um in den 1980er Jahren konservative und national-liberale Wählergruppen zu ködern. Selbst bestätigte er später, dass die „Wende" für ihn nur „zwei zentrale Punkte" beinhaltete: „die Bereitschaft, den Frieden zu verteidigen, und die Verlässlichkeit der Deutschen im Bündnis".[380] Innerhalb der CDU wurden mit der Zeit Konservative und Wirtschaftsliberale immer weniger. Und die, die sich an Merkels neuer Ausrichtung rieben, biss die Parteivorsitzende entweder weg, diskreditierte sie oder ließ sie am ausgestreckten Arm verhungern, wobei letztere sich ihrem Spiel ergaben und ihr nun als Marionetten dienen. Immer in der Hoffnung, dass auch für sie eines Tages ein weiterer Brosamen abfällt.

Bereits mit ihrer Bestätigung zur CDU-Bundesvorsitzenden hatte sie die Weichen gestellt und entsprechend zielgerichtet Personen wie Ursula von der Leyen für ihre Agenda einer „neuen DDR" installiert. Diese führte – da sie ideologisch geprägt ist – als Ärztin den Genderismus erst in der CDU ein, dann vom Familienministerium ins Arbeits- und Sozialministerium und zuguterletzt ins Verteidigungsministerium. Die Bundeswehr wurde durch sie und ihren Vorgänger von und zu Guttenberg geschleift, so dass sie heute nicht mehr einsatzbereit ist.

Auch Johanna Wanka gehört zu den engsten Vertrauten und Weggefährten Merkels. Sie treibt unter anderem die philosophisch-pädagogische Umerziehung der Deutschen zum Einheits-Gender-Europäer voran. Im Auftrag Merkels ließ Wanka – in Zusammenarbeit mit ihren auch meist ideologisierten Fachkollegen aus den Bundesländern – das früher überdurchschnittlich gute deutsche Bildungswesen durch Absenken des Bildungsniveaus und die Nivellierung der Abschlüsse vor die Wand fahren. Die Zeche zahlen nicht nur unsere Kinder, sondern auch die Wirtschaft, die auf qualifizierte Arbeitskräfte angewiesen ist, vom ausbleibenden Wachstum ganz zu schweigen.

Dass die Wirtschaft bereits heute darunter leidet, nehmen der Minister für Verkehr und digitale Infrastruktur (Alexander Dobrindt) und der Bundesminister für Wirtschaft und Energie (Sigmar Gabriel) gelassen hin. Vielleicht liegt es an ihrer Qualifikation. Gabriel ist Lehrer und Dobrindt Soziologe! Denn anders ist es nicht zu verstehen, dass sie nicht offen meutern. Gleichzeitig verscherbeln die Minister Spitzentechnologie an ausländische Konkurrenten, verursachen Rüstungsunternehmen irreparable Reputationsschäden und stellen sich nicht vehement hinter den größten deutschen Autokonzern, um eine mögliche Zerschlagung abzuwenden. Sie hätten die Macht und das Geld, um damit die seit Jahren marode Infrastruktur zu sanieren. Sie tun es nicht! Zumal Geld anscheinend nicht das Problem darstellt, wie sich bei der Flüchtlingskrise herausstellte. Vielmehr fördern sie mit ihrer Politik die Deindustrialisierung Deutschlands, die mit der Merkelschen Energiewende erst richtig beschleunigt wird. Dabei sollten sie doch alle wissen, dass nur durch günstige Energie die deutsche Wettbewerbsfähigkeit langfristig gesichert werden kann!

Gerade die Energiewende, die Merkel ohne Not 2011 selbst ausgerufen hat, wird katastrophale wirtschaftliche Folgen nach sich ziehen. Denn anders als Deutschland setzen immer mehr Staaten in der EU und in der Welt weiter auf Atomkraft, erstaunlicherweise gerade auch arabische Staaten, die doch über genügend Sonnenenergie verfügen. Mit Barbara Hendricks hat

Merkel eine linke Ideologin und Sekundarstufenlehrerin auf den Ministerposten für Umwelt, Naturschutz, Bau und Reaktorsicherheit gesetzt, die die Öko- und Klimadiktatur noch weiter forciert. Ging es erst den Kernkraftwerken an den Kragen, sind nun Braun- und Steinkohlekraftwerke dran. Letztlich zahlen Unternehmen, Bürger und jährlich Millionen durch Windkrafträder getötete Tiere einen hohen Preis für diese verblendete, gutmenschliche Ideologiepolitik. Mit ihrer Energiewende unterwirft sie Deutschland einer globalen Klimazielpolitik, die den Wirtschaftsstandort weiter schwächt, viel Steuergeld verbrennt und wissenschaftlich nicht haltbar ist. Das ist Planwirtschaft in Reinform. Aber es geht nicht um Sachverstand, sondern um die Gängelung und weitere Zerstörung der letzten Habe der Deutschen, angeblich der Umwelt zuliebe. Zudem förderte Hendricks als Bauministerin den EU-Ansiedlungsplan von Wirtschaftsflüchtlingen, indem sie innerhalb kürzester Zeit das Baugesetz ändern ließ. Nun können Kommunen Grundstücksflächen für Immigranten nutzen, die bislang der einheimischen Bevölkerung vorenthalten waren. Gleichbehandlung sieht anders aus.

Auch der Gesundheitsminister Hermann Gröhe macht in diesem Kontext mit. Obwohl das deutsche Krankenversicherungssystem seit Jahrzehnten marode ist, öffnet er, ein Jurist, dieses nun für Millionen von Wirtschaftsflüchtlingen. Auf die Sozialkassen rollt eine Kostenlawine von vielen Milliarden Euro zu.

All die Genannten begehren nicht gegen Merkel auf, da sie zu ihren willfährigen Handlangern gehören. Ohne Merkel hätten sie aufgrund ihres Intellekts, ihres Auftretens und ihres Dilettantismus keine Ministerweihen empfangen und wären in der freien Wirtschaft klaglos gescheitert. Dies schließt auch den Entwicklungshilfeminister Gerd Müller ein, der von seinem Ministerium an der kurzen Leine gehalten wird und ganz auf die Linie der Kanzlerin einschwenkte. Da ihm als Wirtschaftspädagoge diplomatische Sachkenntnis fehlt, verlässt er sich auf seine Mitarbeiter, die leichtes Spiel damit hatten, ihn zum Sprachrohr der Flüchtlingsindustrie zu machen.

Ähnliches gilt auch für Andrea Nahles. Sie gilt wie viele andere (unter anderem Maas, Schwesig) als typische Vertreterin der heutigen Politikerkaste, da sie den Weg vom Kreißsaal über den Hörsaal der Literaturwissenschaften in den Plenarsaal beschritt. Auch ihr mangelt es am beruflichen Sachverstand und an Arbeitsexpertise. Dabei stellt sie für die Wirtschaftsflüchtlinge aus ihrem Arbeits- und Sozialministerium Geld in Hülle und Fülle zur Verfügung. Doch das wird nicht reichen, da die Migranten vor allem wegen ihrer geringen Qualifikationen den Staat gigantische Summen kosten werden. Uns wirtschaftlich helfen können sie nicht. Pro Flüchtling entstehen dem Steuerzahler Kosten in Höhe von mindestens 450.000 Euro. Da hilft es auch nicht, dass Nahles Tausende neue Arbeitsplätze rund um die Flüchtlingsindustrie verspricht. Eine sozialistische Planwirtschaft auf höchstem Niveau! Die Wirtschaftsmigranten sind der Turbo, damit die Sozialkassen noch schneller versiegen.

Auch Manuela Schwesig und Heiko Maas stellen immer wieder unter Beweis, dass bundesrepublikanische Minister seit der Wiedervereinigung nur selten aufgrund ihrer Intelligenz oder ihrer Reputation an diese Positionen gelangten. Michael Klonovsky traf ins Schwarze, als er sagte, dass „nirgends der Fachkräftemangel größer ist als in der Politik".[381] Beide fallen meist nur wegen ihres missionarischen Eifers im „Kampf gegen rechts" auf. Sie sind durch und durch ideologisiert. Ihnen geht es einzig um das Umverteilen staatlicher Gelder. Und zwar für linke und linksextreme Projekte und Gruppen. Wenn der „Kampf gegen rechts" dem Bundesjustizminister einmal Zeit lässt, nutzt er sie, um das liberale deutsche Rechtssystem Stück für Stück weiter auszuhebeln und zu untergraben. Zudem ist er häufig mit der Rechtslage überfordert, so unter anderem bei der Flüchtlingspolitik. Sie offenbarte nicht nur ein eklatantes Politikversagen, sondern führte zum klaren Verfassungsbruch. Maas gehört somit zu Merkels Idealbesetzung. Ein Justizminister, der sich nicht in ihre Agenda einmischt – zumal er von Kindesbeinen an Sozialist ist – und sich lieber auf anderen, unwichtigen Spielplätzen tummelt. Doch Merkel braucht auch die Absicherung durch die obersten Gerichte. Es war daher von Nöten, die Judikative quasi gleichzuschalten und der Agenda der Kanzlerin unterzuordnen. Nicht ohne Grund wurden in den letzten elf Jahren gezielt Personen in die obersten Bundesgerichte entsandt, denen es an Qualifikation und Reputation mangelt. Vielfach hat man Ansehen und Sachkenntnis durch politische Ausrichtung ersetzt.

Auch die Finanzbeamtin Manuela Schwesig bleibt ihrer Eindimensionalität bis heute treu. Für Familienpolitik interessiert sich die Bundesfamilienministerin dagegen nur am Rande. Gerade die traditionelle Rollenverteilung ist ihr ein Dorn im Auge. Sie will die frühzeitige staatliche und gutmenschlichlinke Indoktrination, untermauert durch die Frühsexualisierung der Kinder. Ein weiterer Punkt, der sie mit Merkel eint, ist die völlige Veränderung der demographischen Zusammensetzung der in Deutschland lebenden Menschen. Deshalb befürwortet sie vehement den Familiennachzug der Flüchtlinge.

Auf Bundesinnenminister Thomas de Maizière konnte sich die Bundeskanzlerin immer verlassen, da er ihr nie widerspricht und ihr ergeben dient. Dabei hätte er die Pflicht gehabt, die Flüchtlingskrise im Keim zu ersticken. Doch anstatt, wie seine ausländischen Kollegen, Grenzsicherung zu betreiben, ließ er die Schlagbäume offen. Dabei ermuntert gerade die Abschaffung der Grenzkontrollen Kriminelle, ihre Arbeit ungestört fortzusetzen – zum Schaden der Bevölkerung. Die öffentliche Sicherheit ist dadurch in Gefahr geraten, wie die zunehmende Zahl der gut organisierten Diebesbanden aus Ost- und Südeuropa deutlich belegt. Aber auch die Flüchtlinge haben die Kriminalitätsstatistik deutlich ansteigen lassen. Zusammen mit den Systemparteien und vielen gleichgeschalteten Medien versucht de Maizière die Gewaltzunahme – die sich auch gegen die Institution Polizei und ihre Bediensteten richtet – zu verschleiern. Immigrantengewalt wird unter den Teppich gekehrt! Verbrechen, die alle zu Lasten Merkels gehen. Hätte sie nicht die Schleusen geöffnet, wären nicht unzählige Frauen und Kinder beiderlei Geschlechts durch Flüchtlinge geschändet, Menschen – Deutsche wie Ausländer – ermordet, terrorisiert oder bestohlen worden. Und das in Deutschland wie in Europa! Merkel ist die Haupttäterin dieser Unordnung. Die Opfer dieser Tragödien müssten durch Merkel und die Bundestagsparteien persönlich entschädigt werden, haben doch auch die Opfer des NSU-Terrors richtigerweise Entschädigungssummen erhalten. Aber de Maizière interessieren die Opfer nicht. Nicht anders ist es zu bewerten, dass er das Mittel der Abschiebung nicht nutzt. Dabei könnten Abschiebungen für Abschreckung und für Entlastung sorgen.

Für Wolfgang Schäuble ist das Aufgehen Deutschlands in einer supranationalen EU das Maß aller Dinge, in der es keine Gewaltenteilung gibt und die Brüsseler Bürokraten schalten und walten können, wie es ihnen beliebt. Als Gouverneur des ESM genießt er vor gerichtlichen Verfahren jeglicher Art Immunität. Dieser Moloch von „Gleichschaltungen, Regulierungen und Egalitarismen" riecht pur nach Merkel.[382] Darin ist sie sich mit Schäuble und Jean-Claude Juncker einig. Letzterer hatte 1999 dem Nachrichtenmagazin „Der Spiegel" seinen Plan zur Auflösung der Nationalstaaten dargelegt, ohne dass dies zu öffentlicher Kritik führte. Vielmehr stieg er sogar zum EU-Kommissionspräsidenten auf. Juncker sagte damals: „Wir beschließen etwas, stellen das dann in den Raum und warten einige Zeit ab, was passiert. Wenn es dann kein großes Geschrei gibt und keine Aufstände, weil die meisten gar nicht begreifen, was da beschlossen wurde, dann machen wir weiter – Schritt für Schritt, bis es kein Zurück mehr gibt."[383]

Um das Orwellsche Schreckensszenario umzusetzen, setzt Schäuble – der frühere Herr der „Schwarzen Kassen" – alle Hebel in Bewegung. In seiner Zeit als Finanzminister stiegen die deutschen Staatsschulden bereits auf über 2,2 Billionen Euro. Da sich Deutschland nicht nur wirtschaftlich zunehmend in Richtung eines gescheiterten Staates verändert, versuchen die anderen Euro-Staaten noch schnell die letzten deutschen Finanzreserven abzugreifen. Selbst waren sie aber nicht gewillt, ihre Staatsschulden abzubauen, so dass diese in der Euro-Zone fast zehn Billionen Euro betragen. Um diese abzubauen und die anderen Staaten zu entschulden, trägt Schäuble mit dazu bei, dass die Währungsunion zu einer Haftungsgemeinschaft mutiert. Der Euro-Raum ist dadurch noch anfälliger für eine weitere Staatsschuldenkrise geworden. Nur wird diese noch extremer ausfallen als 2010, da Staatspleiten absehbar sind. Auch Deutschland wird 2016 eine expansive Finanzpolitik betreiben müssen, um die Sozialleistungen für Flüchtlinge im Griff zu halten. Letztlich wird es zu einer Restrukturierung der Schulden kommen. Das bedeutet die Vermögensenteignung aller EU-Bürger, besonders aber der Deutschen! Nicht ohne Grund hat Schäuble die deutsche Einlagensicherung als Ziel für die Vergemeinschaftung auf dem Altar der EU geopfert. Hinzu kommen die geplante Abschaffung des Bargeldes und die Nullzinspolitik der Europäischen Zentralbank. Bei der Abschaffung des Bargeldes geht es den Politikern um totale Kontrolle, um Lenkung und um den Zugriff auf das Vermögen. Zudem sind die Bürger ohne Bargeld den Negativzinsen der Zentralbanken ausgeliefert, die dadurch das Vermögen von Gläubigern zu Schuldnern leichter umverteilen können. Doch das reicht Schäuble und Merkel noch nicht: Sie wollen noch mehr Souveränitätsrechte an die Europäische Union abtreten, unter anderem die Sozialpolitik und das Haushalts- und Steuerwesen. Damit fallen die letzten Souveränitätsrechte Deutschlands und letztlich folgt die Zerstörung der Staatsfinanzen!

Daher kommt Schäuble die Flüchtlingskrise gerade recht. Denn vom eigenen Volk – aber auch von den anderen europäischen identitäten – hält er nichts, da diese ihm für sein Ziel der Auflösung der Nationalstaaten im Weg stehen. Im Juni 2016 ließ er daher alle an seiner eigentlich rassistischen Logik teilhaben: „Die Abschottung ist doch das, was uns kaputtmachen würde, was uns in Inzucht degenerieren ließe." Dabei übersieht der Bundesfinanzminister geflissentlich, dass gerade die europäischen Staaten ohne Inzucht seit Jahrhunderten erfolgreich auf allen Feldern agieren. Man könnte auch meinen, dass Schäuble „genuin europäische Schöpfungen wie Demokratie, Rechtsstaatlichkeit, Gewaltenteilung, Individualität, Aufklärung und dergleichen Umstrittenheiten mehr offenkantig als Werke degenerierter Inzestuöser versteht". Weiter scheint ihm als weit gereister Minister nicht bekannt, dass gerade in moslemischen Staaten, ebenso wie unter Moslems in Deutschland, Inzest zwischen Verwandten weit verbreitet ist. Mit der Folge von gehäuften Behinderungen unter Kindern![384]

Und was ist mit der Opposition im Bundestag? Hier hatte es Merkel leicht, ihre Agenda umzusetzen, da diese nur auf dem Papier existiert. Im Parlament sitzen nämlich – neben den beiden Regierungsparteien – zwei weitere scheinoppositionelle „sozialdemokratische Parteien". Die Grünen – die nicht nur die Flüchtlingspolitik Merkels mittragen – koalieren bereits in einigen Bundesländern mit den Berliner Regierungsparteien. In Baden-Württemberg verhinderten sie mit allen anderen im Landtag sitzenden Parteien, dass die AfD als drittstärkste Fraktion einen Vertreter ins Landtagspräsidium entsenden konnte. Sie bauten einfach die Stelle des zweiten Stellvertreters ab. Und sogar Gregor Gysi hält ein Bündnis mit der CDU für nicht ausgeschlossen. Dabei geben Politiker wie die Vorsitzende der Linkspartei, Katja Kipping, unumwunden zu, worum es ihnen wirklich geht: „Durch die Flüchtlingsbewegung wird Europa mit der Systemfrage konfrontiert." Fast alle Bundestagsabgeordneten haben sich dadurch zu willfährigen Handlangern der vollkommen fehlgeleiteten, aber geplanten Merkel-Politik gemacht.[385]

Deutschland ist in die Zange genommen worden. Einerseits von einzelnen ausländischen Geostrategen, Geheimdiensten und Spekulanten, andererseits von deutschen Politikern, die – wie Merkel – einen anderen, einen sozialistischen Staat wollen. Sie haben offensichtlich einen Schuldkomplex verinnerlicht, der besagt, dass die Deutschen aus der Geschichte verschwinden müssen. Nur so lässt sich für sie die NS-Erbschuld tilgen. Und die Flüchtlingslawinen sind Mittel zum Zweck. Zudem gibt es viele Minister und Abgeordnete, denen das Hemd Angela Merkels näher ist als der Rock des Volkes, der sie eigentlich ernährt. Nicht zu Unrecht wies der Parteichef der polnischen Regierungspartei Recht und Gerechtigkeit, Jarosław Kaczyński, darauf hin, dass in Deutschland die „Demokratie liquidiert" wurde.[386]

Fazit: Wenn der deutsche Michel nicht endlich wach wird, massiv auf die Straße geht und sein Wahlverhalten ändert, dann, ja dann hat Merkel ganze Arbeit geleistet!

17. Widersprüchliche Aussagen von Merkel und Schäuble im zeitlichen Verlauf

2005: „Ein ideologisch motivierter [Atom-] Ausstieg wird meinem Verständnis von Wirtschaft nicht gerecht. Wir wollen einen breiten Energiemix aus Kohle, Gas, Kernenergie und erneuerbaren Energien."[387]
2011: „Fukushima hat meine Haltung zur Kernenergie verändert."[388]

2007: „Allerdings habe die Kanzlerin nach Angaben ihres Sprechers zugesagt, den Dalai Lama ‚bei seinen Bemühungen um die Wahrung der kulturellen Identität Tibets und seiner Politik des gewaltlosen Strebens nach religiöser und kultureller Autonomie' zu unterstützen."[389]
2015: „Deutschland wird sich durch die Flüchtlingskrise verändern".[390]

2009: „Ich bekenne mich zur Wehrpflicht."[391]
2010: „In der Bundeswehr müsse es einen ‚zukunftsweisenden Strukturwandel' geben, wobei auch über ein Aussetzen der Wehrpflicht nachgedacht werden dürfe."[392]

2010: „Der Ansatz für Multikulti ist gescheitert, absolut gescheitert!"[393]
2015: „Der Islam gehört zu Deutschland – und das ist so, dieser Meinung bin ich auch."[394]

2010: „Weil Deutschland jahrzehntelang über seine Verhältnisse gelebt habe, laute die zentrale Frage der nächsten Wochen: ‚Wo können wir sparen?' ‚Da wird kein Bereich ausgenommen sein.'"

2015: „‚Wir können uns freuen, dass wir seit Jahren gut gewirtschaftet haben und unsere Wirtschaftslage zur Zeit gut ist.' Daher gebe es weder einen Steuer-Soli, um die Flüchtlingskrise finanziell meistern zu können, noch gebe es ‚definitiv' Steuererhöhungen."[395]

2011: „Es ist ganz klar: Die Budget-Hoheit bleibt erhalten."[396]

2011: „Der Weg zur Fiskalunion sei unwiderruflich eingeschlagen."[397]

2012: Merkel erteilte einer gemeinschaftlichen Haftung für Schulden europäischer Staaten erneut eine deutliche Absage. „Eine gesamtschuldnerische Haftung werde es nicht geben, so lange ich lebe." Das heißt keine Euro-Bonds![398]

2011: Dabei hatte Schäuble bereits ein Jahr zuvor gesagt: „Solange wir keine Fiskalunion haben, wäre der Anreiz, Schulden zu günstigen Zinsen aufzunehmen, für die andere mithaften, eine unüberwindliche Versuchung."

2013: „Mit mir wird es keine Pkw-Maut geben."[399]

2014: „Um es ganz klar zu sagen: Die Maut steht im Koalitionsvertrag, und sie wird kommen."[400]

„Art. 16 Grundgesetz: (1) Politisch Verfolgte genießen Asylrecht. (2) Auf Absatz 1 kann sich nicht berufen, wer aus einem Mitgliedsstaat der Europäischen Gemeinschaften oder aus einem anderen Drittstaat einreist, in dem die Anwendung des Abkommens über die Rechtstellung der Flüchtlinge und der Konvention zum Schutze der Menschenrechte und Grundfreiheiten sichergestellt ist. (...)"[401]

2015: „Das Grundrecht auf Asyl für politisch Verfolgte kennt keine Obergrenze; das gilt auch für die Flüchtlinge, die aus der Hölle eines Bürgerkriegs zu uns kommen." [402]

2015: „Wir wollen die Zahl der Flüchtlinge spürbar reduzieren, weil das im Interesse aller ist. Es ist im deutschen und im europäischen Interesse, sowie in dem der Flüchtlinge selbst." [403]

2016: „Kanzlerin Angela Merkel sieht die Türkei bei der geplanten EU-Visafreiheit auf gutem Weg." – „Merkel stellte sich ‚gegen Grenzschließungen' wie am Brenner. Es sei notwendig, ‚die Würde der Menschen zu respektieren. Wir müssen andere Lösungen als Grenzschließungen finden.'" [404]

2016: „Zu den Tatsachen des Freihandelsabkommens mit den Vereinigten Staaten gehört, dass eben kein Standard, den es heute in der Europäischen Union gibt, abgesenkt wird." [405]

2016: „Wir halten den zügigen Abschluss eines ehrgeizigen Abkommens für sehr wichtig", sagte Regierungssprecher Steffen Seibert. Dies sei einhellige Meinung der gesamten Regierung. Dabei hatte Greenpeace kurz zuvor geheime TTIP-Dokumente veröffentlicht. Danach fordern die USA, europäische Umwelt- und Verbraucherschutzstandards auszuhöhlen.

Laut „Die Zeit" hält die Bundesregierung entgegen öffentlichen Äußerungen auch an den umstrittenen privaten Schiedsgerichten fest. [406]

2012: Schäuble: „Kein weiteres Rettungspaket für Griechenland. Die Hilfe für kriselnde Euro-Länder dürfe kein ‚Fass ohne Boden' werden." [407]

2015: Schäuble: „‚Die Entscheidung über ein weiteres [drittes] Hilfsprogramm für Griechenland fällt nicht leicht.' Es gebe beachtliche ökonomische und politische Gründe für und gegen die Finanzhilfen von bis zu 86 Milliarden Euro. Allerdings sei es unverantwortlich, Griechenland jetzt die Chance auf einen Neuanfang zu verweigern." [408]

2015: Schäuble: „Bevor wir über eine europäische Einlagensicherung reden, müssen wir deshalb zuallererst den europäischen Bankensektor krisenfest machen. Einfach nur Risiken zu vergemeinschaften, bringt nichts und belohnt am Ende nur jene, die sich bislang nicht angestrengt haben. Die deutschen Spareinlagen sind bestens geschützt. Daran darf sich nichts ändern."[409]

2016: Schäuble: „Die Vergemeinschaftung von Haftung muss nicht zwangsläufig zu Fehlanreizen führen. (...) So spricht beispielsweise viel für eine gemeinsame Einlagensicherung in unserer Bankenunion."[410]

2016: Schäuble: „Kein Mensch will das Bargeld abschaffen."[411]

2016: Schäuble: „Wir bemühen uns, in Europa einheitliche Obergrenzen für Bargeldtransaktionen zu finden."[412]

Anmerkungen

1   27.12.2015: „Die Welt", „Der tschechische Präsident Milos Zeman in seiner Weihnachtsansprache", in: http://www.welt.de/politik/ausland/article150346836/Zeman-nennt-Fluechtlingszustrom-organisierte-Invasion.html. 04.03.2016: „Frankfurter Allgemeine Zeitung", „Papst Franziskus spricht von ‚arabischer Invasion'", in: http://www.faz.net/aktuell/politik/fluechtlingskrise/fluechtlings-krise-papst-franziskus-spricht-von-arabischer-invasion-14104945.html.

2   29.01.2016: „Die Welt", „Ist Merkel schuld an Flüchtlings-krise? Wer sonst?", in: http://www.welt.de/wirtschaft/artic-le151603912/Ist-Merkel-schuld-an-Fluechtlingskrise-Wer-sonst.html. 22.02.2016: „Frankfurter Allgemeine Zeitung", „Merkels Flüchtlingspolitik ist verwerflich", in: http://www.faz.net/aktuell/wirtschaft/paul-collier-ueber-angela-merkels-fluechtlingspoli-tik-14068937.html?printPagedArticle=true#pageIndex_2.

3   07.09.2015: Euronews, „Merkel: Flüchtlingskrise wird Deutsch-land verändern", in: http://de.euronews.com/2015/09/07/merkel-fluechtlingskrise-wird-deutschland-veraendern/.

4   28.10.2015: „Tichys Einblick" (Frank Schäffler), „Scheitert Eur-opa, dann scheitert Angela Merkel", in: http://www.rolandtichy.de/kolumnen/schaefflers-freisinn/scheitert-europa-dann-scheitert-angela-merkel/.

5   08.02.2016. „Die Welt", „Düsseldorf-Absage für ARD-Meteo-rologen ein Rätsel", in: http://www.welt.de/vermischtes/artic-le151958005/Duesseldorf-Absage-fuer-ARD-Meteorologen-ein-Raetsel.html.

6   16.08.2015: „Geolitico", „Flüchtlinge als Eigenheim-Risiko", in: http://www.geolitico.de/2015/08/16/fluechtlinge-als-eigenheim-risiko/. 01.02.2015: „Der Spiegel", „Flüchtlingsheim Hamburg Harvestehude – Streit geht nach Baustopp weiter", in: http://www.spiegel.de/panorama/gesellschaft/fluechtlingsheim-hamburg-harvestehude-streit-geht-nach-baustopp-weiter-a-1015794.html. 14.01.2016: „Junge Freiheit", „Wegen Asylbewerbern: Rhein-

berg sagt Karnevalsumzug ab", in: https://jungefreiheit.de/politik/
deutschland/2016/wegen-asylbewerbern-rheinberg-sagt-karne-
valsumzug-ab/. 15.01.2016: „RP online", „Angst vor sexuellen
Belästigungen. Bornheim erlässt Schwimmbad-Verbot für männ-
liche Flüchtlinge", in: http://www.rp-online.de/nrw/panorama/
bornheim-verbietet-maennlichen-fluechtlingen-das-schwimmbad-
zu-besuchen-aid-1.5693898. 08.02.2016: „Tichys Einblick", „Di-
plomatisches Wetter. Oder: Was ist die Ursache für die Absage
von Karnevalsumzügen?", in: http://www.rolandtichy.de/daili-es-
sentials/diplomatisches-wetter-oder-was-ist-die-ursache-fuer-die-
absage-von-karnevalsumzuegen/.

[7] 11.10.2015: „Handelsblatt", „Keine Steuererhöhungen wegen
Flüchtlingen. Wer soll das bezahlen?", in: http://www.handelsblatt.
com/politik/deutschland/keine-steuererhoehungen-wegen-fluecht-
lingen-wer-soll-das-bezahlen/12437204.html. 16.01.2016: „Die
Zeit", „Schäuble erwägt Benzinsteuer zur Bewältigung der Flüchtlingskrise", in: http://www.zeit.de/politik/deutschland/2016-01/
haushalt-wolfgang-schaeuble-fluechtlingskrise-benzinsteuer.

[8] 11.11.2015: http://www.statusquo-news.de/falsche-versprechun-
gen-syrische-fluechtlinge-mit-eigenheim-und-begruessungsgeld-
gekoedert/. 14.09.2015: „Frankfurter Allgemeine Zeitung": „Jeder
Deutsche hat ein Haus – in der Vorstellung der Flüchtlinge", in:
http://www.faz.net/aktuell/politik/fluechtlingskrise/welche-bilder-
von-deutschland-haben-fluechtlinge-vor-augen-13799529.html.

[9] Göring-Eckardt bei der Aussprache zum EKD-Ratsbericht am
8. November vor der Synode in Bremen. 09.11.2015: „Idea",
„Flüchtlinge machen Deutschland religiöser, vielfältiger und
jünger", in: http://www.idea.de/gesellschaft/detail/fluechtlinge-
machen-deutschland-religioeser-vielfaeltiger-und-juenger-92675.
html.

[10] 22.09.2015: Dr. Hugo Müller-Vogg auf Twitter, „Merkel: ‚Ist mir
egal, ob ich schuld am Zustrom der Flüchtlinge bin, nun sind sie
halt da'‚", in: https://twitter.com/hugomuellervogg/status/646335
297173737472?lang=de. 22.09.2015: https://www.youtube.com/
watch?v=vIM0wiR5yjE.

[11] 04.10.2015: „Deutsche Wirtschafts-Nachrichten", „Merkel

auf Esoteriktrip", in: http://deutsche-wirtschafts-nachrichten.
de/2015/10/04/merkel-auf-esoterik-trip-der-herrgott-hat-uns-die-
fluechtlinge-geschickt/.

[12] Zu Klonovsky: https://de.wikipedia.org/wiki/Michael_Klonovsky.

[13] 31.12.2015: Klonovsky, „Acta diurna", in: http://michael-klonov-sky.de/acta-diurna/item/278-dezember-2015. Ders., „Das kalte Herz", in: http://journalistenwatch.com/cms/das-kalte-herz/.

[14] 12.10.2015: „Süddeutsche Zeitung", „Trump erklärt Merkel für verrückt", in: http://www.sueddeutsche.de/politik/fluechtlinge-trump-erklaert-merkel-fuer-verrueckt-1.2687898; https://www.youtube.com/watch?v=4908pqBnPnE. 26.11.2015: „Junge Frei-heit" (Thorsten Hinz), „Der neue Größenwahn", in: https://junge-freiheit.de/debatte/kommentar/2015/der-neue-groessenwahn/.

[15] 14.11.2015: „Die Achse des Guten" (Thomas Rietschel), „Merkel: Nicht mehr alle Tassen im Schrank", in: http://www.achgut.com/dadgdx/index.php/dadgd/article/merkel_nicht_mehr_alle_tassen_im_schrank. 13.11.2015: Merkel im ZDF-Interview, in: https://www.youtube.com/watch?v=6VUJY_tLPPc.

[16] 12.01.2016: Handelsblatt, „Ex-Verfassungsrichter Papier: Ekla-tantes Politikversagen in der Flüchtlingspolitik", in: http://www.handelsblatt.com/my/politik/deutschland/ex-verfassungsrich-ter-papier-eklatantes-politikversagen-in-der-fluechtlingskri-se/12818088.html?ticket=ST-6348406-KcMYgjh99ZzrN2WH-C4yr-s02lcgiacc01.vhb.de.

[17] 14.11.2015: Die Achse des Guten (Thomas Rietschel), „Merkel: Nicht mehr alle Tassen im Schrank", in: http://www.achgut.com/dadgdx/index.php/dadgd/article/merkel_nicht_mehr_alle_tassen_im_schrank; 13.11.2015 Merkel im ZDF-Interview, in: https://www.youtube.com/watch?v=6VUJY_tLPPc.

[18] Zu Rieck: https://de.wikipedia.org/wiki/Christian_Rieck. 24.10.2015: „Tichys Einblick" (Christian Rieck), „Größtmögli-ches Versagen: Der Agent im Amt. Der Geheimagent als Maßstab größtmöglichen politischen Versagens", in: http://www.rolandti-chy.de/kolumnen/rieck-strategie/angewandte-strategie-der-agent-im-amt/.

[19] 19.06.2013: „Frankfurter Allgemeine Zeitung", „Obama-Besuch

in Berlin. Angela Merkel im #Neuland der Häme", in: http://www. faz.net/aktuell/wirtschaft/wirtschaftspolitik/obama-besuch-in-ber-lin-angela-merkel-im-neuland-der-haeme-12237056.html; https:// www.youtube.com/watch?v=-VkLbiDAouM.

[20]   16.10.2010: „Der Spiegel", „Integration: Merkel erklärt Multikul-ti für gescheitert", in: http://www.spiegel.de/politik/deutschland/integration-merkel-erklaert-multikulti-fuer-gescheitert-a-723532.html.

[21]   24.10.2015: „Tichys Einblick" (Christian Rieck), „Größtmögli-ches Versagen: Der Agent im Amt. Der Geheimagent als Maßstab größtmöglichen politischen Versagens", in: http://www.rolandti-chy.de/kolumnen/rieck-strategie/angewandte-strategie-der-agent-im-amt/.

[22]   10.10.1962: „Der Spiegel", „Bedingt abwehrbereit", in: http:// www.spiegel.de/spiegel/print/d-25673830.html.

[23]   03.07.2012: „Bundeswehr – Informationen zum Personalstruk-turmodell (PSM) 185", in: http://www.bundeswehr.de/portal/a/bwde/!ut/p/c4/HcvBDYAgDAXQWVygvXtzC_VW9Esa-SCVQZH2NeefHO39MHo3ieptkXnk7dA6DwjhBzSvUUxVcD-jL0iOaSvVukgtr-UtIyvTi0gjE!/.

[24]   03.06.2013: Prof. Dr. Jürgen Schnell, Generalleutnant a.D., „Zur Lage der Bundeswehr aus ökonomischer Sicht – Die Neuausrich-tung der Bundeswehr im Überblick", in: https://www.unibw.de/miloek/forschung/publikationen/neuausrichtung-bw.pdf. Alexan-der Neu, „Bundeswehr – sparen oder rüsten?", in: „Wissenschaft & Frieden" 2011-3: „Soldaten im Einsatz", Seite 12–14, http:// www.wissenschaft-und-frieden.de/seite.php?artikelID=1716.

[25]   26.01.2008: „Die Welt", „Mülltrennung gegen den Terror: Gene-räle kritisieren Bundeswehr", in: http://www.welt.de/welt_print/article1597078/Muelltrennung-gegen-den-Terror-Generaele-kriti-sieren-Bundeswehr.html. 07.09.2010: „Express", „TÜV-Wahnsinn in Afghanistan: Ohne deutsche Plakette gibt es Fahrverbot", in: http://www.express.de/news/tuev-wahnsinn-in-afghanistan-oh-ne-deutsche-plakette-gibt-s-fahrverbot--17903354.   20.02.2015: „AGITANO Wirtschaftsforum Mittelstand", „Wo bitte geht's zur Schlacht – Über Besenstile und fluglahme Helikopter", in: http://

www.agitano.com/wo-bitte-gehts-zur-schlacht-die-bundeswehr-und-ihr-desolater-zustand/83569.

26 „Verteidigungsetat", in: https://de.wikipedia.org/wiki/Vertei-digungsetat. 11.01.2016: „Bundeswehr.de", „Stärke: Militäri-sches Personal der Bundeswehr", in: http://www.bundeswehr.de/portal/a/bwde/!ut/p/c4/DcmxDYAwDATAWVgg7unYAug-c8kSWI4OMIesTXXm002D8SeWQy7jRStshc-4p94L0hENCn-XEGUvXXSuMKG8FwBd26TD9uIZiT. 177.000 Soldaten und Soldatinnen „verteilen sich wie folgt: Bundesministerium der Ver-teidigung: 944; Streitkräftebasis: 41.999; Zentraler Sanitätsdienst: 19.564; Heer: 59.021; Luftwaffe: 28.321; Marine: 16.045; Bereich Infrastruktur, Umweltschutz, Dienstleistungen: 938; Bereich Aus-rüstung, Informationstechnik, Nutzung: 1.767; Bereich Personal: 6.964, davon 4.260 Studierende an den Bundeswehr-Universitä-ten; Sonstige: 1.506".

27 21.12.2010: ARD/Die Tagesschau, „Karl-Theodor zu Guttenberg – Der Aufsteiger", in: https://www.tagesschau.de/inland/gutten-berg504.html.

28 21.12.2010: ARD/Die Tagesschau, „Karl-Theodor zu Guttenberg – Der Aufsteiger", in: https://www.tagesschau.de/inland/gutten-berg504.html.

29 29.01.2011: „Die Welt": „Affären und Exzesse liefern ein Zerrbild der Bundeswehr", in: http://www.welt.de/debatte/article12380446/Affaeren-und-Exzesse-liefern-ein-Zerrbild-der-Bundeswehr.html.

30 12.01.2014: „Die Welt": „Die Bundeswehr soll familienfreund-licher werden", in: http://www.welt.de/politik/deutschland/artic-le123777048/Die-Bundeswehr-soll-familienfreundlicher-werden.html.

31 29.01.2011: „Die Welt": „Von wegen hart – Israel und seine Sol-datinnen", in: http://www.welt.de/politik/article2207152/Von-we-gen-hart-Israel-und-seine-Soldatinnen.html. 01.04.2014: Spiegel-TV, „Frauen an die Front: US-Armee entwickelt Fitnesstests", in: http://www.spiegel.de/video/frauen-in-der-us-armee-kampfein-saetze-fuer-soldatinnen-ab-2016-video-1336769.html.

32 Christian Günther und Werner Reichel (Hrsg.): „Genderismus(s): Der Masterplan für die geschlechtslose Gesellschaft", Wien 2015.

³³   11.03.2013: „Islamische Zeitung", „Bundeswehr betreibt die Ein-
     bindung von Muslimen", in: http://www.islamische-zeitung.de/
     bundeswehr-betreibt-die-einbindung-von-muslimen/.

³⁴   01.07.2016: „Bild", Jeder vierte Soldat hat einen Migrationshin-
     tergrund", in: http://www.bild.de/politik/inland/bundeswehr/jeder-
     vierte-soldat-hat-einen-migrationshintergrund-46612436.bild.
     html. 29.01.2016: „Stuttgarter Zeitung", „Muslime in der Bundes-
     wehr. Sohnes Land", in: http://www.stuttgarter-zeitung.de/inhalt.
     muslime-in-der-bundeswehr-sohnes-land.1d6d2b23-f22b-4d15-
     be4d-c5167f27e921.html.

³⁵   31.08.2014: „Der Spiegel", „Deutsche Islamisten: Ex-Bundes-
     wehrsoldaten kämpfen als Dschihadisten in Syrien", in: http://
     www.spiegel.de/politik/ausland/is-ehemalige-bundeswehr-solda-
     ten-kaempfen-in-syrien-a-988894.html.

³⁶   12.05.2014: „Handelsblatt", „Von der Leyen wirbt für Bundes-
     wehr-Kitas", in: http://www.handelsblatt.com/politik/deutsch-
     land/erste-eroeffnung-von-der-leyen-wirbt-fuer-bundeswehr-ki-
     tas/9881484.html.

³⁷   19.01.2016: „Bild", „Schon wieder Tornado-Panne. Wie über-
     fordert ist die Bundeswehr?", in: http://www.bild.de/politik/in-
     land/bundeswehr/wie-ueberfordert-ist-sie-44209306.bild.html.
     13.08.2015: „60 Jahre Bundeswehr", „Einsatz am Horn von Afri-
     ka", in: http://60jahrebundeswehr.de/einsatz-am-horn-von-afrika/.

³⁸   10.04.2015: „Die Welt", „Deutschland liefert weiteres U-Boot
     nach Israel", in: http://www.welt.de/politik/ausland/artic-
     le139354656/Deutschland-liefert-weiteres-U-Boot-nach-Israel.
     html. 03.06.2012: „Der Spiegel": „Nahost-Konflikt: Israel bestückt
     U-Boote aus Deutschland mit Atomwaffen", in: http://www.spie-
     gel.de/politik/ausland/israelische-atomwaffen-auf-u-booten-aus-
     deutschland-a-836645.html. 21.03.2013: „Die Welt", „Die Rekor-
     de der deutschen U-Boot-Flotte", in: http://www.welt.de/geschich-
     te/article114633622/Die-Rekorde-der-deutschen-U-Boot-Flotte.
     html. 21.06.2010: „Der Spiegel", „Sparkurs: Bundeswehr mustert
     sechs ihrer zehn U-Boote aus", in: http://www.spiegel.de/politik/
     deutschland/sparkurs-bundeswehr-mustert-sechs-ihrer-zehn-u-
     boote-aus-a-701959.html. 20.02.2012: ntv, „Deutsche Werft liefert

,Geheimwaffe'. Israel hofft auf Super-U-Boot", in: http://www.n-tv.de/politik/Israel-hofft-auf-Super-U-Boot-article5550456.html. Derzeit verfügt die Marine über fünf U-Boote.

[39] 26.01.2016: „Handelsblatt", „Gepanzerte Zukunft", S. 5.

[40] 21.03.2016: „Südwest-Presse", „US-Investor KKR gibt Standortgarantie für Airbus", in: http://www.swp.de/ulm/lokales/ulm_neu_ulm/US-Investor-KKR-gibt-Standortgarantie-fuer-Airbus;art1158544,3746325. 26.01.2016: „Handelsblatt", „Enders räumt auf", S. 1, 4f. 17.04.2005: „Bild am Sonntag", Müntefering im Interview: „Manche Finanzinvestoren verschwenden keinen Gedanken an die Menschen, deren Arbeitsplätze sie vernichten – sie bleiben anonym, haben kein Gesicht, fallen wie Heuschreckenschwärme über Unternehmen her, grasen sie ab und ziehen weiter. Gegen diese Form von Kapitalismus kämpfen wir."

[41] 04.03.2016: „Die Welt", „Kommen deutsche Fregatten künftig aus Frankreich?", in: http://www.welt.de/regionales/hamburg/article152955864/Kommen-deutsche-Fregatten-kuenftig-aus-Frankreich.html.

[42] 14.10.2015: „Die Welt", „Warum Soldaten das G36 schätzen", in: http://www.welt.de/politik/deutschland/article147618281/Warum-Soldaten-das-G36-schaetzen.html. 07.07.2015: „Der Spiegel", „Problemgewehr: Litauen will vorerst keine neuen G36 kaufen", in: http://www.spiegel.de/politik/ausland/problemgewehr-litauen-will-vorerst-keine-neuen-g36-kaufen-a-1042529.html. 31.03.2015: „Focus": „Zu ungenau: Bundeswehr will das Sturmgewehr wechseln", in: http://www.focus.de/politik/deutschland/wegen-praezisionsproblemen-bundeswehr-erwaegt-wechsel-von-standard-sturmgewehr-g36_id_4579704.html.

[43] 21.01.2016: ARD/Tagesschau.de, „Peschmerga verkaufen Bundeswehr-Waffen", in: http://www.tagesschau.de/ausland/peschmerga-163.html. 08.12.2015: „Die Zeit", „IS kämpft auch mit deutschen Waffen", in: http://www.zeit.de/politik/ausland/2015-12/waffen-is-irak-amnesty. 31.10.2014: „Bild", „Maschinengewehr MG3 in den Irak geliefert. Kämpft ISIS hier mit deutschen Waffen?", in: http://www.bild.de/politik/ausland/isis/maschinengewehr-mg3-kaempft-isis-hier-mit-waffe-die-wir-geliefert-ha-

ben-38366520.bild.html. 04.09.2014: „Die Zeit", „Man schießt deutsch", in: http://www.zeit.de/2014/37/waffen-ruestungsexporte-sturmgewehr-g3.

44 20.01.2016: „Focus", „Müssen Bevölkerung vorbereiten, dass auch 2016 eine Million Flüchtlinge kommen", in: http://www.focus.de/politik/deutschland/cdu-aussenpolitiker-kiesewetter-muessen-bevoelkerung-vorbereiten-dass-auch-2016-eine-million-fluechtlinge-kommen_id_5225522.html.

45 09.03.2015: Deutschlandradio, „Alternativlosigkeit in der deutschen Politik. Schluss mit Basta!", in: http://www.deutschlandradiokultur.de/alternativlosigkeit-in-der-politik-schluss-mit-basta.1005.de.html?dram:article_id=313663. November 2011: European Banking Congress, „Schäuble – Deutschland seit 1945 nicht Souverän", in: https://www.youtube.com/watch?v=3TV2OpCmlJc. 08.08.2013: Phoenix (Gregor Gysi): „Deutschland ist nicht souverän!", in: https://www.youtube.com/watch?v=7i7LyzAcDeU. 04.09.2014: „Die Zeit", „Man schießt deutsch", in: http://www.zeit.de/2014/37/waffen-ruestungsexporte-sturmgewehr-g3.

46 20.01.2016: Bundeswehr, „Überblick: Flüchtlingshilfe der Bundeswehr in Deutschland", in: http://www.bundeswehr.de/portal/a/bwde/!ut/p/c4/NYuxDsIwDET_KG6mqmxUlYCFgaW-0C0pbq1gkTmVcsvDxJAN30lveHYyQy-5Dq1OK7DzcYZ-jpMCUzpQWNe-mO3uPbJCRFwYc-MSBDX455MEdGLVRk-pcxVnEYxWxT1xewi2RhaYKhs19q6-sd-m_F8uva2qb-tLe4MthOMPQ7-jZw!!/. 16.09.2015: „Frankfurter Allgemeine Zeitung", „Mindestens die Hälfte der Menschen ist psychisch krank", in: http://www.faz.net/aktuell/politik/fluechtlingskrise/fluechtlinge-sind-oft-traumatisiert-13806687.html.

47 21.09.2015: „Märkische Allgemeine Zeitung", „Soldaten aus Klietz ziehen in Zelte. Bundeswehr räumt Kaserne für Flüchtlinge", in: http://www.maz-online.de/Lokales/Havelland/Bundeswehr-raeumt-Kaserne-fuer-Fluechtlinge.

48 12.10.2015: „Die Welt", „Frau Merkel, würden Sie Flüchtlinge bei sich aufnehmen?", in: http://www.welt.de/politik/deutschland/article147483856/Frau-Merkel-wuerden-Sie-Fluechtlinge-bei-sich-aufnehmen.html.

49   19.12.2015: „Bild", „Ministerin nahm Flüchtling auf", in: http://
     www.bild.de/politik/inland/ursula-von-der-leyen/nahm-fluecht-
     ling-auf-43868122.bild.html.

50   23.01.2016: „Der Spiegel": „Silvester: BKA hat offenbar Über-
     griffe in zwölf Bundesländern registriert", in: http://www.spiegel.
     de/panorama/justiz/silvester-bka-soll-von-uebergriffen-in-zwoelf-
     laendern-wissen-a-1073532.html.

51   15.01.2016: „Süddeutsche Zeitung", „Schäuble will nach Köln
     Möglichkeit eines Bundeswehr-Einsatzes im Inneren", in: http://
     www.sueddeutsche.de/politik/fluechtlingspolitik-schaeuble-stu-
     etzt-kurs-der-kanzlerin-1.2820991. 17.08.2012: „Der Spiegel",
     „Bundeswehr: Verfassungsgericht erlaubt Waffeneinsatz im In-
     land", in: http://www.spiegel.de/politik/deutschland/bundeswehr-
     darf-im-inland-militaerische-mittel-einsetzen-a-850562.html.

52   20.06.2012: „Focus", „Kommt es zum Bürgerkrieg?", in: „http://
     www.focus.de/finanzen/news/staatsverschuldung/tid-26216/
     fuenf-experten-reden-klartext-die-wahrheit-ueber-den-euro-crash-
     kommt-es-zum-buergerkrieg_aid_769490.html. 04.05.2008: Kopp
     Exklusiv (Udo Ulfkotte), „CIA-Chef Michael Hayden erwartet
     Bürgerkriege in Europa", in: http://info.kopp-verlag.de/hintergru-
     ende/europa/udo-ulfkotte/kopp-exklusiv-cia-chef-michael-hay-
     den-erwartet-bu.html.

53   17.11.2015: „Der Tagesspiegel", „Plagiatsjäger zum Fall Ursula
     von der Leyen. Es gibt Hinweise, dass sie noch mehr abgeschrie-
     ben hat", in: http://www.tagesspiegel.de/wissen/plagiatsjaeger-
     zum-fall-ursula-von-der-leyen-es-gibt-hinweise-dass-sie-noch-
     mehr-abgeschrieben-hat/12594618.html. 10.03.2016: „Frankfurter
     Allgemeine Zeitung", „Von der Leyen behält Doktortitel", in:
     http://www.faz.net/aktuell/politik/keine-taeuschungsabsicht-von-
     der-leyen-behaelt-doktortitel-14115562.html#/elections.

54   21.05.2016: „Die Welt", „Bundeswehr kann sich Aufrüstung nicht
     mehr leisten", in: http://www.welt.de/politik/deutschland/artic-
     le155546985/Bundeswehr-kann-sich-Aufruestung-nicht-mehr-lei-
     sten.html. 14.05.2016: „Der Spiegel", „Flüchtlinge: Bund kalku-
     liert bis 2020 mit rund 94 Milliarden Euro Kosten", in: http://www.
     spiegel.de/politik/deutschland/fluechtlinge-bund-stellt-knapp-

94-milliarden-euro-bis-2020-bereit-a-1092256.html.

55 26.01.2016: „Statista", „Gesamtzahl der Ärzte in Deutschland im
Zeitraum von 1990 bis 2014", in: http://de.statista.com/statistik/
daten/studie/158869/umfrage/anzahl-der-aerzte-in-deutschland-
seit-1990/. 31.03.2015: Bundesärztekammer, „Abwanderung von
Ärztinnen und Ärzten", in: http://www.bundesaerztekammer.de/
ueber-uns/aerztestatistik/aerztestatistik-2014/abwanderung-von-
aerzten-ins-ausland/. 19.02.2015: „Die Welt", „Adieu Deutschland
– Zahl der Fortzüge auf Rekordniveau", in: http://www.welt.de/
politik/deutschland/article137642128/Adieu-Deutschland-Zahl-
der-Fortzuege-auf-Rekordniveau.html.

56 12.11.2015: „Berliner Zeitung", „Talk bei Anne Will – Heinz
Buschkowsky: Bis 2020 kommen zehn Millionen Flüchtlinge" ,
in: http://www.bz-berlin.de/berlin/neukoelln/buschkowsky-bis-
2020-kommen-zehn-millionen-fluechtlinge. 18.03.2016: „Focus":
„Analyse von Denkfabrik. 2016 könnten bis zu knapp 6,4 Millionen Flüchtlinge nach Deutschland kommen", in: http://www.
focus.de/politik/ausland/analyse-von-denkfabrik-2016-koennten-
bis-zu-6-4-millionen-fluechtlinge-nach-deutschland-kommen_
id_5368038.html. 17.03.2016: „Die Welt", „Flüchtlinge könnten
bald über die ‚Kaukasus-Route' kommen", in: http://www.welt.de/
wirtschaft/article153372386/Fluechtlinge-koennten-bald-ueber-
die-Kaukasus-Route-kommen.html.

57 24.08.2015: „Frankfurter Allgemeine Zeitung", „Rückkehr seltener Krankheiten", in: http://www.faz.net/aktuell/rhein-main/
rueckkehr-seltener-krankheiten-in-hessen-durch-fluechtlin-
ge-13765465.html; 02.11.2015: „Spiegel-TV", „Rückkehr der
Tuberkulose: Wenn Flüchtlinge zu Patienten werden", in: http://
www.spiegel.de/video/rueckkehr-der-tuberkulose-fluechtlinge-
werden-zu-patienten-video-1622431.html.

58 19.10.2015: „Ärzte-Zeitung", „Tuberkulosegefahr bei Flüchtlingen – Röntgen muss sein", in: http://www.aerztezeitung.de/
medizin/krankheiten/infektionskrankheiten/tuberkulose/artic-
le/896746/tuberkulose-gefahr-fluechtlingen-roentgen-muss.html.

59 25.01.2016: Robert-Koch-Institut, „Lieferengpass Tuberkulin PPD
RT 23 SSI: Empfehlungen zum Einsatz anderer diagnostischer

Möglichkeiten", in: http://www.rki.de/DE/Content/Infekt/Epid-Bull/Archiv/2016/Ausgaben/03_16.pdf?__blob=publicationFile, S. 25 ff. 17.02.2016: RKI, „Dem RKI übermittelte meldepflichtige Infektionskrankheiten bei Asylsuchenden in Deutschland", in: http://www.rki.de/DE/Content/Gesundheitsmonitoring/Gesundheitsberichterstattung/GesundAZ/Content/A/Asylsuchende/Inhalt/meldepflichtige_Infektionskrankheiten_bei_Asylsuchenden.pdf?__blob=publicationFile.

[60] 29.01.2016: https://de.wikipedia.org/wiki/Eid_des_Hippokrates.

[61] 25.11.2015: „Berliner Zeitung", „Dubioses Schreiben: Zahnärztin warnt vor Flüchtlings-Krankheiten", in: http://www.bz-berlin.de/deutschland/dubioses-schreiben-zahnaerztin-warnt-vor-fluechtlings-krankheiten.

[62] 07.11.2015: „Ärzte-Zeitung", „Lehnt ein Arzt die Behandlung von Flüchtlingen ab?", in: http://www.aerztezeitung.de/politik_gesellschaft/gp_specials/fluechtlinge/article/899979/sachsen-lehnt-arztbehandlung-fluechtlingen-ab.html.

[63] 26.11.2015: Bundesgesundheitsministerium, „Minister Gröhe zum Bundeshaushalt 2016", in: http://www.bmg.bund.de/ministerium/meldungen/2015/rede-bundeshaushalt-2016.html. 11.03.2015: „Der Spiegel", „Meldepflichten, Vorschriften, Nachweise: Das sind die größten Bürokratiesünder", in: http://www.spiegel.de/politik/deutschland/buerokratie-welches-ministerium-der-wirtschaft-am-meisten-zumutet-a-1022729.html.

[64] 08.03.2016: „Junge Freiheit", „Was Flüchtlinge über guten Sex wissen müssen", in: https://jungefreiheit.de/debatte/kommentar/2016/was-fluechtlinge-ueber-guten-sex-wissen-muessen/.

[65] 25.01.2016: „Die Welt", „Kommunen gegen Gesundheitskarte für Flüchtlinge", in: http://www.welt.de/politik/deutschland/article151414178/Kommunen-gegen-Gesundheitskarte-fuer-Fluechtlinge.html. NRW, „Elektronische Gesundheitskarte (eGK) für Flüchtlinge in NRW. Fragen und Antworten", in: http://www.mgepa.nrw.de/mediapool/pdf/presse/pressemitteilungen/FAQ-G_Karte_NRW.pdf. 25.01.2016: „Junge Freiheit", „Gesundheitskosten durch Asylbewerber belasten Kommunen", in: https://jungefreiheit.de/politik/deutschland/2016/gesundheitskosten-durch-asylbe-

werber-belasten-kommunen/.

66 27.01.2016: MDR, „Exakt“, „Volle Auftragsbücher dank Flüchtlingswelle“, in: http://www.mdr.de/exakt/fluechtlingswelle100.
html. 10.04.2013: „Westdeutsche Allgemeine Zeitung“, „Wann
zahlt die Krankenkasse ein Taxi zum Arzt?“, in: http://www.der-
westen.de/staedte/dortmund/wann-zahlt-die-krankenkasse-eine-
taxi-zum-arzt-id7821977.html.

67 25.01.2016: „Junge Freiheit“, „Wenn ‚Flüchtlinge‘ gleicher sind“,
in: https://jungefreiheit.de/debatte/kommentar/2016/wenn-fluecht-
linge-gleicher-sind/. 26.01.2016: Kassenzahnärztliche Vereinigung Berlin, „Behandlung von Asylbewerbern“, in: http://www.
kzv-berlin.de/asyl.

68 23.01.2016: „Stuttgarter Nachrichten“, „Zahnersatz könnte Milliarden kosten“, in: http://www.stuttgarter-nachrichten.de/inhalt.
fluechtlinge-in-baden-wuerttemberg-zahnersatz-koennte-milliar-
den-kosten.9e9eceae-0ebf-48cd-b50a-8ca9e80a5706.html.

69 17.02.2016: „Focus“, „Krankenkassen droht durch Flüchtlinge
und Hartz-IV-Empfänger Milliarden-Loch“, in: http://www.focus.
de/finanzen/versicherungen/es-fehlen-millionen-durch-fluecht-
linge-und-hartz-iv-empfaenger-krankenkassen-droht-milliarden-
loch_id_5290425.html.

70 25.01.2016: „Junge Freiheit“, „Wenn ‚Flüchtlinge‘ gleicher sind“,
in: https://jungefreiheit.de/debatte/kommentar/2016/wenn-fluecht-
linge-gleicher-sind/.

71 17.05.2010: „Süddeutsche Zeitung“, „Wo Ärzte am besten verdienen“, in: http://www.sueddeutsche.de/karriere/gehaelter-wo-
aerzte-am-besten-verdienen-1.546327.

72 02.10.2012: „Hamburger Abendblatt“, „Johanna Wanka hatte Mut zur Wende“, in: http://www.abendblatt.de/region/ar-
ticle109580490/Johanna-Wanka-hatte-Mut-zur-Wende.html.
19.06.2005: „Welt am Sonntag“, „Angela Merkels zweierlei Wel-
ten“, in: http://www.welt.de/print-wams/article129161/Angela-
Merkels-zweierlei-Welten.html.

73 26.01.2016: Hochschule Merseburg, „Hochschule Merseburg
distanziert sich von Zwischenrufer“, in: http://www.hs-merseburg.
de/news-details/?tx_ttnews%5Btt_news%5D=13876&cHash=8fd

9919a16ebef65e6f83a3d3cd31560.

[74]   12.01.2016: „Handelsblatt", „Ex-Verfassungsrichter Papier: Eklatantes Politikversagen in der Flüchtlingspolitik", in: http://www.handelsblatt.com/my/politik/deutschland/ex-verfassungsrichter-papier-eklatantes-politikversagen-in-der-fluechtlingskrise/12818088.html?ticket=ST-6348406-KcMYgjh99ZzrN2WH-C4yr-s02lcgiacc01.vhb.de. 14.01.2016: „Die Welt", „Rechtssystem in schwerwiegender Weise deformiert", in: http://www.welt.de/politik/deutschland/article150982804/Rechtssystem-in-schwerwiegender-Weise-deformiert.html.

[75]   04.11.2015: Youtube/Rupert Scholz, „Erhebliche Rechtsverstöße durch die Bundesregierung", in: https://www.youtube.com/watch?v=Sefl824vTn4.

[76]   26.01.2016: Hochschule Merseburg, „Hochschule Merseburg distanziert sich von Zwischenrufer", in: http://www.hs-merseburg.de/news-details/?tx_ttnews%5Btt_news%5D=13876&cHash=8fd9919a16ebef65e6f83a3d3cd31560. 27.01.2016: Email einer dem Verfasser bekannten Person an Rektor Kirbs. 01.02.2016: „Tichys Einblick", „Skandaluni Merseburg", in: http://www.hs-merseburg.de/news-details/?tx_ttnews%5Btt_news%5D=13876&cHash=8fd9919a16ebef65e6f83a3d3cd31560. 27.12.2016: „Junge Freiheit", „Hochschule leitet kein Verfahren gegen Merkel-Kritiker ein", in: https://jungefreiheit.de/politik/deutschland/2016/hochschule-prueft-konsequenzen-fuer-merkel-kritiker/. 18.02.2016: „Junge Freiheit", „Merkel-Kritiker: ‚Ich wollte aufrütteln'", in: https://jungefreiheit.de/politik/deutschland/2016/merkel-kritiker-ich-wollte-aufruetteln/. 26.01.2016: „Mitteldeutsche Zeitung", „Rüge für Kritiker Thomas Rödel", in: http://www.mz-web.de/merseburg-querfurt/merseburger-professor-protestiert-gegen-angela-merkel-ruege-fuer-kritiker-thomas-roedel,20641044,33620548.html.

[77]   13.02.2016: „Die Achse des Guten", „Niedersächsischer Denunzianten-Stadl: Wie man einen politisch unbotmäßigen Lehrer schikaniert", in: http://www.achgut.com/dadgdx/index.php/dadgd/article/niedersaechsischer_denunzianten_stadl_wie_man_einen_politisch_unbotmaessige. 30.11.2015: Niedersächsischer Landtag, „Kleine Anfrage zur schriftlichen Beantwortung mit Antwort

30.11.2015 Drucksache 17/4737 (2 S.)", in: http://www.nilas. niedersachsen.de/starweb/NILAS/servlet.starweb?path=NILAS/ lisshfl.web&id=nilaswebfastlink&format=WEBLANGFL&sea rch=WP=17%20AND%20DART=D%20AND%20DNR=4737. 28.01.2016: „Schwarmstedter Rundschau", „Der Schulfrieden war nie gestört", in: http://ep.aller-weser-verlag.de/bkbackoffice/get-catalog.do;jsessionid=971C94A66A70BA53E2B95BC96B9797D 8?catalogId=98158&fr=HTML5.

[78] 13.02.2016: „Die Zeit", „Darf ein Professor so was twittern?", in: http://www.zeit.de/2016/07/rechtspopulismus-universitaet-profes-sor-twitter-pegida. 16.02.2016: „Junge Freiheit", „Juraprofessor gerät wegen Asylkritik in Bedrängnis", in: https://jungefreiheit.de/ kultur/gesellschaft/2016/juraprofessor-geraet-wegen-asylkritik-in-bedraengnis/.

[79] 10.06.2011: „Märkische Online-Zeitung", „Gutachten belastet Stol-pe", in: http://www.moz.de/details/dg/0/1/317231/. 15.07.2011: „Die Zeit", „Manfred Stolpe. In der Pflicht der deutsch-deutschen Geschichte", in: http://www.zeit.de/politik/2011-07/portrait-manf-red-stolpe/komplettansicht.

[80] 02.01.2006: „Der Spiegel", „Rechtschreibreform. Hit und Top, Tipp und Stopp", in: http://www.spiegel.de/spiegel/print/d-45168987. html.

[81] 14.06.2013: Festvortrag des Deutschen-Lehrerverbands-Präsiden-ten Josef Kraus beim Verein Deutsche Sprache (VDS) in Rudol-stadt, „Sprachliche Bildung ist nicht alles, aber ohne sprachliche Bildung ist alles nichts", in: http://www.lehrerverband.de/aktu-ell_Festvortrag_Verein_Deutsche_Sprache_140613.html.

[82] „Der Spiegel", „Plädoyer einer Professorin: Kiezdeutsch rockt, ischwör!", in: http://www.spiegel.de/unispiegel/wunderbar/ professorin-heike-wiese-verteidigt-den-jugendslang-kiez-deutsch-a-824386.html. 22.10.2015: „Die Welt", „Diese Bildungs-reformen machen unsere Kinder dumm", in: http://www.welt.de/ vermischtes/article147908961/Diese-Bildungsreformen-machen-unsere-Kinder-dumm.html. 03.02.2016: „Die Welt", „Arabisch soll in Deutschland zum Pflichtfach werden", in: http://www. welt.de/politik/deutschland/article151819746/Arabisch-soll-in-

Deutschland-zum-Pflichtfach-werden.html.

[83] 09.05.2016: „Die Welt", „In ganz vielen Fächern gibt es nur noch Bestnoten", in: http://www.welt.de/politik/deutschland/article155182159/In-ganz-vielen-Faechern-gibt-es-nur-noch-Bestnoten.html. 03.05.2016: „Die Welt", „Lehrer sollen weniger Fachwörter benutzen – Migranten zuliebe", in: http://www.welt.de/politik/deutschland/article154979431/Lehrer-sollen-weniger-Fachwoerter-benutzen-Migranten-zuliebe.html.   17.03.2016: „Wirtschaftswoche", „Bildungskatastrophe Deutschland. So lächerlich sind Mathe-Prüfungen in NRW", in: http://www.wiwo.de/erfolg/campus-mba/bildungskatastrophe-deutschland-so-laecherlich-sind-mathe-pruefungen-in-nrw/13329884-all.html.

[84] 25.03.1999: „Berliner Zeitung", „Schüler mit Akten verwechselt", in: http://www.berliner-zeitung.de/archiv/stundenausfall--streit-um-grundstaendige-gymnasien--fehlende-lehrer---die-probleme-der-schulen-sollen-durch-eine-neue-planung-entschaerft-werden--die-zustaendige-senatorin-will-im-neuen-jahr-mehr-lehrer-einstellen--der-vertreter-der-lehrergewerkschaft-will-unterrichtskontrollen---schueler-mit-akten-verwechselt-,10810590,9615920.html

[85] 04.02.2016: Brief des Verfassers

[86] 31.08.2015: „Focus", „Personalmangel zum Schulbeginn. Verband warnt: An den Schulen fehlen bundesweit 30.000 Lehrer", in: http://www.focus.de/finanzen/news/arbeitsmarkt/personalmangel-zum-schulbeginn-verband-warnt-bundesweit-fehlen-30-000-lehrer-an-den-schulen_id_4913139.html.

[87] 05.08.2015: „Die Welt": „Lehrer-Beruf ist oft nur eine undurchdachte Notwahl", in: http://www.welt.de/wirtschaft/karriere/bildung/article144832351/Lehrer-Beruf-ist-oft-nur-eine-undurchdachte-Notwahl.html. 04.03.2016: „Frankfurter Allgemeine Zeitung", „Papst Franziskus spricht von ‚arabischer Invasion'", in: http://www.faz.net/aktuell/politik/fluechtlingskrise/fluechtlingskrise-papst-franziskus-spricht-von-arabischer-invasion-14104945.html.

[88] 21.09.2015: Bundesamt für Migration und Flüchtlinge, „Neue Zulassungskriterien für Lehrkräfte", in: http://www.bamf.de/DE/

Infothek/Lehrkraefte/Kriterien/kriterien-node.html. 16.09.2015: „News4Teacher", „Flüchtlingskinder: Philologenverbandschef will Pensionäre zurück in die Schulen holen", in: http://www.news4teachers.de/2015/09/krisentreffen-in-der-hessischen-staatskanzlei-mehr-deutschlehrer-fuer-fluechtlinge-moeglich/.

89   08.05.2016: „Die Welt", „Tausende Syrer wollen Abschluss anerkennen lassen", in: http://www.welt.de/politik/deutschland/article155147857/Tausende-Syrer-wollen-Abschluss-anerkennen-lassen.html. 02.05.2016: „Die Welt", „Die Wahrheit über die Bildung syrischer Flüchtlinge", in: http://www.welt.de/wirtschaft/article154928441/Die-Wahrheit-ueber-die-Bildung-syrischer-Fluechtlinge.html. 24.11.2015: Bundesministerium für Bildung und Forschung, „Der Haushalt des Bundesministeriums für Bildung und Forschung", in: https://www.bmbf.de/de/der-haushalt-des-bundesministeriums-fuer-bildung-und-forschung-202.html. 28.11.2015: „Frankfurter Rundschau", „10.000 Briefe für 800 neue Lehrer", in: http://www.fr-online.de/zuwanderung-in-rhein-main/fluechtlinge-in-hessen-10-000-briefe-fuer-800-neue-lehrer,24933504,32658712.html. 03.12.2015: „Die Zeit", „Flüchtlingen wird Zugang zum Studium erleichtert", in: http://www.zeit.de/studium/hochschule/2015-12/kultusministerkonferenz-fluechtlinge-studium.

90   11.12.2015: Deutsche Forschungsgemeinschaft, „Wissenschaftler als Flüchtlinge: DFG will Mitarbeit in Forschungsprojekten erleichtern", in: http://www.dfg.de/service/presse/pressemitteilungen/2015/pressemitteilung_nr_59/index.html.

91   Der Name des Privatdozenten ist dem Verfasser bekannt.

92   21.09.2015: „News4Teacher", „KMK geht aktuell von 300.000 Flüchtlingskindern aus – erstmals: Schule wird zur Notunterkunft", in: http://www.news4teachers.de/2015/09/fehlende-lehrer-und-klassenzimmer-als-notunterkuenfte-schulen-muessen-neue-probleme-bewaeltigen/. 16.09.2015: „News4Teacher", „Krisentreffen in der hessischen Staatskanzlei: Mehr Deutschlehrer für Flüchtlinge möglich", in: http://www.news4teachers.de/2015/09/krisentreffen-in-der-hessischen-staatskanzlei-mehr-deutschlehrer-fuer-fluechtlinge-moeglich/. 11.09.2015: „News4Teacher",

„Flüchtlingskinder: Philologenverbandschef will Pensionäre zurück in die Schulen holen", in: http://www.news4teachers. de/2015/09/fluechtlingskinder-philologenverbandschef-will-pensionaere-zurueck-in-die-schulen-holen/.

93 Juni 2015: Bundesministerium für Bildung und Forschung, „Bildung und Forschung in Zahlen 2015", in: https://www.bmbf.de/ pub/Bildung_und_Forschung_in_Zahlen_2015.pdf.

94 21.09.2015: „News4Teacher", „KMK geht aktuell von 300.000 Flüchtlingskindern aus – erstmals: Schule wird zur Notunterkunft", in: http://www.news4teachers.de/2015/09/fehlende-lehrer-und-klassenzimmer-als-notunterkuenfte-schulen-muessen-neue-probleme-bewaeltigen/.

95 31.08.2015: „News4Teacher", „Flüchtlinge in Turnhallen – Kultusministerium rechnet mit Konflikten um Sportunterricht", in: http://www.news4teachers.de/2015/08/fluechtlinge-in-turnhallen-kultusministerium-rechnet-mit-konflikten-um-ausfallenden-sport-unterricht/.

96 02.11.2015: „RP Online", „Turnhallen belegt: Landessportbund schlägt Alarm", in: http://www.rp-online.de/nrw/panorama/fluechtlinge-in-nrw-400-turnhallen-belegt-aid-1.5530271. 21.10.2015: „Die Welt", „Hunderte Turnhallen sind für Schüler geschlossen", in: http://www.welt.de/wirtschaft/article147868434/Hunderte-Turnhallen-sind-fuer-Schueler-geschlossen.html. 13.01.2016: „Westdeutsche Allgemeine Zeitung", „Flüchtlinge in Turnhallen – Sportvereine beklagen Austritte", in: http://www.der-westen.de/staedte/witten/fluechtlinge-in-turnhallen-sportvereine-beklagen-austritte-id11453591.html.

97 20.03.2016: „Preußische Allgemeine Zeitung", „Millionenschäden in Turnhallen. Asylbewerber-Unterbringung lässt Kosten explodieren – weiterer Verfall droht", in: http://www.preussische-allge-meine.de/nc/nachrichten/artikel/millionenschaeden-in-turnhallen. html.

98 14.10.2013: „News4Teacher", „Späte Genugtuung für Schavan: CDU gibt die Hauptschule auf", in: http://www.news4teachers. de/2013/10/spaete-genugtuung-fuer-schavan-cdu-gibt-die-hauptschule-auf/. Juni 2015: Bundesministerium für Bildung und For-

schung, „Bildung und Forschung in Zahlen 2015", in: https://www.bmbf.de/pub/Bildung_und_Forschung_in_Zahlen_2015.pdf.

[99] 06.07.2009: „Frankfurter Allgemeine Zeitung" (Prof. Dr. Hans Meyer), „Nur Mut zu einer Reform".

[100] 09.02.2015: Bayerischer Rundfunk, „Bachelor-Studenten. Was bringt der Abschluss auf dem Arbeitsmarkt?", in: http://www.br.de/radio/bayern2/gesellschaft/notizbuch/bachelor-student-ar-beitsmarkt-100.html; http://www.br.de/radio/bayern2/gesellschaft/notizbuch/bachelor-student-arbeitsmarkt-100.html. 06.07.2009: „Frankfurter Allgemeine Zeitung" (Prof. Dr. Hans Meyer), „Nur Mut zu einer Reform". 22.04.2009: „Frankfurter Allgemeine Zeitung", „Bologna, Bachelor, Feldscher und Bader".

[101] 18.02.2016: Institut der deutschen Wirtschaft/iwd, Ausgabe 7, „Soziologen sind die neuen Ingenieure", S. 8.

[102] 14.06.2013: Festvortrag des Deutschen-Lehrerverbands-Präsidenten Josef Kraus beim Verein Deutsche Sprache (VDS) in Rudolstadt, „Sprachliche Bildung ist nicht alles, aber ohne sprachliche Bildung ist alles nichts", in: http://www.lehrerverband.de/aktuell_Festvortrag_Verein_Deutsche_Sprache_140613.html. 06.07.2009: „Frankfurter Allgemeine Zeitung" (Prof. Dr. Hans Meyer), „Nur Mut zu einer Reform".

[103] 21.07.2002: „Telepolis", „Der PISA-Schock", in: http://www.heise.de/tp/artikel/12/12929/1.html.

[104] 09.02.2016: Statista, „Deutsche Nobelpreisträger seit der Gründung der Nobelstiftung im Jahr 1901 bis 2015 nach Fachrichtung", in: http://de.statista.com/statistik/daten/studie/2015/umfrage/deutsche-nobelpreistraeger-seit-der-gruendung-der-nobelstiftung-im-jahr-1901/. 09.02.2016: „Wikipedia", „Liste der deutschen Nobelpreisträger", in: https://de.wikipedia.org/wiki/Liste_der_deutschen_Nobelpreistr%C3%A4ger. Nobelpreisträger, die eine Doppelstaatsbürgerschaft besaßen/besitzen, wurden herausgerechnet.

[105] 28.03.2014: „Frankfurter Allgemeine Zeitung", „Promotion an Fachhochschulen. Herr Prof. Dr. (FH)", in: http://www.faz.net/aktuell/beruf-chance/campus/promotion-an-fachhochschulen-herr-prof-dr-fh-12856566.html.

[106] 30.05.2015: „Frankfurter Allgemeine Zeitung", „Gender-Studien. Heldenhafte Spermien und wachgeküsste Eizellen", in: http://www.faz.net/aktuell/politik/inland/gender-studies-genderforschung-auch-in-der-biologie-13603216.html. 17.11.2014: „Frankfurter Allgemeine Zeitung", „Gendergerechte Sprache. Sagen Sie bitte Profx. zu mir", in: http://www.faz.net/aktuell/feuilleton/debatten/profx-als-geschlechtergerechte-sprache-fuer-professoren-13268220.html. 04.06.2013: „Der Spiegel", „Sprachreform an der Uni Leipzig: Guten Tag, Herr Professorin", in: http://www.spiegel.de/unispiegel/wunderbar/gleichberechtigung-uni-leipzig-nutzt-weibliche-bezeichnungen-a-903530.html.

[107] Juni 2015: Bundesministerium für Bildung und Forschung, „Bildung und Forschung in Zahlen 2015", in: https://www.bmbf.de/pub/Bildung_und_Forschung_in_Zahlen_2015.pdf.

[108] 06.06.2013: „Die Zeit", „Schlecht, schlechter, Geschlecht", in: http://www.zeit.de/2013/24/genderforschung-kulturelle-unterschiede. 30.05.2015: „Frankfurter Allgemeine Zeitung", „Gender-Studien. Heldenhafte Spermien und wachgeküsste Eizellen", in: http://www.faz.net/aktuell/politik/inland/gender-studies-genderforschung-auch-in-der-biologie-13603216.html.

[109] 06.02.2016: „Conservo" (Peter Helmes), „Neues aus dem Tagebuch der Gutmenschen: Transgenderbäder", in: https://conservo.wordpress.com/2016/02/06/neues-aus-dem-tagebuch-der-gutmenschen-transgenderbaeder/#more-7648.

[110] 08.01.2016: „Conservo" (Peter Helmes), „Am 23. Januar: Auf nach Stuttgart! ‚Demo für Alle!'", in: https://conservo.wordpress.com/2016/01/08/am-23-januar-auf-nach-stuttgart-demo-fuer-alle/

[111] 10.05.2016: „Stuttgarter Zeitung", „Kabinettsbildung. Lob, Spott – und ein Aufstand", in: http://www.stuttgarter-zeitung.de/inhalt.neue-landesregierung-spott-staunen-und-lobgesaenge.5fc90b67-f602-4bf9-bd9b-691ac3e73424.html.

[112] 23.02.2014: „Die Welt", „Auswärtiges Amt hält Schavan für ungeeignet", in: http://www.welt.de/politik/deutschland/article125124320/Auswaertiges-Amt-haelt-Schavan-fuer-ungeeignet.html.

[113] 10.02.2016: „Wikipedia", „Filmkomödie ‚Was nicht passt, wird

passend gemacht'", in: https://de.wikipedia.org/wiki/Was_nicht_
passt,_wird_passend_gemacht_(2002).

[114] 09.02.2016: „Passauer Neue Presse", „Seehofer unterstellt Merkel
,Herrschaft des Unrechts'", in: http://www.pnp.de/nachrichten/
bayern/1958889_Seehofer-unterstellt-Merkel-Herrschaft-des-Un-
rechts.html.

[115] 29.01.2016: „Der Freitag": „Welches Bild von Demokratie hat
Heiko Maas?", in: https://www.freitag.de/autoren/hoipolloi/hat-
heiko-maas-den-realitaetssinn-verloren. 13.01.2016: „Die Welt",
„Merkels Alleingang war ein Akt der Selbstermächtigung", in:
http://www.welt.de/politik/deutschland/article150947586/Mer-
kels-Alleingang-war-ein-Akt-der-Selbstermaechtigung.html.
13.01.2016: „NWZ Online", Ulrich Battis: „Ich verstehe Frau
Merkel nicht mehr", in: http://www.nwzonline.de/interview/ich-
verstehe_a_6,0,2862605044.html. 05.09.2015: Karl Albrecht
Schachtschneider, „Verfassungswidrige Einwanderung von
Flüchtlingen nach Deutschland. Ein Überblick über die Rechtslage", in: http://www.wissensmanufaktur.net/verfassungswidrige-
einwanderung. 04.11.2015: Youtube (Rupert Scholz), „Erhebliche
Rechtsverstöße durch die Bundesregierung", in: https://www.
youtube.com/watch?v=Sefl824vTn4. 12.01.2016: „Handelsblatt", „Ex-Verfassungsrichter Papier: Eklatantes Politikversagen
in der Flüchtlingspolitik", in: http://www.handelsblatt.com/my/
politik/deutschland/ex-verfassungsrichter-papier-eklatantes-po-
litikversagen-in-der-fluechtlingskrise/12818088.html?ticket=ST-
6348406-KcMYgjh99ZzrN2WHC4yr-s02lcgiacc01.vhb.de.
14.01.2016: „Die Welt", „Rechtssystem in schwerwiegender
Weise deformiert", in: http://www.welt.de/politik/deutschland/ar-
ticle150982804/Rechtssystem-in-schwerwiegender-Weise-defor-
miert.html.

[116] 13.01.2016: „NWZ Online", Ulrich Battis: „Ich verstehe Frau
Merkel nicht mehr", in: http://www.nwzonline.de/interview/ich-
verstehe_a_6,0,2862605044.html.

[117] 29.01.2016: „Frankfurter Allgemeine Zeitung", „Die Bundesregierung bricht in der Flüchtlingspolitik das Recht nicht", in: http://
www.faz.net/aktuell/politik/fluechtlingskrise/heiko-maas-in-der-

f-a-z-die-bundesregierung-bricht-in-der-fluechtlingspolitik-das-recht-nicht-14041951.html. 02.02.2016: „Die Welt", „Schäuble weist Ex-Verfassungsrichter zurecht", in: http://www.welt.de/politik/ausland/article151750609/Schaeuble-weist-Ex-Verfassungsrichter-zurecht.html.

[118]   07.02.2016: „Die Achse des Guten" (Henryk Broder), „Wie sich die Kanzlerin ihre ‚Abschiedskultur' vorstellt und andere Grausamkeiten", in: http://www.achgut.com/dadgdx/index.php/dadgd/article/wie_sich_die_kanzlerin_ihre_abschiedskultur_vorstellt_und_andere_grausamkei.

[119]   29.01.2016: „Der Freitag": „Welches Bild von Demokratie hat Heiko Maas?", in: https://www.freitag.de/autoren/hoipolloi/hat-heiko-maas-den-realitaetssinn-verloren.

[120]   23.12.2015: „Saarbrücker Zeitung", „Maas fordert mehr Courage gegen Rassismus", in: http://www.saarbruecker-zeitung.de/politik/themen/Berlin-Saarbruecken-Asylbewerber-Auslaenderhass-Bundesjustizminister-Fluechtlinge-Justizminister-Rassismus;art2825,6012910.

[121]   06.02.2016: „Tichys Einblick" (Stephan Paetow): „Minister Mittelmaas. Ein Justizminister, dem Recht und Justiz fremd sind", in: http://www.rolandtichy.de/gastbeitrag/minister-mittelmaas/. 18.01.2016: „Die Achse des Guten" (Manfred Haferburg), „Ein Minister mit festem Klassenstandpunkt", in: http://www.achgut.com/dadgdx/index.php/dadgd/article/ein_minister_mit_festem_klassenstandpunkt.

[122]   16.12.2013: „Süddeutsche Zeitung", „Ein Justizminister, dem die Justiz fremd ist", in: http://www.sueddeutsche.de/politik/spd-politiker-maas-ein-justizminister-dem-die-justiz-fremd-ist-1.1844424.

[123]   06.02.2016: „Tichys Einblick" (Stephan Paetow): „Minister Mittelmaas. Ein Justizminister, dem Recht und Justiz fremd sind", in: http://www.rolandtichy.de/gastbeitrag/minister-mittelmaas/.

[124]   13.11.2015: „Der Spiegel", „SPD-Hoffnungsträger Maas: Kanzlerkandidat der Reserve", hier: Kommentar von LPS333 („Herr Maas hat für mich den Charme eines Oberprimaners. Sein oberlehrerhaftes Auftreten gibt mir dann den endgültigen Rest"), in: http://www.spiegel.de/politik/deutschland/heiko-maas-spd-kanz-

lerkandidat-der-reserve-a-1061243.html.

[125] 07.03.2016: „Frankfurter Allgemeine Zeitung", „Nur einer klatscht für Heiko Maas", in: http://www.faz.net/aktuell/feuilleton/medien/tv-kritik/tv-kritik-anne-will-nur-einer-klatscht-fuer-heiko-maas-14109856.html.

[126] 12.01.2015: „Augsburger Allgemeine", „Heiko Maas: Der Angreifer im Kabinett", in: http://www.augsburger-allgemeine.de/politik/Heiko-Maas-Der-Angreifer-im-Kabinett-id32621007.html. 06.02.2016: „Tichys Einblick" (Stephan Paetow): „Minister Mittelmaas. Ein Justizminister, dem Recht und Justiz fremd sind", in: http://www.rolandtichy.de/gastbeitrag/minister-mittelmaas/.

[127] 13.01.2016: „GQ", „Heiko Maas ist der bestangezogene Mann", in: http://www.gq-magazin.de/mode-stil/mode-news/gq-best-dressed-liste-2016-heiko-maas-ist-der-bestangezogene-mann. 13.01.2015: „Cicero", „Heiko Maas, der Weltanschauungsminister", in: http://www.cicero.de/salon/islamkritik-und-politik-heiko-maas-der-weltanschauungsminister/58725.

[128] 12.01.2015: „Frankfurter Allgemeine Zeitung", „Justizminister Maas: ,AfD nicht viel besser als NPD'", in: http://www.faz.net/aktuell/politik/inland/justizminister-maas-plant-schaerfere-gesetze-gegen-extremisten-13364877.html. 15.12.2014: „Der Spiegel", „Maas zu Demos in Dresden: ,Pegida ist eine Schande für Deutschland'", in: http://www.spiegel.de/politik/deutschland/pegida-heiko-maas-nennt-proteste-schande-fuer-deutschland-a-1008452.html. 17.10.2015: „Rheinische Post", „Pegida und AfD sind rhetorische Brandstifter", in: http://www.rp-online.de/politik/deutschland/heiko-maas-pegida-und-afd-sind-rhetorische-brandstifter-aid-1.5476599. 13.01.2015: „Cicero", „Heiko Maas, der Weltanschauungsminister", in: http://www.cicero.de/salon/islamkritik-und-politik-heiko-maas-der-weltanschauungsminister/58725. 21.02.2016: „Frankfurter Allgemeine Zeitung", „Justizminister sieht in AfD einen Fall für den Verfassungsschutz", in: http://www.faz.net/aktuell/heiko-maas-sieht-in-afd-fall-fuer-den-verfassungsschutz-14083566.html.

[129] 16.12.2014: Bundesverfassungsgericht, „Urteil vom 16. Dezember 2014", in: https://www.bundesverfassungsgericht.de/SharedDocs/

Entscheidungen/DE/2014/12/es20141216_2bve000214.html.

[130] 24.02.2016: „Main-Echo", „Bildungspolitik: Rechte Hetze in sozialen Medien, Pegida-Demos und die Zuwanderung von Flüchtlingen sind zunehmend Themen in Schulen", in: http://www.main-echo.de/ueberregional/politik/art20502,4000321.

[131] 05.01.2015: „Die Welt", „Deutsche Leitkultur ist das Grundgesetz", in: http://www.welt.de/politik/deutschland/article136047533/Deutsche-Leitkultur-ist-das-Grundgesetz.html.

[132] 23.06.2016: „Berliner Zeitung", „Schneise der Zerstörung. Chaoten-Mob auf Verwüstungs-Tour durch Berlins Straßen", in: http://www.bz-berlin.de/berlin/chaoten-mob-randaliert-auf-berlins-strassen.

[133] 25.02.2016: „Junge Freiheit", „Linksextremisten demonstrieren gegen Asylheim", in: https://jungefreiheit.de/politik/deutschland/2016/linksextremisten-demonstrieren-gegen-asylheim/. 09.06.2016: „Acta diurna" (Michael Klonovsky), „Anhebender 9. Juni 2016. Neueste Nachrichten aus der Spätzeit der DDR light.", in: http://www.michael-klonovsky.de/acta-diurna/item/295-juni-2016. 08.06.2016: „Frankfurter Allgemeine Zeitung", „Schäuble zu Flüchtlingskrise: ‚Abschottung würde Europa in Inzucht degenerieren lassen'", in: http://www.faz.net/aktuell/politik/wolfgang-schaeuble-abschottung-wuerde-europa-in-inzucht-degenerieren-lassen-14275838.html. 25.07.2016: „Die Welt", „Inzest. Wenn der Cousin mit der Cousine schläft", in: http://www.welt.de/vermischtes/article732888/Wenn-der-Cousin-mit-der-Cousine-schlaeft.html.

[134] 04.05.2016: Vera Lengsfeld, „Task Force von Justizminister Maas arbeitet ohne gesetzliche Grundlage", in: http://vera-lengsfeld.de/2016/05/04/task-force-von-justizminister-mass-arbeitet-ohne-gesetzliche-grundlage/#more-264. 29.02.2016: „Deutsche Wirtschafts-Nachrichten", „Dokument: Facebook löscht Inhalte nach politischen Vorgaben", in: http://deutsche-wirtschafts-nachrichten.de/2016/02/29/dokument-facebook-loescht-inhalte-nach-politischen-vorgaben/. 06.02.2016: „Tichys Einblick" (Stephan Paetow): „Minister Mittelmaas. Ein Justizminister, dem Recht und Justiz fremd sind", in: http://www.rolandtichy.de/gastbeitrag/mi-

nister-mittelmaas/. 28.10.2015: „Geolitico", „Maas Seit' an Seit'
mit der Antifa", in: http://www.geolitico.de/2015/10/28/maas-
seit-an-seit-mit-der-antifa/#_ednref3. 18.01.2016: „Die Achse des
Guten" (Manfred Haferburg), „Ein Minister mit festem Klassenstandpunkt", in: http://www.achgut.com/dadgdx/index.php/dadgd/
article/ein_minister_mit_festem_klassenstandpunkt.

[135] 02.04.2003: „Berliner Zeitung", „Eine Stasi-Debatte, die nicht
beendet wurde", in: http://www.berliner-zeitung.de/archiv/eine-
stasi-debatte--die-nicht-beendet-wurde,10810590,10077072.
html. 12.02.2016: „Wikipedia", „Anetta Kahane", in: https://
de.wikipedia.org/wiki/Anetta_Kahane.

[136] 25.02.2016: „Tichys Einblick" (Anabel Schunke), „Facebook-
Sperre: Die Zensur zensiert sich selbst", in: http://www.rolandti-
chy.de/gastbeitrag/die-zensurwut-zensiert-sich-selbst/.

[137] 22.02.2016: ntv, „Menschenfeindliche Positionen. Maas: AfD
wird Fall für Verfassungsschutz", in: http://www.n-tv.de/politik/
Maas-AfD-wird-Fall-fuer-Verfassungsschutz-article17048651.
html. 22.02.2016: MDR, „Reaktion auf Maas-Forderung. Verfassungsschutz lehnt Überwachung der AfD ab", in: http://www.mdr.
de/nachrichten/politik/inland/maas-afd-verfassungsschutz100.
html. 27.02.2016: „Preußische Allgemeine Zeitung", „Um jeden
Preis. Woran Guido Wolf verzweifelt, wie wir die AfD in die Nähe
des NSU bekommen, und warum die Ossis so widerspenstig sind
/ Der Wochenrückblick mit Hans Heckel", in: http://www.preus-
sische-allgemeine.de/nachrichten/artikel/um-jeden-preis.html.
09.04.2016: „Die Welt", „AfD ist keine rechtsextremistische Partei", in: http://www.welt.de/politik/deutschland/article154166752/
AfD-ist-keine-rechtsextremistische-Partei.html.

[138] 17.01.2016: „Deutsche Wirtschafts-Nachrichten", „Angesichts
von Angriffen auf Flüchtlinge und rassistischer Hetze will die
SPD den ‚Kampf gegen rechts' verstärken", in: http://deutsche-
wirtschafts-nachrichten.de/2016/01/17/spd-rechtsextreme-ge-
faehrden-zusammenhalt-in-deutschland/. 19.03.2016: „Die Zeit",
„Regierung verdoppelt Ausgaben gegen rechts", in: http://www.
zeit.de/politik/deutschland/2016-03/rechtsextremismus-praeventi-
on-regierung-verdoppelt-ausgaben.

[139]   09.04.2016: „Der Spiegel", „Heiko Maas will Verbot sexistischer
         Werbung", in: http://www.spiegel.de/spiegel/vorab/heiko-maas-
         will-verbot-sexistischer-werbung-a-1086186.html.   11.04.2016:
         „Die Zeit", „Lindner wirft Maas Spießigkeit vor", in: http://www.
         zeit.de/politik/deutschland/2016-04/sexismus-werbung-heiko-
         maas-christian-lindner.

[140]   22.04.2016: „taz", „Der Anschlag, der keinen interessierte",
         in: http://www.taz.de/!5298143/. 29.01.2016: „Frankfurter All-
         gemeine Zeitung", „Entsetzen nach versuchtem Anschlag mit
         Handgranate", in: http://www.faz.net/aktuell/politik/fluechtlings-
         krise/entsetzen-nach-handgranaten-anschlag-auf-fluechtlings-
         heim-14041004.html. 29.01.2016: „Der Tagesspiegel", „Politik
         spricht von Terrorismus und Anschlag gegen Menschlichkeit", in:
         http://www.tagesspiegel.de/politik/handgranate-auf-fluechtlings-
         heim-in-villingen-schwenningen-politik-spricht-von-terrorismus-
         und-anschlag-gegen-menschlichkeit/12895068.html. 10.02.2016:
         „Junge Freiheit", „Blamierte Vorverurteiler", in: https://jungefrei-
         heit.de/debatte/kommentar/2016/blamierte-vorverurteiler/.

[141]   30.04.2016: NDR, „Ladendiebstahl nur noch Ordnungswidrig-
         keit?", in: https://www.ndr.de/nachrichten/schleswig-holstein/
         Ladendiebstahl-nur-noch-Ordnungswidrigkeit,stegner608.html.
         21.04.2016: „Die Welt", „Mehr als 107.000 offene Haftbefehle
         in Deutschland", in: http://www.welt.de/politik/deutschland/arti-
         cle154612766/Mehr-als-107-000-offene-Haftbefehle-in-Deutsch-
         land.html. 25.03.2016: „Der Spiegel", „Strafrecht: Bundesjustiz-
         minister will zwingende lebenslange Haft für Mord abschaffen",
         in: http://www.spiegel.de/panorama/justiz/heiko-maas-will-
         zwingende-lebenslange-haft-fuer-mord-abschaffen-a-1084124.
         html#ref=rss.

[142]   01.12.2012: „Die Welt", „Scharia hält Einzug in deutsche Gerichts-
         säle", in: http://www.welt.de/politik/deutschland/article13845521/
         Scharia-haelt-Einzug-in-deutsche-Gerichtssaele.html.

[143]   06.03.2016: „Die Welt", „Schäubles Überschuss-Milliarden sind
         für Flüchtlinge reserviert", in: http://www.welt.de/wirtschaft/
         article152972939/Schaeubles-Ueberschuss-Milliarden-sind-fuer-
         Fluechtlinge-reserviert.html. 04.03.2016: „Bayerische Staatszei-

tung", „Online-Nachhilfe auf Paschtu", in: https://www.bayeri-sche-staatszeitung.de/staatszeitung/politik/detailansicht-politik/artikel/online-nachhilfe-auf-paschtu.html.

[144] 06.02.2016: „Tichys Einblick" (Stephan Paetow): „Minister Mittelmaas. Ein Justizminister, dem Recht und Justiz fremd sind", in: http://www.rolandtichy.de/gastbeitrag/minister-mittelmaas/.

[145] 23.12.2015: „Der Freitag", „Hartmut Honka: Demokratieverständnis 2.0?", in: https://www.freitag.de/autoren/hoipolloi/hartmut-honka-demokratieverstaendnis-2-0. 18.01.2016: „Die Achse des Guten" (Manfred Haferburg), „Ein Minister mit festem Klassenstandpunkt", in: http://www.achgut.com/dadgdx/index.php/dadgd/article/ein_minister_mit_festem_klassenstandpunkt.

[146] 07.02.2014: „Die Welt", „Karlsruhe lässt EuGH über Euro-Rettung entscheiden", in: http://www.welt.de/wirtschaft/article124615730/Karlsruhe-laesst-EuGH-ueber-Euro-Rettung-entscheiden.html. 04.03.2016: EinProzent.de, „Verfassungsbeschwerde abgelehnt: Was folgt nun?", in: http://einprozent.de/?p=296.

[147] 27.04.2016: „Die Welt", „Dublin-Verodnung: Abschiebefrist abgelaufen. Asylbewerber darf bleiben", in: http://www.welt.de/politik/deutschland/article154823726/Abschiebefrist-abgelaufen-Asylbewerber-darf-bleiben.html. 08.12.2015: „Der Spiegel", „S.P.O.N. – Der Schwarze Kanal: Seid umarmt, ihr Rumänen!", in: http://www.spiegel.de/politik/deutschland/sozialhilfe-fuer-eu-auslaender-seid-umarmt-ihr-rumaenen-kolumne-a-1066611.html. 17.03.2016: „Bild", „Urteil in Montblanc-Affäre. Abgeordnete dürfen anonym Geld verschwenden", in: http://www.bild.de/politik/inland/steuern/abgeordnete-duerfen-anonym-geld-verschwenden-44962494.bild.html. 14.12.2009: „Der Stern", „Kolumne ‚Berlin vertraulich': Warum Abgeordnete gern teure Luxusfüller ordern", in: http://www.stern.de/politik/deutschland/kolumne--berlin-vertraulich---warum-abgeordnete-gern-teure-luxusfueller-ordern-3152728.html. 18.03.2016: „Frankfurter Allgemeine Zeitung", „Bundesverwaltungsgericht: Rundfunkbeitrag ist verfassungsgemäß", in: http://www.faz.net/aktuell/feuilleton/medien/rundfunkbeitrag-laut-bundesverwaltungsgericht-verfassungsgemaess-14132459.html.

148   15.08.2011: „Frankfurter Allgemeine Zeitung" (Frank Schirrma-
      cher), „Ich beginne zu glauben, daß die Linke recht hat", in: http://
      www.faz.net/aktuell/feuilleton/buergerliche-werte-ich-beginne-
      zu-glauben-dass-die-linke-recht-hat-11106162.html?printPagedAr
      ticle=true#pageIndex_2.

149   19.02.2016: Susanne Baer, in: https://plone.rewi.hu-berlin.de/de/
      lf/ls/bae/profdrbaer/publikationen-chronologisch.

150   06.04.2014: „Der Spiegel", „Ärger über liberale Urteile: CDU
      will Rechte der Verfassungsrichter beschränken", in: http://www.
      spiegel.de/politik/deutschland/cdu-will-rechte-des-bundesverfas-
      sungsgerichts-beschraenken-a-962804.html. 11.11.2010: „Focus",
      „Peter Huber – Jurist mit politischen Ambitionen", in: http://www.
      focus.de/politik/deutschland/tid-20406/bundesverfassungsgericht-
      peter-huber-jurist-mit-politischen-ambitionen_aid_571017.html.

151   11.11.2010: „Focus", „Monika Hermanns – Zivilrichterin mit
      Politikerfahrung", in: http://www.focus.de/politik/deutschland/
      tid-20406/bundesverfassungsgericht-monika-hermanns-zivilrich-
      terin-mit-politikerfahrung_aid_571016.html.

152   27.01.2011: „Die Zeit", „Plötzlich Richter", in: http://www.zeit.
      de/2011/05/Bundesverfassungsgericht-Peter-Mueller. 08.09.2012:
      „Cicero", „Die Verwandlung des Peter Müller", in: http://www.
      cicero.de/berliner-republik/die-verwandlung-des-peter-muel-
      ler/51770.

153   11.09.2015: „Deutsche Wirtschafts-Nachrichten", „Nahles: Nicht
      einmal jeder zehnte Flüchtling für Arbeit oder Ausbildung quali-
      fiziert", in: http://deutsche-wirtschafts-nachrichten.de/2015/09/11/
      nahles-nicht-einmal-jeder-zehnte-fluechtling-fuer-arbeit-oder-
      ausbildung-qualifiziert/. Institut für Arbeitsmarkt- und Berufsfor-
      schung, Nr. 14 (Sept.)/2015. 27.02.2016: „Frankfurter Allgemei-
      ne Zeitung", „Nicht mal am Horizont ein Ausbildungsplatz", in:
      http://www.faz.net/aktuell/politik/fluechtlingskrise/ausbildung-
      von-fluechtlingen-in-rosenheim-14092678.html?printPagedArticl
      e=true#pageIndex_2.

154   03.12.2015: „Die Zeit" (Interview mit Prof. Ludger Wößmann),
      „Zwei Drittel können kaum lesen und schreiben", in: http://www.
      zeit.de/2015/47/integration-fluechtlinge-schule-bildung-heraus-

forderung. 12.2015: OECD, „Universal Basic Skills – What countries stand to gain", in: http://hanushek.stanford.edu/sites/default/files/publications/Universal_Basic_Skills_WEF.pdf. 15.10.2015: „Frankfurter Allgemeine Zeitung", „70 Prozent der Flüchtlinge brechen Ausbildung ab", in: http://www.faz.net/aktuell/wirtschaft/wirtschaftspolitik/handwerkskammer-in-bayern-70-prozent-der-fluechtlinge-brechen-ausbildung-ab-13857887.html. 24.02.2016: Vereinigung der hessischen Unternehmerverbände, „Wirtschaft und Arbeitsagentur zur Integration von Flüchtlingen", in: http://vhu.de/vhu/home/presse/meldungen/wirtschaft_und_arbeitsagentur_zur_integration_von_fluechtlingen.de.html.

[155] 27.02.2016: „Frankfurter Allgemeine Zeitung", „Nicht mal am Horizont ein Ausbildungsplatz", in: http://www.faz.net/aktuell/politik/fluechtlingskrise/ausbildung-von-fluechtlingen-in-rosenheim-14092678.html?printPagedArticle=true#pageIndex_2.

[156] Ebd.

[157] 03.12.2015: „Die Zeit" (Interview mit Prof. Ludger Wößmann), „Zwei Drittel können kaum lesen und schreiben", in: http://www.zeit.de/2015/47/integration-fluechtlinge-schule-bildung-herausforderung. 01.01.2016: Bundesfinanzministerium, „Bundeshaushalt 2016 tritt in Kraft – erneut ohne neue Schulden", in: http://www.bundesfinanzministerium.de/Content/DE/Standardartikel/Themen/Oeffentliche_Finanzen/Bundeshaushalt/Bundeshaushalt_2016/2016_01_01_HH2016_download.pdf?__blob=publicationFile&v=4. 24.10.2015: „Focus", „Nahles erwartet Tausende neue Jobs durch Flüchtlingskrise", in: http://www.focus.de/finanzen/news/arbeitsmarkt-nahles-erwartet-tausende-neue-jobs-durch-fluechtlingskrise_id_5036887.html?utm_source=facebook&utm_medium=social&utm_campaign=facebook-focus-online-finanzen&fbc=facebook-focus-online-finanzen&ts=201510241506.

[158] 11.02.2016: „Die Zeit", „Nahles fordert 450 Millionen Euro mehr für Flüchtlinge", in: http://www.zeit.de/politik/deutschland/2016-02/arbeitsministerin-andrea-nahles-geld-fluechtlinge-integration. 31.01.2016: „Frankfurter Allgemeine Zeitung", „Ohne Integration werden die Leistungen gekürzt", in: http://www.faz.

net/aktuell/politik/inland/andrea-nahles-fordert-fluechtlinge-auf-sich-zu-integrieren-14044777.html. 11.02.2016: „Junge Freiheit", „Nahles fordert weitere 500 Millionen für arbeitslose Flüchtlinge", in: https://jungefreiheit.de/politik/deutschland/2016/nahles-fordert-weitere-500-millionen-fuer-arbeitslose-fluechtlinge/.

159 25.02.2016: „Der Spiegel", „Interne Schätzung: Regierung rechnet bis 2020 mit 3,6 Millionen Flüchtlingen", in: http://www.spiegel.de/politik/deutschland/fluechtlinge-bis-2012-3-6-millionen-fluechtlinge-medienbericht-a-1079157.html.   04.02.2016: „Frankfurter Allgemeine Zeitung", „Mehr als 91.000 Asylsuchende im Januar", in: http://www.faz.net/aktuell/politik/fluechtlings-krise/fluechtlingskrise-mehr-als-91-000-asylsuchende-im-januar-14051481.html.

160 25.02.2016: „Der Spiegel", „Interne Schätzung: Regierung rechnet bis 2020 mit 3,6 Millionen Flüchtlingen", in: http://www.spiegel.de/politik/deutschland/fluechtlinge-bis-2012-3-6-millionen-fluechtlinge-medienbericht-a-1079157.html.   04.02.2016: „Frankfurter Allgemeine Zeitung", „Mehr als 91.000 Asylsuchende im Januar", in: http://www.faz.net/aktuell/politik/fluechtlings-krise/fluechtlingskrise-mehr-als-91-000-asylsuchende-im-januar-14051481.html. 01.02.2016: „Die Welt", „Flüchtlinge kosten Staat 50 Milliarden Euro", in: http://www.welt.de/politik/deutschland/article151700627/Fluechtlinge-kosten-Staat-50-Milliarden-Euro.html.

161 02.03.2016: „Focus", „Ifo-Chef Sinn warnt. Jeder Flüchtling kostet Deutschland 450.000 Euro", in: http://www.focus.de/finanzen/videos/ifo-chef-sinn-warnt-jeder-fluechtling-kostet-deutschland-450-000-euro_id_5327945.html.

162 11.02.2016: „Die Zeit", „Nahles fordert 450 Millionen Euro mehr für Flüchtlinge", in: http://www.zeit.de/politik/deutschland/2016-02/arbeitsministerin-andrea-nahles-geld-fluechtlinge-integration. 31.01.2016: „Frankfurter Allgemeine Zeitung", „Ohne Integration werden die Leistungen gekürzt", in: http://www.faz.net/aktuell/politik/inland/andrea-nahles-fordert-fluechtlinge-auf-sich-zu-integrieren-14044777.html. 11.02.2016: „Junge Freiheit", „Nahles fordert weitere 500 Millionen für arbeitslose Flüchtlin-

ge", in: https://jungefreiheit.de/politik/deutschland/2016/nahles-fordert-weitere-500-millionen-fuer-arbeitslose-fluechtlinge/.

[163] 24.10.2015: „Die Zeit", „Nahles erwartet Schaffung Tausender neuer Jobs in Flüchtlingshilfe", in: http://www.zeit.de/news/2015-10/24/deutschland-nahles-erwartet-schaffung-tausender-neuer-jobs-in-fluechtlingshilfe-24054603. 24.02.2016: Journalisten-watch.com (Thomas Böhm), „Will Andrea Nahles die Deutschen in die Knechtschaft zwingen?", in: http://journalistenwatch.com/cms/will-andrea-nahles-die-deutschen-in-die-knechtschaft-zwingen/. 03.03.2016: Institut der deutschen Wirtschaft/iwd, Ausgabe 7, „Soziologen sind die neuen Ingenieure", S. 8.

[164] 26.02.2016: Statista, „Arbeitslosenzahl in Deutschland im Jahresdurchschnitt von 1991 bis 2016 (in Millionen)", in: http://de.statista.com/statistik/daten/studie/1223/umfrage/arbeitslosen-zahl-in-deutschland-jahresdurchschnittswerte/. Ebd., „Bestand an gemeldeten offenen Arbeitsstellen in Deutschland von März 2015 bis Januar 2016", in: http://de.statista.com/statistik/daten/stu-die/2900/umfrage/entwicklung-des-gemeldeten-offenen-arbeits-stellenbestands/. Ebd., „Hartz IV: Leistungsempfänger von Arbeitslosengeld II und Sozialgeld im Jahresdurchschnitt von 2008 bis 2016", in: http://de.statista.com/statistik/daten/studie/242062/umfrage/leistungsempfaenger-von-arbeitslosengeld-ii-und-sozial-geld/. Ebd., „Leistungsempfänger von Arbeitslosengeld I im Jahresdurchschnitt von 2000 bis 2016 (in 1.000)", in: http://de.statista.com/statistik/daten/studie/1377/umfrage/leistungsempfaenger-von-arbeitslosengeld-jahresdurchschnittswerte/. 02.07.2014: O-Ton Arbeitsmarkt, „Warum es in Deutschland ‚nur' rund 3 Millionen Arbeitslose, aber 7 Millionen Hartz-IV- und Arbeitslosen-geldempfänger gibt", in: http://www.o-ton-arbeitsmarkt.de/o-ton-news/warum-es-in-deutschland-nur-rund-3-millionen-arbeitslose-aber-7-millionen-hartz-iv-und-arbeitslosengeldempfaenger-gibt. 01.04.2016: „Deutsche Wirtschafts-Nachrichten", „Nachgerech-net: Offizielle Statistik lässt 800.000 Arbeitslose verschwinden", in: http://deutsche-wirtschafts-nachrichten.de/2016/04/01/nachge-rechnet-offizielle-statistik-laesst-800-000-arbeitslose-verschwin-den/.

[165]   04.05.2016: „Die Welt", „Nutzen Rumänen systematisch den Sozialstaat aus?", in: http://www.welt.de/regionales/bayern/article155029071/Nutzen-Rumaenen-systematisch-den-Sozialstaat-aus.html.

[166]   09.09.2015: „Der Tagesspiegel", „Merkel: Kriegsflüchtlinge werden Neubürger unseres Landes", in: http://www.tagesspiegel.de/politik/angela-merkels-rede-im-bundestag-und-die-reaktionen-merkel-kriegsfluechtlinge-werden-neubuerger-unseres-landes/12299596.html.

[167]   02.11.2015: „RP Online", „Das Rentenpaket hätte nicht verabschiedet werden dürfen", in: http://www.rp-online.de/politik/deutschland/wolfgang-steiger-muessen-renteneintrittsalter-auf-70-jahre-erhoehen-aid-1.5527578. 05.10.2015: „Frankfurter Allgemeine Zeitung", „Wegen niedriger Zinsen Rente mit 70", in: http://www.faz.net/aktuell/finanzen/meine-finanzen/vorsorgen-fuer-das-alter/wegen-niedriger-zinsen-die-rente-mit-70-13837141.html. 29.06.2014: „Bild", „41 Prozent wollen länger als 65 arbeiten", in: http://www.faz.net/aktuell/finanzen/meine-finanzen/vorsorgen-fuer-das-alter/wegen-niedriger-zinsen-die-rente-mit-70-13837141.html. 18.02.2016: „Neue Osnabrücker Zeitung", „Ökonom Fuest: Länger arbeiten und Geld intelligenter ausgeben", in: http://www.noz.de/deutschland-welt/politik/artikel/671838/okonom-fuest-langer-arbeiten-und-geld-intelligenter-ausgeben.

[168]   26.02.2016: Statista, „Die 20 Länder mit dem größten Bruttoinlandsprodukt (BIP) pro Kopf im Jahr 2015* (in US-Dollar)", in: http://de.statista.com/statistik/daten/studie/166224/umfrage/ranking-der-20-laender-mit-dem-groessten-bruttoinlandsprodukt-pro-kopf/.

[169]   03.03.2016: „Die Welt", „Toll! Die Fachkräftelücke gibt es gar nicht", in: http://www.welt.de/wirtschaft/article152869587/Toll-Die-Fachkraefteluecke-gibt-es-gar-nicht.html.

[170]   14.02.2015: „T-Online", „BDI-Präsident will Rente mit 70 attraktiv machen", in: http://www.t-online.de/wirtschaft/altersvorsorge/id_72894374/rente-mit-70-bdi-praesident-kritisiert-ruhestand-mit-63.html.

[171] 05.07.2014: „Wiesbadener Kurier", „Der Mann, der Hessens Atompolitik umsetzte", in: http://www.wiesbadener-kurier.de/vermischtes/vermischtes/der-mann-der-hessens-atompolitik-umsetzte_14295652.htm. 22.12.2014: Ulrich Thurmann (Hessischer Staatssekretär a. D.), Leserbrief an Verlagsgruppe Rhein-Main/„Wiesbadener Kurier". 27.03.2014: „Legal Tribune Online", „Hessischer VGH zu Kernkraftwerk Biblis Abschalten war rechtswidrig", in: http://www.lto.de/recht/nachrichten/n/hessischer-vgh-urteil-6-c-824-11-t-biblis-atomkraftwerk-abschaltung-rechtswidrig/. 27.02.2013: Hessischer Verwaltungsgerichtshof, „Az. 6C824/11.T" in: https://vgh-kassel-justiz.hessen.de/irj/VGH_Kassel_Internet?rid=HMdJ_15/VGH_Kassel_Internet/sub/9c8/9c830757-3e47-1d31-79cd-aa2b417c0cf4,,,11111111-2222-3333-4444-100000005003%252526overview=true.htm. 31.05.2013: „Die Zeit", „UN sehen keine Gesundheitsfolgen durch Fukushima", in: http://www.zeit.de/wissen/umwelt/2013-05/un-fukushima-gesundheitsfolgen.

[172] 03.03.2016: Institut der deutschen Wirtschaft/iwd, Ausgabe 9, „Beben ohne Folgen", S. 4ff.

[173] 29.02.2016: Destatis, „Bruttostromerzeugung in Deutschland für 2013 bis 2015", in: https://www.destatis.de/DE/ZahlenFakten/Wirtschaftsbereiche/Energie/Erzeugung/Tabellen/Bruttostromerzeugung.html. 18.02.2016: Institut der deutschen Wirtschaft/iwd, Ausgabe 7, „Klimaschutz geht anders", S. 7.

[174] 18.09.2012: NDR, „Tiere als Opfer der Windenergie", in: http://www.ndr.de/nachrichten/Tiere-als-Opfer-der-Windenergie-,windkraft319.html.

[175] 03.12.2015: „Strom-Report", „Strompreise in Europa", in: http://strom-report.de/strompreise-europa/.

[176] 29.04.2012: „Frankfurter Rundschau", „600.000 Haushalten wird jährlich Strom gesperrt", in: http://www.fr-online.de/wirtschaft/steigende-energiekosten-600-000-haushalten-wird-jaehrlich-strom-gesperrt,1472780,15041722.html. 21.02.2012: „Die Welt", „Hunderttausenden Haushalten wird der Strom gesperrt", in: http://www.welt.de/wirtschaft/energie/article13879599/Hunderttausenden-Haushalten-wird-der-Strom-gesperrt.html.

[177] 16.03.2016: Deutscher Arbeitgeber Verband (Manfred Haferburg), „Sind die Vorreiter der Energiepolitik noch zu retten?", in: http://www.deutscherarbeitgeberverband.de/aktuelles/2016/2016_03_16_dav_aktuelles_energiewende.html.

[178] 29.02.2016: Statista, „Industriestrompreise in Deutschland in den Jahren 2000 bis 2015 (in Euro-Cent pro Kilowattstunde)", in: http://de.statista.com/statistik/daten/studie/155964/umfrage/entwicklung-der-industriestrompreise-in-deutschland-seit-1995/. Juli 2015: Fraunhofer-Institut/Ecofys, „Stromkosten der energieintensiven Industrie. Ein internationaler Vergleich", in: http://www.isi.fraunhofer.de/isi-wAssets/docs/x/de/projekte/Strompreiswirkung_330639/Industriestrompreise_Abschlussbericht.pdf.

[179] 2004: VDI (Dr. U. Berner/Prof. Dr. A. Hollerbach, Hannover), „Klimawandel und CO_2 aus geowissenschaftlicher Sicht", in: https://www.vdi.de/fileadmin/media/content/get/67.pdf

[180] 2004: Potsdam-Institut für Klimafolgenforschung/Schweizerische Akademie der Naturwissenschaften, „Klimawandel und CO_2: haben die ,Skeptiker' recht?", in: http://www.pik-potsdam.de/~stefan/Publications/Other/rahmstorf_neu_2004.pdf.

[181] 28.10.2010: „Die Zeit", „IPCC-Bericht: 2350 oder 2035? Eine Chronologie des Gletscherfehlers", in: http://www.zeit.de/2010/05/U-IPCC-Kasten. 23.09.2013: Kopp-Verlag (F. William Engdahl), „Falsche Klimaprognosen: IPCC und Al Gore geraten in Panik", in: http://info.kopp-verlag.de/hintergruende/geostrategie/f-william-engdahl/falsche-klimaprognosen-ipcc-und-al-gore-geraten-in-panik.html.

[182] 08.03.2015: MMnews, „Klima-Schwindel: Treibhaus-Effekt widerlegt!", in: http://www.mmnews.de/index.php/politik/38884-klima-schwindel-treibhaus-effekt-widerlegt. 14.04.2014: Kopp-Verlag (Anthony Watts), „Die endlose Liste von Klima-Fehlprognosen", in: http://info.kopp-verlag.de/neue-weltbilder/neue-wissenschaften/anthony-watts/die-endlose-liste-von-klima-fehlprognosen.html. Gerhard Gerlich/Ralf D. Tscheuschner, „Falsification Of The Atmospheric CO_2 Greenhouse Effects Within The Frame Of Physics", in: „International Journal of Modern Physics", 2009, B 23, S. 275-364; siehe auch Gerhard Gerlich, „Die physikalischen

Grundlagen des Treibhauseffekts und fiktiver Treibhauseffekte", in: „Treibhaus-Kontroverse und Ozon-Problem", Europäische Akademie für Umweltfragen, 1996, S. 115-147. 04.02.2016: EIKE – Europäisches Institut für Klima und Energie, „300 Wissenschaftler wollen, dass die NASA endlich aufhört, Wahrheit zu verstekken", in: http://www.eike-klima-energie.eu/news-cache/300-wissenschaftler-wollen-dass-die-nasa-endlich-aufhoert-wahrheit-zu-verstecken/.

[183] 03.03.2016: Institut der deutschen Wirtschaft/iwd, Ausgabe 9, „Beben ohne Folgen", S. 6f.

[184] 12.05.2016: Deutsche Umwelthilfe, „10. Dienstwagen-Check unter deutschen Spitzenpolitikern: Deutsche Umwelthilfe vergibt nur acht ‚Grüne Karten' für klimaverträgliche und gleichzeitig saubere Dienstwagen", in: http://www.duh.de/pressemitteilung.html?&no_cache=1&tx_ttnews[tt_news]=3814. 09.04.2016: „Bild", „Blaue Plaketten beschlossen. Innenstadt-Verbot für 13 Millionen Autos?", in: http://www.bild.de/politik/inland/umweltplakettenpflicht/innenstadt-verbot-fuer-13-mio-autos-45280092.bild.html.

[185] 12.03.2015: „Die Welt", „Merkel will die Deutschen durch Nudging erziehen", in: http://www.welt.de/wirtschaft/article138326984/Merkel-will-die-Deutschen-durch-Nudging-erziehen.html. 17.11.2014: „Die Welt", „Das Nudging soll die Deutschen umerziehen", in: http://www.welt.de/politik/deutschland/article134388508/Das-Nudging-soll-die-Deutschen-umerziehen.html.

[186] 23.09.2013: Kopp-Verlag (F. William Engdahl), „Falsche Klimaprognosen: IPCC und Al Gore geraten in Panik", in: http://info.kopp-verlag.de/hintergruende/geostrategie/f-william-engdahl/falsche-klimaprognosen-ipcc-und-al-gore-geraten-in-panik.html.

[187] 16.05.2012: „Westdeutsche Allgemeine Zeitung", „Merkel meuchelt Minister – Kommentar von Ulrich Reitz", in: https://de.nachrichten.yahoo.com/waz-merkel-meuchelt-minister-kommentar-von-ulrich-reitz-000000013.html.

[188] 09.04.2010: ntv, „Zehn Merkel-Opfer Kohl, Merz und die SPD", in: http://www.n-tv.de/politik/dossier/Kohl-Merz-und-die-SPD-

article816749.html.

189 06.10.2015: „Der Spiegel", „Kanzleramt übernimmt: Merkel macht Flüchtlingshilfe zur Chefsache", in: http://www.spiegel. de/politik/deutschland/merkel-macht-fluechtlingshilfe-zur-chefsache-a-1056478.html.

190 02.09.2013: „Der Spiegel", „Das Strom-Phantom", in: http://www. spiegel.de/spiegel/print/d-110117909.html.

191 23.12.2012: „Die Welt", „Peter Altmaier – Bei mir zu Hause ist es nicht wärmer als 18 Grad", in: http://www.welt.de/politik/deutschland/article112212036/Bei-mir-zu-Hause-ist-es-nicht-waermer-als-18-Grad.html. 20.03.2013: Bundeszentrale für politische Bildung, „Ratgeber- und Servicesendungen im Ost-Fernsehen", in: http://www.bpb.de/142909/ratgeber-und-servicesendungen-ddr.

192 25.05.2013: „Die Welt", „Altmaier verteidigt umstrittene Klima-Broschüre", in: http://www.welt.de/politik/deutschland/article116499209/Altmaier-verteidigt-umstrittene-Klima-Broschuere. html.

193 12.02.2016: „Die Zeit", „Hendricks fordert zusätzlich 1,3 Milliarden Euro", in: http://www.zeit.de/wirtschaft/2016-02/barbara-hendricks-fluechtlinge-wohnungsbau.

194 25.09.2015: RTL, „Mieter müssen Wohnungen für Flüchtlinge räumen: ‚Es war für mich ein absoluter Schock'", in: http://rtlnext. rtl.de/cms/mieter-muessen-wohnungen-fuer-fluechtlinge-raeumen-es-war-fuer-mich-ein-absoluter-schock-2464673.html.

195 17.07.2014: „Südkurier", „Flüchtlingsunterkunft sorgt für Wirbel", in: http://www.suedkurier.de/region/kreis-konstanz/singen/Fluechtlingsunterkunft-sorgt-fuer-Wirbel;art372458,7102198. 14.09.2014: „Osnabrücker Zeitung", „Mieter müssen in Osnabrück Zimmer räumen", in: http://www.noz.de/lokales/osnabrueck/artikel/506202/mieter-mussen-in-osnabruck-zimmer-raumen. 26.06.2015: SAT.1, „Achtköpfige Familie muss Haus für Asylanten räumen", in: https://www.youtube.com/watch?v=TROmEEnAr8E.

196 02.02.2016: „Frankfurter Allgemeine Zeitung", „Anmietung von Hotels. 18.000 Euro je Flüchtlingsbett in Berlin?", in: http://www. faz.net/aktuell/wirtschaft/anmietung-von-hotels-18-000-euro-je-fluechtlingsbett-in-berlin-14046685.html. 02.02.2016: Frankfurter

Allgemeine Zeitung, „Flüchtlings-Unterbringung. Dubiose Partner bei Berliner Hotel-Geschäft für Flüchtlinge", in: http://www.faz. net/aktuell/wirtschaft/wirtschaftspolitik/dubiose-partner-bei-berliner-hotel-geschaeft-fuer-fluechtlinge-14048160.html. 17.03.2016: Statista, „Höhe der Schulden der Bundesländer am 31. Dezember 2014 (in Millionen Euro)", in: http://de.statista.com/statistik/daten/studie/157124/umfrage/schuldenstand-der-bundeslaender-2010/.

[197] 03.09.2009: „Badische Zeitung", „Ansiedlungsprogramm. EU will mehr Flüchtlingen helfen", in: http://www.badische-zeitung.de/ausland-1/eu-will-mehr-fluechtlingen-helfen--19048345.html.

[198] 30.10.2015: NDR, „Meppen will Häuser für Flüchtlinge bauen", in: https://www.ndr.de/nachrichten/niedersachsen/osnabrueck_emsland/Meppen-will-Haeuser-fuer-Fluechtlinge-bauen,fluechtlingshaeuser100.html. 03.03.2016: „Augsburger Allgemeine", „Asylplätze auch in Wehringen", in: http://www. augsburger-allgemeine.de/schwabmuenchen/Asylplaetze-auch-in-Wehringen-id37122737.html. 03.03.2016: „Süddeutsche Zeitung", „Wie Obdachlose und Flüchtlinge zusammen wohnen sollen", in: http://www.sueddeutsche.de/muenchen/fuerstenfeldbruck/puchheim-wie-obdachlose-und-fluechtlinge-zusammen-wohnen-sollen-1.2889025?source=rss. 28.09.2015: „Die Welt", „Reihenhäuser für Flüchtlinge", in: http://www.welt.de/finanzen/immobilien/article146904173/Reihenhaeuser-fuer-Fluechtlinge. html.

[199] 11.04.2016: „Kölner Stadt-Anzeiger", „Neubau Christuskirche stellt Wohnungen für Kölner Flüchtlinge zur Verfügung", in: http://www.ksta.de/koeln/neubau-christuskirche-stellt-wohnungen-fuer-koelner-fluechtlinge-zur-verfuegung-23849702?

[200] 29.07.2014: „Hannoversche Allgemeine", „Stadt lässt Häuser für Flüchtlinge bauen", in: http://www.haz.de/Hannover/Aus-der-Region/Ronnenberg/Nachrichten/Stadt-laesst-Haeuser-fuer-Fluechtlinge-in-Ronnenberg-bauen. 05.03.2016: „Die Welt", „Die Angst der Hamburger vor dem ‚Getto' nebenan", in: http://www.welt.de/politik/deutschland/article152938945/Die-Angst-der-Hamburger-vor-dem-Getto-nebenan.html.

[201] 17.06.2015: „Märkische Allgemeine Zeitung", „Damsdorfer hal-

ten Massenunterkunft für falsch", in: http://www.maz-online.de/
Lokales/Potsdam-Mittelmark/Damsdorf-RUnd-600-Fluechtlinge-
sollen-kommen. 04.12.2015: „Der Stern", „750 Flüchtlinge auf
100 Einwohner. Läuft in Sumte", in: http://www.stern.de/panora-
ma/weltgeschehen/sumte--600-fluechtlinge-auf-100-einwohner-
---alles-auf-kurs--6587082.html. 16.10.2015: Hessenschau.de,
„Nach Bürger-Debatte in Lohfelden Regierungspräsident trotzt
Hass-Kommentaren", in: http://hessenschau.de/politik/netz-zorn-
nach-aeusserung-von-regierungspraesident,fluechtlinge-luebc-
ke-100.html. Lübcke auf einer Bürgerversammlung in Lohfelden:
„Es lohnt sich, in unserem Land zu leben. Da muss man für Werte
eintreten, und wer diese Werte nicht vertritt, der kann jederzeit dieses Land verlassen, wenn er nicht einverstanden ist. Das ist die
Freiheit eines jeden Deutschen." 18.11.2015: „Hagenower Kreis-
blatt", „Mehr Licht ins Dunkle gebracht", in: http://www.svz.de/
lokales/hagenower-kreisblatt/mehr-licht-ins-dunkle-gebracht-
id11250501.html. 26.12.2015: „Bild", „Das Dorf mit den 1.000
Flüchtlingen. Sumte schafft das!", in: http://www.bild.de/news/
inland/fluechtlingskrise/sumte-das-dorf-mit-den-1000-fluechtlin-
gen-43915416.bild.html.

[202] 25.02.2016: Epochtimes, „Flüchtlingskosten: Bad Honnef plant
Grundsteuer-Anhebung bis zu 40 Prozent", in: http://www.epoch-
times.de/politik/deutschland/fluechtlingskosten-bad-honnef-
plant-grundsteuer-anhebung-bis-zu-40-prozent-a1309536.html.
11.12.2015: „Bonner Rundschau", „Bürgermeister bringt Etat
ein – Grundsteuer B und Abwassergebühren sollen steigen", in:
http://www.rundschau-online.de/region/bonn/buergermeister-
bringt-etat-ein-grundsteuer-b-und-abwassergebuehren-sollen-stei-
gen-23366062.

[203] 26.09.2015: Tagesschau.de, „Wie bauen – (nicht nur) für
Flüchtlinge?",in: https://www.tagesschau.de/inland/fluechtlinge-
unterkuenfte-103.html.10.03.2016: Institut der deutschen Wirt-
schaft/iwd, Ausgabe 10, „Am Problem vorbei".

[204] 05.04.2016: Baugesetzbuch, „§ 246 Sonderregelungen für einzelne Länder; Sonderregelungen für Flüchtlingsunterkünfte", in:
http://dejure.org/gesetze/BauGB/246.html. Absatz 9: „Bis zum 31.

Dezember 2019 gilt die Rechtsfolge des § 35 Absatz 4 Satz 1 für Vorhaben entsprechend, die der Unterbringung von Flüchtlingen oder Asylbegehrenden dienen, wenn das Vorhaben im unmittelbaren räumlichen Zusammenhang mit nach § 30 Absatz 1 oder § 34 zu beurteilenden bebauten Flächen innerhalb des Siedlungsbereichs erfolgen soll."

[205] 01.03.2016: Stadt Dinslaken, Präsentation „Standortprofile für die Bildung preisgünstiger und förderfähiger Wohnraumangebote in Dinslaken".

[206] 09.04.2016: „Osthessen News", „Schwarzbauten im Gewerbegebiet? Landrat: ‚Flüchtlingsunterkunft für 170 Menschen – Genehmigung nächste Woche'", in: http://osthessen-news.de/n11528079/landrat-fl%C3%BCchtlingsunterkunft-f%C3%BCr-170-menschen-genehmigung-n%C3%A4chste-woche.html.

[207] 10.03.2016: „Die Welt", „Macht Klein-Borstel Schule?", in: http://www.welt.de/print/welt_kompakt/hamburg/article153176784/Macht-Klein-Borstel-Schule.html.

[208] 04.10.2015: Bundesverband Tierschutz e.V., „Betäubungsloses Schächten. Der Bundesverband Tierschutz fordert: Tierrechte müssen vor der Religionsfreiheit stehen!", in: http://bv-tierschutz.de/tierschutzthemen/schlachten-und-sch%C3%A4chten/. 18.12.2015: Ebd., „Schlachten und Schächten. Pressemeldung des Bundesverband Tierschutz e.V. zum geplanten Schlachthof in Neuss. Schächten ist in Deutschland grundsätzlich verboten".

[209] 29.07.2010: „Der Spiegel", „Neonazi-Schutz für Kitas: Bastion gegen braune Brut", in: http://www.spiegel.de/politik/deutschland/neonazi-schutz-fuer-kitas-bastion-gegen-braune-brut-a-708888.html

[210] 02.2016: Fachstelle Gender und Rechtsextremismus (Amadeu Antonio Stiftung), „Das Bild des übergriffigen Fremden. Warum ist es ein Mythos?", in: http://www.amadeu-antonio-stiftung.de/w/files/pdfs/das-bild-des-uebergriffigen-fremden_warum-ist-es-ein-mythos.pdf. Die Handreichung wurde gefördert vom Bundesministerium für Familie, Senioren, Frauen und Jugend im Rahmen des Bundesprogramms „Demokratie leben!", von der Dreilinden GmbH sowie der Freudenberg Stiftung. 12.02.2016: „Junge Frei-

heit", „Koloniale und rassistische Denkmuster", in: https://junge-freiheit.de/politik/deutschland/2016/koloniale-und-rassistische-denkmuster/.

[211] 24.05.2016: „Die Welt" (Prof. Klaus Schroeder), „Linke Gewalttaten werden notorisch verharmlost", in: http://www.welt.de/debatte/kommentare/article155643518/Linke-Gewalttaten-werden-notorisch-verharmlost.html. 30.06.2014: „Die Welt", „Linksextremismus ist ein aufgebauschtes Problem", in: http://www.welt.de/politik/deutschland/article129635099/Linksextremismus-ist-ein-aufgebauschtes-Problem.html. 07.03.2016: Bundesamt für Verfassungsschutz, „Linksextremistisch motivierte Straftaten", in: https://www.verfassungsschutz.de/de/arbeitsfelder/af-linksextremismus/zahlen-und-fakten-linksextremismus/zuf-li-2014-straftaten.html.

[212] 14.05.2016: „Neue Zürcher Zeitung", „Journalismus im Kampfmodus. Hetzer, Idioten und Dumpfbacken", in: http://www.nzz.ch/feuilleton/medien/journalismus-im-kampfmodus-hetzer-idioten-und-dumpfbacken-ld.82631. 13.05.2016: Landeskriminalamt Schleswig-Holstein, „LKA-SH: Zeugenaufruf nach Sachbeschädigung durch Sprengmittel an AfD-Parteizentrale in Kiel", in: http://www.presseportal.de/blaulicht/pm/2256/3327036. 08.05.2016: Twitter (Ralf Stegner), „Fakt bleibt, man muss Positionen... ", in: https://twitter.com/Ralf_Stegner/status/729212590874841088?s=04. 04.05.2016: „Junge Freiheit", „Nach Adress-Veröffentlichung: Linksextremisten bedrohen AfD-Mitglieder", in: https://jungefreiheit.de/politik/deutschland/2016/nach-adress-veroeffentlichung-linksextremisten-bedrohen-afd-mitglieder/. 01.05.2016: „Bild", „Morddrohungen gegen AfD-Abgeordnete. LKA-Leibwächter für Beatrix von Storch", in: http://www.bild.de/bild-plus/politik/inland/alternative-fuer-deutschland/lka-leibwaechter-fuer-afd-abgeordnete-beatrix-von-storch-45606890.bild.html?wt_eid=2146125665900320848&wt_t=2146211598400360202. 30.04.2016: „Münchner Merkur", „Turbulenter AfD-Parteitag in Stuttgart: Proteste und Demonstrationen", in: http://www.merkur.de/politik/afd-parteitag-stuttgart-islam-kritik-blockaden-demonstranten-zr-6361019.html. 16.03.2016: „Frankfurter Allgemeine

Zeitung", „Nach Wahlerfolgen – Bündnis will mit ‚Stammtisch-kämpfern' gegen AfD vorgehen", in: http://www.faz.net/aktuell/politik/inland/breites-buendnis-will-gegen-afd-populismus-vorge-hen-14128327.html. 16.03.2016: „Zuerst", „Gegen AfD und ‚rech-te Bewegungen': Neue linke Volksfront gegründet", in: http://zu-erst.de/2016/03/17/gegen-afd-und-rechte-bewegungen-neue-lin-ke-volksfront-gegruendet/. 05.03.2016: „New Statesman", „The Germany Crisis: Angela Merkel, refugees and the rise of the right", in: http://www.newstatesman.com/politics/uk/2016/03/germany-crisis-angela-merkel-refugees-and-rise-right. 24.01.2014: „Der Tagesspiegel", „Chaoten oder Heilsbringer? Danke, liebe Antifa!", in: http://www.tagesspiegel.de/berlin/chaoten-oder-heilsbringer-danke-liebe-antifa/9382378.html.

213 24.01.2016: „Der Spiegel", „Landtagswahl in Baden-Württem-berg: AfD-Plakatierer von Unbekanntem beschossen", in: http://www.spiegel.de/politik/deutschland/afd-unbekannter-attackiert-afd-plakatierer-a-1073646.html. 06.08.2015: „Der Spiegel", „AfD-Chefin: Anschlag auf Frauke Petrys Firma", in: http://www.spiegel.de/politik/deutschland/frauke-petry-anschlag-auf-firma-von-chefin-der-afd-a-1047038.html. 10.03.2016: „Schwarzwälder Bote"; „Brigachtal. AfD: Frauke Petry kommt trotz Anschlag", in: http://www.schwarzwaelder-bote.de/inhalt.brigachtal-afd-frauke-petry-kommt-trotz-anschlag.44593839-7964-4c4c-8cf7-ff517852c629.html. 26.10.2015: „Die Zeit", „Auto von AfD-Vize abgebrannt", in: http://www.zeit.de/politik/deutschland/2015-10/berlin-brandanschlag-afd-beatrix-von-storch. 06.11.2015: Acta Diurna (Michael Klonovsky), „Erneuter Anschlag auf Beatrix von Storch", in: http://journalistenwatch.com/cms/erneuter-anschlag-auf-beatrice-von-storch/. 29.02.2016: „Die Welt", „Was die AfD-Vizechefin unter Gerechtigkeit versteht", in: http://www.welt.de/politik/deutschland/article152786916/Was-die-AfD-Vizechefin-unter-Gerechtigkeit-versteht.html. 28.02.2016: „Bild", „Bei AfD-Treffen: Torten-Attacke auf Beatrix von Storch", in: http://www.bild.de/politik/inland/politik/politik-eilmeldung-storch-44735102.bild.html. 25.11.2015: „Die Zeit", „AfD-Parteitag: Rauswurf in Kassel", http://www.zeit.de/politik/deutschland/2015-11/afd-par-

teitag-kassel-hannover-protest. 05.03.2016: „Bild", „Wurde diese Torte mit Steuergeldern bezahlt?", in: http://www.bild.de/politik/inland/alternative-fuer-deutschland/wurde-die-torte-mit-steuer-geld-finanziert-44810098.bild.html.

[214] 07.06.2016: „Breitbart", „Over 800 Attacks on Members of Germany's Anti Mass Migration Party", in: http://www.breitbart.com/london/2016/06/07/alarming-number-attacks-afd-members/. 21.12.2015: Gesetz über die Feststellung des Bundeshaus-haltsplans für das Haushaltsjahr 2016, Einzelplan 17, S. 563 ff. 30.06.2014: „Die Welt", „Linksextremismus ist ein aufgebauschtes Problem", in: http://www.welt.de/politik/deutschland/article129635099/Linksextremismus-ist-ein-aufgebauschtes-Problem.html. 27.03.2014: „Junge Freiheit", „Finanzspritze für die Antifa", in: https://jungefreiheit.de/politik/deutschland/2014/finanzspritze-fuer-die-antifa/. 10.05.2015: „Die Welt", „Ist Schwesig auf dem ‚linken Auge' blind?", in: http://www.welt.de/politik/deutschland/article140716662/Ist-Schwesig-auf-dem-linken-Auge-blind.html.

[215] 23.02.2016: ntv, „Schwesig will 100 Mio Euro ausgeben. Mehr Geld für Bekämpfung rechter Gewalt", in: http://www.n-tv.de/politik/Mehr-Geld-fuer-Bekaempfung-rechter-Gewalt-article17057191.html. 19.03.2016: „Die Zeit", „Regierung verdoppelt Ausgaben gegen rechts", in: http://www.zeit.de/politik/deutschland/2016-03/rechtsextremismus-praevention-regierung-verdoppelt-ausgaben. 06.06.2016: „Die Welt", „Extremismus: Erschrek-kendes Ausmaß der Gewalt gegen die AfD", in: http://www.welt.de/politik/deutschland/article155979969/Erschreckendes-Ausmass-der-Gewalt-gegen-die-AfD.html.

[216] 12.05.2016: „Ostsee-Zeitung", „Crivitz. Streit um Essen: Flücht-linge schlagen auf Bedürftige ein", in: http://www.ostsee-zeitung.de/Extra/Polizei-Report/Aktuelle-Beitraege/Streit-um-Essen-Fluechtlinge-schlagen-auf-Beduerftige-ein. 12.05.2016: Die Ta-feln, „Schirmherrin der Tafeln: Bundesfamilienministerin Ma-nuela Schwesig", in: http://www.tafel.de/der-bundesverband/schirmherrin.html. 19.01.2016: Bundesfamilienministerium „Bun-desprogramm ‚Menschen stärken Menschen' gestartet", in: http://www.bmfsfj.de/BMFSFJ/freiwilliges-engagement,did=222984.

html. 19.01.2016: „Die Welt", „Ministerin Schwesig sucht Paten für Flüchtlinge", in: http://www.welt.de/politik/deutschland/article151167848/Ministerin-Schwesig-sucht-Paten-fuer-Fluechtlinge.html. 03.11.2015: „Die Welt", „Die Tafeln, die Flüchtlinge und der Futterneid", in: http://www.welt.de/regionales/nrw/article148386212/Die-Tafeln-die-Fluechtlinge-und-der-Futterneid.html. 13.02.2015: „Westdeutsche Allgemeine Zeitung", „Vorwürfe gegen Kunden – Tafel in Wattenscheid verliert 300 Mitarbeiter", http://www.derwesten.de/staedte/bochum/vorwuerfe-gegen-kunden-tafel-verliert-300-ehrenamtler-id10341318.html#plx111414983.

[217] 18.06.2008: Bundesministerium des Innern, „Beflaggungserlass der Bundesregierung vom 22. März 2005", in: http://www.bmi.bund.de/SharedDocs/Standardartikel/DE/Ministerium/Protokoll/beflaggungserlass.html.

[218] 24.06.2014: „Junge Freiheit", „Eklatanter Fall von Klientelpolitik", in: https://jungefreiheit.de/kolumne/2014/eklatanter-fall-von-klientelpolitik/. 30.06.2015: Mathias von Gersdorff, „Schwesig versendet Grüße mit LSBT-Fahne vor Familienministerium", in: http://mathias-von-gersdorff.blogspot.de/2015/07/schwesig-versendet-grue-mit-lsbt-fahne.html.

[219] 30.06.2015: Mathias von Gersdorff, „Manuela Schwesig agitiert weiterhin gegen Kramp-Karrenbauer", in: http://mathias-von-gersdorff.blogspot.de/2015/06/manuela-schwesig-agitiert-weiterhin.html.

[220] 29.05.2012: „Hamburger Abendblatt", „Schwesig: Betreuungsgeld ist eine Fernhalteprämie", in: http://www.abendblatt.de/politik/deutschland/article106574598/Schwesig-Betreuungsgeld-ist-eine-Fernhaltepraemie.html. 24.06.2014: „Junge Freiheit", „Eklatanter Fall von Klientelpolitik", in: https://jungefreiheit.de/kolumne/2014/eklatanter-fall-von-klientelpolitik/. 21.07.2015: Bundesfamilienministerium, „Bundesfamilienministerin Manuela Schwesig zum Urteil des Bundesverfassungsgerichts", in: http://www.bmfsfj.de/BMFSFJ/familie,did=218072.html.

[221] 09.03.2016: „Portal Homo- und Bisexualität/Themenliste/Politiker", in: https://de.wikipedia.org/wiki/Portal:Homo-_und_

Bisexualit%C3%A4t/Themenliste/Politiker.

[222] 09.03.2016: Demo für Alle, „Über uns", in: https://demofueralle.
wordpress.com/eine-seite/. 24.06.2014: „Junge Freiheit", „Eklatanter Fall von Klientelpolitik", in: https://jungefreiheit.de/kolum-
ne/2014/eklatanter-fall-von-klientelpolitik/.

[223] 28.12.2015: Ulrich Thurmann, „Demographie als Waffe – Nichts
für Weicheier".

[224] Barnett, Thomas P.M.: „The Pentagon's New Map" (Englisch),
2005. Ders.: „Blueprint for Action: A Future Worth Creating" (Englisch), 2006. Ders.: „Great Powers: America and the World After
Bush" (Englisch), 2010. 17.09.2015: „Preußische Allgemeine",
„Immigration als Waffe", in: http://www.preussische-allgemeine.
de/nachrichten/artikel/immigration-als-waffe.html.   03.09.2015:
Bürger für Frankfurt (Ulrich Thurmann): „Verrat am Deutschen
Volk. Ein Manifest", in: http://www.bff-frankfurt.de/artikel/index.
php?id=900.

[225] 06.05.2016: EpochTimes, „EU-Kommission-Vize fordert: Homogene Kulturen abschaffen – Vermischte Kulturen weltweit",
in: http://www.epochtimes.de/politik/europa/eu-kommission-
vize-fordert-homogene-kulturen-abschaffen-vermischte-kulturen-
weltweit-a1327296.html. 14.03.2016: „Die Welt", „Schweden
erklärt sinkendes Schulniveau mit Zuwanderung", in: http://www.
welt.de/politik/ausland/article153276350/Schweden-erklaert-
sinkendes-Schulniveau-mit-Zuwanderung.html.   02.03.2012:
„Handelsblatt", „George Friedman. Der enttarnte Chef der
Schatten-CIA", in: http://www.handelsblatt.com/unternehmen/
management/george-friedman-der-enttarnte-chef-der-schatten-
cia/6279224.html. 17.03.2015: Youtube (George Friedman),
„Stratfor: US-Hauptziel seit einem Jahrhundert war Bündnis Russland und Deutschland zu verhindern", in: https://www.youtube.
com/watch?v=9fNnZaTyk3M. 17.09.2015: „Preußische Allgemeine", „Immigration als Waffe", in: http://www.preussische-
allgemeine.de/nachrichten/artikel/immigration-als-waffe.html.
28.05.2014: Youtube, „Barbara Lerner Spectre — Ohne Multi-
Kulti kann Europa nicht überleben", in: https://www.youtube.com/
watch?v=UbJWsbaY_qA. Barbara Lerner Spectre gab 2010 dem

israelischen Rundfunk ein denkwürdiges Interview. Danach habe „Europa noch nicht gelernt, multikulturell zu sein". Sie forderte eine „gewaltige Umwandlung" ein, die Europa durchleben müsse. In ihrem Heimatland Schweden wird sie als ein Vordenker für die aktive ethnische Umgestaltung Europas betrachtet. 11/2015: Speisa, „Sweden to become a Third World Country by 2030, according to UN", in: http://speisa.com/modules/articles/index.php/ item.454/sweden-to-become-a-third-world-country-by-2030-according-to-un.html.

[226] 05.06.2015: „Neopresse", „George Soros' Macht über die ukrainische Regierung", in: http://www.neopresse.com/europa/george-soros-macht-ueber-die-ukrainische-regierung/.

[227] 20.09.2015: StatusQuoNews.de, „Spezieller ‚Reiseführer': George Soros' Open-Society verteilt Handbücher an Migranten", in: http://www.statusquo-news.de/spezieller-reisefuehrer-george-soros-open-society-verteilt-handbuecher-an-migranten/.

[228] 02.10.2015: „Die Welt", „George Soros' Plan für Europas Flüchtlingskrise", in: http://www.welt.de/debatte/kommentare/article147061754/George-Soros-Plan-fuer-Europas-Fluechtlingskrise. html. 26.09.2015: Project Syndicate, „Soros, George: Rebuilding the Asylum System", in: https://www.project-syndicate.org/ commentary/rebuilding-refugee-asylum-system-by-george-soros-2015-09.

[229] 10.10.2015: „Deutsche Wirtschafts-Nachrichten", „Gewagtes Experiment: Merkel hofft auf Wachstum durch Massen-Einwanderung", in: http://deutsche-wirtschafts-nachrichten.de/2015/10/11/ gewagtes-experiment-merkel-hofft-auf-wachstum-durch-massen-einwanderung/.

[230] Anfang 1999: Jürgen Trittin, Goethe-Institut London, in: Deutscher Bundestag, Plenarprotokoll 14/36 vom 23.04.1999, S. 916, in: http://dip21.bundestag.de/dip21/btp/14/029/14036029.16. 07.02.2005: „Die Welt", „‚Risiko Deutschland' – Joschka Fischer in Bedrängnis", in: http://www.welt.de/print-welt/article423170/Risiko-Deutschland-Joschka-Fischer-in-Bedraengnis. html. 27.05.2015: Gregor Gysi, „Alle Deutschen sind Nazis und sterben zum Glück aus!", in: https://www.youtube.com/

watch?v=s9d87JjYHuk.

[231] 01.06.2015: „Der Spiegel", „Überraschende Statistik: Plötzlich haben wir die niedrigste Geburtenrate der Welt", in: http://www.spiegel.de/wirtschaft/soziales/deutschland-hat-die-niedrigste-geburtenrate-der-welt-a-1036553.html. 16.12.2015: Destatis, „Anstieg der Geburtenziffer 2014 auf 1,47 Kinder je Frau", in: https://www.destatis.de/DE/PresseService/Presse/Pressemitteilungen/2015/12/PD15_468_126.html;jsessionid=87A761B1F0B75BBE62CD824675FD2C13.cae3.

[232] 16.10.2012: „The Guardian", „Vatican tries to create distance from row over Muslim Demographics video", in: http://www.theguardian.com/world/2012/oct/16/vatican-distance-muslim-demographics-video.

[233] 27.12.2010: „Focus" (Michael Klonovsky), „Debatte – Ein Nagel im Sarg des westlichen Menschen", in: http://www.focus.de/magazin/archiv/debatte-ein-nagel-im-sarg-des-westlichen-menschen_aid_584905.html.

[234] 17.01.2016: „Die Zeit", „Schwesig gegen Einschränkungen beim Familiennachzug", in: http://www.zeit.de/politik/deutschland/2016-01/manuela-schwesig-spd-familiennachzug-fluechtlinge?google_editors_picks=true.

[235] „Die Welt", „Seehofer nennt Obergrenze von 200.000 Flüchtlingen", in: http://www.welt.de/politik/deutschland/article150543635/Seehofer-nennt-Obergrenze-von-200-000-Fluechtlingen.html. 13.01.2016: „Berliner Morgenpost", „Verklagt CSU-Chef Horst Seehofer Kanzlerin Merkel?", in: http://www.morgenpost.de/politik/inland/article206916499/Verklagt-CSU-Chef-Horst-Seehofer-Kanzlerin-Merkel.html. 02.01.2016: „Wochenblatt", „Alexander Dobrindt (CSU): Obergrenze für Flüchtlinge muss her", in: http://www.wochenblatt.de/nachrichten/regensburg/ueberregionales/Alexander-Dobrindt-CSU-Obergrenze-fuer-Fluechtlinge-muss-her;art5578,344587. 19.01.2016: „Der Spiegel", „Minister Dobrindt kritisiert Merkel: So schwer geht ,Klappe halten'", in: http://www.spiegel.de/politik/deutschland/fluechtlinge-csu-minister-dobrindt-kritisiert-merkel-a-1072674.html.

[236] 06.11.2016: „Tichys Einblick" (Roland Tichy), „Seehofer: Vom Löwen zum Fußabtreter", in: http://www.rolandtichy.de/tichys-einblick/seehofer-vom-loewen-zum-fussabtreter/.

[237] 27.10.2010: „Süddeutsche Zeitung", „Die Grünen, der ‚politische Arm von Steinewerfern'", in: http://www.sueddeutsche.de/politik/csu-generalsekretaer-dobrindt-die-gruenen-der-politische-arm-von-steinewerfern-1.1029118. 21.10.2010: „Der Tagesspiegel", „CSU-General Dobrindt: ‚Die Grünen sind noch die alten Brandstifter'", in: http://www.tagesspiegel.de/politik/interview-csu-general-dobrindt-die-gruenen-sind-noch-die-alten-brandstifter/3011572.html. 03.02.2012: „Die Zeit", „CSU-Generalsekretär Dobrindt will Verbot der Linkspartei prüfen", in: http://www.zeit.de/politik/deutschland/2012-01/dobrindt-npd-linke.

[238] 18.01.2016: „Der Spiegel", „CDU-Spitze attackiert Merkel-Kritiker: ‚Einfach mal die Klappe halten'", in: http://www.spiegel.de/politik/deutschland/fluechtlinge-cdu-spitze-nimmt-sich-angela-merkels-kritiker-vor-a-1072589.html.

[239] 02.03.2016: „Focus", „Ifo-Chef Sinn warnt. Jeder Flüchtling kostet Deutschland 450.000 Euro", in: http://www.focus.de/finanzen/videos/ifo-chef-sinn-warnt-jeder-fluechtling-kostet-deutschland-450-000-euro_id_5327945.html.

[240] 21.03.2016: Destatis, „Nettozuwanderung von Ausländerinnen und Ausländern im Jahr 2015 bei 1,1 Millionen", in: https://www.destatis.de/DE/PresseService/Presse/Pressemitteilungen/2016/03/PD16_105_12421.html. 01.01.2016: Bundesfinanzministerium, „Bundeshaushalt 2016 tritt in Kraft – erneut ohne neue Schulden", in: http://www.bundesfinanzministerium.de/Content/DE/Standardartikel/Themen/Oeffentliche_Finanzen/Bundeshaushalt/Bundeshaushalt_2016/2016_01_01_HH2016.html.

[241] 27.08.2015: „Die Zeit", „Bund will Milliarden in schnelles Internet investieren", in: http://www.zeit.de/digital/2015-08/breitbandausbau-kommunen-zuschuesse-bund.

[242] 12.12.2014: „Deutsche Mittelstands-Nachrichten", „Deutschland hat schlechtestes Netz für Glasfaserkabel in Europa", in: http://www.deutsche-mittelstands-nachrichten.de/2014/12/69136/. „Monitoring-Report Digitale Wirtschaft 2014".

[243] 27.06.2016: „Frankfurter Allgemeine Zeitung", „Investitions-rückstand – 136 Milliarden Euro zu wenig", in: http://www.faz.net/aktuell/wirtschaft/wirtschaftspolitik/investitionsrueckstand-136-milliarden-euro-zu-wenig-14311553.html. 22.10.2015: Verkehrsrundschau.de, „Leverkusener Brücke bleibt für Lkw gesperrt", in: http://www.verkehrsrundschau.de/leverkusener-bruecke-bleibt-fuer-lkw-gesperrt-1711256.html. 07.11.2015. Hes-senschau.de, „Schiersteiner Brücke auch für Lkw wieder frei", in: http://hessenschau.de/wirtschaft/schiersteiner-bruecke-auch-fuer-lkw-wieder-frei,schiersteiner-110.html. 05.07.2015: „Focus", „Zu wenig Mittel eingeplant. Marode Straßen, Risse in Brücken: Für Deutschlands Straßen fehlt viel Geld", in: http://www.focus.de/finanzen/news/zu-wenig-mittel-eingeplant-marode-strassen-risse-in-bruecken-fuer-deutschlands-strassen-fehlt-viel-geld_id_4796791.html. 01.09.2015: „Die Welt", „12.000 deutsche Brücken von akutem Verfall bedroht", in: http://www.welt.de/politik/deutschland/article145879647/12-000-deutsche-Bruecken-von-akutem-Verfall-bedroht.html. 07.03.2016: „Der Spiegel", „Marode Fernstraßen: Hier zerbröseln Deutschlands Brücken", in: http://www.spiegel.de/wirtschaft/soziales/deutschland-hier-sind-deutschlands-bruecken-marode-a-1080431.html.

[244] 28.06.2016: „Die Welt", „Abgasaffäre. Zehntausende Volkswagen rollen in die Schrottpresse", in: http://www.welt.de/wirtschaft/article156640307/Zehntausende-Volkswagen-rollen-in-die-Schrott-presse.html. 20.04.2016: „Die Welt", „Betrogene Kunden sollen 5.000 Dollar von VW erhalten", in: http://www.welt.de/wirtschaft/article154583238/Betrogene-Kunden-sollen-5000-Dollar-von-VW-erhalten.html. 11.03.2016: AutoBild.de, „VW-USA-Chef überrascht mit Rücktritt", in: http://www.autobild.de/artikel/vw-abgasskandal-news-und-hintergruende---update-6077591.html. 23.09.2015: „Handelszeitung", „Kosten für Abgas-Skandal könn-ten VW zerstören", in: http://www.handelszeitung.ch/unternehmen/kosten-fuer-abgas-skandal-koennten-vw-zerstoeren-867449. 17.09.2015: „Der Spiegel", „Zündschloss-Skandal: General Motors kauft sich mit Milliardenzahlung frei", in: http://www.spiegel.de/wirtschaft/unternehmen/zuendschloesser-general-

motors-zahlt-900-millionen-dollar-a-1053321.html. 27.12.2016: „Handelsblatt", „Schadensersatz in USA. Toyota erkauft sich Frieden", in: http://www.handelsblatt.com/unternehmen/industrie/schadenersatz-in-usa-toyota-erkauft-sich-frieden/7562748.html. 14.02.2016: „Der Spiegel", „Konsequenzen aus VW-Skandal: Dobrindt will Doping-Kontrollen für Autos", in: http://www.spiegel.de/auto/aktuell/dobrindt-will-doping-kontrollen-fuer-autos-a-1077310.html.

[245] 02.07.2016: „Der Spiegel", „Manipulation: US-Kläger wollen Bosch Mittäterschaft im VW-Abgasskandal nachweisen", in: http://www.spiegel.de/wirtschaft/unternehmen/vw-abgasskandal-bosch-geraet-ins-visier-der-us-klaeger-a-1100930.html. 10.02.2015. „Hannoversche Allgemeine", „VW-Konzern hat bald 600.000 Mitarbeiter", in: http://www.haz.de/Nachrichten/Wirtschaft/Deutschland-Welt/VW-Konzern-hat-bald-600.000-Mitarbeiter.

[246] 13.03.2016: Wikipedia, „Deutscher Caritasverband", in: https://de.wikipedia.org/wiki/Deutscher_Caritasverband. Ebd., „Diakonie Deutschland – Evangelischer Bundesverband", in: https://de.wikipedia.org/wiki/Diakonie_Deutschland_–_Evangelischer_Bundesverband. Ebd., „Arbeiterwohlfahrt", in: https://de.wikipedia.org/wiki/Arbeiterwohlfahrt.

[247] 05.2016: Open Doors, „Eine Erhebung von Open Doors Deutschland. Religiös motivierte Übergriffe gegen christliche Flüchtlinge in Deutschland", in: https://www.opendoors.de/verfolgung/christenverfolgung_heute/christenverfolgung_in_deutschland/. 09.05.2016: „Frankfurter Allgemeine Zeitung", „Studie zu Übergriffen. Bis zu 40.000 Nicht-Muslime in Flüchtlingsheimen drangsaliert", in: http://www.faz.net/aktuell/politik/fluechtlingskrise/christliche-fluechtlinge-bis-zu-40-000-nicht-muslime-im-fluechtlingsheim-drangsaliert-14223089.html. 11.03.2016: BBC News, „Migration fears not racist – Archbishop of Canterbury", in: http://www.bbc.com/news/uk-35781613. 18.01.2016: „Die Welt", „Muslimische Security verprügelt Christen im Asylheim", in: http://www.welt.de/politik/deutschland/article151104662/Muslimische-Security-verpruegelt-Christen-im-Asylheim.html. 27.09.2015:

„Die Welt", „Islamisten bedrohen Christen in Flüchtlingsheimen", in: http://www.welt.de/politik/deutschland/article146919471/ Islamisten-bedrohen-Christen-in-Fluechtlingsheimen.html. 16.10.2015: Report München, „Radikale Muslime belästigen Christen sexuell, jagen und töten sie – ARD-Report München deckt auf", in: https://www.youtube.com/watch?v=HprvjlrZw5c. 19.10.2015: „Thüringische Landeszeitung", „Flüchtling tötet Mitbewohner und sticht weiteren Mann nieder", in: http://www.tlz.de/ web/zgt/leben/detail/-/specific/Fluechtling-toetet-Mitbewohner-und-sticht-weiteren-Mann-nieder-1145212063. 05.02.2016: „Der Spiegel", „Wolfsburg: Asylbewerber in Flüchtlingsunterkunft getötet", in: http://www.spiegel.de/panorama/justiz/wolfsburg-asylbewerber-in-fluechtlingsunterkunft-getoetet-a-1075909.html. 04.11.2015: „Die Welt", „Flüchtling bei Messerstecherei auf Sylt getötet", in: http://www.welt.de/regionales/hamburg/article148424257/Fluechtling-bei-Messerstecherei-auf-Sylt-getoetet. html. 22.01.2015: „Die Zeit", „Mitbewohner soll Dresdner Asylbewerber getötet haben", in: http://www.zeit.de/gesellschaft/ zeitgeschehen/2015-01/dresden-fleuchtling-asylbewerber-tod-ermittlungen-haftbefehl. 12.08.2015: „Wiesbaden Aktuell", „23-jährige Frau in Wiesbadener Flüchtlings-Unterkunft getötet", in: http://www.wiesbadenaktuell.de/startseite/news-detail-view/ article/23-jaehrige-frau-in-wiesbadener-asylbewerberheim-getoetet.html. 22.03.2016: „Die Welt", „Afghanischer Flüchtling soll Lehrer getötet haben", in: http://www.welt.de/politik/deutschland/ article153567396/Afghanischer-Fluechtling-soll-Lehrer-getoetet-haben.html. 04.04.2016: „Bonner General-Anzeiger", „Nach der tödlichen Attacke in Muffendorf. Haftbefehle wurden erlassen", in: http://www.general-anzeiger-bonn.de/bonn/bad-godesberg/ Haftbefehle-wurden-erlassen-article3224333.html.

[248] 11.09.2015: „Der Stern", „Sonderzug mit mehr als 500 Flüchtlingen in Berlin eingetroffen", in: http://www.stern.de/politik/ deutschland/fluechtlinge--sonderzug-mit-mehr-als-500-fluechtlingen-in-berlin-eingetroffen-6445748.html. 13.03.2016: Aufenthaltsgesetz, in: http://dejure.org/gesetze/AufenthG/97.html. 28.11.2002: Richtlinie 2002/90/EG des Rates, „zur Definition der

Beihilfe zur unerlaubten Ein- und Durchreise und zum unerlaubten Aufenthalt", in: http://eur-lex.europa.eu/legal-content/DE/TXT/PDF/?uri=CELEX:32002L0090.

[249] 24.03.2016: „Süddeutsche Zeitung", „Kontroverse um Frauenabteile in der Regionalbahn", in: http://www.sueddeutsche.de/reise/mitteldeutsche-regiobahn-kontroverse-um-frauenabteile-in-der-regionalbahn-1.2921856. 10.01.2016: „Focus", „Handymitschnitt: So klingt es, wenn ein Mann eine Frau belästigt", in: http://www.focus.de/regional/videos/an-der-muenchner-s-bahn-handymitschnitt-so-klingt-es-wenn-ein-mann-eine-frau-belaestigt_id_5200577.html. 11.01.2016: Volksfreund.de, „Übergriffe in Regionalzug: Männer sollen Mädchen sexuell belästigt haben", in: http://www.volksfreund.de/nachrichten/region/saarburg/aktuell/Heute-in-der-Saarburger-Zeitung-Uebergriffe-in-Regionalzug-Maenner-sollen-Maedchen-sexuell-belaestigt-haben;art803,4411821. 03.02.2016: „Der Stern", „Frauen belästigt, Männer geschlagen. Polizei bestätigt Übergriffe in Münchner Bahn durch Asylbewerber", in: http://www.stern.de/politik/deutschland/muenchen--fluechtlinge-attackieren-senioren-und-frauen-in-u-bahn-6678258.html. 12.01.2016: „Südkurier", „Junge Frauen werden in der Regio-S-Bahn sexuell belästigt und geschlagen", in: http://www.suedkurier.de/region/hochrhein/weil-am-rhein/Junge-Frauen-werden-in-der-Regio-S-Bahn-sexuell-belaestigt-und-geschlagen;art416016,8438862.

[250] 18.12.2013: „Süddeutsche Zeitung", „Alles Müller, oder was?", in: http://www.sueddeutsche.de/bayern/fussballer-zum-minister-gemacht-alles-mueller-oder-was-1.1846795. 18.12.2013: „Die Zeit", „Entwicklungsminister: Nein, nicht DER Gerd Müller", in: http://www.zeit.de/politik/deutschland/2013-12/gerd-mueller-minister-entwicklungshilfe.

[251] 18.12.2013: „Die Zeit", „Entwicklungsminister: Nein, nicht DER Gerd Müller", in: http://www.zeit.de/politik/deutschland/2013-12/gerd-mueller-minister-entwicklungshilfe.

[252] 30.01.2016: „Mannheimer Morgen", „Sie können es nicht lassen!", in: http://www.morgenweb.de/nachrichten/politik/sie-konnen-es-nicht-lassen-1.2620328. 05.02.2016: „Süddeutsche

Zeitung", „Was Frauke Petry nicht gesagt haben will", in: http://
www.sueddeutsche.de/politik/afd-chefin-was-frauke-petry-nicht-
gesagt-haben-will-1.2852182.

253 07.07.2014: „Die Zeit", „Entwicklungsminister plant neues Label für faire Kleidung", in: http://www.zeit.de/politik/deutsch-
land/2014-07/mueller-will-faires-kleiderlabel. 11.10.2014: „Die
Zeit", „Textilindustrie brüskiert Entwicklungshilfeminister Müller", in: http://www.zeit.de/wirtschaft/2014-10/mueller-textilindu-
strie. 02.06.2015: „Die Zeit", „Konzerne treten Textilbündnis bei",
in: http://www.zeit.de/wirtschaft/unternehmen/2015-06/textilbu-
endnis-mueller-mitglieder.

254 06.10.2014: „Die Zeit", „Entwicklungsminister verlangt eine
Milliarde Euro für Flüchtlinge", in: http://www.zeit.de/poli-
tik/2014-10/gerd-mueller-fluechtlinge-eu-nordirak-islamischer-
staat. 29.11.2014: „Die Zeit", „CSU-Minister fordert 100 Millionen Euro für Flüchtlinge", in: http://www.zeit.de/politik/aus-
land/2014-11/bootsfluechtlinge-mueller-frontex. 12.10.2014: „Die
Zeit", „EU soll Flüchtlingen mit ‚Sonder-Milliarde' helfen", in:
http://www.zeit.de/politik/ausland/2014-12/entwicklungsmini-
ster-eu-fluechtlinge. 06.04.2015: „Die Zeit", „Deutschland will
Weißhelm-Truppe notfalls allein aufbauen", in: http://www.zeit.
de/politik/deutschland/2015-04/ebola-bundesregierung-weis-
shelme. 24.12.2015: „Die Zeit", „Deutschland stockt Flüchtlingshilfe für Nahen Osten auf", in: http://www.zeit.de/politik/
deutschland/2015-12/bundesregierung-fluechtlingshilfe-syrien.
03.02.2016: „Die Zeit", „Ein Marshallplan für Syrien", in: http://
www.zeit.de/2016/09/syrien-hilfe-marshallplan. 22.01.2016: „Der
Freitag", „Kämpfer gegen die Flucht", in: https://www.freitag.de/
autoren/felix-werdermann/kaempfer-gegen-die-flucht.

255 20.02.2014: „Die Zeit", „Gerd Müller. Dienstreise zu den Geretteten", in: http://www.zeit.de/2014/09/entwicklungshilfe-afrika-
gerd-mueller/komplettansicht. 07.04.2014: „Die Zeit", „Entwicklungsminister plant neues Label für faire Kleidung", in: http://
www.zeit.de/politik/deutschland/2014-07/mueller-will-faires-
kleiderlabel. 22.01.2016: „Der Freitag", „Kämpfer gegen die
Flucht", in: https://www.freitag.de/autoren/felix-werdermann/ka-

empfer-gegen-die-flucht." 20.02.2014: „Die Zeit", „Gerd Müller. Dienstreise zu den Geretteten", in: http://www.zeit.de/2014/09/ entwicklungshilfe-afrika-gerd-mueller/komplettansicht.

256 20.02.2014: „Die Zeit", „Gerd Müller. Dienstreise zu den Geretteten", in: http://www.zeit.de/2014/09/entwicklungshilfe-afrika-gerd-mueller/komplettansicht. 07.04.2014: „Die Zeit", „Entwicklungsminister plant neues Label für faire Kleidung", in: http://www.zeit.de/politik/deutschland/2014-07/mueller-will-faires-kleiderlabel. 18.03.2015: EuroActive.de, „Milliarden gegen Welthunger: Bundesregierung beschließt Rekorderhöhung", in: http://www.euractiv.de/section/entwicklungspolitik/news/milliarden-gegen-welthunger-bundesregierung-beschliesst-rekorderhohung/. 03/2007: Destatis, „Statistik der Entwicklungszusammenarbeit", in: https://www.destatis.de/DE/Publikationen/WirtschaftStatistik/FinanzenSteuern/Entwicklungszusammenarbeit.pdf?__blob=publicationFile. 14.03.2016: Statista, „Deutsche Netto-Zahlungen im Rahmen der öffentlichen Entwicklungszusammenarbeit (ODA) von 2004 bis 2014 (in Milliarden Euro)", in: http://de.statista.com/statistik/daten/studie/71765/umfrage/deutsche-ausgaben-fuer-entwicklungshilfe/. 01.01.2016: Bundesfinanzministerium, „Bundeshaushalt 2016 tritt in Kraft – erneut ohne neue Schulden", in: http://www.bundesfinanzministerium.de/Content/DE/Standardartikel/Themen/Oeffentliche_Finanzen/Bundeshaushalt/Bundeshaushalt_2016/2016_01_01_HH2016_download.pdf?__blob=publicationFile&v=4.

257 11.01.2016: „Der Tagesspiegel", „Minister Gerd Müller contra Minister Sigmar Gabriel", in: http://www.tagesspiegel.de/politik/entwicklungshilfe-minister-gerd-mueller-contra-minister-sigmar-gabriel/12816246.html.

258 „brand eins" (Rupert Neudeck), „Das Versagen der Helfer", in: http://www.brandeins.de/uploads/tx_b4/136_141_Das_Versagen_der_Helfer.pdf. 17.02.2012: „Frankfurter Allgemeine Zeitung", „Landenteignungen in Zimbabwe. Eine Farm für Frau Mugabe", in: http://www.faz.net/aktuell/politik/ausland/landenteignungen-in-zimbabwe-eine-farm-fuer-frau-mugabe-11653589.html. 11.05.2015: „Preußische Allgemeine", „Auf den Spuren Robert

Mugabes. In Südafrika sieht sich die weiße Minderheit zunehmend schwarzem Rassismus ausgesetzt", in: http://www.preussische-allgemeine.de/nachrichten/artikel/auf-den-spuren-robert-mugabes.html.

[259] 24.10.2012: Bundesentwicklungshilfeministerium, „Mauretanien. Gute Regierungsführung und nachhaltige Nutzung der natürlichen Ressourcen in Mauretanien", in: http://www.bmz.de/de/presse/aktuelleMeldungen/archiv/2012/oktober/20121024_mauretanien/index.html. 06.06.2012: „Die Zeit", „Weshalb der Westen Mauretanien verschont. Sklaven statt Islamisten", in: http://www.sueddeutsche.de/politik/leibeigenschaft-in-nordafrika-wiesoder-westen-den-sklavenstaat-mauretanien-verschont-1.1375135. 03/2015: Amnesty International, „Mauretanien – Sklaverei im 21. Jahrhundert", in: https://www.amnesty.ch/de/ueber-amnesty/publikationen/magazin-amnesty/2015-1/mauretanien-sklaverei-im-21-jahrhundert.

[260] 18.11.2015: Bundesentwicklungshilfeministerium, „Klimaschutz ist nachhaltige Entwicklungspolitik", in: http://www.bmz.de/de/presse/aktuelleMeldungen/2015/november/20151118_Klimaschutz-ist-nachhaltige-Entwicklungspolitik/index.html. 16.08.2012: „Die Zeit", „Korruption: Schneller Reichtum stellt Mosambik vor Probleme", in: http://www.zeit.de/politik/ausland/2012-08/mosambik-erdgas-korruption-rechnungshof.

[261] 21.11.2014: Bundesentwicklungshilfeministerium, „Kooperationsprogramme. Deutschland unterstützt Südafrika bei Energie- und Klimaschutz", in: http://www.bmz.de/de/presse/aktuelleMeldungen/2014/november/20141121_pm_114_Deutschland-unterstuetzt-Suedafrika-bei-Energie-und-Klimaschutz/index.html. 15.03.2015: „Daily Mail", „Inside the £400million mansion in the sky: Artist's impressions shows amazing refit of Boeing 747 for mystery billionaire would include luxury bedrooms, a restaurant and a VIP ‚chill-out' zone", in: http://www.dailymail.co.uk/travel/travel_news/article-3050249/Amazing-refit-Boeing-747-mystery-billionaire-three-years.html. 03.03.2016: Institut der deutschen Wirtschaft/iwd, Ausgabe 9, „Beben ohne Folgen", S. 4ff.

[262] „brand eins" (Rupert Neudeck), „Das Versagen der Helfer", in:

http://www.brandeins.de/uploads/tx_b4/136_141_Das_Versagen_der_Helfer.pdf.

[263] 18.03.2016: Bundesministerium für Ernährung und Landwirtschaft, „Bundesminister Christian Schmidt", in: http://www.bmel.de/DE/Startseite/startseite_node.html.

[264] 18.03.2016: BUND, „Massentierhaltung: unnachhaltig, unsozial, unethisch, ungesund", in: http://www.bund.net/massentierhaltung.

[265] 19.03.0216: Statista, „Landwirtschaftliche Nutzfläche in Deutschland in den Jahren 1949 bis 2015 (in 1.000 Hektar)", in: http://de.statista.com/statistik/daten/studie/206250/umfrage/landwirtschaftliche-nutzflaeche-in-deutschland/. 18.03.2016: Statista, „Anzahl der Betriebe in der Landwirtschaft in Deutschland in den Jahren 1975 bis 2014 (in 1.000)", in: http://de.statista.com/statistik/daten/studie/36094/umfrage/landwirtschaft---anzahl-der-betriebe-in-deutschland/. 18.03.2016: Destatis, „Auf einen Blick", in: https://www.destatis.de/DE/ZahlenFakten/Wirtschaftsbereiche/LandForstwirtschaftFischerei/LandForstwirtschaft.html;jsessionid=4D9CE4FD4EE49B5F5C9D1B3338809A26.cae2. 04/2003: Destatis (Dr. Günter Nause), „Zur Entwicklung der in den landwirtschaftlichen Betrieben Deutschlands beschäftigten Arbeitskräfte 1991 bis 2001", in: https://www.destatis.de/DE/Publikationen/WirtschaftStatistik/LandForstwirtschaft/Arbeitskraefte19912001.pdf?__blob=publicationFile.

[266] 20.04.2016: „Frankfurter Allgemeine Zeitung", „Flüchtlinge auf die Halligen", in: http://www.faz.net/aktuell/agrarminister-schmidt-fluechtlinge-auf-die-halligen-14189985.html. 22.02.2016: Umweltbundesamt, „Struktur der Flächennutzung", in: http://www.umweltbundesamt.de/daten/flaechennutzung/struktur-der-flaechennutzung.

[267] 13.01.2016: „Der Tagesspiegel", „Vorschlag von Agrarminister Christian Schmidt – Flüchtlinge aufs Land", in: http://www.tagesspiegel.de/wirtschaft/vorschlag-von-agrarminister-christian-schmidt-fluechtlinge-aufs-land/12822570.html. 23.11.2015: „Agrar Heute", „Minister Schmidt will vorübergehende Lohnabschläge für Flüchtlinge", in: http://www.agrarheute.com/news/minister-schmidt-will-voruebergehende-lohnabschlaege-fuer-fluechtlinge.

[268] 11.05.2016: „Die Welt", „Deutsche Bauern – solide, bodenständig und bald pleite", in: http://www.welt.de/politik/deutschland/article155248423/Deutsche-Bauern-solide-bodenstaendig-und-bald-pleite.html. 02.05.2016: „Die Welt", „Was uns die TTIP-Leaks wirklich verraten", in: http://www.welt.de/politik/deutschland/article154977554/Was-uns-die-TTIP-Leaks-wirklich-verraten.html. 02.05.2016: Greenpeace, „TTIP Leaks", in: http://www.ttipleaks.org/. 15.02.2016: „Der Spiegel": „EU-Agrarministertreffen: Schmidt will über Ende des russischen Embargos sprechen", in: http://www.spiegel.de/wirtschaft/soziales/eu-agrarministertreffen-schmidt-will-russisches-embargo-beenden-a-1077451.html. 07.08.2014: Bundesministerium für Ernährung und Landwirtschaft, „Deutscher Agraraußenhandel mit Russland in den Kalenderjahren 2012 und 2013-vorl.", in: http://www.bmel.de/SharedDocs/Downloads/Landwirtschaft/Markt-Statistik/AgraraussenhandelMitRussland.pdf?__blob=publicationFile.

[269] 26.02.2016: Deutscher Jagdverband, „Entwurf Bundesjagdgesetz-Novelle liegt vor", in: http://www.jagdverband.de/content/entwurf-bundesjagdgesetz-novelle-liegt-vor. 18.03.2016: Deutscher Jagdverband, „Jagdscheininhaber in Deutschland", in: https://www.jagdverband.de/content/jagdscheininhaber-deutschland. Mai 2014: Peta, „Die Jagd – unnötig, kontraproduktiv und grausam", in: http://www.peta.de/jagd-hintergrundwissen. 08.03.2012: Jäger-wnd.de, „Die häufigsten Argumente unsachkundiger Jagdgegner", in: http://www.jaeger-wnd.de/aktuelle-themen-details/items/Jagdgegner.html. 30.04.2015: „Top agrar Online": „NRW: Landtag beschließt ökologisches Jagdgesetz", in: http://www.topagrar.com/news/Home-top-News-NRW-Landtag-beschliesst-oekologisches-Jagdgesetz-1767730.html. 17.01.2015: „Die Welt", „Abschied von Dachsjagd und Krähen-Massaker", in: http://www.welt.de/politik/deutschland/article136460961/Abschied-von-Dachsjagd-und-Kraehen-Massaker.html.

[270] 24.01.2015: „Der Spiegel", „Dialog als ‚Privatmann': Gabriel stößt mit Besuch bei Pegida-Debatte auf Unverständnis", in: http://www.spiegel.de/politik/deutschland/sigmar-gabriel-fuer-gespraech-mit-pegida-anhaengern-in-der-kritik-a-1014805.html.

[271] 20.10.2015: „The Huffington Post", „‚Rechtsradikale Empörungsbewegung' – So rechnet Sigmar Gabriel mit Pegida ab", in: http://
www.huffingtonpost.de/2015/10/20/sigmar-gabriel-pegida-dres-
den-_n_8335388.html. 17.02.2016: „Frankfurter Allgemeine Zeitung", „Gabriel nennt AfD rassistisch", in: http://www.faz.net/ak-
tuell/politik/inland/spd-chef-sigmar-gabriel-nennt-afd-offen-rassi-
stisch-14074640.html. 31.01.2016: „Der Spiegel", „Vizekanzler
Gabriel: ‚AfD gehört in Verfassungsschutzbericht'", in: http://
www.spiegel.de/politik/deutschland/afd-sigmar-gabriel-will-par-
tei-vom-verfassungsschutz-beobachten-lassen-a-1074889.html.
14.03.2016: „Frankfurter Allgemeine Zeitung", „Jung, männlich
– und enttäuscht", in: http://www.faz.net/aktuell/politik/afd-waeh-
ler-jung-maennlich-und-enttaeuscht-14123702.html#/elections.

[272] 11.01.2013: „Der Tagesspiegel", „Sigmar Gabriels Familiengeschichte. Mein Vater, der Nazi", in: http://www.tagesspiegel.de/
meinung/sigmar-gabriels-familiengeschichte-mein-vater-der-na-
zi/7617046.html.

[273] 03.12.2015: „Der Tagesspiegel", „57 Milliarden Euro: Forschungs-
ausgaben der Wirtschaft auf Rekordniveau", in: http://www.tages-
spiegel.de/advertorials/ots/stifterverband-fuer-die-deutsche-wis-
senschaft-57-milliarden-euro-forschungsausgaben-der-wirtschaft-
auf-rekordniveau/12673484.html. 12.04.2016: „Der Spiegel",
„Neue Umfrage: SPD rutscht unter 20 Prozent", in: http://www.
spiegel.de/politik/deutschland/spd-rutscht-in-umfrage-erstmals-
unter-20-prozent-a-1086644.html.

[274] 26.04.2016: „Die Welt", „Frankreich treibt eine skrupellose In-
dustriepolitik", in: http://www.welt.de/debatte/kommentare/artic-
le154783466/Frankreich-treibt-eine-skrupellose-Industriepolitik.
html. 13.04.2016: ntv, „Fusionsszenarien auf höchster Ebene
– ThyssenKrupp spricht mit Tata Steel", in: http://www.n-tv.de/
wirtschaft/ThyssenKrupp-spricht-mit-Tata-Steel-article17452956.
html.

[275] 19.03.2016: „Die Welt", „Deutsche Wirtschaft fürchtet sich
vor ‚Öko-Diktatur'", in: http://www.welt.de/wirtschaft/artic-
le153461517/Deutsche-Wirtschaft-fuerchtet-sich-vor-Oeko-Dik-
tatur.html. 09.06.2011: „Frankfurter Allgemeine Zeitung", „Re-

gierungserklärung zur Energiewende – Eine Herkulesaufgabe", in: http://www.faz.net/aktuell/politik/energiepolitik/regierungserk-laerung-zur-energiewende-eine-herkulesaufgabe-1657503.html#/elections.

[276] 31.05.2016: „Die Welt", „Deutschland sackt aus Top-Ten. Jetzt beeindruckt der Osten", in: http://www.welt.de/wirtschaft/article155827670/Deutschland-sackt-aus-Top-Ten-Jetzt-beeindruckt-der-Osten.html. 15.03.2016: „Handelsblatt", „Das sind die wettbewerbsfähigsten Länder der Welt", in: http://www.handelsblatt.com/unternehmen/mittelstand/wachstumsmaerkte/starke-volkswirtschaften-das-sind-die-wettbewerbsfaehigsten-laender-der-welt/13048494.html#item8.

[277] 19.01.2016: „Stuttgarter Zeitung", „Flüchtlinge. Gabriel rückt von Merkels Politik ab", in: http://www.stuttgarter-zeitung.de/inhalt.fluechtlinge-gabriel-rueckt-von-merkels-politik-ab.4763e8d7-1d0a-44df-880e-14ff3d2b33f9.html. 18.03.2016: „Handelsblatt", „Schäuble und Gabriel einig über zusätzliche Milliarden", in: http://www.handelsblatt.com/politik/deutschland/streit-um-bundeshaushalt-schaeuble-und-gabriel-einig-ueber-zusaetzliche-milliarden/13342446.html.

[278] 28.02.2016: „Focus", „Studie aus Gabriel-Ministerium. Geheimpapier behauptet: Schließt Deutschland die Grenzen, kostet das kaum etwas", in: http://www.focus.de/finanzen/videos/studie-aus-gabriel-ministerium-geheimpapier-zeigt-schliesst-deutschland-die-grenzen-wird-das-kaum-etwas-kosten_id_5320363.html. 02.02.2016: „The Huffington Post", „Hans-Werner Sinn: ‚Die Menschen werden uns lange auf der Tasche liegen'", in: http://www.huffingtonpost.de/2016/02/01/hans-werner-sinn-fluechtlinge_n_9136174.html.

[279] 24.11.2015: „Handelsblatt", „Arbeitgeberpräsident Ingo Kramer: Flüchtlinge sind eine Chance für Unternehmen", in: http://www.handelsblatt.com/politik/deutschland/arbeitgeberpraesident-ingo-kramer-fluechtlinge-sind-eine-chance-fuer-unternehmen/12633064.html.

[280] 14.03.2016: „Handelsblatt": „Unternehmer kritisieren die Kanzlerin. Merkel spaltet die Wirtschaft", in: http://www.handelsblatt.

com/my/politik/deutschland/unternehmer-kritisieren-die-kanzlerin-merkel-spaltet-die-wirtschaft/13321150.html.

281 12/2014: Deutscher Tourismusverband, „Zahlen – Daten – Fakten 2014", in: http://www.deutschertourismusverband.de/fileadmin/Mediendatenbank/PDFs/ZDF_2014_low.pdf.   22.03.2016: Statista, „Anteil des Finanzsektors an der Bruttowertschöpfung Deutschlands von 1995 bis 2014", in: http://de.statista.com/statistik/daten/studie/309545/umfrage/anteil-des-finanzsektors-am-deutschen-bip/.

282 07.01.2016: „Die Welt", „Erste Touristen sagen Reisen nach Köln ab", in: http://www.welt.de/vermischtes/article150713697/Erste-Touristen-sagen-Reisen-nach-Koeln-ab.html. 22.03.2016: „Tourismus Watch", „(Un)Sicherheit im Tourismus", in: http://www.tourism-watch.de/content/unsicherheit-im-tourismus. 16.09.2015: Heute.at, „Amerika spricht Reisewarnung für Deutschland aus", in: http://www.heute.at/news/welt/Amerika-spricht-Reisewarnung-fuer-Deutschland-aus;art23661,1211895. 23.03.2016: „Die Welt", „Ben-Gurion-Flughafen. ‚Deswegen untersuchen wir Muslime genauer'", in: http://m.welt.de/politik/ausland/article153629516/Deswegen-untersuchen-wir-Muslime-genauer.html.

283 08.04.2016: „Bild", „Wie hat der Kölner Sex-Mob Deutschland verändert", in: http://www.bild.de/politik/inland/dr-peter-gauweiler/wie-hat-der-koelner-sex-mob-deutschland-veraendert-45260700.bild.html.

284 12/2014: Deutscher Tourismusverband, „Zahlen – Daten – Fakten 2014", in: http://www.deutschertourismusverband.de/fileadmin/Mediendatenbank/PDFs/ZDF_2014_low.pdf.   11.02.2015: „Osnabrücker Zeitung", „Bald Flüchtlinge auf Juist? Landkreis prüft Unterbringung", in: http://www.noz.de/deutschland-welt/niedersachsen/artikel/545828/bald-fluchtlinge-auf-juist-landkreis-pruft-unterbringung. 27.11.2015: BGLand24.de, „Rund 300 Plätze fehlen im Landkreis", in: http://www.bgland24.de/bgland/region-bad-reichenhall/landkreis-berchtesgadener-land-ort77362/landkreis-bgl-viele-fluechtlinge-sollen-heuer-noch-untergebracht-werden-bgl24-5905647.html. 09.10.2015: „Bonner General-Anzeiger", „Flüchtlingsunterbringung. Spekulation um Hotel", in: http://

www.general-anzeiger-bonn.de/region/sieg-und-rhein/siegburg/
Spekulation-um-Hotel-article1740258.html. 02.01.2016: Arte,
„Nach dem Sommermärchen, das Wintererwachen", in: http://
info.arte.tv/de/nach-dem-sommermaerchen-das-wintererwachen.
15.10.2015: „Südwest-Presse"/Neckar-Chronik.de, „Sattelacker
Hof in Lützenhardt wird zur Unterkunft für 118 Flüchtlinge. Lob
für Freundeskreis Asyl", in: http://www.neckar-chronik.de/Nach-
richten/Sattelacker-Hof-in-Luetzenhardt-wird-zur-Unterkunft-
fuer-118-Fluechtlinge-Lob-fuer-251535.html.

[285] 30.03.2016: „Die Zeit", „TTIP-Investorenschutz. Die USA und
Europa brauchen keine Paralleljustiz", in: http://www.zeit.de/wirt-
schaft/2015-03/ttip-bedenken-mittelstaendische-unternehmen-in-
terview-mario-ohoven. 17.03.2016: „Der Tagesspiegel", „Gabriel
für ‚Neuanfang' des Dialogs mit Russland", in: http://www.
tagesspiegel.de/politik/rede-beim-deutsch-russischen-forum-
gabriel-fuer-neuanfang-des-dialogs-mit-russland/13338282.html.
18.03.2016: „Die Welt", „Frau Merkel ist im Team SPD", in: http://
www.welt.de/politik/deutschland/article153420949/Frau-Merkel-
ist-im-Team-SPD.html. 02.04.2016: „Deutsche Wirtschafts-Nachrichten", „Genschers Vermächtnis: ‚Ohne Russland gibt es keine
Stabilität in Europa'", in: http://deutsche-wirtschafts-nachrichten.
de/2016/04/02/genschers-vermaechtnis-ohne-russland-gibt-es-
keine-stabilitaet-in-europa/. April 2013: London School of Economics, „Costs and benefits of an EU-USA Investment protec-
tion treaty", in: https://www.gov.uk/government/uploads/system/
uploads/attachment_data/file/260380/bis-13-1284-costs-and-be-
nefits-of-an-eu-usa-investment-protection-treaty.pdf.

[286] 13.06.2013: „Die Welt" (Thomas Anders), „Wozu brauchen
wir Pop-Beauftragte?", in: http://www.welt.de/print-welt/artic-
le240003/Wozu-brauchen-wir-Pop-Beauftragte.html.

[287] 18.03.2016: „Frankfurter Allgemeine Zeitung", „Bamf. Knatsch
im Flüchtlingsamt", in: http://www.faz.net/aktuell/wirtschaft/wirt-
schaftspolitik/bamf-personalrat-erhebt-vorwuerfe-gegen-weises-
amtsleitung-14132520.html.

[288] 17.01.2016: T-Online.de, „Wer wirklich die meisten
Polizisten hat", in: http://www.t-online.de/nachrichten/deutsch-

land/id_76658632/rheinland-pfalz-hat-die-wenigsten-polizisten-pro-100-000-einwohner.html. 04.04.2016: Statista, „Anzahl der Polizeibeamten in Deutschland in den Jahren von 1997 bis 2012", in: http://de.statista.com/statistik/daten/studie/156792/umfrage/anzahl-der-polizisten-in-deutschland/. 04.04.2016: Bundespolizei.de, „Arbeitgeber Bundespolizei", in: http://www.bundespolizei.de/Web/DE/06Karriere/01Arbeitgeber-Bundespolizei/Arbeitgeber-Bundespolizei_node.html. 03.11.2012: „Die Welt", „Polizisten in NRW werden immer älter", in: http://www.welt.de/newsticker/news3/article110590040/Polizisten-in-NRW-werden-immer-aelter.html. 28.11.2014: „Der Tagesspiegel", „Der Schritt zur Bürgerwehr ist nicht mehr weit", in: http://www.tagesspiegel.de/themen/koepfe/kolumne-der-schritt-zur-buergerwehr-ist-nicht-mehr-weit/11044574.html.

[289] 23.05.2016: T-Online.de: „Fünf Schwerverletzte in Bielefeld. Massenschlägerei in Flüchtlingsheim", in: http://www.t-online.de/nachrichten/panorama/kriminalitaet/id_77910556/bielefeld-fluechtlinge-pruegeln-sich-mehrere-schwerverletzte.html. 22.05.2016: „Bild", „Wie sich in Berlin ein neuer Club etabliert. Guerilla-Kampf um die Rocker-Macht", in: http://www.bild.de/bild-plus/regional/berlin/motorradclub/guerilla-kampf-um-die-rocker-macht-45903340.bild.html?wt_eid=2146385446100574062&wt_t=2146392091300292831. 15.05.2016: „Bild", „Verden (Niedersachsen): Massenschlägerei in Flüchtlingsheim", in: http://www.bild.de/regional/bremen/schlaegerei/in-fluechtlingsheim-in-verden-45827436.bild.html. 11.05.2016: Bayerisches Staatsministerium des Innern, für Bau und Verkehr, „Aktuelle Statistik: Gewalt gegen Polizeibeamte und Rettungskräfte", in: https://www.stmi.bayern.de/med/pressemitteilungen/pressearchiv/2016/157/index.php. 09.05.2016: Gewerkschaft der Polizei Nordrhein-Westfalen, „2015: Alle 67 Minuten ein Angriff auf die Polizisten in NRW", in: https://www.gdp.de/gdp/gdpnrw.nsf/id/59BC7ED2DD592820C1257FAE002B6636. 06.05.2016: „Die Welt", „Falschparker in Essen. Tumulte wegen Knöllchen – Schlagstock gegen 30 Angreifer", in: http://www.welt.de/vermischtes/article155094309/Tumulte-wegen-Knoellchen-Schlagstock-gegen-30-Angreifer.html.

28.04.2016: „Die Welt", „Clan-Mitglieder sollen Lageso-Dolmetscher gewesen sein", in: http://www.welt.de/politik/deutschland/article154832611/Clan-Mitglieder-sollen-Lageso-Dolmetscher-gewesen-sein.html. 22.03.2016: „RP Online", „Gewalt und Beleidigungen in Krankenhäusern. ‚Der weiße Kittel schützt längst nicht mehr'", in: http://www.rp-online.de/nrw/panorama/gewalt-und-beleidigung-im-krankenhaus-der-weisse-kittel-schuetzt-laengst-nicht-mehr-aid-1.5840503?google_editors_picks=true. 06.02.2015: „Die Welt", „Gewalt in Kliniken. Wenn Patienten ihre Helfer zusammenschlagen", in: http://www.welt.de/regionales/bayern/article137190645/Wenn-Patienten-ihre-Helfer-zusammenschlagen.html. 17.12.2015: „Focus", „Miri-Clan in Bremen und Niedersachsen. Großfamilie verdrängt Rocker aus kriminellem Milieu", in: http://www.focus.de/regional/bremen/miri-clan-in-bremen-und-niedersachsen-grossfamilie-verdraengt-rocker-aus-kriminellem-milieu_id_5161825.html. 18.11.2015: „Berliner Zeitung", „Kriminelle Großfamilien – Arabische Clans machen in Berlin Geschäfte mit Flüchtlingen", in: http://www.berliner-zeitung.de/berlin/polizei/kriminelle-grossfamilien-arabische-clans-machen-in-berlin-geschaefte-mit-fluechtlingen--23379710. 26.10.2010: „Der Spiegel", „Arabische Großfamilien: Staat kuscht vor kriminellen Clans", in: http://www.spiegel.de/panorama/justiz/arabische-grossfamilien-staat-kuscht-vor-kriminellen-clans-a-721741.html. 11.07.2015: „Die Welt", „Das gefährliche Unwissen über libanesische Clans", in: http://www.welt.de/regionales/nrw/article143833364/Das-gefaehrliche-Unwissen-ueber-libanesische-Clans.html. 22.08.2015: „Focus", „Nicht nur Duisburg betroffen. No-Go-Areas in Deutschland: In diese Viertel traut sich selbst die Polizei nicht", in: http://www.focus.de/politik/deutschland/nicht-nur-duisburg-betroffen-no-go-areas-in-deutschland-in-diese-viertel-traut-sich-selbst-die-polizei-nicht_id_4895620.html. 21.10.2013: „Bonner General-Anzeiger", „‚No-Go-Area' in Bonn: Steinke-Institut warnt mit Karte vor Straßengewalt", in: http://www.general-anzeiger-bonn.de/bonn/Steinke-Institut-warnt-mit-Karte-vor-Stra%C3%9Fengewalt-article1177109.html. 11.04.2016: „Die Welt": „Berlin ist verloren an die arabi-

272

schen Clans", in: http://www.welt.de/politik/deutschland/artic-le154174175/Berlin-ist-verloren-an-die-arabischen-Clans.html. 11.04.2016: „Bild", „Mohamed K (21). Mit sechs niedergeschos-sen. Das Ende eines Familienstreits", in: http://www.bild.de/bild-plus/news/inland/familiendrama/das-ende-eines-familienstreits-45300616,var=a.bild.html. 11.04.2016: „Bild", „Marode Häuser und Arbeitslosigkeit. Ghetto-Report Deutschland", in: http://www.bild.de/bild-plus/politik/inland/problem/ghetto-report-deutsch-land-45300680.bild.html?wt_eid=2145789394700413912&wt_t=2146034471200243352. 11.04.2016: „Stuttgarter Nachrichten", „Polizei in Stuttgart attackiert. Türken-Demos laufen aus dem Ru-der", in: http://www.stuttgarter-nachrichten.de/inhalt.polizei-in-stuttgart-attackiert-tuerken-und-kurden-demos-laufen-aus-dem-ruder.877b318f-9a64-4edc-afa8-e801fe5bfe5f.html.

[290] 24.05.2016: „Die Welt" (Prof. Klaus Schroeder), „Linke Gewalttaten werden notorisch verharmlost", in: http://www.welt.de/debatte/kommentare/article155643518/Linke-Gewalttaten-werden-notorisch-verharmlost.html. 02.05.2015: RBB, „Henkel zieht Bilanz − ‚Der friedlichste 1. Mai seit 1987'", in: http://www.rbb-online.de/politik/thema/2015/Erster-Mai/beitraege/walpurgis-erster-mai-berlin-demonstrationen-2015.html. Dass die Krawalle nicht fried-lich verliefen, wie die Überschrift suggeriert, zeigen die 39 ver-letzten Polizisten. 13.09.2015: „Focus", „Krawalle im Hamburger Schanzenviertel. Demonstranten werfen Steine und Flaschen auf Polizisten", in: http://www.focus.de/panorama/welt/krawalle-im-hamburger-schanzenviertel-demonstranten-werfen-steine-und-fla-schen-auf-polizisten_id_4943805.html. 09.01.2015: „Die Welt", „Bulle, dein Duldungsstatus ist aufgehoben", in: http://www.welt.de/politik/deutschland/article136179037/Bulle-dein-Duldungssta-tus-ist-aufgehoben.html. 08.03.2016: MDR, „Staatsschutz ermit-telt nach Brandanschlag auf Bundeswehr-Laster", in: http://www.mdr.de/nachrichten/bundeswehrfahrzeuge-in-leipzig-angezuen-det-100_zc-fd08c406_zs-950f04ff.html. 18.02.2015: „Berliner Zeitung", „Postauto mit Napalm angezündet: Mutmaßlicher Be-trüger vor Gericht", in: http://www.bz-berlin.de/media/img_7246. 24.10.2010: „Berliner Zeitung", „Chaoten zünden zwei Bahn-

Autos an", in: http://www.bz-berlin.de/artikel-archiv/chaoten-zu-enden-zwei-bahn-autos-an. 18.04.2016: „Frankfurter Allgemeine Zeitung", „Göttingen. Brandanschlag auf Bismarck-Corps", in: http://www.faz.net/aktuell/gesellschaft/brandanschlag-auf-haus-einer-studentenverbindung-14185562.html. 09.04.2016: Initiative für Toleranz und Zivilengagement, „Dokumentation über politisch motivierte Straftaten und Stimmungsmache gegen Studentenver-bindungen", in: https://iftuz.wordpress.com. 26.04.2012: Convent Deutscher Akademikerverbände CDA, „Gewalt gegen Korporatio-nen. Statistische Erhebung über das Jahr 2011", in: http://www.akademikerverbaende.de/files/2011_pk_gewalt_gegen_korpora-tionen_kurzversion.pdf. 13.04.2016: Vera Lengsfeld, „Die Nazi-methoden der Antifa", in: http://vera-lengsfeld.de/2016/04/13/die-nazimethoden-der-antifa/. 21.04.2016: „Junge Freiheit", „Junge Union paktiert mit Linksextremisten", in: https://www.google.de /#q=Junge+Union+solid+hamburg.

291 18.03.2015: „Die Welt", „EZB-Eröffnung: Gewaltexzesse, Feu-er und Tränengas in Frankfurt", in: http://www.welt.de/politik/ deutschland/article138538899/Gewaltexzesse-Feuer-und-Trae-nengas-in-Frankfurt.html.

292 14.05.2016: „Focus": „Flüchtlinge. So viele kommen ohne Pass nach Deutschland", in: http://m.focus.de/politik/videos/innenmi-nisterium-erklaert-so-viele-fluechtlinge-kommen-ohne-pass-nach-deutschland_id_5531107.html. 05.04.2016: GoEuro, „Bahnhöfe in Deutschland", in: http://www.goeuro.de/bahnhoefe/. 05.04.2016: „Wikipedia", „Deutsche Flugplätze", in: https://de.wikipedia.org/ wiki/Liste_deutscher_Flugpl%C3%A4tze. 05.04.2016: Länderda-ten, „(Staats-)Grenzen", in: http://www.laenderdaten.de/geogra-phie/grenzen.aspx.

293 19.10.2015: „Die Welt", „Merkel und die Grenze. Die größten Heucheleien in der Flüchtlingspolitik", in: http://www.welt.de/de-batte/kommentare/article147786303/Die-groessten-Heucheleien-in-der-Fluechtlingspolitik.html.

294 05.06.2015: „Berliner Zeitung", „Schengen-Ausnahme. Vor G7-Gipfel: 679 Kriminelle bei Grenzkontrollen gestoppt", in: http:// www.bz-berlin.de/deutschland/vor-g7-gipfel-679-kriminelle-bei-

grenzkontrollen-gestoppt. 05.06.2016: „Focus", „Schleuser, Autodiebe. Brauchen wir wieder Grenzkontrollen?", in: http://www. focus.de/politik/deutschland/g7-gipfel-elmau/schleuser-autodiebe-gesuchte-personen-g7-wirbel-zeigt-wie-viele-kriminelle-einreisen-brauchen-wir-wieder-grenzkontrollen_id_4731447.html.

[295] Mai 2016: Bundesministerium des Innern, „Polizeiliche Kriminalstatistik 2015", in: http://www.bmi.bund.de/SharedDocs/Downloads/DE/Broschueren/2016/pks-2015.pdf?__blob=publicationFile. 08.04.2016: „Handelsblatt": „Angriff aufs Bürgertum", S. 52-55. Ebd., Interview mit Rupert Scholz, „Es gibt rechtsfreie Räume", S. 58 f.

[296] 08.04.2016: „Die Welt", „Rund 180.000 Asylanträge seit Jahresanfang in Deutschland", in: http://www.welt.de/politik/deutschland/article154132411/Rund-180-000-Asylantraege-seit-Jahresanfang-in-Deutschland.html. 08.04.2016: Bundesamt für Migration und Flüchtlinge, „Bundespressekonferenz: Vorstellung der Asylzahlen März", in: http://www.bamf.de/SharedDocs/Meldungen/DE/2016/20160408-pk-asylgeschaeftsstatistik-maerz.html.

[297] 05.04.2016: „Die Welt", „Bis zu eine halbe Million Flüchtlinge nicht registriert", in: http://www.welt.de/politik/deutschland/article154001458/Bis-zu-eine-halbe-Million-Fluechtlinge-nicht-registriert.html. 23.01.2016: „Süddeutsche Zeitung", „Bürgerwehren – die innere Unsicherheit", in: http://www.sueddeutsche.de/politik/buergerwehren-in-deutschland-buergerwehren-die-innere-unsicherheit-1.2830313. 05.04.2016: „Die Welt", „Österreich-Grenze womöglich bald wieder ohne Kontrollen", in: http://www.welt.de/politik/ausland/article154041126/Oesterreich-Grenze-womoeglich-bald-wieder-ohne-Kontrollen.html.

[298] Mai 2016: Bundesministerium des Innern, „Polizeiliche Kriminalstatistik 2015", in: http://www.bmi.bund.de/SharedDocs/Downloads/DE/Broschueren/2016/pks-2015.pdf?__blob=publicationFile. 18.02.2016: „DailyCaller", „Leaked German Gov't Report Shows Refugees Committed 200,000 Crimes Between 2014 and 2015", in: http://dailycaller.com/2016/02/18/leaked-german-govt-report-shows-refugees-committed-200000-crimes-between-2014-and-2015/. 19.02.2016: „EuropeNews", „Geleakte

Polizeistatistik belegt: 200.000 Verbrechen durch Flüchtlinge zwischen 2014 und 2015 in Deutschland", in: http://de.europenews. dk/Geleakte-Polizeistatistik-belegt-200-000-Verbrechen-durch-Fluechtlinge-zwischen-2014-und-2015-in-Deutschland-125440. html. 02.06.2016: „Die Welt", „Terrorverdacht in Düsseldorf: Der IS hat Deutschland gezielt im Visier", in: http://www.welt.de/ debatte/kommentare/article155914867/Der-IS-hat-Deutschland-gezielt-im-Visier.html.

[299] 01.02.2016: „Süddeutsche Zeitung", „Was das BKA über kriminelle Flüchtlinge weiß", in: http://www.sueddeutsche.de/panorama/asylbewerber-was-das-bka-ueber-kriminelle-fluechtlinge-weiss-1.2842891.

[300] 28.01.2016: „Die Zeit", „Kiel: Wirbel um Polizei-Erlass zu kleinkriminellen Flüchtlingen", in: http://www.zeit.de/news/2016-01/28/kriminalitaet-kiel-wirbel-um-polizei-erlass-zu-kleinkriminellen-fluechtlingen-28185002. 22.01.2016: „Die Welt", „Polizei toleriert Schleusung von Flüchtlingen", in: http://www.welt.de/regionales/hamburg/article151334609/Polizei-toleriert-Schleusung-von-Fluechtlingen.html. 28.01.2016: 20Minuten.ch, „Bei Flüchtlingen soll die Polizei ein Auge zudrücken", in: http://www.20min. ch/ausland/news/story/Kieler-Polizei-soll-gewisse-Fluechtlinge-laufen-lassen-21324859.

[301] 14.04.2016: „Kölnische Rundschau", „Übergriffe in Köln. Hannelore Kraft sperrt Unterlagen zu Silvester", in: http://www. rundschau-online.de/politik/uebergriffe-in-koeln-hannelore-kraft-sperrt-unterlagen-zu-silvester-23884302. 06.04.2016: „Die Welt", „Sollte Vergewaltigung zu Silvester vertuscht werden?", in: http:// www.welt.de/politik/deutschland/article154083061/Sollte-Vergewaltigung-zu-Silvester-vertuscht-werden.html. 14.01.2016: „Der Spiegel", „Debatte im Landtag: Kraft verspricht hohe Belohnung für Hinweise zu Kölner Tätern", in: http://www.spiegel.de/politik/deutschland/koelner-uebergriffe-kraft-verspricht-hohe-belohnung-fuer-hinweise-a-1071980.html.

[302] 17.03.2016: „Bild", „Falsche Salafisten-Bilanz: Nächster Skandal um Innenminister Peter Beuth", in: http://.bild.de/regional/frankfurt/peter-beuth/naechster-skandal-44962788.bild.html.

[303] 04.02.2016: „HR-Info", „Beuth und die Kriminalitätsstatistik: Was droht dem Maulwurf bei Geheimnisverrat?", in: http://www.hr-online.de/website/radio/hr-info/index.jsp?rubrik=47572&key=standard_document_59121256.

[304] März 2016: Polizeiliche Kriminalstatistik 2015. Bericht zur Kriminalitätsentwicklung des Polizeipräsidiums Dortmund für das Jahr 2015, in: http://www.polizei.nrw.de/media/Dokumente/Behoerden/Dortmund/PKS_2015.pdf. 19.03.16, „Rundblick-Unna", „Großstadtkriminalität 2015: 44,4 Prozent der Verdächtigen waren Bürger ohne deutschen Pass, ein Viertel war jünger als 21", in: http://rundblick-unna.de/grossstadtkriminalitaet-2015-444-der-verdaechtigen-waren-buerger-ohne-deutschen-pass-ein-viertel-war-juenger-als-21/. 22.08.2001: ntv, „Neun Monate nach dem ‚Fall Joseph'", in: http://www.n-tv.de/politik/Neun-Monate-nach-dem-Fall-Joseph-article137636.html.

[305] 24.06.2016: Bayerischer Rundfunk, „Brandanschlag in Vorra. Baumängel sollten vertuscht werden", in: http://www.br.de/nachrichten/mittelfranken/inhalt/anschlag-vorra-baufirma-100.html. 10.05.2016: „Südkurier", „Verdreckte, eingebrannte Herde und abgerissene Türen an den Waschmaschinen in der Flüchtlingsunterkunft", in: http://m.suedkurier.de/region/hochrhein/bad-saeckingen/Verdreckte-eingebrannte-Herde-und-abgerissene-Tueren-an-den-Waschmaschinen-in-der-Fluechtlingsunterkunft-stoeren-die-ehrenamtlichen-Helfer;art372588,8704124. 28.04.2016: „Die Welt", „800 Flüchtlinge müssen wegen Feuer Unterkunft räumen", in: http://www.welt.de/politik/deutschland/article154833117/800-Fluechtlinge-muessen-wegen-Feuer-Unterkunft-raeumen.html. 10.04.2016: ntv, „In Bingen und Winsen – Flüchtlinge zünden Flüchtlingsheime an", in: http://mobil.n-tv.de/politik/Fluechtlinge-zuenden-Fluechtlingsheime-an-article17430681.html. 11.04.2016: „Die Welt", „Dreyer verurteilt Brandstiftung durch Flüchtling in Bingen", in: http://www.welt.de/regionales/rheinland-pfalz-saarland/article154206257/Dreyer-verurteilt-Brandstiftung-durch-Fluechtling-in-Bingen.html. 11.04.2016: SWR, „Dreyer zu Brandstiftung in Bingen. ‚Vollkommen egal, woher der Täter kommt'", in: http://www.swr.de/landesschau-aktuell/rp/nach-brandstiftung-in-

bingen-dreyer-verurteilt-kriminelle-tat/-/id=1682/did=17252184/
nid=1682/a8cau/index.html. 13.04.2016: Archive.is, „Liste von
Angriffen auf Flüchtlinge und Flüchtlingsunterkünfte in Deutschland", in: http://archive.is/c5zZc. 29.04.2015: „Gießener Allgemeine", „Flüchtlinge und Feuerwehren: ‚Klarer Rückgang' der
Fehleinsätze", in: http://www.giessener-allgemeine.de/Home/
Stadt/Uebersicht/Artikel,-Fluechtlinge-und-Feuerwehren-Klarer-
Rueckgang-der-Fehleinsaetze-_arid,567438_regid,1_puid,1_pa-
geid,113.html.

[306] 18.11.2015: „Youtube" (de Maizière), „Ein Teil dieser Antworten würde Bevölkerung verunsichern", in: https://www.youtube.
com/watch?v=xgmys5K1UnA. 18.11.2015: „Die Welt", „Ein
Teil dieser Antworten würde die Bevölkerung verunsichern", in:
http://www.welt.de/politik/deutschland/article148969193/Ein-
Teil-dieser-Antworten-wuerde-die-Bevoelkerung-verunsichern.
html. 19.11.2014: TV Bayern, „Ungebrochener Flüchtlingsstrom:
Bundesamt für Migration und Flüchtlinge braucht neue Mitarbeiter", in: http://www.tvbayern.de/mediathek/video/ungebrochener-
fluechtlingsstrom-bundesamt-fuer-migration-und-fluechtlinge-
braucht-neue-mitarbeiter. 05.01.2016: „Focus", „Scharfe Kritik
an Reker. Frauen sollen zu Fremden eine Armlänge Abstand
halten", in: http://www.focus.de/regional/koeln/scharfe-kritik-an-
reker-frauen-sollen-zu-fremden-eine-armlaenge-abstand-halten_
id_5191733.html.

[307] 02.05.2014: „Süddeutsche Zeitung", „Neue Vorwürfe gegen Sebastian Edathy. Landeskriminalamt sieht Belege für Kinderpor-
nografie auf Laptop", in: http://www.sueddeutsche.de/politik/
neue-vorwuerfe-gegen-sebastian-edathy-landeskriminalamt-sieht-
belege-fuer-kinderpornografie-auf-laptop-1.1949333.

[308] 05.11.2015: „Die Welt", „Ein Zaun ist doch nichts Schlechtes", in:
http://www.welt.de/vermischtes/article148457004/Ein-Zaun-ist-
doch-nichts-Schlechtes.html.

[309] 01.02.16: „Die Welt", „Warum geschlossene Grenzen auch Freiheit
bedeuten", in: http://www.welt.de/wirtschaft/article151713703/
Warum-geschlossene-Grenzen-auch-Freiheit-bedeuten.html.

[310] 19.05.2016: „Die Welt", „Nur zwei Nordafrikaner erhielten im

278

Jahr 2015 Asyl", in: http://www.welt.de/politik/deutschland/article155470155/Nur-zwei-Nordafrikaner-erhielten-im-Jahr-2015-Asyl.html. 17.05.2016: „Die Welt", „Minderjährige Flüchtlinge kosten Städte Milliarden", in: http://www.welt.de/politik/deutschland/article155401038/Minderjaehrige-Fluechtlinge-kosten-Staedte-Milliarden.html. 15.04.2016: „Die Welt", „Umgang mit jungen Flüchtlingen überfordert die Behörden", in: http://www.welt.de/politik/deutschland/article154366184/Umgang-mit-jungen-Fluechtlingen-ueberfordert-die-Behoerden.html. 19.03.2016: „Der Spiegel", „Flüchtlingskrise: Zahl der Abschiebungen bleibt vermutlich niedrig", in: http://www.spiegel.de/politik/deutschland/spiegel-zahl-der-abschiebungen-bleibt-vermutlich-niedrig-a-1083058.html. 19.03.2016: „The Huffington Post", „Das Märchen von der Abschiebung: Warum Hunderttausende abgelehnte Asylbewerber Deutschland nicht verlassen", in: http://www.huffingtonpost.de/2016/03/19/abschiebung-asylbewerber-deutschland_n_9504380.html. 20.01.2016: „Die Zeit", „Asylbewerber: Zahl der Abschiebungen 2015 verdoppelt", in: http://www.zeit.de/politik/deutschland/2016-01/abschiebungen-asylbewerber-nordrhein-westfalen-bayern.

[311] 07.04.2016: Wolfgang Schäuble, „Zur Person", in: http://www.wolfgang-schaeuble.de/zur-person/.

[312] 07.11.2010: „Frankfurter Allgemeine Zeitung", „Schäuble weist Pressesprecher zurecht. Spott-Auftritt wird Internet-Renner", in: http://www.faz.net/aktuell/politik/inland/schaeuble-weist-pressesprecher-zurecht-spott-auftritt-wird-internet-renner-1608475.html. 09.11.2010: „Süddeutsche Zeitung", „Schäuble: Sprecher tritt zurück. Minister Unzumutbar", in: http://www.sueddeutsche.de/politik/schaeuble-sprecher-tritt-zurueck-minister-unzumutbar-1.1021433.

[313] 11.01.2000: „Der Spiegel", „CDU-Spendenaffäre: ,Schäuble war Mittäter'", in: http://www.spiegel.de/politik/deutschland/cdu-spendenaffaere-schaeuble-war-mittaeter-a-59401.html. 26.01.2001: „Der Spiegel", „CDU-Spendenaffäre: Ermittlungen gegen Schäuble abgeschlossen", in: http://www.spiegel.de/politik/deutschland/cdu-spendenaffaere-ermittlungen-gegen-schaeuble-

abgeschlossen-a-164599.html.

[314] 20.08.2015: „Die Zeit", „Sein Lebenstrauma", in: http://www.zeit. de/2015/34/wolfgang-schaeuble-helmut-kohl-anonyme-spender-ard-film/komplettansicht. 23.12.2009: „Die Zeit", „Aufstand gegen Kohl: Ein Jahrzehnt Merkel-Putsch", in: http://www.zeit.de/ politik/deutschland/2009-12/merkel-kohl-faz-artikel-1999.

[315] 28.03.2000: „Der Spiegel", „Schwarzgeld: Stasi belauschte wichtige CDU-Finanzexperten", in: http://www.spiegel.de/politik/ deutschland/schwarzgeld-stasi-belauschte-wichtige-cdu-finanzexperten-a-70924.html. 03.04.2000: „Der Spiegel", „Innenministerium bestätigt: Stasi-Abhör-Protokolle 1990 vernichtet", in: http:// www.spiegel.de/politik/deutschland/innenministerium-bestaetigt-stasi-abhoer-protokolle-1990-vernichtet-a-71579.html.

[316] 22.12.1999: „Der Spiegel", „Merkel in der FAZ: Kohl hat der Partei Schaden zugefügt", in: http://www.spiegel.de/politik/deutschland/merkel-in-der-faz-kohl-hat-der-partei-schaden-zugefuegt-a-57495.html. 20.08.2015: „Die Zeit", „Sein Lebenstrauma", in: http://www.zeit.de/2015/34/wolfgang-schaeuble-helmut-kohl-anonyme-spender-ard-film/komplettansicht. 23.12.2009: „Die Zeit", „Aufstand gegen Kohl: Ein Jahrzehnt Merkel-Putsch", in: http://www.zeit.de/politik/deutschland/2009-12/merkel-kohl-faz-artikel-1999.

[317] 08.03.2016: „Der Tagesspiegel", „Wer wird UN-Generalsekretärin?", in: http://www.tagesspiegel.de/politik/ban-ki-moon-zu-besuch-in-berlin-wer-wird-un-generalsekretaerin/13067224.html.

[318] 19.04.2015: „Die Welt", „Das Dilemma mit dem ‚Ranschmeißen' an Clinton", in: http://www.welt.de/politik/deutschland/article139763166/Das-Dilemma-mit-dem-Ranschmeissen-an-Clinton. html.

[319] 08.04.2016: Staatsschuldenuhr, „Um 1.556 Euro erhöht sich die deutsche Staatschuld pro Sekunde!", in: http://www.staatsschuldenuhr.de/. 08.04.2016: Statista, „Gesamthaftung von Deutschland in der Euro-Krise", in: http://de.statista.com/statistik/daten/ studie/232839/umfrage/gesamthaftung-von-deutschland-in-der-euro-krise/.

[320] 14.08.2015: „Westdeutsche Allgemeine Zeitung", „Der Weg ist

frei für das dritte Griechenland-Hilfspaket", in: http://www.derwe-sten.de/politik/der-weg-ist-frei-fuer-drittes-hilfspaket-fuer-grie-chenland-id10988797.html. 29.01.2015: „Süddeutsche Zeitung", „Neue Regierung unter Tsipras. Griechenland will Entlassung von Beamten rückgängig machen", in: http://www.sueddeutsche. de/politik/neue-regierung-unter-tsipras-griechenland-will-entlas-sung-von-beamten-rueckgaengig-machen-1.2324613. 23.01.2016: „Die Welt", „Ohne ein Wunder stürzt Portugal uns in eine tiefe Krise", in: http://www.welt.de/finanzen/article151353143/Ohne-ein-Wunder-stuerzt-Portugal-uns-in-eine-tiefe-Krise.html.

[321] 13.07.2015: „New Statesman", „Yanis Varoufakis full transcript: our battle to save Greece", in: http://www.newstatesman.com/world-affairs/2015/07/yanis-varoufakis-full-transcript-our-battle-save-greece.

[322] 14.07.2015: „Der Tagesspiegel", „In welcher Höhe haftet Deutsch-land? Neues Griechenland-Paket bringt weitere Milliarden-Ri-siken", in: http://www.tagesspiegel.de/politik/in-welcher-hoehe-haftet-deutschland-neues-griechenland-paket-bringt-weitere-mil-liarden-risiken/12054402.html.

[323] 26.05.2016: „Die Welt", „Griechenland-Deal wird für Deutschland teuer", in: http://www.welt.de/wirtschaft/article155693662/Grie-chenland-Deal-wird-fuer-Deutschland-teuer.html. 25.05.2016: „Frankfurter Allgemeine Zeitung", „Eurogruppe sagt Griechen-land 10,3 Milliarden Euro zu", in: http://www.faz.net/aktuell/wirtschaft/eurokrise/griechenland/schuldenkrise-eurogruppe-sagt-griechenland-10-3-milliarden-euro-zu-14251793.html. 18.05.2016: „Süddeutsche Zeitung", „Griechenland soll bis 2040 nichts zahlen", in: http://www.sueddeutsche.de/wirtschaft/iwf-griechenland-soll-bis-nichts-zahlen-1.2996447. 08.04.2016: „Wirtschaftswoche", „Der IWF arbeitet für Tsipras. Kommt der Schuldenschnitt für Athen?".

[324] 07.07.2015: „Frankfurter Allgemeine Zeitung", „Eurogruppen-Gipfel. Athen will neuen Hilfsantrag stellen – morgen", in: http://www.faz.net/aktuell/wirtschaft/eurokrise/griechenland/sonder-gipfel-bruessel-schaeuble-will-keinen-schuldenerlass-13689659.html. 17.08.2015: „Die Welt", „Die Union hat sich jahrelang der

Realität verweigert", in: http://www.welt.de/politik/deutschland/article145316568/Die-Union-hat-sich-jahrelang-der-Realitaet-verweigert.html.

[325] 20.02.2015: „Der Spiegel", „Kommentar zum griechischen Hilfsantrag: Einmal noch und dann nie wieder", in: http://www.spiegel.de/wirtschaft/soziales/eurokrise-warum-deutschland-griechenland-weiter-helfen-sollte-a-1019438.html. 18.04.2013: „Die Zeit", „Wie Deutschland von der Euro-Rettung profitiert", in: http://blog.zeit.de/herdentrieb/2013/04/18/wie-deutschland-von-der-euro-rettung-profitiert_5918. 21.08.2012: „Süddeutsche Zeitung", „Athen zahlt Schulden zurück. Wie Deutschland an der Griechenland-Hilfe verdient", in: http://www.sueddeutsche.de/wirtschaft/athen-zahlt-schulden-zurueck-wie-deutschland-an-der-griechenland-hilfe-verdient-1.1445399. 09.12.2013: Angela Merkel, „Es haben so viele Menschen einen Arbeitsplatz – Deutschland geht es gut", in: https://www.youtube.com/watch?v=eFi6Y-6K1kE.

[326] 11.04.2016: „Statista", „Griechenland: Staatsverschuldung von 2004 bis 2015 in Relation zum Bruttoinlandsprodukt (BIP)", in: http://de.statista.com/statistik/daten/studie/167463/umfrage/staatsverschuldung-von-griechenland-in-relation-zum-bruttoinlandsprodukt-bip/. Ebd., „Italien: Staatsverschuldung von 2005 bis 2015 in Relation zum Bruttoinlandsprodukt (BIP)", in: http://de.statista.com/statistik/daten/studie/167738/umfrage/staatsverschuldung-von-italien-in-relation-zum-bruttoinlandsprodukt-bip/. Ebd., „Portugal: Staatsverschuldung von 2004 bis 2015 in Relation zum Bruttoinlandsprodukt (BIP)", in: http://de.statista.com/statistik/daten/studie/167464/umfrage/staatsverschuldung-von-portugal-in-relation-zum-bruttoinlandsprodukt-bip/. 12.02.2016: „Die Presse", „Deutschland droht Verschuldung von 220 Prozent", in: http://diepresse.com/home/wirtschaft/international/4924467/Deutschland-droht-Verschuldung-von-220-Prozent?_vl_backlink=/home/blogs/index.de. 15.04.2016: Schuldenuhr Europas, „Staatsverschuldung", in: https://www.smava.de/eurozone-schulden-uhr/.

[327] 17.08.2015: „Die Welt", „Die Union hat sich jahrelang der Realität verweigert", in: http://www.welt.de/politik/deutschland/artic-

le145316568/Die-Union-hat-sich-jahrelang-der-Realitaet-verwei-
gert.html.

[328] 13.04.2016: „Die Welt", „Die schleichende Enteignung der deutschen Sparer", in: http://www.welt.de/finanzen/artic-le154297020/Die-schleichende-Enteignung-der-deutschen-Sparer. html. 16.08.2015: „Frankfurter Rundschau", „Wer von der Krise profitiert – und wer nicht", in: http://www.fr-online.de/schul-denkrise/griechenland-wer-von-der-krise-profitiert---und-wer-nicht-,1471908,31479634.html.

[329] 10.06.2015: „Junge Freiheit", „Drei Millionen Euro Subventionen für die ‚taz'", in: https://jungefreiheit.de/kultur/medien/2015/drei-millionen-euro-subventionen-fuer-die-taz/.

[330] 09.04.2016: „Frankfurter Allgemeine Zeitung", „Panama Papers. Auf der Empörungswelle", in: http://www.faz.net/aktuell/wirt-schaft/steuervermeidung/panama-papers-auf-der-empoerungs-welle-14168233.html. 06.11.2014: Tagesschau.de, „Luxemburg-Leaks. Deutsche Konzerne und die Steuer", in: https://www.tages-schau.de/wirtschaft/luxemburg-steuern-105.html.

[331] 05.04.2016: Dirk Müller/Cashkurs.com, „‚Panama Papers': Was ist eigentlich neu an diesem Skandal? Welche Intentionen stehen dahinter?", in: https://www.youtube.com/watch?v=3C2gSUJ5-Bk. 04.04.2016: „Der Tagesspiegel", „‚Meisterstück des investigativen Journalismus'", in: http://www.tagesspiegel.de/politik/panama-papers-meisterstueck-des-investigativen-journalismus/13399440. html. 08.04.2016: „Bild", „Brisante These des wichtigsten US.Thinktanks. Steckt Putin hinter den ‚Panama Papers?', in: http://www.bild.de/politik/ausland/wladimir-putin/us-thinktank-stellt-these-auf-steckt-russlands-praesident-hinter-den-panama-papers-45265118.bild.html.

[332] 11.01.2014: „Frankfurter Allgemeine Zeitung", „Die Euro-Wette des George Soros", in: http://www.faz.net/aktuell/wirtschaft/eu-rokrise/spekulant-und-staatsmann-die-euro-wette-des-george-so-ros-12747525.html.

[333] 11.01.2014: „Frankfurter Allgemeine Zeitung", „Die Euro-Wette des George Soros", in: http://www.faz.net/aktuell/wirtschaft/eu-rokrise/spekulant-und-staatsmann-die-euro-wette-des-george-so-

ros-12747525.html.

[334] 08.04.2016: „Bild", „Brisante These des wichtigsten US-Think-tanks. Steckt Putin hinter den ‚Panama Papers?'" in: http://www.bild.de/politik/ausland/wladimir-putin/us-thinktank-stellt-these-auf-steckt-russlands-praesident-hinter-den-panama-pa-pers-45265118.bild.html.   10.04.2016:   „Discoverthenetworks. org", „Organizations funded by George Soros and his Open So-ciety Institute", in: http://www.discoverthenetworks.org/viewSub-Category.asp?id=1237. 08.06.2012, CNSnews.com, „Soros Mega-Foundation's New U.S. Chief Has Ties To Obama Administration, Corzine", in: http://cnsnews.com/blog/dan-gainor/soros-mega-foundations-new-us-chief-has-ties-obama-administration-corzine. 14.04.2016: Brookings, „Kenneth H. Zimmerman", in: http://www.brookings.edu/experts/zimmermank. 30.09.2013: Youtube/AlpenparlamentTV, „Interview mit Andreas von Bülow (SPD)", in: https://www.youtube.com/watch?v=NUEv4yx51nY&feature=youtu.be&t=15m56s.

[335] 16.11.2014: „Frankfurter Allgemeine Zeitung", „Griechenland erschwindelte Euro-Beitritt", in: http://www.faz.net/aktuell/wirt-schaft/konjunktur/euro-raum-griechenland-erschwindelte-euro-beitritt-1189739.html.

[336] 15.01.2016: „Die Achse des Guten", „Deutschland auf dem Weg zum Failed State", in: http://www.achgut.com/artikel/deutsch-land_auf_dem_weg_zum_failed_state. 31.12.2015: Bundeszentra-le für Politische Bildung, „Nettozahler und Nettoempfänger in der EU", in: http://www.bpb.de/nachschlagen/zahlen-und-fakten/eur-opa/70580/nettozahler-und-nettoempfaenger. 07.04.16: „Cicero", „Merkels Europolitik ist krachend gescheitert", http://www.cicero. de/kapital/die-verfehlte-deutsche-euro-politik-nach-uns-die-sinn-flut/60740. Target = Trans-European Automated Real-time Gross Settlement Express Transfer System. 17.02.2016: „Frankfurter Allgemeine Zeitung", „Der Euro ist eine Haftungsgemeinschaft". 10.08.2015: „Frankfurter Allgemeine Zeitung", „Niedrige Zinsen Profitiert Deutschland von Griechenlands Krise?", in: http://www. faz.net/aktuell/wirtschaft/eurokrise/iwh-studie-profitiert-deutsch-land-von-griechenland-krise-13743187.html.

[337] 12.11.2011: „Die Welt", „Schäuble will mehr Kompetenzen an die EU abgeben", in: http://www.welt.de/politik/deutschland/article13713289/Schaeuble-will-mehr-Kompetenzen-an-die-EU-abgeben.html. 22.07.2012: „Wirtschaftsblatt", „Deutschlands Exporte bezahlt die EZB", in: http://wirtschaftsblatt.at/home/meinung/kommentare/1272159/.

[338] 09.02.2009: Deutschlandfunk, „Endstation Karlsruhe? Der Lissabonner Vertrag auf dem Prüfstand", in: http://www.deutschlandfunk.de/endstation-karlsruhe.724.de.html?dram:article_id=99376. 12.04.2016: Statista, „Sitze der einzelnen Länder im Europäischen Parlament in der 8. Wahlperiode von 2014 bis 2019", in: http://de.statista.com/statistik/daten/studie/6121/umfrage/sitzverteilung-im-europaeischen-parlament/.

[339] 13.05.2009: „Frankfurter Rundschau", „Europaminister in Hessen: 70 Prozent der Gesetze kommen aus EU", in: http://www.fr-online.de/spezials/europaminister-in-hessen-70-prozent-der-gesetze-kommen-aus-eu,1472610,2785096.html.

[340] 04.08.2015: „Die Welt", „Warum wollen so viele Briten raus aus der EU?", in: http://www.welt.de/politik/ausland/article144805519/Warum-wollen-so-viele-Briten-raus-aus-der-EU.html. 07.03.2016: „Die Zeit", „Flüchtlingspolitik: Testlauf für das grenzenlose Europa", in: http://www.zeit.de/politik/ausland/2016-03/fluechtlingspolitik-eu-gipfel-tuerkei-schengen-dublin-abkommen. 04.03.2016: „Schweiz Magazin", „Umfrageschock: 87 Prozent der Briten für einen Brexit", in: http://www.schweizmagazin.ch/nachrichten/ausland/26248-Umfrageschock-Prozent-der-Briten-einen-Brexit.html. 30.04.2014: „Der Freitag", „‚Spitzbubenstück'. Hauptrolle: Martin Schulz", in: https://www.freitag.de/autoren/joachim-petrick/spitzbubenstueck-hauptrolle-martin-schulz. 29.04.2016: SWR, „Knapp 111.000 Euro steuerfrei. Parlamentspräsident Martin Schulz erhielt an 365 Tagen pro Jahr Tagegelder des EU-Parlaments", in: http://www.swr.de/report/presse/eu-tagegeld/-/id=1197424/did=13302262/nid=1197424/gc8skf/. 04.12.2014: EurActiv.de, „Pro-Juncker-Koalition verhindert ‚LuxLeaks'-Untersuchungsausschuss", in: http://www.euractiv.de/section/finanzen-und-wirtschaft/news/pro-juncker-ko-

alition-verhindert-luxleaks-untersuchungsausschuss/. 17.09.2015: „Süddeutsche Zeitung", „Jean-Claude Juncker zu Steuertricks. ‚Lux-Leaks ist ein Unwort'", in: http://www.sueddeutsche.de/wirtschaft/jean-claude-juncker-lux-leaks-ist-ein-unwort-1.2652239. 21.10.2015: „Frankfurter Allgemeine Zeitung", „Steuerdeals von Starbucks, Amazon und Co sind illegal", in: http://www.faz.net/ aktuell/wirtschaft/recht-steuern/luxemburg-niederlande-steuerdeals-mit-amazon-etc-illegal-13868147.html.

[341] 18.10.2015: „Die Welt", „Deutschland fürchtet Zugriff auf Einlagensicherung", in: http://www.welt.de/wirtschaft/article147743595/Deutschland-fuerchtet-Zugriff-auf-Einlagensicherung.html. 09.11.2015: „Wirtschaftswoche", „Bundesverband deutscher Banken: Banken lehnen europäische Einlagensicherung ab", in: http://www.wiwo.de/unternehmen/banken/bundesverband-deutscher-banken-banken-lehnen-europaeische-einlagensicherung-ab/12563200.html. 26.11.2015: T-Online.de, „Was kommt jetzt auf deutsche Sparer zu?", in: http://www.t-online. de/wirtschaft/zinsen/id_76219760/einlagensicherung-das-kommt-auf-sparer-in-deutschland-zu.html.

[342] 21.02.2016: „Frankfurter Allgemeine Zeitung" (Wolfgang Schäuble), „Zerfällt Europa? (1) Europa zwischen Wunsch und Wirklichkeit", in: http://www.faz.net/aktuell/politik/die-gegenwart/zerfaellt-europa-1-europa-zwischen-wunsch-und-wirklichkeit-14031658.html?printPagedArticle=true#/elections. 26.01.2016: „Deutsche Wirtschafts-Nachrichten", „Schäuble gibt deutsche Sparguthaben als Pfand für Euro-Risiken frei", in: http:// deutsche-wirtschafts-nachrichten.de/2016/01/26/schaeuble-gibt-deutsche-sparguthaben-als-pfand-fuer-euro-risiken-frei/.

[343] 12.04.2016: „Die Welt", „Vermögensschutz. Bundesbürger stürzen sich auf Bankschließfächer", in: http://www.welt.de/finanzen/ geldanlage/article154253545/Bundesbuerger-stuerzen-sich-auf-Bankschliessfaecher.html.

[344] 03.02.2016: „Frankfurter Allgemeine Zeitung", „Bargeld statt Kontrolle", in: http://www.faz.net/aktuell/wirtschaft/wirtschaftspolitik/kommentar-bargeld-statt-kontrolle-14048552.html. 05.02.2016: „Frankfurter Allgemeine Zeitung", „Bargeld ist Frei-

heit", in: http://www.faz.net/aktuell/wirtschaft/kommentar-bar-geld-ist-freiheit-14052753.html. 09.02.2016: „Frankfurter Allgemeine Zeitung", „Grundrecht auf Bargeld", in: http://www.faz.net/agenturmeldungen/marktberichte/roundup-ex-verfassungsgericht-spraesident-grundrecht-auf-bargeld-14059834.html. 09.02.2016: „Frankfurter Allgemeine Zeitung", „Sind Bargeldbegrenzungen verfassungswidrig?", in: http://www.faz.net/aktuell/wirtschaft/wirtschaftspolitik/rechtsexperten-stellen-obergrenze-von-bargeld-in-frage-14059264.html.

[345] 24.03.2016: „Bild", „Sparkassen-Chef Fahrenschon in ‚Bild'. Millionen Beschäftigte später in Rente wegen Nullzins!"

[346] 04.02.2016: „Handelsblatt", „Im Reich der Minus-Zinsen". 07.04.2016: „Börsen-Zeitung", „Versicherer fordern Politik zum Eingreifen bei EZB auf", in: https://www.boersen-zeitung.de/index.php?li=1&artid=2016066003.

[347] 11.04.2016: „Frankfurter Allgemeine Zeitung", „Geldpolitik der EZB – Schäuble will höhere Zinsen", in: http://www.faz.net/aktuell/wirtschaft/wolfgang-schaeuble-kirtisiert-mario-draghis-ezb-geldpolitik-14171118.html. 10.08.2015: „Frankfurter Allgemeine Zeitung", „Niedrige Zinsen – Profitiert Deutschland von Griechenlands Krise?", in: http://www.faz.net/aktuell/wirtschaft/eurokrise/iwh-studie-profitiert-deutschland-von-griechenland-krise-13743187.html.

[348] 10.07.2012: „Focus", „Die fünf größten Aufreger rund um den ESM", in: http://www.focus.de/finanzen/news/staatsverschuldung/tid-26462/gegenwind-fuer-den-europaeischen-rettungsschirm-die-fuenf-groessten-aufreger-rund-um-den-esm_aid_779390.html.

[349] 14.04.2016: „Die Welt", „Schäuble ruft zur weltweiten Jagd auf Steuerbetrüger auf", in: http://www.welt.de/wirtschaft/article154369880/Schaeuble-ruft-zur-weltweiten-Jagd-auf-Steuerbe-trueger-auf.html#disqus_thread. 12.05.2014: „Die Welt", „Deutsche arbeiten das halbe Jahr nur für den Staat", in: http://www.welt.de/wirtschaft/article127920557/Deutsche-arbeiten-das-halbe-Jahr-nur-fuer-den-Staat.html.

[350] 27.04.2016: „Wirtschaftswoche", „Schäuble will Bankgeheimnis faktisch abschaffen", in: http://www.wiwo.de/politik/deutschland/

bankgeheimnis-schaeuble-will-bankgeheimnis-faktisch-abschaffen/13510336.html. 27.01.2014: „Die Welt", „Bei Europas Bürgern sind 3.853 Milliarden zu holen", in: http://www.welt.de/finanzen/geldanlage/article124282507/Bei-Europas-Buergernsind-3853-Milliarden-zu-holen.html. 19.06.2014: „iknews.de", „Back to Mesopotamia oder warum die Zwangsenteignung unausweichlich ist", in: http://www.iknews.de/2014/06/19/back-to-mesopotamia-oder-warum-die-zwangsenteignung-unausweichlich-ist/. 09/2011: BCG, „Collateral Damage. Back to Mesopotamia? The Looming Threat of Debt Restructuring", in: http://www.bcg.de/documents/file87307.pdf. 15.04.2016: Schuldenuhr Europas, „Staatsverschuldung", in: https://www.smava.de/eurozone-schulden-uhr/.

[351] 14.05.2016: „Der Spiegel", „Flüchtlinge: Bund kalkuliert bis 2020 mit rund 94 Milliarden Euro Kosten", in: http://www.spiegel.de/politik/deutschland/fluechtlinge-bund-stellt-knapp-94-milliarden-euro-bis-2020-bereit-a-1092256.html.

[352] 03.02.2016: „Tagesschau.de", „ARD-Deutschlandtrend: AfD würde drittstärkste Kraft", in: https://www.tagesschau.de/inland/deutschlandtrend-475.html. 03.11.2011: „Der Spiegel", „Emnid-Umfrage: Deutsche hadern mit Außenminister Westerwelle", in: http://www.spiegel.de/politik/deutschland/emnid-umfrage-deut-sche-hadern-mit-aussenminister-westerwelle-a-784250.html.

[353] 15.04.2016: Bundesbeamtengesetz, „§ 64 Eidespflicht, Eidesformel", in: https://dejure.org/gesetze/BBG/64.html.

[354] 02.10.2015: „Die Welt", „George Soros' Plan für Europas Flüchtlingskrise", in: http://www.welt.de/debatte/kommentare/article147061754/George-Soros-Plan-fuer-Europas-Fluechtlingskrise.html. 04.10.2015: European Stability Initiative/ESI, „The Merkel Plan. Restoring control; retaining compassion. A proposal for the Syrian refugee crisis", in: http://www.esiweb.org/pdf/ESI%20-%20The%20Merkel%20Plan%20-%20Compassion%20and%20Control%20-%204%20October%202015.pdf.

[355] 19.03.2016: „Profil", „Umfrage: FPÖ deutlich stärkste Partei", in: http://www.profil.at/oesterreich/umfrage-fpoe-staerkste-partei-strache-kanzlerfrage-6276388. 22.02.2016: Deutschland-

funk, „Österreich: Weit entfernt von der Flüchtlingsobergrenze", in: http://www.deutschlandfunk.de/oesterreich-weit-entfernt-von-der-fluechtlingsobergrenze.1766.de.html?dram:article_id=346368. 10.02.2016: „Der Standard", „Bundesheer: Viele Rekruten zeigen Interesse an Grenzeinsatz", in: http://derstandard.at/2000030771409/Viele-Rekruten-zeigen-Interesse-an-Grenzeinsatz. 22.01.2016: „Frankfurter Allgemeine Zeitung", „Ungarns Ministerpräsident. Durch Ungarn sollen nie wieder Flüchtlinge ziehen", in: http://www.faz.net/aktuell/politik/fluechtlingskrise/ungarns-ministerpraesident-orban-will-nie-wieder-fluechtlinge-durchs-land-lassen-14028466.html. 20.01.2016: „Frankfurter Allgemeine Zeitung", „Österreich schafft Obergrenze für Flüchtlinge", in: http://www.faz.net/aktuell/politik/fluechtlingskrise/oesterreich-einigt-sich-auf-obergrenze-fuer-fluechtlinge-14024487.html. 27.09.2015: ORF, „Ergebnis Landtagswahl Oberösterreich", in: http://orf.at/wahlergebnisse/ooe15/. 31.05.2015: „Süddeutsche Zeitung", „Rechtspopulistische FPÖ gewinnt kräftig dazu", in: http://www.sueddeutsche.de/politik/landtagswahlen-in-oesterreich-rechtspopulistische-fpoe-legt-kraeftig-zu-1.2501900. 02.06.2015: „Die Zeit", „Wahlen in Österreich: Die blaue Flut", in: http://www.zeit.de/2015/23/wahlen-oesterreich-erfolg-fpoe-folgen. 05.06.2015: „Die Presse", „Burgenland: SPÖ und FPÖ verkünden Koalition", in: http://diepresse.com/home/politik/innenpolitik/4747709/Burgenland_SPO-und-FPO-verkunden-Koalition.

[356] 28.03.2016: „Der Spiegel", „Flüchtlinge: Steinmeier kritisiert Schließung der Balkanroute", in: http://www.spiegel.de/politik/ausland/fluechtlinge-frank-walter-steinmeier-kritisiert-schliessung-der-balkanroute-a-1084343.html. 15.04.2016: Statista, „Europäische Union: Bruttoinlandsprodukt (BIP) pro Kopf in den Mitgliedsstaaten in jeweiligen Preisen im Jahr 2015", in: http://de.statista.com/statistik/daten/studie/188766/umfrage/bruttoinlandsprodukt-bip-pro-kopf-in-den-eu-laendern/. 11.09.2015: „Stuttgarter Zeitung", „Steinmeier findet in Prag kein Gehör", in: http://www.stuttgarter-zeitung.de/inhalt.fluechtlinge-in-europa-steinmeier-findet-in-prag-kein-gehoer.57de95e1-cf90-44ee-9d7e-fcb67280713c.html. 04.09.2015: „Süddeutsche Zeitung", „Orbán

rät vom Zusammenleben mit Muslimen ab", in: http://www.sueddeutsche.de/politik/ungarn-orban-raet-vom-zusammenleben-mit-muslimen-ab-1.2634266.

[357] 10.04.2016: „Breitbart", „Geller: UK ‚Equalities': Chief Admits he was wrong, Muslims won't assimilate", in: http://www.breitbart.com/london/2016/04/10/geller-uk-equalities-chief-admits-wrong-muslims-wont-assimilate/. 10.01.2014: „Focus", „Rekordauswanderung nach Israel. Frankreichs Juden fliehen vor dem wachsenden Hass", in: http://www.focus.de/politik/ausland/rekordauswanderung-nach-israel-frankreichs-juden-fliehen-vor-zunehmendem-hass_id_3529461.html. 13.04.2014: Arte-TV, „Französischer Exodus", in: http://info.arte.tv/de/franzoesischer-exodus. 29.04.2016: „Frankfurter Allgemeine Zeitung", „Migrationsforscher Ruud Koopmans im Gespräch: ‚Die meisten Menschen wollen unbequeme Fakten nicht hören'", in: http://www.faz.net/aktuell/wirtschaft/migrationsforscher-koopmans-haelt-multikulti-fuer-fatal-14202950.html?printPagedArticle=true#pageIndex_2.

[358] 31.05.2016: „Die Welt", „Sexuelle Übergriffe bei Open-Air-Fest – 18 Anzeigen", in: http://www.welt.de/vermischtes/article155831409/Sexuelle-Uebergriffe-bei-Open-Air-Fest-18-Anzeigen.html. 15.06.2016: „Berliner Zeitung", „Kreuzberg – Frauen beim Karneval der Kulturen offenbar sexuell belästigt und bestohlen", in: http://www.berliner-zeitung.de/berlin/polizei/kreuzberg-frauen-beim-karneval-der-kulturen-offenbar-sexuell-belaestigt-und-bestohlen-24063248. 08.05.2016: „Die Welt" (Bassam Tibi), „Junge Männer, die die Kultur der Gewalt mitbringen", in: http://m.welt.de/debatte/kommentare/article155134929/Junge-Maenner-die-die-Kultur-der-Gewalt-mitbringen.html.

[359] 19.10.2015: „Frankfurter Rundschau", „Steinmeier in Saudi-Arabien – Steinmeier bekommt deutliche Abfuhr", in: http://www.fr-online.de/politik/steinmeier-in-saudi-arabien-steinmeier-bekommt-deutliche-abfuhr,1472596,32198482.html. 2015: Wolfram Weimer, „Die Welt lässt Deutschland mit Flüchtlingen allein", in: http://www.wolframweimer.de/blog/artikel/die-welt-laesst-deutschland-mit-fluechtlingen-allein.html. 12.09.2015: „Die Welt", „100.000 Luxus-Zelte, kein einziges für Flüchtlinge", in: http://

www.welt.de/politik/ausland/article146341341/100-000-Luxus-Zelte-kein-einziges-fuer-Fluechtlinge.html. 08.09.2015: „Frankfurter Allgemeine Zeitung", „Die arabische Halbinsel schottet sich ab", in: http://www.faz.net/aktuell/politik/fluechtlingskrise/die-golfstaaten-schotten-sich-gegenueber-fluechtlingen-ab-13789932.html.

[360] 23.02.2016: „The Huffington Post", „Abschiebungen: Deshalb wollen so viele Staaten ihre Bürger nicht zurück", in: http://www.huffingtonpost.de/2016/02/22/abschiebungen-dritte-welt_n_9295548.html. 23.02.2016: „Die Welt", „Diese 17 Staaten behindern Abschiebungen aus Deutschland", in: http://www.welt.de/politik/deutschland/article152534336/Diese-17-Staaten-behindern-Abschiebungen-aus-Deutschland.html.

[361] 01.12.2014: „Politikparadox", „Nordafrika entledigt sich seiner Verbrecher und Psycho-Kranken mit Flüchtlingswelle nach Europa", in: http://politikparadox.blogspot.de/2014/12/nordafrika-entledigt-sich-seiner.html.

[362] 13.04.2016: „Merkur", „Steinmeier verteidigt Flüchtlingsabkommen mit Türkei", in: http://www.merkur.de/politik/aussenminister-frank-walter-steinmeier-verteidigt-fluechtlingskrise-abkommen-tuerkei-zr-6258542.html. 28.03.2016: „Der Spiegel", „Flüchtlinge: Steinmeier kritisiert Schließung der Balkanroute", in: http://www.spiegel.de/politik/ausland/fluechtlinge-frank-walter-steinmeier-kritisiert-schliessung-der-balkanroute-a-1084343.html.

[363] 16.03.2016: „Die Welt", „Das Geld aus Europa ist kein schmutziger Deal", http://www.welt.de/politik/deutschland/article153370532/Das-Geld-aus-Europa-ist-kein-schmutziger-Deal.html. 04.10.2015: European Stability Initiative/ESI, „The Merkel Plan. Restoring control; retaining compassion. A proposal for the Syrian refugee crisis" in: http://www.esiweb.org/pdf/ESI%20-%20The%20Merkel%20Plan%20-%20Compassion%20and%20Control%20-%204%20October%202015.pdf.

[364] 02.10.2015: „Die Welt", „Finanzguru: George Soros' Plan für Europas Flüchtlingskrise", in: http://www.welt.de/debatte/kommentare/article147061754/George-Soros-Plan-fuer-Europas-Fluechtlingskrise.html.

[365] 05.05.2016: Tagesschau.de, „Merkel bei Renzi in Rom. Zwei gegen Alleingänge am Brenner", in: https://www.tagesschau. de/ausland/merkel-bei-renzi-101.html. 29.04.2016: „Die Welt", „Österreich bereitet Schließung des Brenners vor", in: http://www. welt.de/politik/ausland/article154866418/Oesterreich-bereitet-Schliessung-des-Brenners-vor.html. 15.04.2016: Tagesschau.de, „Streit um geplante Brenner-Kontrollen. Italien droht mit Konsequenzen", in: https://www.tagesschau.de/korrespondenten/oesterreich-italien-brenner-fluechtlinge-grenzkontrollen-101.html. 08.04.2016: Tagesschau.de, „Steinmeier kündigt Hilfsfonds an. Zehn Millionen Euro für Libyen", in: https://www.tagesschau.de/ ausland/libyen-263.html. 22.01.2016: „Westdeutsche Allgemeine Zeitung", „Deutsche Marine rettet 245 Flüchtlinge vor Libyens Küste", in: http://www.derwesten.de/politik/deutsche-marine-rettet-245-fluechtlinge-vor-libyens-kueste-id11487953.html.

[366] 16.03.2016: „Die Presse", „Der geheime, zweite Deal mit der Türkei", in: http://diepresse.com/home/politik/eu/4947863/Der-geheime-zweite-Deal-mit-der-Turkei?from=simarchiv. 10.04.2016: Die Welt, „Geheimplan. EU soll 250.000 Flüchtlinge aus Türkei aufnehmen", in: http://www.welt.de/politik/ausland/article154172876/EU-soll-250-000-Fluechtlinge-aus-Tuerkei-aufnehmen.html#disqus_thread.

[367] 21.05.2016: „Der Spiegel", „EU-Flüchtlingsdeal: Türkei lässt hochqualifizierte Syrer nicht ausreisen", in: http://www.spiegel.de/ politik/ausland/fluechtlinge-tuerkei-laesst-hochqualifizierte-syrer-nicht-in-eu-ausreisen-a-1093332.html. 06.05.2016: „Die Welt", „Türken stellen größte Gruppe der Asylberechtigten", in: http:// www.welt.de/politik/deutschland/article155097517/Tuerken-stellen-groesste-Gruppe-der-Asylberechtigten.html. 03.05.2016: „Bild", „Der EU-Visa-Schummel. So türkt die EU beim Deal mit Ankara", in: http://www.bild.de/bild-plus/politik/ausland/tuerkei/ so-tuerkt-die-eu-beim-deal-mit-ankara-45622060.bild.html?wt_ eid=2146213042300744599&wt_t=2146224570000357980. 26.03.2016: T-Online.de, „Visafreiheit für Kurden in der Türkei. ‚Alle werden nach Deutschland gehen'", in: http://www.t-online.de/nachrichten/ausland/eu/id_77376790/visafreiheit-fuer-

tuerkei-kommen-viele-kurden-nach-deutschland-.html.

[368] 29.05.2016: „Die Welt", „Der Islam wird unsere Gesellschaft aufsprengen", in: http://www.welt.de/kultur/literarischewelt/article155752745/Der-Islam-wird-unsere-Gesellschaft-aufsprengen. html. 13.03.2016: „Die Welt", „Wie Merkel und Erdoğan den Türkei-Deal einfädelten", in: http://www.welt.de/politik/deutschland/article153234567/Wie-Merkel-und-Erdogan-den-Tuerkei-Deal-einfaedelten.html. 08.04.2016: Forschungsgruppe Wahlen, „Politbarometer April I 2016", in: „http://www.forschungsgruppe.de/Aktuelles/Politbarometer/. 21.03.2016: Vera Lengsfeld, „Der schmutzige Deal mit der Türkei", in: http://vera-lengsfeld. de/2016/03/21/der-schmutzige-deal-mit-der-tuerkei/. 13.04.2016: „Die Welt", „Ex-Verfassungsrichter warnt vor Nachgeben gegenüber Erdoğan", in: http://www.welt.de/politik/deutschland/ article154270583/Ex-Verfassungsrichter-warnt-vor-Nachgeben-gegenueber-Erdogan.html. 11.4.2016: „Die Welt", „Vor allem Merkel steht im Fall Böhmermann bedröppelt da", in: http://www. welt.de/politik/deutschland/article154236921/Vor-allem-Merkel-steht-im-Fall-Boehmermann-bedroeppelt-da.html. 06.04.2016: „Frankfurter Allgemeine Zeitung", „Böhmermanns Schmähkritik – Merkel mischt mit", in: http://www.faz.net/aktuell/feuilleton/ angela-merkel-mischt-sich-in-boehmermanns-erdogan-gedicht-ein-14162083.html. 24.05.2014: „Der Spiegel", „Auftritt in Köln: Erdoğans Gegenschlag", in: http://www.spiegel.de/politik/ ausland/erdogan-in-koeln-auftritt-vor-deutschtuerken-kritik-an-medien-a-971530.html. 08.08.2014: „Focus", „Der unberechenbare Sultan – Erdoğans größte Fehltritte", in: http://www.focus. de/politik/videos/er-will-praesident-der-tuerkei-werden-der-unberechenbare-sultan-erdogans-groesste-fehltritte_id_4048254. html. 25.07.2014: „Die Welt", „Drastische Folgen von Draghis ,whatever it takes'", in: http://www.welt.de/finanzen/article130532565/Drastische-Folgen-von-Draghis-whatever-it-takes. html. 03.06.2016: „Bild", „Armenien-Abstimmung im Bundestag: Es war Völkermord. Wie rächt sich Erdoğan jetzt?", in: http:// www.bild.de/politik/inland/voelkermord/armenien-abstimmung-im-bundestag-46104634.bild.html. 31.05.2016: „Der Tagesspie-

gel", „Debatte zu Armenien im Bundestag. Merkel, Gabriel und Steinmeier sind abwesend", in: http://www.tagesspiegel.de/politik/debatte-zu-armenien-im-bundestag-merkel-gabriel-und-steinmeier-sind-abwesend/13669512.html. 16.10.2015: „Süddeutsche Zeitung", „Völkermord im Ersten Weltkrieg. Regierungsfraktionen verzögern Armenier-Resolution", in: http://www.sueddeutsche.de/politik/voelkermord-im-ersten-weltkrieg-regierungsfraktionen-verzoegern-armenien-resolution-1.2695325.

[369] 29.10.2016: „Griechenland.net", „Steinmeier reist nach Griechenland und erhält Ehrendoktorwürde in Piräus", in: https://www.griechenland.net/nachrichten/politik/19220-steinmeier-reist-nach-griechenland-und-erh%C3%A4lt-ehrendoktorw%C3%BCrde-in-pir%C3%A4us.

[370] 13.05.2013: „Focus", „Das Leben der anderen Angela Merkel", in: http://www.focus.de/politik/deutschland/tid-31300/titel-das-leben-der-anderen-angela-merkel_aid_986754.html. 24.04.2013: „Pfälzischer Merkur", „Die Familie von Kanzlerin Merkel war früher katholisch", in: http://www.pfaelzischer-merkur.de/themen-destages/Themen-des-Tages-Die-Familie-von-Kanzlerin-Merkel-war-frueher-katholisch;art27542,4755794. 24.03.2013: ntv, „Die Wurzeln der ‚Aniela Kazmierczak'. Merkels Opa kämpfte gegen Deutsche", in: http://www.n-tv.de/panorama/Merkels-Opa-kaempfte-gegen-Deutsche-Die-Wurzeln-der-Aniola-Kazmierczak-article10353776.html. 13.03.2013: „Süddeutsche Zeitung", „Familiengeschichte der Kanzlerin. Merkel hat polnische Wurzeln", in: http://www.sueddeutsche.de/politik/familiegeschichte-der-kanzlerin-merkel-hat-polnische-wurzeln-1.1623363. 21.11.2015: „Cicero", „Angela Merkels roter Vater", in: http://www.cicero.de/berliner-republik/angela-merkels-roter-vater/38352. 1/2016: „Der Spiegel", „Wer oder was treibt eigentlich die Kanzlerin an?", Nr. 141, S. 9-15.

[371] 17.02.2016: Facebook (Jakob Augstein), „Ein Text über Joachim Gauck, der über eine zweite Amtszeit nachdenkt. Ehrlich: muss nicht unbedingt sein! Der Staatsdiener", in: https://www.facebook.com/JakobAugstein/posts/1095401613838099. 11.09.2014: „Der Tagesspiegel", „Wo wohnt Angela Merkel

wirklich?", in: http://www.tagesspiegel.de/berlin/brandenburgi/
uckermark/das-zuhause-der-kanzlerin-wo-wohnt-angela-mer-
kel-wirklich/10677804.html. 19.05.2013: „Geolitico" (Günther
Lachmann), „Wer wissen will, wer Merkel ist, sollte ihre Förderer kennen", in: http://www.geolitico.de/2013/05/19/wer-wissen-
will-wer-merkel-ist-sollte-ihre-forderer-kennen/. 13.05.2013:
„Focus", „Das Leben der anderen Angela Merkel", in: http://
www.focus.de/politik/deutschland/tid-31300/titel-das-leben-
der-anderen-angela-merkel_aid_986754.html. 12.05.2013: „Die
Welt", „Die frühen Jahre der Angela Merkel", in: http://www.welt.
de/politik/deutschland/article116086112/Die-fruehen-Jahre-der-
Angela-Merkel.html. 28.12.2012: „ik news", „Aufarbeitung von
Stasiakten: Zitterpartie für Gauck und Merkel?", in: http://www.
iknews.de/2012/12/28/aufarbeitung-von-stasiakten-zitterpartie-
fuer-gauck-und-merkel/. 21.11.2007: „Cicero", „Angela Merkels
roter Vater", in: http://www.cicero.de/berliner-republik/angela-
merkels-roter-vater/38352. 03.10.2010: „Focus", „Angela Merkel.
DDR-Vergangenheit einer Angepassten", in: http://www.focus.de/
politik/deutschland/20-jahre-wende/angela-merkel-ddr-vergan-
genheit-einer-angepassten_aid_558450.html. 30.09.2005: „Der
Spiegel", „Merkel gegen Freigabe von Foto aus Stasi-Akte", in:
http://www.spiegel.de/spiegel/vorab/a-377389.html. 07.07.2003:
„Der Spiegel", „‚Rosenholz'-Daten: Die IMs müssen wieder zit-
tern", in: http://www.spiegel.de/politik/deutschland/rosenholz-da-
ten-die-ims-muessen-wieder-zittern-a-256175.html. 28.04.2000:
„Der Freitag" (Peter-Michael Diestel), „Auf Wiedersehen, Herr
Gauck", in: https://www.freitag.de/autoren/der-freitag/auf-wie-
dersehen-herr-gauck. 27.06.1999: „Der Spiegel", „Bestätigt: USA
geben Stasi-Akten zurück", in: http://www.spiegel.de/politik/
deutschland/bestaetigt-usa-geben-stasi-akten-zurueck-a-29064.
html. 29.05.1998: Deutscher Bundestag, „Bericht des Ausschus-
ses für Wahlprüfung, Immunität und Geschäftsordnung (1. Aus-
schuss), in: http://dipbt.bundestag.de/dip21/btd/13/108/1310893.
pdf. Simon, Jana: „Das explodierte Ich. Menschen zwischen
Abgrund und Aufbruch", S. 108. 19.04.2016: Wikipedia, „Volkskammerwahl 1990", in: https://de.wikipedia.org/wiki/Volkskam-

merwahl_1990. 1/2016: „Der Spiegel", „Wer oder was treibt eigentlich die Kanzlerin an?", Nr. 141, S. 9-15. 17.06.2016: Vera Lengsfeld, „Der ehrenwerte Herr Gysi", in: http://vera-lengsfeld.de/2016/06/17/der-ehrenwerte-herr-gysi/.

[372] Konrad-Adenauer-Stiftung, „Angela Merkel (geb. Kasner)", in: http://www.kas.de/wf/de/37.8250/.

[373] 27.04.2016: „Der Tagesspiegel", „Nachfolger von Gerhard Schindler. Bruno Kahl als neuer BND-Chef vorgestellt", in: http://www.tagesspiegel.de/politik/nachfolger-von-gerhard-schindler-bruno-kahl-als-neuer-bnd-chef-vorgestellt/13506600.html. 27.04.2016: „Deutsche Wirtschafts-Nachrichten", „BND-Chef gefeuert: Stolperte Schindler über die AfD?", in: http://deutsche-wirtschafts-nachrichten.de/2016/04/27/bnd-chef-gefeuert-stolperte-schindler-ueber-die-afd/. 12.03.2015: „Die Welt", „Merkel will die Deutschen durch Nudging erziehen", in: http://www.welt.de/wirtschaft/article138326984/Merkel-will-die-Deutschen-durch-Nudging-erziehen.html. 17.11.2014: „Die Welt", „Das Nudging soll die Deutschen umerziehen", in: http://www.welt.de/politik/deutschland/article134388508/Das-Nudging-soll-die-Deutschen-umerziehen.html. 13.05.2013: „Focus", „Das Leben der anderen Angela Merkel", in: http://www.focus.de/politik/deutschland/tid-31300/titel-das-leben-der-anderen-angela-merkel_aid_986754.html.

[374] 15.09.2015: ntv, „Kanzlerin wird emotional. Merkel: ‚Dann ist das nicht mein Land'", in: http://www.n-tv.de/politik/Merkel-Dann-ist-das-nicht-mein-Land-article15938301.html. 09.12.2015: „Neue Zürcher Zeitung", „Auszeichnung für deutsche Kanzlerin. Time-Magazin kürt Merkel zur ‚Person des Jahres' 2015", in: http://www.nzz.ch/panorama/merkel-ist-person-des-jahres-2015-1.18660248. 1/2016: „Der Spiegel", „Wer oder was treibt eigentlich die Kanzlerin an?", Nr. 141, S. 9-15.

[375] 23.09.2013: „Die Welt", „Warum Angela Merkel sich jetzt viel Zeit lässt", in: http://www.welt.de/politik/wahl/bundestagswahl/article120325115/Warum-Angela-Merkel-sich-jetzt-viel-Zeit-laesst.html. 29.09.2013: Youtube.de, „Merkel wirft BRD-Fahne weg", in: https://www.youtube.com/watch?v=UQB9A6YhSJg.

[376] 22.04.2016: „RP-Online.de", „Die isolierte Großmacht", in: http:// www.rp-online.de/politik/die-isolierte-grossmacht-aid-1.5621192.

[377] 29.05.2016: „Die Welt", „Der Islam wird unsere Gesellschaft aufsprengen", in: http://www.welt.de/kultur/literarischewelt/article155752745/Der-Islam-wird-unsere-Gesellschaft-aufsprengen. html.

[378] Lafontaine, Oskar: „Die Gesellschaft der Zukunft", 1. Auflage, Hamburg, 1988, S. 189.

[379] Scheuch, Erwin/Scheuch, Ute: „Wie deutsch sind die Deutschen?", 2. Auflage, Bergisch Gladbach, 1991, S. 319.

[380] 20.04.2016: Konrad-Adenauer-Stiftung, „Geistig-moralische Wende", in: http://www.helmut-kohl-kas.de/index.php?menu_ sel=15&menu_sel2=213&menu_sel3=124.

[381] Klonovsky, Michael: „Acta diurna", in: http://www.michael-klonovsky.de/acta-diurna. 09.03.2016: „Focus Money" (Frank Pöpsel), „Die Moral der Mächtigen: Wer oben sitzt, weiß es besser!", in: http://www.focus.de/finanzen/news/money-inside-die-moralder-maechtigen-wer-oben-sitzt-weiss-es-besser_id_5344345.html.

[382] 08.05.2015: „Die Welt", „Die Briten sind das Gegengift zum EU-Sozialismus", in: http://www.welt.de/debatte/kommentare/article140696579/Die-Briten-sind-das-Gegengift-zum-EU-Sozialismus.html.

[383] 27.12.1999: „Der Spiegel", „Die Brüsseler Republik", in: http:// www.spiegel.de/spiegel/print/d-15317086.html.

[384] 11.05.2016: „Die Welt", „Die AfD muss leider draußen bleiben", in: http://www.welt.de/politik/deutschland/article155238811/Die-AfD-muss-leider-draussen-bleiben.html. 16.03.2016: „Der Spiegel", „Koalitionen: Gysi hält Bündnis von CDU und Linken für denkbar", in: http://www.spiegel.de/politik/deutschland/gregorgysi-buendnis-von-cdu-und-linken-fuer-denkbar-a-1082542.html. 08.10.2015: Katja Kipping, „Hommage an Ernesto Laclau", in: http://www.katja-kipping.de/de/article/969.hommage-an-ernestolaclau.html.

[385] 09.06.2016: „Acta diurna" (Michael Klonovsky), „Anhebender 9. Juni 2016. Neueste Nachrichten aus der Spätzeit der DDR light", in: http://www.michael-klonovsky.de/acta-diurna/item/295-ju-

ni-2016. 08.06.2016: „Frankfurter Allgemeine Zeitung", „Schäuble zu Flüchtlingskrise: Abschottung würde Europa in Inzucht degenerieren lassen", in: http://www.faz.net/aktuell/politik/wolfgang-schaeuble-abschottung-wuerde-europa-in-inzucht-degenerieren-lassen-14275838.html. 25.02.2007: „Die Welt", „Inzest. Wenn der Cousin mit der Cousine schläft", in: http://www.welt.de/vermischtes/article732888/Wenn-der-Cousin-mit-der-Cousine-schlaeft.html.

[386] 08.05.2016: „Die Welt", „Henryk M. Broder versus Peter Raue. ‚Was machst du bitte in dieser gruseligen Runde?‘", in: http://www.welt.de/politik/deutschland/article155155969/Was-machst-du-bitte-in-dieser-gruseligen-Runde.html. 18.04.2016: „Handelsblatt", „Demokratie in Deutschland wurde ‚liquidiert‘", in: http://www.handelsblatt.com/politik/international/jaroslaw-kaczynski-demokratie-in-deutschland-wurde-liquidiert/13466582.html.

[387] 09.06.2005: „Der Tagesspiegel", „Merkel bekennt sich zur Atomkraft", in: http://www.tagesspiegel.de/wirtschaft/merkel-bekennt-sich-zur-atomkraft/614888.html.

[388] 09.06.2011: „Süddeutsche Zeitung", „Die Atomkanzlerin erklärt ihren Ausstieg", in: http://www.sueddeutsche.de/politik/regierungserklaerung-zur-energiewende-merkel-erklaert-den-atomausstieg-zur-herkulesaufgabe-1.1106773.

[389] 23.09.2007: „Frankfurter Allgemeine Zeitung", „Merkel empfängt Dalai Lama. ‚Privater Austausch‘ im Kanzleramt", in: http://www.faz.net/aktuell/politik/ausland/merkel-empfaengt-dalai-lama-privater-austausch-im-kanzleramt-1460118.html.

[390] 07.09.2015: „Euronews", „Merkel: Flüchtlingskrise wird Deutschland verändern", in: http://de.euronews.com/2015/09/07/merkel-fluechtlingskrise-wird-deutschland-veraendern/.

[391] 22.07.2009: „taz", „Union hält an Wehrpflicht fest. Kluge Jungs braucht das Heer", in: http://www.taz.de/!5159380/.

[392] 11.06.2010: N24, „Merkel signalisiert Bereitschaft zu Wehrpflicht-Aussetzung", in: http://www.n24.de/n24/Nachrichten/Politik/d/1010670/merkel-signalisiert-bereitschaft-zu-wehrpflicht-aussetzung.html.

[393] 16.10.2010: „Der Spiegel", „Integration: Merkel erklärt Multikul-

ti für gescheitert", in: http://www.spiegel.de/politik/deutschland/integration-merkel-erklaert-multikulti-fuer-gescheitert-a-723532.html.

[394] 12.06.2015: „Die Zeit", „Angela Merkel: ,,,Der Islam gehört zu Deutschland'", in: http://www.zeit.de/politik/deutschland/2015-01/angela-merkel-islam-deutschland-wulff.

[395] 19.01.2016: „Focus", „Der Kurs der Kanzlerin in Zitaten. Von ‚Wir schaffen das' zu ‚Sie muss weg': So kämpft Merkel mit der Flüchtlingskrise", in: http://www.focus.de/politik/deutschland/der-kurs-der-kanzlerin-in-zitaten-von-wir-schaffen-das-zu-sie-muss-weg-so-kaempft-merkel-mit-der-fluechtlingskrise_id_5220014.html.

[396] 02.11.2011: „Die Zeit", „Merkel will Fiskalunion ohne Volksabstimmung", in: http://www.zeit.de/politik/deutschland/2011-12/euro-merkel-volksabstimmung.

[397] 14.12.2011: Youtube (Angela Merkel im Bundestag), „Weg zur Fiskalunion unwiderruflich eingeschlagen", in: https://www.youtube.com/watch?v=kLRFEAN9dRs.

[398] 26.06.2012: „Der Spiegel", „Merkel zur Schuldenpolitik: ‚Keine Euro-Bonds, solange ich lebe'", in: http://www.spiegel.de/politik/ausland/kanzlerin-merkel-schliesst-euro-bonds-aus-a-841115.html.

[399] 11.05.2015: „Der Spiegel", „Merkel und die Straßengebühr: Die Maut-Lüge", in: http://www.spiegel.de/politik/deutschland/pkw-maut-die-luegen-kanzlerin-merkel-a-1033140.html.

[400] Ebd.

[401] Bundesministerium der Justiz und für Verbraucherschutz, „Art. 16a", in: https://www.gesetze-im-internet.de/gg/art_16a.html.

[402] 19.01.2016: „Focus", „Der Kurs der Kanzlerin in Zitaten. Von ‚Wir schaffen das' zu ‚Sie muss weg': So kämpft Merkel mit der Flüchtlingskrise", in: http://www.focus.de/politik/deutschland/der-kurs-der-kanzlerin-in-zitaten-von-wir-schaffen-das-zu-sie-muss-weg-so-kaempft-merkel-mit-der-fluechtlingskrise_id_5220014.html.

[403] 19.01.2016: „Focus", „Der Kurs der Kanzlerin in Zitaten. Von ‚Wir schaffen das' zu ‚Sie muss weg': So kämpft Merkel mit der Flüchtlingskrise", in: http://www.focus.de/politik/deutschland/der-kurs-der-kanzlerin-in-zitaten-von-wir-schaffen-das-zu-sie-muss-weg-

so-kaempft-merkel-mit-der-fluechtlingskrise_id_5220014.html.

[404] 05.05.2016: tagesschau.de, „Reaktionen auf geplante EU-Visafreiheit für Türken. Merkel zuversichtlich, Unionspolitiker skeptisch", in: http://www.tagesschau.de/ausland/visaerleichterungen-tuerkei-109.html. 05.05.2016: „Der Standard", „Brenner-Kontrollen: Merkel steht Italien bei", in: http://derstandard.at/2000036303856/EU-erlaubt-Grenzkontrollen-fuer-weitere-sechs-Monate-Ausnahme-Brenner.

[405] 09.01.2016: „Wirtschaftswoche", „Kein Absenken von EU-Standards durch TTIP", in: http://www.wiwo.de/politik/europa/merkel-zum-freihandelsabkommen-kein-absenken-von-eu-standards-durch-ttip-/12810304.html.

[406] 19.05.2016: „Die Zeit", „TTIP. Bundesregierung trickst bei Schiedsgerichten", in: http://www.zeit.de/wirtschaft/2016-05/schiedsgerichte-erhalt-ttip-investitionsschutz-sigmar-gabriel. 02.05.2016: „Der Spiegel", „Freihandelsabkommen: Merkel will TTIP schnell abschließen", in: http://www.spiegel.de/wirtschaft/soziales/ttip-angela-merkel-will-abkommen-schnell-abschliessen-a-1090396.html.

[407] 19.08.2012: „Münchner Merkur", „Schäuble: Kein weiteres Rettungspaket", in: http://www.merkur.de/politik/schaeuble-kein-weiteres-rettungspaket-2465612.html.

[408] 19.08.2015: Tagesschau.de, „Drittes Rettungspaket für Griechenland. Bundestag sagt Ja zu Athen-Hilfen", in: https://www.tagesschau.de/wirtschaft/bundestag-griechenland-hilfen-105.html.

[409] 24.11.2015: „Bild", „Schäuble gegen EU-Plan zur Einlagensicherung", in: http://www.bild.de/bildlive/2015/16-schaeuble-43533738.bild.html.

[410] 26.01.2016: „Deutsche Wirtschafts-Nachrichten", „Schäuble gibt deutsche Sparguthaben als Pfand für Euro-Risiken frei", in: http://deutsche-wirtschafts-nachrichten.de/2016/01/26/schaeuble-gibt-deutsche-sparguthaben-als-pfand-fuer-euro-risiken-frei/.

[411] 25.02.2016: „Wirtschaftswoche", „Wolfgang Schäuble zur Bargelddebatte. ‚Wusste gar nicht, dass es einen 500-Euro-Schein gibt", in: http://www.wiwo.de/politik/deutschland/wolfgang-schaeuble-zur-bargelddebatte-wusste-gar-nicht-dass-es-einen-

500-euro-schein-gibt/13016152.html.

[412] 09.02.2016: „Die Welt", „Schäuble beharrt auf Bargeld-Ober-grenze", in: http://www.welt.de/wirtschaft/article152042791/Schaeuble-beharrt-auf-Bargeld-Obergrenze.html.

„Politische Dummheit kann man lernen, man braucht nur deutsche Schulen zu besuchen. Die Zukunft Deutschlands wird wahrscheinlich für den Rest des Jahrhunderts von Außenstehenden entschieden werden. Das einzige Volk, das dies nicht weiß, sind die Deutschen."

„The Spectator", 16.11.1959

eigentüm

Eigentum

und Recht

und Freiheit

lich frei